Ein
MANN
Ein BUCH

Süddeutsche Zeitung Edition

Ein
MANN
Ein BUCH

Eduard Augustin

Philipp von Keisenberg

Christian Zaschke

„A man's gotta do what a man's gotta do"
John Wayne, Schauspieler, in John Fords *Stagecoach* • 1939

„A man's gotta do what a man's gotta do"
Gary Cooper, Schauspieler, in Fred Zinnemanns *High Noon* • 1952

„A man's gotta do what a man's gotta do"
Alan Ladd, Schauspieler, in George Stevens' *Shane* • 1953

„A man's gotta do what a man's gotta do"
George Jetson, Cartoonfigur, in *The Jetsons* • 1968

„A man's gotta do what a man's gotta do"
John Cleese, Komiker, in *Monty Python's Guide to Life* • 1969

„Ein Mann muss tun was ein Mann tun muss ein Mann tun,
was ein Mann tun muss?"
Heinz Rudolf Kunze, Schlagersänger, auf dem Album *Ausnahmezustand* • 1984
sowie im Buch *Papierkrieg* • 1986

„Ein Mann muss tun, was ein Mann tun muss"
Die Fantastischen Vier, Musikgruppe, auf dem Album *Jetzt geht's ab* • 1991

„A man's gotta do what a man's gotta do"
SpongeBob, sprechender Schwamm, in *Grandma's Kisses / Squidville*
aus der Serie *SpongeBob SquarePants (Episode 29)* • 2001

INHALT

VORWORT

Als wir begannen, dieses Buch zu planen, war schnell klar: Wir würden sehr, sehr viel Hilfe benötigen. Denn man weiß als Mann so allerlei, aber wenig weiß man ganz genau. Das war jedoch die Idee des Buches: Wir wollten alles genau wissen. Also haben wir mit Experten gesprochen. Mit Piloten, Köchen, Italienern, Fußballern, Handwerkern, Baggerfahrern und Ärzten, mit ungezählten Fachleuten, die eine spezielle Art von Wissen hüten. Manche dieser Experten sind bekannt oder gar berühmt für ihr Wissen, die meisten sind eher unbekannt, aber natürlich kein bisschen weniger wissend.

Am schwierigsten war es, eine Auswahl zu treffen. Was sollte ein Mann heute wissen? Im Grunde natürlich: alles. Doch die Zeiten, zu denen man sich einen immerhin ungefähren Überblick über das Wissen der bekannten Welt verschaffen konnte, sind seit ein paar Jahrhunderten vorbei. Man weiß so gut wie nichts gemessen am Wissen der Welt, und im Lauf der Zeit sind auch ein paar grundsätzliche Dinge verloren gegangen. Zwischen Männern und Frauen zu unterscheiden wäre zutiefst chauvinistisch, wenn es um allgemeine Bildung ginge. Es gibt jedoch ein spezifisches Wissen, das Männer und Frauen voneinander unterscheidet. Für die meisten Frauen ist es nicht wichtig zu wissen, wie man sich mit dem Messer rasiert, worauf man beim Kauf eines Anzugs oder eines Aston Martins achten sollte, wie man in die Fremdenlegion eintritt, wie man Haarausfall bekämpft, Papst wird, eine Krawatte bindet oder ein Bier ohne Öffner öffnet. Das sind Dinge, die eher Männer interessieren.

Immer wieder kamen, während das Buch allmählich wuchs, Freunde mit vielen Hinweisen: Ihr müsst dies aufnehmen, jenes darf auf keinen Fall fehlen. Viele dieser Hinweise waren äußerst nützlich und führten zu neuen Recherchen. Bisweilen tauchten Fragen nach der Hochkultur auf, nach Oper, Theater, Ballett oder Malerei. Unser Einwand: Erstens sind das keine typischen Männerthemen, sondern Themen, die Frauen wie Männer gleichermaßen interessieren, und zweitens ist es unmöglich, diese Welten auf wenigen Seiten zu erschließen. Wer sich für Malerei interessiert, wird sich mindestens noch ein zweites Buch kaufen müssen. Wie man hingegen eine Boeing 747 landet – das lässt sich auf einigen Seiten erklären, und der Pilot, der uns verraten hat, wie es geht, wünscht allen Lesern recht viel Glück für den Fall, dass sie in die knifflige Situation kommen, so einen Flieger landen zu müssen. Natürlich steht in diesem Buch nicht alles, was ein Mann wissen muss. Aber alles, was nun drinsteht, ist gedacht für alle möglichen Arten von Männern: für Jäger und Sammler, für feine Geister, für schwere Jungs, für Anpacker und die, die gut zuhören können, für die mit viel zu viel Mut, für die Stillen und die Bescheidenen, für die Lauten, für die Schüchternen, für Puristen und Karrieristen, für Hänger, für erstaunlich lässige Typen, für Denker, für Abenteurer und sogar für Herren.

Eduard Augustin, Philipp von Keisenberg & Christian Zaschke

DER MANN IM HAUS

Sie können zu Hause ohne weiteres ein paar tadellose Drinks zubereiten, wenn Sie eine kleine, ausgesuchte Hausbar zusammenstellen. Eins jedoch sollten Sie beherzigen: Mixen Sie zu Hause keine Cocktails. Erstens haben Sie dann zu wenig Zeit für Ihre Gäste, zweitens müssen Sie große Vorräte halten, und drittens geht Ihnen spätestens bei der zweiten Runde das Eis aus, wenn Sie die Cocktails ordentlich mixen. Sollten Sie Lust auf Cocktails verspüren, gehen Sie an diesem Abend in eine Cocktailbar, das ist für alle Beteiligten das Beste. Mit einer sinnvoll zusammengestellten Hausbar können Sie jedoch so viele Getränke anbieten, dass Ihnen und Ihren Gästen die Cocktails zumindest einen Abend lang nicht fehlen werden.

001.01 **WEGSCHMEISSEN** Die Hausbar der älteren Generation bestand meist aus Asbach Uralt, Mariacron, einer etwas klebrigen Flasche Cassis, einer ebenfalls etwas klebrigen Flasche Bailey's, dazu dem aus dem Urlaub mitgebrachten Grappa, einem Kirsch und der Williams Birne. Damit kann man nichts anfangen. Sollten Sie über ein Arsenal dieser Art verfügen, behalten Sie nur, was Ihnen wirklich schmeckt, und misten Sie ansonsten aus. Eine neue und gute Auswahl an Getränken ist nicht teuer.

001.02 **DIE GRUNDAUSSTATTUNG** Sie brauchen die Grundspirituosen, also: Wodka, Gin, Whisky (Bourbon und Scotch), Rum und Brandy. Wie immer gilt: Nicht das Billigste nehmen. Also als Wodka zum Beispiel Stolychnaja, als Gin empfiehlt sich unter anderem Tanqueray, als Bourbon beispielsweise Wild Turkey oder Maker's Mark, als Scotch ein 12-Jähriger, Rum von Havana Club, der Brandy sollte mindestens ein Carlos I. sein, besser ein Cardenal Mendoza. Selbstverständlich sind andere Marken ebenso benutzbar, sie sollten lediglich von gleicher oder besserer Qualität sein. Dazu passen gut eine Flasche Campari und die Vermouths: ein Martini Bianco, ein Martini Rosso und als trockenen Vermouth einen Noilly Prat. Allein damit können Sie unwahrscheinlich viele Drinks zubereiten.

001.03 **IM KÜHLSCHRANK** Ergänzend sollten Sie Ihren Kühlschrank ausstatten. Natürlich brauchen Sie Eis, und zwar mehr, als das eine Schälchen hergibt, das mit dem Kühlschrank mitgeliefert wurde, also mindestens fünf bis sechs dieser Schälchen. Immer sollten Sie eine Flasche Champagner im Kühlschrank haben, für alle Fälle. Außerdem Weißwein und trockenen Sherry, der zwar meist warm steht, aber in den Kühlschrank gehört. Zusätzlich Orangensaft, Bitter Lemon, Tonic, Ginger Ale und Mineralwasser oder Soda sowie zwei Zitronen und zwei Orangen. Damit sind Sie gerüstet und Sie können Ihren Gästen zum Beispiel einen Martini auf Eis als Aperitif anbieten, natürlich ein paar Longdrinks wie Gin Tonic, Wodka Lemon, Campari Orange und Cuba Libre (Rum mit Cola), aber auch einen Bourbon Highball oder einen Moscow Mule (beide mit Ginger Ale, Letzterer mit Wodka), einen Whisky Soda, einen Scotch auf Eis, einen Brandy zum Kaffee nach dem Essen und immer so weiter.

001.04 **IM GLAS** Was jetzt noch wichtig ist: Sie brauchen Gläser. Und zwar: Longdrinkgläser, Whisky-Tumbler (wenn Sie Malt Whisky anbieten, vielleicht Nosing-Gläser), Champagner-Flöten, Cognac-Schwenker und Weingläser (vgl. Kapitel *Der Mann in der Gesellschaft*, Rubrik *Eine Weinflasche öffnen*). Die Gläser sind wirklich wichtig, Sie wollen die Getränke ja nicht in Wassergläsern servieren. Dazu könnten Sie sich einen Eiskübel und eine Eiszange zulegen. Was das Ganze wirklich perfekt macht, ist ein Servierwagen. Da passt Ihre Hausbar drauf, und Sie können sie an den Ort des Geschehens rollen. Unten stehen die Flaschen und auf der oberen Fläche bereiten Sie die Drinks und sind dennoch bei den Gästen. Allerdings gibt es durchaus Männer, die lieber keinen Servierwagen in der Wohnung herumstehen haben. In diesem Falle empfielt es sich, in ein Sideboard oder gar einen Barschrank zu investieren.

Die Kosten für die Hausbar sind überschaubar, und Sie werden so gut wie nie in die Verlegenheit geraten, nicht das richtige Getränk anbieten zu können – oder, ebenso wichtig, nicht das Richtige für Ihren eigenen Geschmack zu finden.

| Longdrinkglas | Whisky-Tumbler | Champagner-Flöte |

| Cognac-Schwenker | Rotweinglas | Weißweinglas |

002 — DER EINE COCKTAIL, DEN MAN KÖNNEN MUSS

Es gibt Millionen von Cocktails, Cocktailbars und Cocktailbüchern, und es gibt nur einen Cocktail, den man als Mann wirklich kennen und können muss: den Martini Cocktail, auch bekannt als *dry martini* (nicht zu verwechseln mit den Vermouths der italienischen Firma Martini & Rossi, die ebenfalls Martini heißen). Wenn man in einer Bar in Anbetracht der Piña Coladas und Erdbeer-Daiquiris nicht weiß, welchen Cocktail man bestellen soll oder will, ist ein Martini Cocktail immer die richtige Wahl (als einzige Ausnahme von der im vorhergehenden Kapitel genannten Regel kann man ihn auch zu Hause zubereiten). Der Martini Cocktail hat alles, er ist schlicht und elegant, er ist stark, und unter seinen Liebhabern ist es eine grundlegend philosophische Frage, wie man ihn zubereitet. Das mag erstaunlich erscheinen, da er aus lediglich drei Zutaten besteht, von denen eine keine Probleme bei der Dosierung aufwirft. Die Zutaten sind: Gin, trockener Vermouth und eine grüne Olive mit Stein. In den USA galt es lange als klassisch, Gin und Vermouth im Verhältnis 5:1 zu mischen. Die Verhältnisse schwanken weltweit zwischen 2:1 und 15:1 und einigen Sonderformen.

002.01 **VOM LICHT GESTREIFT** Je weniger Vermouth in den Gin kommt, desto trockener wird der Martini. Puristen sagen deshalb, ein guter Martini Cocktail lasse sich mit einer Flasche Gin herstellen, die mal neben einer Flasche Vermouth gestanden habe. Andere Puristen sagen, gut werde der Martini, wenn den Gin das durch eine Vermouthflasche scheinende Sonnenlicht gestreift habe. Wiederum andere vertreten die Ansicht, dass es reiche, sich beim Einschenken des Gins in Richtung Frankreich zu verneigen und an Vermouth zu denken; Frankreich, weil der üblicherweise verwendete trockene Vermouth – Noilly Prat – aus Frankreich stammt. Aber das sind die Puristen.

002.02 **VARIANTE EINS** Empfohlen seien zwei Verfahren. Sie benötigen für beide ein Rührglas, ein Barsieb, ein Martini-Glas, einen Barlöffel und viel Eis. Variante eins: Verrühren Sie im Rührglas 5 cl Gin und 1/2 cl Vermouth auf viel Eis. Achten Sie darauf, dass Sie gutes, hartes Eis benutzen, das nicht tropft. Das beste Eis kommt tatsächlich aus dem Eisfach des Kühlschranks, es ist meist geeigneter als das aus der Eismaschine. Kühlen Sie das Martini-Glas mit Eis vor, es muss wirklich kalt sein. Der Drink wird ohne Eis serviert, vor dem Einschenken muss das Eis also restlos aus dem Martini-Glas entfernt werden. Geben Sie nun Gin und Vermouth durch das Barsieb in das Martini-Glas (Fachbegriff: abseihen). Fügen Sie die Olive hinzu. Fertig. Manche Barmänner haben eine gewisse Kunstfertigkeit darin entwickelt, den Drink nicht durch das Barsieb abzuseihen, sondern das Eis mit dem Barlöffel zurückzuhalten.

002.03 **VARIANTE ZWEI** Die zweite Variante geht eher in die puristische Richtung. Kühlen Sie das Martini-Glas mit Eis, bis es wirklich kalt ist. Schütten Sie das Eis restlos weg. Geben Sie nun ein wenig Vermouth ins Glas. Es folgt eine kleine Zeremonie: Halten Sie das Glas schräg und drehen es am Fuß, bis die gesamte Innenseite einmal vom Vermouth berührt wurde. Wie ein Film legt sich der Vermouth ins Glas. Schütten Sie ihn anschließend weg, das Glas ist also lediglich vom Vermouth benetzt. Ins Rührglas geben Sie festes, nicht tropfendes Eis und 5 cl Gin und rühren vorsichtig. Anschließend seihen Sie den Gin in das benetzte Martini-Glas ab und fügen die Olive hinzu. Fertig.

002.04 **DIE UNTERSCHRIFT** Obwohl die Herstellung dieses Cocktails so simpel klingt, wird jeder gute Barmann es als Herausforderung verstehen, wenn Sie einen bestellen. Sie signalisieren mit der Bestellung, dass Sie es ernst meinen, unter Umständen sogar, dass Sie sich mit Drinks auskennen. Manche Barmänner sehen den Martini Cocktail als ihre Unterschrift an, ähnlich wie es sich bei Köchen mit ihren Soßen verhält. Gibt Ihnen Ihr Barmann eine gefüllte Olive ins Glas (also keine mit Stein), mag er zwar ein netter Kerl sein, ein guter Barmann ist er jedoch nicht. Gleiches gilt, wenn in Ihrem Martini Cocktail noch Eis herumschwimmt. Grob gesagt besteht das Getränk nur aus Sprit, aus hartem Alkohol, und es ist eine Kunstform, es zu einem wohlschmeckenden Ensemble zu formen. Sie werden vielleicht ein paar Versuche brauchen, bis es wirklich schmeckt, vielleicht wird es eine Aufgabe für die Ewigkeit, aber einen männlicheren Cocktail gibt es nicht. Und wohl auch keinen besseren, aber das ist natürlich eine Frage des persönlichen Geschmacks.

002.05 **GERÜHRT, NICHT GESCHÜTTELT** Wenn Sie beim Martini Cocktail an James Bond denken, liegen Sie falsch, aber nicht ganz falsch. Bond trinkt ein Getränk, das er einen „trockenen Martini" nennt, das mit dem Martini Cocktail jedoch nicht viel gemein hat. Bond erfindet den Drink in Ian Flemings Roman *Casino Royale*, und seine Mischung der Zutaten mutet

ein wenig seltsam an („A dry martini", he said. „One. In a deep champagne goblet." – „Oui, monsieur." – „Just a moment. Three measures of Gordon's, one of vodka, half a measure of Kina Lillet. Shake it very well until it's ice-cold, then add a large thin slice of lemon-peel. Got it?").

Der Schriftsteller Kingsley Amis vermutete, sein Kollege Fleming habe sich bei der Zusammenstellung, die er seiner Hauptfigur in den Mund legt, wohl im Detail ein bisschen vertan. Aber vielleicht war die etwas grobe Komposition auch Flemings Absicht, denn der Bond der Bücher ist – anders als früher der Bond der Filme – kein kultivierter Gentleman, sondern zuerst ein Killer. Und natürlich trinkt man einen Martini nie – wie Bond – geschüttelt, sondern immer gerührt.

EIN SCHÖNES BIER ZU HAUSE BRAUEN 003

Bier spielt im Leben eines Mannes eine nicht unwichtige Rolle. Es gibt Frauen, die sagen, sie können einem Mann nie bedeuten, was Bier ihm bedeutet. Selbstverständlich sind nicht alle Männer derart auf Bier fixiert, mancher Mann verabscheut es gar. Dennoch gibt es keinen Mann, der nicht mehrere Männer kennt, in deren Leben Bier eine gewichtige Rolle spielt. Man sollte also immer ein, zwei Flaschen im Kühlschrank haben. Entweder kauft man sein Bier im Geschäft, oder man braut es einfach selbst. Dazu braucht man lediglich ein paar Zutaten, ein bisschen Zubehör und etwas Geduld.

003.01 *ZUTATEN FÜR 10 LITER BIER* 2 kg Malz (50 % Weizen, 50 % Gerste) •
50 g Hopfen (als Hopfenpellets) • 20 ml Bierhefe (obergärig). Diese Zutaten gibt es
in einer Brauerei (besser, man versucht es in einer kleinen) oder bei Händ-
lern im Internet.

003.02 *ZUBEHÖR* 1 Topf (15 bis 20 Liter) • 1 Eimer (15 bis 20 Liter) • 1 Kochlöffel • 1 Kopfkissenbezug oder 1 Leintuch • 1 Thermometer (Einweckther-
mometer, 0 bis 100 Grad) • 1 Gummischlauch (2 m lang, 10 mm Durchmesser) • 1 Bierspindel • 1 Standzylinder (passend zur Bierspindel) • 1 Mühle (Kaffee- oder Getreide-
mühle) • 1 Kiste leerer Bierflaschen mit Bügelverschluss • 1 Reinigungs-
mittel (zum Beispiel Ätz-Natron) • 0,5-prozentige Wasserstoffperoxidlösung.
    Auch die Bierspindel gibt es bei einer Brauerei oder im Internet. Selt-
samerweise bieten auch einige italienische Autobahnraststätten Bierspindeln
an, meist als Teil eines kleinen Starterpakets zum Brauen. Es empfiehlt sich

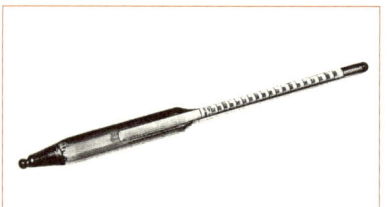

Sieht aus wie ein Dartpfeil.
Ist eine Bierspindel.
Mit ihr wird
der Zuckerwert gemessen.

vielleicht nicht, auf Verdacht mal eben nach Italien zu fahren, um sich eine
Bierspindel zuzulegen (das gilt insbesondere für Menschen, die nördlich der
Elbe wohnen); es ist jedoch recht schön zu wissen, dass einige italienische
Autobahnraststätten so überaus nützliche Dinge verkaufen.

003.03 *VORBEREITUNG* Vor dem Brauen alle Gefäße reinigen. Aus dem
Ätz-Natron eine 1-prozentige Lösung herstellen und Flaschen und Eimer
damit säubern. Anschließend gründlich ausspülen. Dann mit 0,5-prozen-
tiger Wasserstoffperoxidlösung desinfizieren. Der Kissenbezug (oder das
Leintuch) sollte ausgekocht werden.

DAS BRAUEN Malz in Mühle schroten. Nicht zu fein, also kein Feinmehl herstellen. Die Spelzen (Hülle des Korns) sollten noch vorhanden sein. 6 Liter Wasser auf 45 Grad temperieren. • Schrot unter Rühren hinzufügen. Temperatur kontrollieren. Sie soll zwischen 42 und 45 Grad liegen. • Unter Rühren auf 52 Grad aufheizen. • 5 Minuten bei genau 52 Grad halten (Das ist wichtig! Nicht kälter, nicht wärmer). • Aufheizen auf 62 Grad. • 30 Minuten bei genau 62 Grad halten. • Aufheizen auf 72 Grad. • 20 Minuten bei genau 72 Grad halten. • Derweil den Kopfkissenbezug über den Eimer spannen. • Topf aufheizen auf genau 78 Grad. • Topfinhalt durch den Bezug in den Eimer kippen (den Brei danach unbedingt im Kissenbezug lassen. Das ist der so genannte Treber). • Im Topf 4 1/2 Liter Wasser auf 78 Grad erhitzen. • Das erhitzte Wasser durch den Treber im Kissenbezug in den Eimer kippen. • Den Kissenbezug über den Eimer auswringen. • Die Flüssigkeit (die sogenannte Vorderwürze) aus dem Eimer zurück in den Topf geben. • Zum Kochen bringen. • Nach 10 Minuten des Kochens 25 Gramm Hopfen hinzufügen. • Weitere 60 Minuten kochen.

Zwischenschritt: Nun eine Probe entnehmen und in den Zylinder geben. Die Bierspindel langsam in den Zylinder gleiten lassen. Man kann auf der Spindel nun den Zuckerwert (= Stammwürze) ablesen. Wenn dieser bei zirka zwölf Prozent liegt: restlichen Hopfen zugeben. Wenn er unter zwölf Prozent liegt: Nochmal zehn Minuten kochen lassen, anschließend Messung wiederholen. Wenn der Wert über zwölf Prozent liegt: kein Problem. Hopfen zugeben.

Topf von der Hitze ziehen und mit dem Kochlöffel umrühren. • 10 Minuten stehen lassen. • Flüssigkeit mittels des Gummischlauchs aus dem Topf in den Eimer geben. Man muss den Schlauch dazu ansaugen, aber Vorsicht: Die Flüssigkeit ist heiß! Alternativ kann die Flüssigkeit auch durch den Kopfkissenbezug gegeben werden – dieser muss allerdings vorher ausgekocht worden sein. Wichtig ist auf jeden Fall, dass die Flüssigkeit gefiltert wird. • Den Eimer in eine mit Eis gefüllte Badewanne stellen. • Warten, bis 20 Grad erreicht sind. • Hefe zugeben. • Bei 20 Grad 36 Stunden ziehen lassen. • Probe entnehmen und in den Zylinder geben. Spindel einführen. • Wenn diese drei bis vier Prozent anzeigt: Flüssigkeit mittels Schlauch auf Flaschen füllen. Wenn die Spindel über vier Prozent anzeigt: Flüssigkeit stehen lassen, bis ein Wert von drei bis vier Prozent erreicht ist und erst dann auf Flaschen füllen. Nicht früher! • Geschlossene Flaschen bei 20 Grad drei bis vier Tage lang stehen lassen. • Flaschen zwei Wochen im Kühlschrank lagern. • Das Bier ist fertig. Erstaunlich, wie gut das schon wieder schmeckt. Prost!

004 — GRILLEN – DIE CHILENISCHE METHODE

Um Grillkohle möglichst schnell in einen Zustand zu bringen, der es erlaubt, den Rost und schließlich das Fleisch aufzulegen, gibt es zahlreiche zeitaufwendige, anstrengende und ungesunde Methoden. Fächern, fönen, Spiritus, Grillanzünder – alles Quatsch.

Seit einiger Zeit findet sich im Grillfachhandel eine Auswahl an Anzündkaminen, die Erstaunliches leisten und die Kohle in wenigen Minuten grillfertig brennen lassen. Nach dem gleichen Prinzip funktioniert die chilenische Methode, zu der Sie lediglich etwas Altpapier und eine Bier- oder Weinflasche benötigen.

TURM UND PYRAMIDE Stellen Sie die Flasche auf den Boden ihres Grills, in die Mitte. Nehmen Sie einen Bogen Zeitungspapier und rollen diesen der Länge nach auf. Die Rolle sollte nun noch ein- bis zweimal verzwirbelt werden: Fassen Sie sie an den Enden an und drehen Sie die Enden in entgegengesetzte Richtung. Legen Sie die Rolle nun um die Flasche, verknoten sie und schieben sie in Richtung Flaschenboden. Wiederholen Sie den Vorgang so oft, bis zirka sechs bis acht Rollen um die Flasche gewickelt sind. Nun schichten Sie Holzkohle oder Briketts um den Flaschenturm, bis eine Pyramide entstanden ist. Nehmen Sie nun vorsichtig – ohne die Pyramide zum Einsturz zu bringen – die Flasche heraus. Um den so entstandenen Kamin zu befeuern, reicht ein großes Streichholz, ein Papierstreifen oder

Legen Sie die Rollen um die Flasche, verknoten Sie sie und schieben sie in Richtung Flaschenboden. Es entsteht ein Kamin.

ein Papierknäuel, das in den offenen Schacht geworfen wird. Die Kohle ist in wenigen Minuten so heiß, dass sie ausgebreitet werden kann.

EIN STEAK BRATEN WIE ECKART WITZIGMANN 005

Eckart Witzigmann ist einer der besten Köche der Welt. Er ist so gut, dass er auf die profane Frage, wie man ein Steak zubereitet, nicht im mindesten pikiert reagiert, sondern sagt: „Ah, ein Steak, sehr gut. Aber dann machen wir noch Bratkartoffeln dazu, oder?" Es ist ganz erstaunlich, wie viel Freude er an einfachen Gerichten hat. Witzigmann hat als erster Koch in Deutschland drei Sterne des Guide Michelin erhalten, der Gault Millau wählte ihn zum Jahrhundertkoch – lediglich drei andere Köche auf der Welt tragen diesen Titel, sämtlich Franzosen. „Vielleicht sollte ein Mann noch wissen, wie man Rahmspinat zubereitet", sagt er, „und wie wäre es mit Spiegeleiern? Und was man wirklich können muss, ist ein schöner Kopfsalat." Es hätte ja sein können, dass ein Koch dieses Formats nichts anfangen kann mit der Frage nach dem einfachen Essen, dass er sie als unter der Würde eines Spitzenkochs empfindet. Aber Eckart Witzigmann, bestens gelaunt, sagt: „Legen wir gleich los."

005.01 *DAS STEAK AUS DER PFANNE* Das geschnittene Filetsteak früh genug aus dem Kühlschrank nehmen, denn es muss vor dem Braten Zimmertemperatur angenommen haben. Wenn es feucht ist, mit Küchenpapier abtupfen. Man sollte die Pfanne wählen, mit der man die beste Erfahrung gemacht hat. Eine solide Eisenpfanne ist aber in jedem Fall das richtige Gerät. Die Pfanne stark erhitzen – niemals zudecken – und das Steak von beiden Seiten kurz, aber heftig (je eine Minute) anbraten, damit sich die Poren schließen und eine zarte Kruste entsteht. Bei einer gut gebrauchten Eisenpfanne kann das ohne oder mit wenig neutralem Pflanzenöl geschehen. Anschließend salzen und pfeffern. Dabei darauf achten, dass das Fleisch beim Wenden nicht verletzt wird, deshalb niemals eine Gabel verwenden.

Wie man ein Steak fertig brät, dafür gibt es verschiedene Methoden. Steak-Puristen dulden keinen anderen Geschmack neben dem des Fleisches und braten das Steak mit einem geschmacksneutralen Öl fertig – und davon so wenig wie möglich. Dazu wird die Hitze deutlich reduziert und das Steak einige Male gewendet bis zum gewünschten Gargrad. Durch Hitzeregulierung muss man erreichen, dass sich die Kruste vom Anbraten nicht wesentlich verstärkt, das Innere aber ganz langsam die Farbe wechselt und selbst bei einem „well-done" gebratenen Steak noch saftig bleibt.

Die zweite Möglichkeit, ein Steak fertig zu braten, ist die „buttrige". Die Technik ist die gleiche, doch in die Pfanne kommt zusätzlich ein großes Stück Butter. Mit dieser zerlaufenden, braun werdenden Butter wird das Steak ständig nappiert und zwischendurch gewendet, bis die gewünschte Garstufe erreicht ist. Das Geschmacksergebnis ist unübertrefflich.

Eine dritte Methode, Steaks in der Pfanne zu braten, ist eine Kombination von Anbraten auf dem Herd und Fertigbraten im Ofen. Sie wird vor allem bei den großen Steaks *(T-Bone* und *Porterhouse)* angewandt, aber auch bei einem *Chateaubriand* oder *Entrecôte double.*

Zum Ermitteln des richtigen Garzustandes ist entweder viel Erfahrung im Steakbraten nötig oder man tastet sich mit Hilfe der folgenden Tabelle langsam an ein gutes Ergebnis heran. Dafür schon eine Minute vor Ablauf der Zeit mit dem Daumen etwas Druck ausüben und den Widerstand prüfen und schauen, ob die Tröpfchen vom austretenden Fleischsaft noch blutig rot sind oder schon langsam klar werden. Bei der Druckprobe mit dem Daumen fühlt sich ein immer noch rohes Steak wabbelig und weich an. Geht der Garzustand Richtung medium, so fühlt es sich in der Mitte noch elastisch, aber nicht weich an und wird zum Rand hin deutlich fester. Ein fast durchgebratenes, aber trotzdem saftiges Steak gibt auf Druck nur noch ganz leicht nach.

GARZEITEN – BRATEN UND GRILLEN / ANGABEN IN MINUTEN PRO SEITE – NACH GEWICHT DER FLEISCHTEILE BERECHNET.

Gewicht & Steakart	Garstufen			
200 g	Rare	Medium Rare	Medium	Well-Done
Filet	2	2 1/2	3 1/2	4 – 6
Entrecôte	3	3 1/2	4	6 – 7
Hüftsteak	3	4	4 1/2	7 – 8
Kluftsteak	3	4 1/2	5	8 – 9
• • •	• • •	• • •	• • •	• • •
400 g	Rare	Medium Rare	Medium	Well-Done
Chateaubriand	5	6	8	12
Entrecôte double	6	7	8 1/2	12 – 15

005.02 **DAS STEAK VOM GRILL** Über offenem Feuer braten ist mit Sicherheit die älteste aller Methoden, Fleisch zu garen. Soweit es die feinen Stücke vom Rind betrifft, ist es sicher auch die Methode mit dem besten Ergebnis – zumindest für die Liebhaber des puren Fleischgenusses, denn bei keiner anderen Garmethode bleibt der Fleischgeschmack so voll erhalten wie bei der direkten Einwirkung der Strahlungshitze des Feuers. Durch den Kontakt des Fleisches mit dem Grillrost entstehen Röststoffe, die dem Fleisch darüber hinaus noch den ganz typischen Grillgeschmack geben, den man sofort mit einem sommerlichen Grillfest in Verbindung bringt.

Rezept: Beefsteak mit Kräuterbutter – für 4 Personen: 4 Rinder-filets aus dem Mittelstück (à 200 – 250 g) • 3 EL Pflanzenöl • 2 El Butter • 120 g weiche, gesalzene Butter • 2 EL grüner Kräutersenf • 2 EL Worchester-sauce • Salz • Pfeffer • Saft einer 1/2 Zitrone • 1/2 Bund Estragon, gezupft und geschnitten • 1/2 Bund Schnittlauch, fein geschnitten • 1/2 Bund Peter-silie, geschnitten • 4 Stängel Kerbel, gezupft und geschnitten

Zubereitung: Weiche Butter schaumig rühren, Kräutersenf, Worchester-sauce, Salz, Pfeffer und Zitronensaft zugeben, zum Schluss Kräuter einrüh-ren und würzig abschmecken. Butter und Öl in einer Kupferkasserolle hell-braun aufschäumen, Rinderfilet in die Kasserolle geben und ungewürzt zirka drei Minuten scharf anbraten. Dabei darauf achten, dass die Butter nicht verbrennt. Dann wenden und zirka weitere drei Minuten braten. Während des gesamten Bratvorgangs immer wieder mit dem Bratensaft übergießen.

Trick: Anschließend Fleisch auf einen Teller geben, gut salzen und pfeffern, mit Alufolie abdecken und für zirka weitere drei bis vier Minuten bei 50°C im vorgeheizten Ofen ziehen lassen, einige Male wenden. Braten-fett aus der Kupferkasserolle abschütten und den Bratensatz mit 1 – 2 EL Wasser ablöschen. Die Kräuterbutter darin langsam schmelzen lassen und die Filets zugeben. Mit der Butter begießen und dabei immer wieder wenden.

Kräuterbutter: 100 g frische Butter, von Zimmertemperatur weiß-schaumig rühren. Mit Salz, frisch gemahlenem weißem Pfeffer, 1 Messer-spitze Cayennepfeffer und 1 TL Zitronensaft abschmecken. 2 bis 3 EL feingewiegte Kräuter (Petersilie, Kerbel und Estragon) untermengen und sofort servieren.

005.03 **BRATKARTOFFELN** In den meisten Kochbüchern sind Bratkartoffeln nicht enthalten – und doch gehören Bratkartoffeln, sorgfältig zubereitet, zu den schönen Dingen, die nicht viel kosten und, gereicht mit gartenfrischem, raffiniert angemachtem Kopfsalat, sogar ein Fleischgericht entbehrlich ma-chen. Es gibt verschiedene Zubereitungsarten:

Die Erste: Am Vortag abgekochte Kartoffeln werden geschält, große halbiert, in dünne Scheibchen geschnitten und in bester ausgelassener Butter in einer nicht zu dünnen Stielpfanne so gebraten, dass sie gerade fertig sind, wenn sie verlangt werden. Nicht zu viel Salz und nicht zu viel Butterschmalz dazugeben. Es ist nicht nötig, dass die Kartoffeln in Butter schwimmen. Man muss sich auch vor dem oft zu beobachtenden Fehler hüten, die Kartoffeln zusammen mit der Butter in eine Schüssel zu schütten; man soll sie vielmehr mit dem Schaumlöffel herausnehmen. Die Kartoffeln müssen wirklich gebraten sein, das heißt, sie müssen Farbe haben und dürfen nicht an Bleichsucht leiden, anderseits aber auch nicht hart und trocken sein.

Die Zweite: Man schneidet gekochte Kartoffeln in ungefähr drei Millimeter dicke Scheiben, salzt, lässt klarifizierte Butter (oder Butterschmalz) heiß werden, in der man sie unter einmaligem Umwenden brät. Sobald sie Farbe haben, nimmt man sie beiseite und richtet die Blättchen einzeln an.

Die Dritte: Sind keine am Vortag gekochten Kartoffeln vorhanden, so stehen dem guten Koch zwei Möglichkeiten offen: Entweder er stellt die Bratkartoffeln aus rohen Kartoffeln her, oder er kocht Kartoffeln, gießt sie sauber ab und brät sie in einer dicken Stielpfanne. Für diesen Fall würde Witzigmann frische Butter empfehlen und sie fast gelblich werden lassen.

Rezept: Bratkartoffeln – für 4 Personen: 600 g festkochende Kartoffeln, gleich große (alte Ernte) • Selbst klarifizierte Butter herstellen oder Butterschmalz verwenden • Salz, Kümmel • 1 Lorbeerblatt

Die Kartoffeln sauber waschen, in einen geeigneten Topf geben, mit kaltem Wasser gut bedecken, salzen, etwas Kümmel und ein Lorbeerblatt beigeben, zum Kochen bringen und schwach wallend zirka 25 Minuten kochen. Die Kartoffeln sollten einen kleinen Biss haben. Garprobe: Mit einer feinen Gabel oder Messerspitze anstechen. Abschütten und kalt stellen.

Witzigmanns Tipps: Es ist ratsam die Kartoffeln am Vortag zu kochen. Man kann anstatt Butterschmalz auch Schweinefett verwenden. Wer will, kann einige Knoblauchzehen (in der Schale angeklopft) mit beigeben oder einige frische Majoranzweige oder Thymian oder Rosmarin.

005.04 **DER KOPFSALAT** Viele Länder haben das Glück, den Kopfsalat fast während des ganzen Jahres selbst erzeugen zu können. Andere dagegen müssen ihn zu gewissen Jahreszeiten importieren. Das Hauptausfuhrland für Kopfsalat ist Holland.

Die jungen Salatköpfchen sind zart und müssen auch dementsprechend behandelt werden. Auch dürfen sie nicht lange im Wasser herumliegen. Leider schneiden manche Unwissende die Rippchen heraus, die doch gerade das Beste sind. Ein sorgfältiger Koch wird dies nur bei älteren Salatpflanzen tun.

Zum Anmachen: Manche fordern, und nach Witzigmanns Meinung mit Recht, dass der Salat absolut trocken sein muss. Sie salzen ihn wenig, geben nur einen Hauch Pfeffer aus der Mühle darüber, bestreuen ihn mit Salatkräutern, mischen ihn leicht durch und beträufeln ihn erst jetzt mit Olivenöl. Das Öl muss sich gewissermaßen an dem Salat festsaugen. Sie mischen dann nochmals und geben zum Schluss ein entsprechendes Quantum feinsten Wein- oder Estragonessig dazu. Im Allgemeinen soll das Verhältnis zwischen Öl und Essig drei zu eins sein. Wir wissen, dass jede Säure, auch der Essig, kleine Mengen Gift enthält, und wir haben daher Verständnis für diejenigen, die ihn durch Zitronensaft ersetzt wissen wollen. Jedenfalls muss man mit dem Essig ebenso sparsam umgehen wie mit dem Knoblauch.

Rezept: Kopfsalat mit Vinaigrette: 1 Kopfsalat, gewaschen und trockengetupft • 100 g Salatgurke, gewaschen, nicht geschält, in kleine Würfel geschnitten • 4–6 Radieschen, in kleine Würfel geschnitten • 1 Handvoll fein geschnittene Kräuter (Petersilie, Schnittlauch, Kerbel, Dill, Estragon) • Zierkresse

Für die Vinaigrette: 2–3 EL Obstessig • 6 EL neutrales Pflanzenöl • Schwarzer Pfeffer aus der Mühle • Prise Zucker • Salz

Kopfsalat in mundgerechte Stücke zupfen. Für die Vinaigrette Obstessig mit Salz, Pfeffer und Zucker abschmecken, kurz stehen lassen und das Öl einrühren. Kopfsalat auf einen Teller geben mit der Vinaigrette beträufeln, mit Gurken und Radieschenwürfel garnieren und frischen Kräutern und Zierkresse bestreuen.

005.05 *SPIEGELEIER* Für Spiegeleier, die ihrem ursprünglichen Namen „Ochsenaugen" alle Ehre machen, benötigen Sie entweder eine kleine Stielpfanne mit geringem Durchmesser oder ringförmige Spiegeleiereinsätze, die Sie in einer größeren Pfanne verteilen. Aus geschmacklicher Sicht ist das ideale Fett zum Ausbacken Butter, wobei allerdings insofern Vorsicht geboten ist, als dass diese nicht allzu braun werden sollte. Auch das Ei liebt es nicht, wenn es zu schnell gegart wird, sondern möchte seine Metamorphose zum Frühstücksspiegelei allmählich vollziehen.

Lassen Sie also ein nussgroßes Stück Butter langsam auf kleiner Flamme zergehen und schlagen Sie das Ei so hinein, dass der Dotter schön in der Mitte der Form oder Pfanne zu liegen kommt. Für die Länge der Garzeit gilt als Faustregel, dass das Eiweiß gestockt sein sollte, während der Dotter unbedingt weich und glasig bleiben muss. Wenn Sie es lieben, dass der Dotter beim Servieren von einem milchigweißen Film überzogen ist (und sich dadurch auch ohne Trübung des Eigelbs salzen und pfeffern lässt), so brauchen Sie, solange das Spiegelei brät, lediglich einen Pfannendeckel aufzusetzen. (Vorsicht: Die Garzeit verkürzt sich dadurch etwas.)

Eine andere Möglichkeit, das leidige Problem der hässlichen Salzflecken zu umgehen, ist es, die Eier vor dem Braten in Eiweiß und Dotter zu trennen. Lassen Sie jetzt zuerst das Eiweiß in die Form beziehungsweise die Pfanne gleiten, salzen Sie nach Belieben, und setzen Sie dann erst den Dotter auf. Der zieht das Salz dann von unten ein und braucht vor dem Servieren nicht mehr extra gewürzt zu werden.

Alle diese Methoden bezeichnen die Amerikaner als „sunny side up", weil das sonnengelbe Eigelb nach oben weist. Es erfreuen sich dort auch Spiegeleier mit der „sunny side down" großer Beliebtheit. Die Spiegeleier werden in diesem Fall, wenn das Eiweiß schon einigermaßen fest geworden ist, mit einem Bratenwender umgedreht und auf der anderen Seite noch kurz weitergebraten. Auch in diesem Fall sollte der Dotter jedoch nicht völlig erstarrt, sondern in der Mitte noch weich sein.

Dass Spiegeleier, wo auch immer sie ihre Sonnenseite haben mögen, durch Darüberhobeln von Alba-Trüffeln einen morgendlichen Geschmacks- und Aromarausch bewirken können, ist, sagt Witzigmann, eine Binsenweisheit, die er hier nur am Rande vermerkt wissen will.

Neben Hühnereiern empfehlen sich für die Zubereitung von Spiegeleiern auch die kleineren und noch wohlschmeckenderen Wachteleier. Richtet man diese auf kurz in Butter geschwenktem Parma- oder San-Daniele-Schinken an, lassen sich mit diesen „Mini-Ham-and-Eggs" unerwartete morgendliche Überraschungen erzielen.

Rezept: Rahmspinat – für 4 Personen: 500 g Blattspinat • 100 g Butter • 50 g Nussbutter • 1/2 Knoblauchzehe, fein gewürfelt • 2 Schalotten, fein gewürfelt • 0,1 L flüssige Sahne • 2 EL geschlagene Sahne • Salz, Pfeffer, Muskat zum Abschmecken

Zubereitung: In einem Topf Schalotten und Knoblauch in der Butter ohne Farbe anschwitzen. Spinat waschen, leicht abtropfen und hinzugeben (das Tropfwasser dient als Flüssigkeit). Den Spinat zusammenfallen lassen und die Sahne hinzugeben. Aufkochen und etwas einkochen lassen.

Den Spinat in einen Mixer geben und fein mixen, bis der Spinat fein püriert ist. Danach die Nussbutter einlaufen lassen.

Abschmecken mit Salz, Pfeffer und Muskat. Die frisch geschlagene Sahne unterheben und servieren.

006   EIER AUFSCHLAGEN

Ein Ei perfekt aufzuschlagen, also so, dass keine Bruchstücke der Schale mit in Schüssel, Pfanne, Teig oder Omelett kommen, hängt vom geeigneten Werkzeug, dem Einschlagwinkel und der Geschwindigkeit des Aufschlags ab. Die Universität Glasgow empfiehlt zum Öffnen eines Eis ein mittelschweres Messer mit einer flachen, dünnen, stumpfen Klinge. Diese Methode soll einen sauberen Bruch ohne bröckelnde Schalenstücke garantieren.

MIT EINER HAND Und dann gibt es noch das Eierbrechen mit Stil. Dazu kommt nur eine Methode in Frage: Sie müssen das Ei mit einer Hand brechen. Üben Sie am besten an einem mittelgroßen Landei (53–63 Gramm), Güteklasse A. Große Eier werden hauptsächlich von alten, erfahrenen Lege-

hennen gelegt, ihre Eier sind aber leider auch zerbrechlicher. Ihr Ei sollte also von einer Legehenne besten Alters stammen. Halten Sie das Ei (als Rechtshänder) in der rechten Hand, die schmalere Seite des Eis wird zwischen kleinem Finger und Daumenballen eingeklemmt, das dickere Ende des Eis halten Sie mit Daumen, Zeige- und Mittelfinger. Schlagen Sie das Ei am Rand einer Schüssel oder Pfanne auf und halten es dabei immer noch so wie angegeben. Nicht loslassen. Öffnen Sie die Hand nur leicht, indem Sie die aus Daumen, Zeige- und Ringfinger bestehende Klammer vom Handballen wegbewegen.

Schon nach wenigen Versuchen werden Sie mit Schnelligkeit und einer runden schönen Bewegung jeden, der Sie in der Küche beobachtet, beeindrucken können.

PFANNKUCHEN WENDEN — 007

Es gibt zwei sinnvolle Arten, einen Pfannkuchen zu wenden (alle Varianten mit einem Pfannenwender sind als langweilig abzulehnen). Die erste ist die etwas sicherere: Nehmen Sie einen Teller und drücken ihn umgedreht leicht auf die Pfanne. Drehen Sie nun blitzschnell Pfanne und Teller um, stellen Sie die Pfanne zurück auf den Herd, und dann können Sie den Pfannkuchen wieder hineingleiten lassen. Die zweite und natürlich viel schönere Variante: Sie wenden den Pfannkuchen in der Luft.

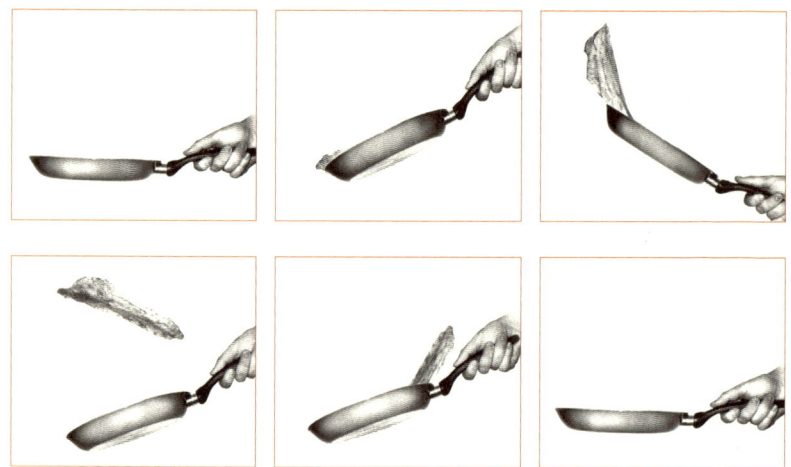

In der Übungsphase werden Sie den ein oder anderen Pfannkuchen verlieren.

Es erfordert, zugegeben, ein wenig Übung. Sie können die Bewegung mit allen möglichen Gegenständen üben, Topflappen eignen sich recht gut. Sie können auch mit Sand üben, die Technik ist die gleiche. Später können Sie die Technik auch beim Wenden von Gemüse in der Pfanne anwenden. Sieht gut aus, macht Spaß und ist überdies sinnvoll. In der Übungsphase werden Sie den ein oder anderen Pfannkuchen verlieren, aber das ist es wert. So männlich das Wenden von Pfannkuchen in der Luft auch aussehen mag: Es ist genauso Frauensache. In der Bretagne gibt es die Tradition, dass die Frau am Tage ihrer Hochzeit eine Crêpe zubereitet – die französische Form des Pfannkuchens. Gelingt es ihr, den Pfannkuchen sauber in der Luft zu wenden, soll die Ehe eine glückliche werden. Weitere Bräuche: In manchen Gegenden heißt es, dass eine Frau sechs Crêpes hintereinander erfolgreich in der Luft wenden müsse, um einen Ehemann zu finden. Diesen heirate sie dann im selben Jahr. Eine Unterart des bretonischen Brauchs will es, dass die Braut eine Crêpe auf einen Schrank des gemeinsamen Zuhauses wirft. Auch das bringt Glück.

Bekanntlich soll, einer ungeschriebenen Weisheit zufolge, ein Mann in seinem Leben einen Baum pflanzen (vgl. Kapitel *Der Mann und die Natur*, Rubrik *Einen Baum pflanzen)*, ein Kind zeugen (vgl. Kapitel *Der Mann und die Frau*, Rubrik *Ein Kind zeugen)* und ein Haus bauen. Dazu ist zu sagen, dass ein Leben auch erfüllt sein kann, wenn man diese ungeschriebene Weisheit ganz oder teilweise ignoriert. Es kann jedoch nicht das Geringste schaden, wenn man weiß, wie im Falle eines Falles ein Haus gebaut wird.

008.01 *GRUNDSTÜCK* Der Hausbau beginnt mit der Suche nach einem geeigneten Grundstück. Anlaufstellen sind zum Beispiel die Gemeinde, in der das Haus stehen soll, oder Grundstücksmakler. Oft erwerben Bauträgergesellschaften freie Grundstücke. Der Grundstückskauf von einer Bauträgergesellschaft ist in der Regel mit der Bedingung verknüpft, dass die Gesellschaft oder eine angeschlossene Baufirma den Hausbau übernimmt.

008.02 *ARCHITEKT* Ein Architekt wird im Idealfall schon vor dem Grundstückskauf eingeschaltet, denn die Gestaltung des Hauses ist auch abhängig von der Lage des Grundstücks, davon, auf welcher Seite es erschlossen ist, oder von der Existenz eines Bebauungsplans, der für das Grundstück eventuell gilt. Der Architekt kann bei der Auswahl helfen.

008.03 *BEBAUUNGSPLÄNE* Wozu gibt es Bebauungspläne, könnten Sie sich zurecht fragen. Ein Bebauungsplan soll Wildbau verhindern, er regelt die Art und das Maß der baulichen Nutzung. Das Maß meint dabei die Grundflächen- und die Geschossflächenzahl. Ist im Bebauungsplan eine Grundflächenzahl von 0,4 festgelegt, so bedeutet dies, dass 40 Prozent der Grundfläche des Grundstücks überbaut werden dürfen. Ist eine Geschossflächenzahl von 0,6 festgelegt, so heißt das, dass die Geschossflächenzahl 60 Prozent der Grundfläche betragen darf; hätte ein geplantes Haus zum Beispiel drei Geschosse bei einer Hausgrundfläche von 100 Quadratmetern, so betrüge die Geschossfläche 300 Quadratmeter. Bei einer Geschossflächenzahl von 0,6 müsste das Grundstück dann mindestens 500 Quadratmeter groß sein, damit dies dem Bebauungsplan entspräche, da 300 Quadratmeter 60 Prozent von 500 Quadratmetern sind.

008.04 *KNIESTOCK* Durch die Festlegung der Art der baulichen Nutzung im Bebauungsplan ist geregelt, wie die Dachform aussehen darf oder welche Kniestock- und Drempelhöhen ordnungsgemäß sind. Kniestock oder Drempel heißt die an der Traufseite eines Hauses über die Decke hinaus gemauerte Außenwand, auf der das Dach aufliegt. Je höher der Kniestock, desto mehr Stellfläche steht unter der Dachschräge zur Verfügung. Sinnvoll für ein durchschnittliches Einfamilienhaus ist beispielsweise eine Drempelhöhe von 30 bis 40 Zentimetern.

008.05 *ABSTAND HALTEN* Über den Bebauungsplan hinaus, der den Einzelfall regelt, gelten Baugesetze, die den Hausbau generell regeln, so zum Beispiel die Bayerische Bauordnung, in der unter anderem die Abstandsflächen eines Hauses zur Grundstücksgrenze bestimmt sind. Die Abstandsfläche entspricht normalerweise der Wandhöhe des zu bauenden Hauses. Ist die Wand also fünf Meter hoch, beträgt der Abstand vom Haus zum Grundstücksrand ebenfalls fünf Meter. Auf zwei Seiten des Hauses darf die Abstandsfläche halbiert werden, jedoch nur, wenn das Haus mindestens sechs Meter hoch ist, denn der Abstand muss stets mindestens drei Meter betragen.

008.06 *GENEHMIGUNG* Die Einhaltung solcher Regeln ist auch entscheidend für das Tempo des Bauprozesses. Hält man sich als Bauherr in ausnahmslos allen Punkten an den Bebauungsplan und die Baugesetze, so darf man schon vor Beendigung des Genehmigungsverfahrens mit dem Bau beginnen. Die Baugenehmigung wird von der Unteren Baubehörde erteilt. In der Regel ist dies das Landratsamt, bei kreisfreien Städten die Stadt. Ist ein Bau in dieser oder jener Hinsicht baurechtswidrig, müssen sowohl die

DER MANN IM HAUS

Stadt als auch alle Bauanlieger dem Bau zustimmen, dann verzögert und verkompliziert sich das Verfahren mitunter erheblich.

008.07 *STANDARDFRAGEN* Es gilt, beim Bau gewisse Standardfragen zu stellen. Erstens: Welche Funktionen soll das Haus erfüllen, also: Wird es Kinder beherbergen? Soll es behindertengerecht sein? Zweitens: Wie soll es gestaltet werden? Die Einordnung in den Kontext der Umgebung ist hierbei wichtig. Und drittens: Welche Materialien werden verwendet? Die Energieeinsparverordnung *EnEV* regelt heute rigoroser als früher Fragen der Wärmedämmung oder der Heizsysteme.

008.08 *ANDERE MÄNNER AM BAU* Als Bauherr ist man theoretisch ermächtigt, möglichst viele Arbeiten selbst zu übernehmen, allerdings müssen Bauverordnungen eingehalten werden, so dass es für nicht ausgebildete Bauherren üblich ist, praktisch nicht mehr als Maler-, Fliesen- und Bodenlegearbeiten völlig selbständig zu erledigen. Der Rohbau wird – üblicherweise – von Maurern hochgezogen. Weitere am Bauprozess Beteiligte sind meist: Zimmerer, Dachdecker, Spengler, Estrichleger, Parkettleger, Schlosser, Metallbauer, Elektro-, Sanitär- und Heizungsinstallateure, Fensterbauer und, in manchen Fällen, für Blitzschutz und Möbeleinbau verantwortliche Arbeiter. Es ist keine Schande, sich beim Hausbau helfen zu lassen: Kein Mann kann alles können.

008.09 *AUSHUB* Der eigentliche Hausbau beginnt mit Aushubarbeiten. Soll das Haus unterkellert sein, wird der Aushub – wie Sie sich sicherlich bereits gedacht haben – tiefer. Der Keller oder die Hausbasis wird dann geschalt und üblicherweise in Beton gegossen. Auf dieser Basis wird danach der Rohbau nach oben gezogen. Während des Rohbaus ist zu berücksichtigen, dass später noch diverse Rohre und Kabel installiert werden, weshalb vielleicht doch die eine oder andere Aussparung gelassen werden sollte. Bevor die Installateure ihre Arbeit beginnen, sollte das Dach möglichst geschlossen sein.

008.10 *FARBWAHL* Die Farbe des Hauses ist nicht völlig frei wählbar, sondern wird oft in der Gemeindesatzung oder dem Bebauungsplan mit Formulierungen wie „ortsübliche Farben" • „gedeckte Farben" • „nur helle Farben in den Farbbezugswerten von x bis y" vorgegeben. In § 34 des Bundesbaugesetzes heißt es, eine Orientierung an der umliegenden Bebauung sei notwendig. Dies lässt Spielraum, nicht nur bei der Farbwahl, sondern auch bei der Dachform oder der Dimension des Gebäudes, jedoch nicht grenzenlose Freiheit.

008.11 *FERTIG* Bezugsfertigkeit eines Hauses wird von den Nutzern definiert. Das Haus sollte jedoch, bevor es mit Möbeln eingerichtet wird, wegen der ansonsten bestehenden Schimmelgefahr von innen komplett ausgetrocknet sein.

008.12 *GELD* Bleibt die Frage nach den Kosten. Es gibt sieben Kostengruppen.

01. Der Grundstückskauf. Darüber ist zu sagen, dass die Kosten hier sehr von der Lage abhängen. In einer Stadt kann ein Grundstück zehn und mehr Mal so viel kosten wie ein ebenso großes auf dem Land.

02. Das Herrichten des Grundstücks. Dies meint den Abriss von Altbauten, das Fällen von Bäumen und Ähnliches. Die Kosten hierfür sind vernachlässigbar, wenn es sich um ein Rasenstück handelt; der Abriss eines alten Hauses kann aber auch fünfstellige Summen verschlingen.

03. die eigentliche Baukonstruktion und

04. die Installationen. Diese beiden Punktgruppen werden in der Regel als eine Kostengruppe behandelt. Ein Kubikmeter umbauten Raums kostet ungefähr 250 bis 300 Euro. Ein durchschnittliches Einfamilienhaus ist etwa 600 bis 1000 Kubikmeter groß, so dass hier mit 180 000 bis 300 000 Euro an Kosten zu rechnen ist.

05. Die Außenanlagen wie Garten und Zugangswege. Für 3000 Euro kann man einen einfachen Weg anlegen, Luxusvarianten können auch 100 000 Euro verschlingen.

06. Einrichtung wie Küche oder Sauna. Dies hängt von den Wünschen ab. Eine Küche kann 10 000 Euro kosten, nach oben gibt es kaum Grenzen.

07. Die Baunebenkosten, wie die Honorare für Architekten, Statiker oder Gartenplaner. Hierfür müssen etwa 15 bis 20 Prozent der Summe der Kostengruppen 3 und 4 veranschlagt werden. Der Architekt erhält üblicherweise zehn Prozent.

008.13 *FEIERN* Auch eine wichtige Frage: Was gibt es bei einem Richtfest zu essen, das für die Handwerker und oft auch Nachbarn ausgerichtet werden sollte, sobald der Dachstuhl steht? Einfache Antwort: Es gibt deftige, regionale Kost.

WERKZEUG BESITZEN 009

Selbstverständlich braucht ein Mann eine Grundausstattung an Werkzeug; selbst ein Mann, der beschlossen hat, sich niemals handwerklich zu betätigen – denn hat er Werkzeug, können ihm Freunde schnell und problemlos bei kleinen Reparaturen helfen, ohne ihr eigenes Werkzeug anschleppen zu müssen. Baumärkte bieten Werkzeug-Sets an, was Sie nicht im Geringsten berühren sollte: Lassen Sie die Finger von diesen Sets. Lassen Sie überhaupt die Finger von billigem Werkzeug – dieses Zeug sieht nur aus wie Werkzeug, es ist auf Dauer unbrauchbar. Zu glauben, der Akkuschrauber für 29 Euro werde schon nicht so viel schlechter sein als der für ein paar hundert Euro, ist ein Irrglaube. Qualität kostet Geld, das gilt bei Werkzeug noch mehr als überall sonst. Eine vernünftige Grundausstattung kostet zwischen 500 und 1000 Euro, dazu kommen die Bohrmaschine und der Akkuschrauber. Gutes Werkzeug gibt es im Werkzeug-Fachgeschäft. Die weltbesten Bohrmaschinen baut die Firma *Duss* aus dem Schwarzwald, einen Akkuschrauber kauft man am besten von *Festo*. Leider müssen Sie jeweils mit rund 500 Euro rechnen, aber dafür bekommen Sie richtig gute Maschinen, über die Sie sich nie ärgern werden. Was Sie ansonsten brauchen:
300 g Schlosserhammer • Rückschlagfreier Plastikhammer (z.B. um eine Delle aus dem Auto zu klopfen) • Kombizange • Gripzange • Wasser-

pumpenzange • Spitzzange • Seitenschneider (schwedische Form) • Schraubendreher: 3 Schlitz (Größen 2,5; 4 und 8), 4 Kreuzschlitz (2 mit Philipps-Form, Größe 1 und 2; 2 mit Pozidriv-Form, Größe 1 und 2) – *Philipps* und *Pozidriv* bezeichnen die beiden verschiedenen Sorten von Kreuzschlitzschraubendrehern • Vorstecher (um z.b. ein kleines Loch in Holz zu stechen, in das Sie eine Schraube drehen wollen) • 1 Bithalter • 1 Satz Bits (Schlitz, Kreuzschlitz und Torx – sternförmig) • 1 Phasenprüfer (Schraubendreher, mit dem man prüfen kann, ob Strom läuft) • Schweizer Taschenmesser • Puk-Säge (für Metall) • Japanische Feinsäge (für Holz) – in Japan zieht man beim Sägen, in Europa war es lange üblich zu stoßen; mit der japanischen Säge lässt es sich feiner sägen. Beliebt ist es, die Säge am Sägeblatt anzufassen, um zu sehen, ob sie auch schön scharf ist. Davon wird sie allerdings stumpf, weil ihr das Fett der Haut nicht bekommt. Säubern kann man sie am besten mit Holzspänen, falls Sie gerade welche da haben • Innensechskant-Schlüsselsatz, am besten mit Drehkopf • Ring- und Maulschlüsselsatz (im Set werden sie meist in den Größen 6 bis 22 angeboten. Kaufen Sie ruhig noch einen 24er und einen 30er dazu) • Schlosser-Winkel (um einen rechten Winkel zu zeichnen) – Handwerker, die keinen rechten Winkel zur Hand haben, helfen sich mit der von ihnen so genannten Methode „3, 4, 5". Sie bauen ein Dreieck mit den Seitenlängen 3, 4, 5, weil es immer ein rechtwinkliges Dreieck ist. Das ist leicht erklärt mit dem Satz des Pythagoras, der für alle rechtwinkligen Dreiecke gilt: $a^2 + b^2 = c^2$. In diesem Fall: $3^2 + 4^2 = 5^2$ (9 + 16 = 25) • Werkstattfeile (flach, stumpf, am besten von *Dick)* – bei Feilen ist es wichtig, dass ihre Oberfläche unregelmäßig ist, weil sie sonst ein Muster hinterlassen. Gute Feilen werden daher von Hand hergestellt • Rollbandmaß • Zollstock • Messschieber • Wasserwaage • Klebebänder (am besten von *Tesa)* • glatte Kreppbänder (z.B. zum Abkleben) • Gewebeband (isolieren, festmachen) • Pneumatische Bohrmaschine • 1 HSS-Bohrersatz Größe 1,5 – 13 (für Stahl, Plastik) • 1 Steinbohrersatz, Größe 4 – 14 • 1 Holzbohrersatz, Größe 3 – 10 • 1 Satz Kegel- und Entgratsenker (um Schraubenköpfe bündig in Oberflächen versenken zu können) • 1 Satz Maschinengewinde-Bohrer (wenn zum Beispiel

DER MANN IM HAUS

der Pfannenstiel abgebrochen ist, bohren Sie einfach mit dem Akkuschrauber zwei Gewinde in die Pfanne und schrauben den Stiel wieder fest) • Akkuschrauber.

Damit sind Sie im Wesentlichen gerüstet. Vielleicht werden Sie eines Tages eine Handkreissäge oder eine Stichsäge brauchen, aber die können Sie kaufen, wenn es soweit ist (am besten auch von *Festo*) – sie gehören nicht zur Grundausstattung. Mit gutem Werkzeug können die kleinen Arbeiten im Haus Spaß machen; auch der Aufbau einer komplizierten Konstruktion von Ikea geht leichter von der Hand, wenn Ihr Akkuschrauber nicht zwischen Schraube sechs und sieben (von 112) schlappmacht.

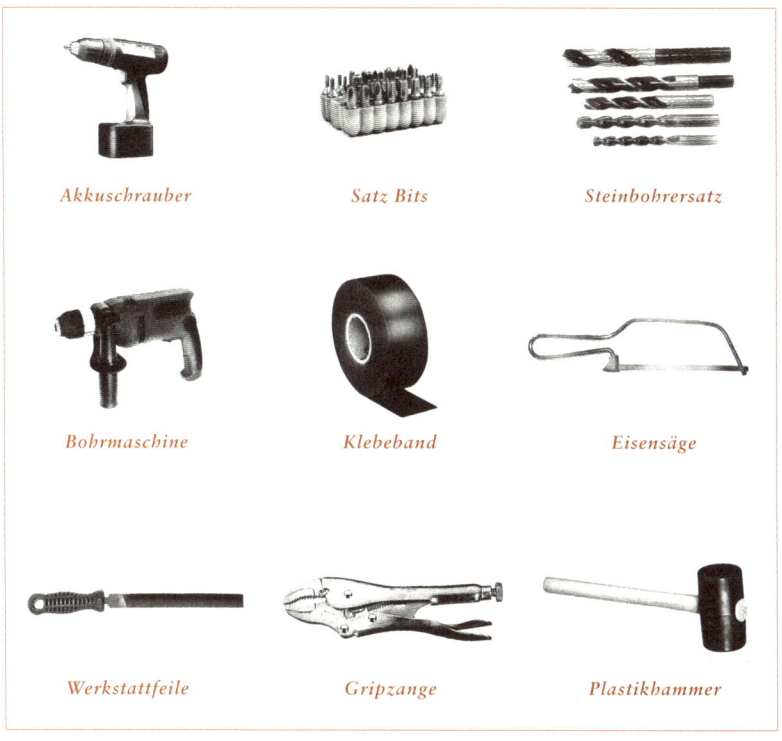

Akkuschrauber Satz Bits Steinbohrersatz

Bohrmaschine Klebeband Eisensäge

Werkstattfeile Gripzange Plastikhammer

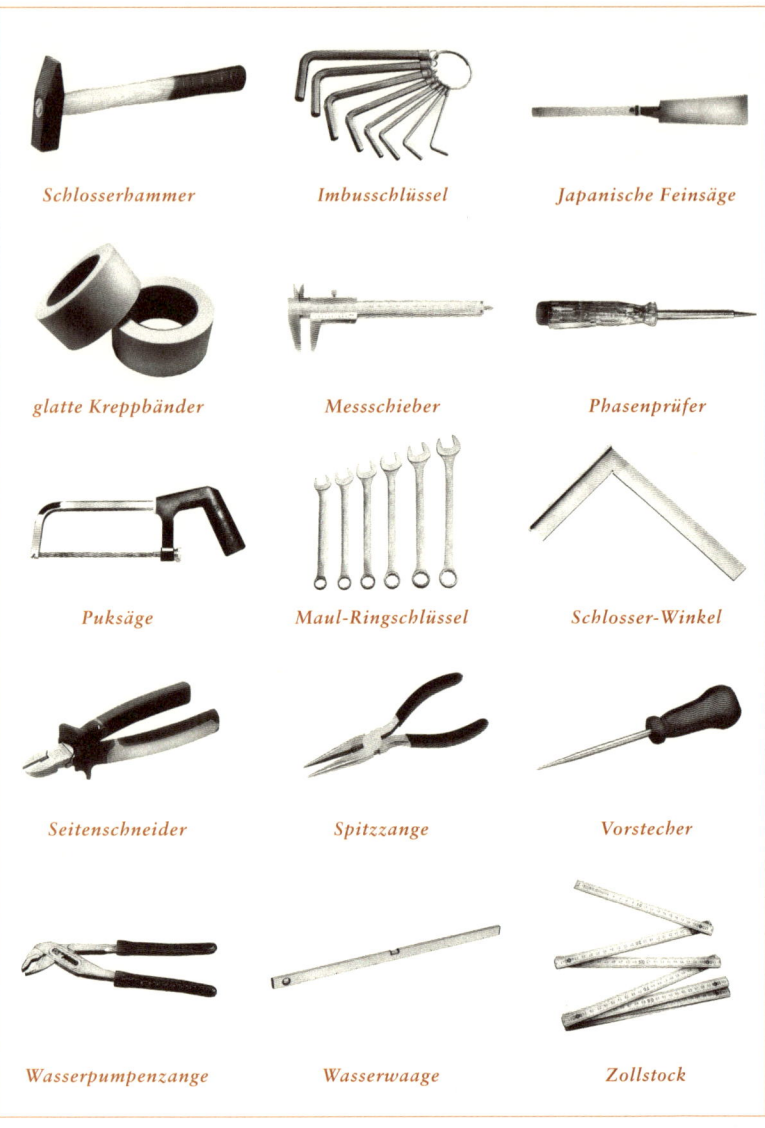

Schlosserhammer   Imbusschlüssel   Japanische Feinsäge

glatte Kreppbänder   Messschieber   Phasenprüfer

Puksäge   Maul-Ringschlüssel   Schlosser-Winkel

Seitenschneider   Spitzzange   Vorstecher

Wasserpumpenzange   Wasserwaage   Zollstock

Das einfachste Regal ist billig, schnell gebaut und sieht gut aus. Sie brauchen dazu Holz, Spax-Schrauben und Ihren Akkuschrauber. Als Holz empfiehlt sich Birke Multiplex, zwölf Millimeter stark. Nehmen wir der Einfachheit halber an, Ihr Regal wird einen Meter hoch und einen Meter breit (die Maße können Sie natürlich variieren). Erfahrungsgemäß ist es sinnvoll, die Fächer 33 Zentimeter hoch und 33 Zentimeter tief zu bauen. Sie brauchen nun also drei Bretter von einem Meter Länge und 33 Zentimetern Breite (wenn Sie das am Boden liegende Brett einfach weglassen) und dazu sechs bis sieben quadratische Bretter mit einer Seitenlänge von 33 Zentimetern. Am einfachsten ist es, Sie lassen sich das Holz beim Händler zuschneiden. Das Regal wird tektonisch aufgebaut und sieht so aus:

... Das Prinzip des Dreisteins, genannt: Trilith. ...

Die Trennwände werden oben und unten in die querliegenden Bretter geschraubt. Fertig. Diese Bauweise basiert auf dem Prinzip des Dreisteins, genannt: Trilith. Das Prinzip ist denkbar einfach: Man stellt zwei Steine auf und legt einen dritten quer darüber. Auf Malta sind viele Trilithen zu besichtigen, denn das Prinzip wurde dort oft im Tempelbau verwendet. Selbstverständlich können Sie das Regal auch aus MDF (mitteldichten Holzfaserplatten) bauen, dann könnten Sie die Trennwände auch kleben, statt sie festzuschrauben. Und natürlich lässt sich eine solche Konstruktion auch ganz traditionell aus Steinen errichten.

011

Vermutlich ist es Ihnen auch schon passiert, dass Sie einfach ein kleines Loch in die Wand bohren wollten, tatsächlich aber einen faustgroßen Krater hinterlassen haben. Das liegt in der Regel daran, dass Sie die falsche Bohrmaschine benutzen. Sie brauchen unbedingt eine pneumatische Bohrmaschine, auch genannt: pneumatischer Bohrhammer. Eine Schlagbohrmaschine ist Unsinn, die können Sie bestenfalls dazu benutzen, mit einem Quirl Farbe umzurühren. Die pneumatische Bohrmaschine haut den Bohrer selber nach vorne (beim Schlagbohrer müssen dagegen Sie nach vorne drücken) – das hat den alles entscheidenden Vorteil, dass sie sehr langsam bohren können.

011.01 *LANGSAM BOHREN* Das ist im Grunde die wichtigste Grundregel: Bohren Sie so langsam es geht, insbesondere bei schwierigen Wänden in Altbauten. Setzen Sie die Maschine an, lassen Sie sie langsam laufen und haben Sie Geduld. Ihr pneumatischer Bohrhammer bahnt sich ganz allmählich den Weg nach vorn. Dass der Bohrer sich dreht und als Spirale geformt ist, liegt allein daran, dass der Abraum aus dem Loch transportiert werden muss. Um diesen aufzufangen, können Sie ein Kuvert oder einen Kaffeefilter unterkleben, oder Sie bitten jemanden, den Staub sofort mit dem Staubsauger abzusaugen (was allerdings nicht das beste für den Staubsauger ist).

011.02 *DIE AUSNAHME* Wenn Sie in Fliesen bohren, kleben Sie einen Streifen Klebeband auf die Stelle, an der das Loch entstehen soll. Auf diese Weise verrutscht der Bohrer nicht. Bei Fliesen gilt mehr noch als bei schwierigen Wänden: äußerst langsam bohren.

Auch in Plastik bohrt man langsam, gleiches gilt für Eisen. Wenn Sie in Eisen bohren, müssen Sie beständig für Kühlung sorgen (sonst wird der Bohrer erst heiß und dann sehr schnell stumpf). Besorgen Sie sich dazu eine Dose Schneidöl, die gibt es auch als Spray.

Wenn Sie in Beton bohren, brauchen Sie keine Hemmungen zu haben, da können Sie auch mit Tempo zu Werke gehen.

Und da jede Regel eine Ausnahme hat, ist das auch so bei der Regel vom langsamen Bohren: In Holz lässt man den Bohrer möglichst schnell laufen. Dazu nehmen Sie am besten nicht den Bohrhammer, sondern den Akkuschrauber (den sehr guten Akkuschrauber! Mit einem billigen werden Sie keine Freude beim Bohren haben).

011.03 **VOLL MIT HOLZ** Sollte das Loch in der Wand nun wider Erwarten nichts geworden sein, gibt es zwei Tricks, mit denen Sie sich helfen können. **01.** Sie stifteln das Loch voll mit Holz, sprich: Sie pressen so viele Streichhölzer hinein wie möglich. Die Schraube können Sie dann direkt ins Holz drehen. **02.** Sie besorgen sich Injektionskleber (PU-Kleber) und füllen reichlich davon ins Loch. Eher abzuraten ist von Schnellzement und Gips.

ANSTREICHEN UND LACKIEREN 012

Wenn die Werbung Ihnen eine teure Superfarbe empfiehlt, mit Nikotinsperre und so fort: Lächeln Sie. Ein paar Unterschiede gibt es, aber Sie brauchen die Superfarbe nicht. In billiger Farbe ist allerdings mehr Wasser enthalten. Daher gilt: Kaufen Sie nicht die billigste, aber auch nicht die teuerste. Irgendwo finden Sie immer eine Farbe im mittleren Preisniveau, die die Stiftung Warentest für gut befunden hat. Außerdem brauchen Sie:
1 Flachpinsel, 45 Millimeter Breite (für die Ecken) • 1 Lammfellroller (möglichst langflorig) • 1 kleine Rolle, 120 Millimeter • 1 Abstreifgitter • 1 Eimer Wasser und ein Schwammtuch • Zeitung zum Auslegen.

012.01 **EIMER TRAGEN** Wenn Sie das Abstreifgitter auf einer Seite in den Farbeimer senken, achten Sie darauf, dass der Bügel auf der anderen Seite liegt: Sie werden sich selbst für diesen Gedanken dankbar sein, wenn Sie den Eimer zum ersten Mal ein paar Meter weitertragen wollen. Das Wasser und das Schwammtuch brauchen Sie, um Tropfen von der Heizung oder den Fußleisten sofort abwischen zu können.

012.02 *VOM LICHT WEG* Streichen Sie zunächst die Ecken der Decke. Anschließend rollen Sie die Decke. Zwei Prinzipien sind zu beachten. 01. Nass in nass arbeiten. Das bedeutet, dass Sie Flächen immer ohne Pause durchstreichen sollten, man sieht sonst, wo Sie neu angesetzt haben. 02. Streichen Sie immer vom Licht weg. Streichen Sie also die erste Bahn am Fenster und arbeiten sich dann durch den Raum. Das mag albern klingen, es ist aber tatsächlich sinnvoll. Wenn Sie zum Licht hin streichen, wird zu sehen sein, wo Sie jeweils die neue Bahn angesetzt haben.

Wenn die Decke fertig ist, streichen Sie die Wand am Fenster komplett. Arbeiten Sie sich anschließend durch den Raum, dabei immer erst die Ecken, dann die zugehörigen Flächen streichen.

012.03 *IN FOLIE* Wenn Sie in Kürze noch einmal streichen müssen, können Sie die benutzten Pinsel und Rollen einfach in Frischhaltefolie einwickeln (ein paar Tage, nicht länger). Streichen Sie nicht so bald wieder, sollten Sie Pinsel und Rollen sofort nach der Arbeit wirklich gründlich auswaschen (wenn die Farbe einmal trocken ist, ist es zu spät), dann halten sie ewig.

012.04 *LACKIEREN* Wenn Sie das Zimmer gestrichen haben, werden Sie vermutlich feststellen, dass Fenster und Türen im Vergleich gar nicht mehr so frisch wirken. Sollten Sie nun ans Lackieren denken, müssen Sie diesen Gedanken ein wenig verfeinern: Denn ans Lackieren zu denken heißt in erster Linie, ans Schleifen und Grundieren zu denken. Das ist mit Abstand das Wichtigste und bereitet auch die meiste Arbeit.

012.05 *SCHLEIFEN UND WIEDER SCHLEIFEN* Putzen Sie das Fenster und den Rahmen, bevor Sie anfangen, machen Sie alles richtig sauber. Leider ist das Schleifen ein recht mühselige Angelegenheit, da man von Hand schleift.

Fangen Sie fürs Gröbste mit 80er-Schleifpapier an und schleifen die komplette Fläche, die Sie lackieren wollen. Wiederholen Sie das Ganze anschließend mit 150er oder 180er Schleifpapier und schließlich noch einmal mit 240er. Die Fläche sollte vollkommen glatt und eben sein. Wenn irgendwo auf der Fläche Holz zu sehen ist: zweimal grundieren. Dazu einfach die Grundierung mit einem Pinsel auftragen.

Nach dem Grundieren müssen Sie leider noch einmal schleifen, wieder mit dem 240er-Papier. Anschließend alles sauberst abbürsten, am besten wischen Sie abschließend alles noch einmal mit einem Mikrofasertuch ab, um wirklich so viel Staub wie möglich zu entfernen. Und erst jetzt kann man ans Lackieren denken: Tragen Sie den Lack mit dem Pinsel auf. Einmal streichen sollte reichen.

012.06 *RAUS AUFS MEER* Der größte Feind des Lackierers ist der Staub. Deshalb ist es wichtig, dass alles so sauber wie möglich ist. In Japan fuhr man früher mit den Gegenständen, die zu lackieren waren, hinaus aufs offene Meer. Weil dort kein Staub ist.

TAPEZIEREN — 013

Tapezieren Sie nicht. Tapezieren war früher. Eine ordentlich verputzte und gestrichene Wand sieht viel besser aus.

EINEN STROMAUSFALL ÜBERBRÜCKEN — 014

Es gibt immer noch Menschen, die glauben, auch auf eine nukleare Katastrophe vorbereitet zu sein. Das ist kein Klischee, es gibt sie. Und es gibt Firmen, die von diesen Menschen leben, indem sie beispielsweise Nahrung anbieten, die 30 Jahre lang haltbar ist; es handelt sich meist um Trocken- und Dosenessen. So weit muss natürlich wirklich niemand gehen, und es sei dabei völlig dahingestellt, wie viel Sinn darin liegt, sich auf eine nukleare Katastrophe vorzubereiten. Sinnvoll ist es hingegen, auf einen Stromausfall vorbereitet zu sein. Die sind zwar selten, aber sie kommen vor. Im November 2006 fiel der Strom großflächig vom Ruhrgebiet bis nach Spanien aus, Millionen Menschen waren betroffen. 2003 fiel der Strom in den USA, in Skandinavien, in Italien und in London aus, betroffen waren mehr als 100 Millionen Menschen. Seit der Privatisierung der Netze scheinen Stromausfälle zugenommen zu haben, woran auch immer das liegt.

014.01 *SINNVOLLES IN NEW YORK* Der berühmteste Stromausfall ist wohl der vom 9. November 1965 in New York. Der Strom fiel damals auch im Nordosten der USA und in Teilen Kanadas aus, aber in der kollektiven Erinnerung handelt es sich um einen New Yorker Stromausfall. Das liegt vor allen Dingen daran, dass bis heute die schöne Geschichte kursiert, genau neun Monate nach dem Stromausfall sei die Geburtenrate in New York deutlich gestiegen. Selbstverständlich ist die Geschichte lange widerlegt, aber sie überlebt in Erzählungen, vermutlich, weil die Vorstellung zu erstaunlich ist: Das riesige New York lahmgelegt, und all die hektischen Menschen nutzen die Zeit, um etwas wirklich Sinnvolles zu tun.

014.02 *AUSFALL NUR BEI IHNEN* Sollte nun in Ihrer Wohnung oder Ihrem Haus der Strom ausfallen, spricht nichts gegen die vermeintliche New Yorker Lösung. Es gibt allerdings ein paar simple Dinge, die zusätzlich zu beachten wären, insbesondere, wenn Sie nicht nur zu zweit sind. Prüfen Sie zunächst, ob allein Ihr Haus oder Ihre Wohnung betroffen ist. Schauen Sie aus dem Fenster und prüfen Sie, ob irgendwo Licht brennt, bei den Nachbarn oder auf der Straße (tagsüber können Sie natürlich kurz zum Nachbarn rübergehen und fragen). Ist nur bei Ihnen der Strom ausgefallen, liegt es meist an einem defekten Elektrogerät. In der Regel reicht es dann, wenn Sie das Gerät vom Strom nehmen und im Sicherungskasten die entsprechende Sicherung oder die Hauptsicherung wieder einschalten. Wenn nicht, müssen Sie Ihren Stromanbieter kontaktieren.

014.03 *AUSFALL ÜBERALL* Auf einen flächendeckenden Stromausfall sollten Sie sich vorbereiten, indem Sie Folgendes immer bereit halten: Taschenlampe, Streichhölzer, Feuerzeuge, Kerzen, Teelichter, ein batteriebetriebenes Radio, ganz wichtig: ausreichend Reservebatterien in verschiedenen Größen, einen Camping- oder Spirituskocher mit passendem Brennmaterial. Da auch Heizungen oft von Elektrizität abhängig sind (auch die Ölheizung), sollten Sie, wenn Sie einen Kamin oder Kohleofen besitzen, ausreichend Holz oder Briketts auf Vorrat haben. Zur Not können Sie auch mit dem Gartengrill ein wenig heizen, wenn Sie genügend Holzkohle vorrätig haben.

Über das Radio können Sie erfahren, wie lange Sie den Stromausfall überbrücken müssen. Auf dem Campingkocher können Sie kleinere Mahlzeiten zubereiten. Entsprechende Konserven oder Suppen sollten Sie also ebenfalls vorrätig haben.

014.04 **GERÄTE AUSSCHALTEN** Früher oder später kommt der Strom zurück. Lampen können Sie also einschalten, dann sehen Sie, wenn es soweit ist. Überprüfen Sie jedoch, dass alles andere ausgeschaltet ist, insbesondere der Herd oder das Bügeleisen, mit dem Sie im Moment des Stromausfalls gearbeitet haben. Teile des Inhalts Ihres Kühlschranks können Sie vorübergehend in eine Kühltasche packen. Da Sie als Erstes Licht brauchen, wenn der Strom im Dunkeln ausfällt, ist das Wichtigste, dass Sie wissen, wo sich Ihre Taschenlampe befindet – Ihre sehr gute Taschenlampe mit den frischen Batterien.

EINE MODELLEISENBAHN ZUSAMMENSTELLEN 015

Grundsätzlich ist zu sagen, dass ein Mann eher keine Modelleisenbahn haben will. Wenn er aber doch eine haben will, dann gibt es ein, zwei Dinge zu beachten.

015.01 **WELCHE BAHN?** Die Mona Lisa unter den Modelleisenbahnen ist das Krokodil von Märklin, wobei der Modelleisenbahnfan in der Regel eher davon spricht, dass die Mona Lisa das Krokodil unter den Gemälden sei.

Die schwäbische Firma Märklin hatte zunächst Puppenküchen hergestellt, später auch Eisenbahnen. Das Krokodil, ein dreigliedriges grünes Handmuster einer Schweizer Eisenbahnlokomotive, die selbst so nie in Serie ging, erschien erstmals im Märklin-Katalog 1933/34, zunächst in den Spurgrößen 0 und 1, später auch in H0 und von den siebziger Jahren an auch in der kleinsten Spur, der Z-Spur. Die heute unter Sammlern weit verbreitete Spurgröße H0 hat eine Spurweite von 16,5 Millimetern.

015.02 **DAS KROKODIL** Das erste H0-Krokodil – Modell CCS 800 – kam 1947 auf den Markt. Es verfügt über ein vorbildgerechtes Gelenkfahrwerk, Metallgehäuse, Mittelmotor, ein spiralverzahntes Präzisionsgetriebe, Spitzenbeleuchtung und eine ferngesteuerte Fahrtrichtungsumschaltung. Das Krokodil wurde ein Spitzenmodell im Sortiment. Besonders wertvoll ist das Krokodil für die große Spurweite 1. Es war auch vor dem Zweiten Weltkrieg schon den Begüterten vorbehalten. Das Modell CCS 66/12921 beispielsweise kostete 290 Reichsmark, den Monatslohn eines Arbeiters. Da das Spur-1-Modell nur verhältnismäßig kleine Stückzahlen erreichte, gibt es heute nicht mehr viele Modelle in gutem Zustand. Der bisher beste Preis für ein in hervorragendem Zustand angebotenes Spur-1-Krokodil wurde 1997 auf einer Versteigerung bei Christie's erzielt. Der anfängliche Ausrufpreis stieg auf 100 000 Mark. Zum Jahrtausendwechsel brachte Märklin die Millenniums-Lok Krokodil auf der Spur H0 heraus, wahlweise aus Titan, Gold und mit Rubinen (Rücklichter) besetzt oder aus Platin. Sie kostete in diesen Ausführungen 63 500 Mark. Es ist das aufwendigste Fahrzeug in der Geschichte der H0.

015.03 **WIE BEGINNEN?** In einer geeigneten Startpackung der Spur H0, wie sie anlässlich des 125-jährigen Jubiläums des Gotthardtunnels erschienen ist, gibt es die Elektrolokomotive Krokodil der Serie Ce 6/8 III gemeinsam mit einer Elektrolokomotive Serie Ae 6/6 „Luzern", einem gedeckten Güterwagen J3, einem gedeckten Güterwagen K3, einem Drehschemelwagen-Paar N2 und dem Weinfasswagen „Egli", dazu drei Leichtstahlwagen (Typ A mit 3 Abteilen 1. Klasse, Typ B mit 2 Abteilen 2. Klasse und Typ B mit 3 Abteilen 2. Klasse). Eingesetzt wurde der Zug auf der Gotthard-Strecke um 1955. Beide Lokomotiven sind hier mit dem Digital-Decoder mfx, geregeltem Hochleistungsantrieb (bei der „Luzern" der Antrieb c90, beim Krokodil C-Sinus kompakt) und Geräuschgenerator ausgestattet. Spitzensignal und verschiedene Betriebsgeräusche sowie Anfahr- und Bremsverzögerung sind schaltbar.

Die Gesamtlänge des Güterzugs beträgt 82 Zentimeter. Die Personenwagen sind vorbereitet für stromführende Kupplungen 7319 oder 72020, Schleifer 73405 und Innenbeleuchtung 73400 (zweimal je Wagen). Die Länge des Personenzugs beträgt 99,5 cm. Zur Ausführung gehören eine große C-Gleis-Anlage mit 47 Gleisen und zwei schlanken Weichen mit Elektroantrieb und Decoder, eine Märklin Systems Zentraleinheit Central Station, ein Transformator 60 VA zur Stromversorgung von Zentraleinheit und Zubehör – und sinnvollerweise gehören auch ausführliche Aufbau- und Betriebsanleitungen dazu.

015.04 **ZUDEM ZU BEACHTEN** Je nach gelegter Schienenroute ist es mitunter notwendig, auf einer Anlage beide Gleissysteme von Märklin – K und C – zu verwenden. Für den Übergang zwischen K- und C-Gleis gibt es ein 180 Millimeter langes Übergangsgleis.

DER MANN UND DIE NATUR

Bekanntlich soll, einer ungeschriebenen Weisheit zufolge, ein Mann in seinem Leben einen Baum pflanzen, ein Kind zeugen (vgl. Kapitel *Der Mann und die Frau*, Rubrik *Ein Kind zeugen)* und ein Haus bauen (vgl. Kapitel *Der Mann im Haus*, Rubrik *Ein Haus bauen)*. Das Kind zu zeugen bereitet im Idealfall den meisten Spaß, das Haus zu bauen die meiste Mühe, und den Baum zu pflanzen ist im Grunde das Einfachste.

016.01 ***RUNDE KRONE, BLÜTENPRACHT*** Um einen Baum zu pflanzen, benötigen Sie erst einmal einen Baum. Besorgen Sie sich einen jungen Baum in einer Baumschule. Eine sinnvolle Pflanzgröße für eine Süßkirsche *(Prunus avium)* wäre etwa 80 bis 120 Zentimeter. Diese Kirsche bietet sich für den Garten an, da sie anspruchslos ist, relativ schnell wächst und eine rundliche Krone entfaltet, die im Frühjahr eine schneeweiße Blütenpracht trägt (allerdings nicht jedes Jahr Früchte). Während sie im Sommer grüne Blätter trägt, entwickelt sie im Herbst eine prächtige gelborangefarbene bis scharlachrote Färbung.

016.02 ***LICHTHUNGER*** Für jeden Baum benötigen Sie außerdem eine passende Stelle. Sie sollte nicht zu nah an gepflasterten Wegen liegen, da der Baum nicht nur nach oben wächst, sondern, je nach Baum, auch erstaunlich weit in die Breite und vor allem nach unten. Außerdem ist die Süßkirsche lichthungrig, das heißt, ein sonniger bis lichtschattiger Platz ist ideal. Sie wird ausgewachsen, je nach Züchtung, zehn bis zwanzig Meter hoch. Nach etwa 15 Jahren ist sie fünf bis zehn Meter hoch und fünf bis acht Meter breit. Das sollten Sie einrechnen, wenn Sie planen, den Baum nicht zu weit vom Haus entfernt anzupflanzen.

016.03 ***BAD IM SCHACHTELHALMTEE*** Um die Kirsche zu pflanzen, bietet es sich an, einen Frühlingstag abzuwarten, an dem der Boden nicht allzu nass ist. Droht jedoch Spätfrost, ist die Herbstpflanzung vorzuziehen.

Graben Sie mit einem Spaten ein Loch mit einem Durchmesser von rund einem Meter. Das Loch muss tief genug sein, damit sich der Wurzelballen entfalten kann, sagen wir: einen halben Meter. Es empfiehlt sich, in die Erde Mist oder Kompost einzuarbeiten, das wirkt düngend. Da die Wurzeln beim Kauf oft in kleinen Säckchen versteckt sind, damit sie während des Transports nicht verletzt werden, sollten Sie die Wurzeln mit der Hand etwas auflockern. Beschneiden Sie überlange Wurzeln. Ratsam ist ein Wurzelbad vor der Pflanzung. Tatsächlich zu empfehlen, so abwegig es klingt: ein Bad in Ackerschachtelhalmtee mit ein wenig Bentonit, also Tonlehmwasser mit Montmorillonit, Illit und Kaolonit (gibt es in der Baumschule). Um für gerades Stammwachstum zu sorgen, sollten Sie neben dem Baum einen Pfahl einschlagen, der etwa zwei Jahre stehen bleibt. Binden Sie den Stamm mit einem Kokosstrick oder einer Nylonstrumpfhose an den Pfahl, doch achten Sie darauf, dass sich Pfahl und Stamm nicht direkt berühren. Das Loch muss nun mit Mutterboden gefüllt, die Erde sanft festgestampft und der Baum gewässert werden. Es sei empfohlen, ganzjährig zu mulchen, dabei allerdings einen Kreis von zehn Zentimetern um den Stamm herum freizulassen.

016.04 **GROSS: DER URWELT-MAMMUTBAUM** Wenn Sie sich nach etwas Ungewöhnlicherem als einer Süßkirsche sehnen, können Sie statt dieser einen Urwelt-Mammutbaum *(Metasequoia glyptostroboides)* wählen. Es handelt sich hierbei um ein 1941 in China wiederentdecktes Nadelgehölz (galt als ausgestorben). Man weiß von ihm, dass er schon Dinosauriern als Schattenspender diente. Der Urwelt-Mammutbaum bedarf eines sonnigen bis lichtschattigen Platzes und tiefgründiger nährstoffreicher Lehmböden. Er kann ganzjährig als Containerpflanze gepflanzt werden, im Freiland besser bis etwa Mai, sofern die Nächte frostfrei sind. Sie sollten beachten, dass der Baum 45 Meter hoch werden kann.

016.05 **GRÖSSER: DER BERG-MAMMUTBAUM** Auch der Berg-Mammutbaum *(Sequoiadendron giganteum),* der mächtigste Riesen-Mammutbaum, ist eine Zierde für jeden Garten, besonders weil er immergrün ist. Sie sollten

allerdings wirklich Platz haben; in Kalifornien wurde ein Exemplar vermessen, das 83,79 Meter hoch war, ein anderes wies einen Umfang von 34,44 Metern auf. Er ist in Baumschulen in verschiedenen Größen erhältlich. Der Standort sollte sonnig bis halbschattig sein. Weil das Klima in seiner ursprünglichen Heimat, den Westhängen der Sierra Nevada, humide ist, benötigt der Baum in trockenen Sommern genügend Wasser. Der Boden sollte mäßig nährstoffreich und wasserdurchlässig sein, allerdings siedelt er nicht auf staunassen Böden. Mit einem Berg-Mammutbaum können Sie recht sicher sein, den potentiell größten Baum in Ihrer Gegend gepflanzt zu haben.

017 RASEN MÄHEN

In Deutschland ist es tatsächlich so, dass eher Frauen den Rasen mähen, weil viele Männer das Rasenmähen als Gartenarbeit ansehen und diese zur Sache der Frau erklären. Aber selbstverständlich ist Rasenmähen eine nahezu klassische Männeraufgabe. Es geht um Arbeit an der frischen Luft, die mit einer Maschine vorgenommen werden kann. Rasenmähen kann sogar Spaß machen und fit halten. In England gibt es nicht wenige Männer, die ihren Rasen mit großer Hingabe pflegen. Ein besonderer Meister der Rasenpflege ist der jeweilige Greenkeeper des Tennisturniers von Wimbledon, das bekanntlich auf Gras gespielt wird. Der Rasen dort sieht aus wie mit der

Nagelschere geschnitten, aber so weit muss man es mit dem heimischen Rasen eher nicht treiben.

017.01 **DER MÄHER** Rasenmäher teilen sich in drei Hauptgruppen: Elektrorasenmäher, Benzinrasenmäher und Profimäher. Dazu kommen unzählige Spezialmäher, zum Beispiel Spindelmäher, Mulchmäher und Luftkissenmäher. Insgesamt gibt es im deutschen Handel rund 1500 Typen von Rasenmähern, nicht eingerechnet sind dabei die Gartentraktoren, von denen es weitere 1000 Typen gibt.

Der Benzinmäher hat den Vorteil, dass er sehr laut ist und gern auch stinkt. Es gibt Menschen, die das eher als Nachteil ansehen.

Der Elektromäher hat den Nachteil, dass er wenig Krach macht, was mancher als Vorteil verstanden wissen will. Zudem hat der Elektromäher ein Kabel. Wenig ist so ärgerlich, wie über das Kabel zu mähen. Besonderes Augenmerk sollte dem Spindelmäher gelten, denn er wird von Muskelkraft getrieben. Kein Kabel, kein Lärm, kein Gestank, aber auch recht anstrengend. Grundsätzlich ist die Wahl eine Typfrage, wobei der junge Mann zum Spindelmäher tendiert, der mittelalte zum Benzinmäher, und der ältere zum Elektromäher. Was Sie sich zusätzlich besorgen sollten: eine Walze.

017.02 **WARUM MÄHEN** Man mäht den Rasen nicht nur, weil er dann kürzer ist. Das Rasenmähen fördert die Dichte des Rasens, und das sieht auf Dauer besser aus. Ein dichter Rasen liegt wie ein schöner, weicher Teppich im Garten. Wichtig: Den Rasen nicht zu kurz mähen. Das führt dazu, dass der Boden schneller austrocknet und dadurch freigelegte Wurzeln absterben. Der Rasen sollte zwischen 3,5 und fünf Zentimeter hoch stehen. Auch wichtig: Sollten Sie Ihren Rasen mal ein Zeitlang vernachlässigt haben, weil Sie etwas Besseres zu tun hatten: in Etappen kürzen. Als Faustregel kann gelten, maximal die halbe Länge abzumähen. Wollen Sie das abgemähte Gras nach dem Mähen einfach liegen lassen, so benötigen Sie einen Mulchmäher. Sie müssen dann aber öfter mähen, weil das Gras, das liegen bleibt, nicht zu lang sein darf. Außerdem sollte es trocken sein.

IN BAHNEN MÄHEN Mähen Sie zunächst eine Bahn außen um die gesamte Fläche herum. Anschließend mähen Sie in geraden Bahnen immer hin und her, und es empfiehlt sich, dass die Bahnen einander stets ein wenig überschneiden. Wenn Sie fertig sind, verschnaufen Sie kurz und schauen ein wenig auf den Horizont und genießen den Geruch des frisch gemähten Grases. Dann gehen Sie mit der Walze über den Rasen, wieder in Bahnen, so wie Sie ihn zuvor gemäht haben. Das ergibt nämlich ein überaus schickes Streifenmuster.

018   EINEN SALAT AUS BRENNNESSELN MACHEN

Es ist seit Beginn des Jahrtausends in Mode gekommen, Salate aus allerlei seltsamen und plötzlich im öffentlichen Bewusstsein auftauchenden Pflanzen herzustellen. Das mag damit zusammenhängen, dass seit Beginn des Jahrtausends das Kochen im Fernsehen immer populärer geworden ist und sich die Fernsehköche mit ihren immer sehr neuen Ideen zu überbieten pflegen. Als Beispiel sei der Bärlauch genannt. In den neunziger Jahren nutzte dieses Gewächs kein Mensch, obwohl es europaweit lange als Gewürz- und Heilpflanze bekannt war. Plötzlich erlebte der Bärlauch eine Renaissance und wurde ungemein modisch. Sie werden bemerkt haben, dass all die jungen, wilden Fernsehköche bei den Frauen ziemlichen Eindruck machen, wenn sie zum Beispiel den Bärlauch ganz selbstverständlich verwenden.

018.01 **SIE UND DIE KÜCHENFUZZIS** Wollen Sie eine noch weit beeindruckendere Selbstverständlichkeit im Umgang mit essbaren Gewächsen an den Tag legen, müssen Sie sich lediglich ein bisschen weiterbilden. Man kann aus vielen Wildkräutern und gemeinhin als Unkraut bezeichneten Nicht-Kultur-Gewächsen Salate und Suppen zaubern oder sie als Spinat verwenden. Löwenzahn zum Beispiel. Aber keine Pflanze hat einen so schlechten Ruf und gilt – vor allem bei Frauen – als so gefährlich wie die Brennnessel. Dabei schmeckt sie großartig und hat einen ausgezeichneten

Nährwert. Wenn Sie also beim gemeinsamen Spaziergang einige Brennnesseln pflücken und daraus später etwas nicht nur Essbares, sondern zudem Leckeres zaubern, wird Ihre Begleitung die Fernsehköche im Vergleich zu Ihnen als Küchenfuzzis ansehen.

018.02 **PFLÜCKEN BIS ZUM MITTAG** Frische Brennnesseln sind eine hervorragende Quelle von Mineralsalzen wie Kalium, Natrium und Phosphor, außerdem sind sie reich an Magnesium und an Silizium. Sie besitzen 7-mal so viel Eisen, 9-mal so viel Eiweiß, 17-mal so viel Calcium und 25-mal so viel Vitamin C wie Kopfsalat. Außerdem jede Menge an Vitamin A und E. Das sollte jede Frau überzeugen.

Brennnesseln pflücken ist einfach. Die Pflanze finden Sie in jedem Garten und an jedem Wegesrand. Sie wächst zwischen März und September. Gepflückt werden nur die oberen vier Triebe, möglichst mit Handschuhen und möglichst bis zum Mittag, da sie danach ihre ätherischen Öle verlieren und erst über Nacht wieder aufbauen.

018.03 **NESSELN MIT DRESSING** Eine Plastiktüte voll reicht für vier Personen. Legen sie die Pflanzen ein (zwei Minuten in warmes Wasser) – das macht die Harzsäure-ähnlichen Gifte der Härchen unschädlich. Schütteln Sie die Nesseln trocken und richten Sie sie mit Ihrer Lieblings-Salatsauce an. Für Anfänger empfiehlt sich ein einfaches Essig-Öl-Dressing. Dazu mischen Sie: *2 Esslöffel Olivenöl • 4 Esslöffel Balsamico-Essig • 1 Knoblauchzehe, gehackt • Saft einer halben Zitrone • Prise Zucker • Salz, Pfeffer • halber Apfel, gehackt.*

018.04 **DAZU EIN PAAR GÄNSEBLÜMCHEN** Um zu beweisen, dass Sie das Zeug zu einem der großen Unkraut-Salatiers der Welt haben, mischen Sie noch ein paar Gänseblümchen unter, die schmecken tatsächlich auch. Erfahrungsgemäß sind nicht nur Frauen von einem solchen Salat beeindruckt, sondern auch Männer. Aber in der Hauptsache geht es natürlich darum, dass dieser Salat einfach sehr gut schmeckt.

Manche Männer sagen, das Finden einer Wasserader mittels einer Rute gehöre in die Fachrichtung grober Unfug. Andere Männer glauben fest daran, dass es funktioniert. Es gibt sogar Männer, die sich mehr oder weniger wissenschaftlich mit dem Thema befassen. Diese sprechen dann nicht mehr vom Rutengehen, sondern von der Radiästhesie.

019.01 *LIEBER KEIN HOLZ* Man kann es ja mal ausprobieren. Als Neuling braucht man nicht viel, es genügen zwei stabile, aber nicht völlig unflexible Stöcke. Möglich ist zum Beispiel die Benutzung eines auseinandergezwickten Drahtkleiderbügels, zweier Zollstockteile oder – notfalls – kleiner Holzäste. Holz eignet sich nur bedingt, da es schnell erhärtet und leicht bricht. Bei Kunststoff und Draht verhält es sich anders. Wichtig ist für den Anfänger lediglich, dass es sich um zwei Teile handelt, nicht etwa um einen Stock in Y-Form. Zu empfehlen sind Schweißdrähte, diese sind trotz ihrer Flexibilität besonders stabil.

019.02 *OHNE GLAUBEN KEINE ADER* Nehmen Sie einen Schweißdraht in jede Hand. Der Abstand der Drähte beträgt etwa 30 Zentimeter. Legen Sie die Ellbogen an den Bauch, richten Sie die Hände etwa im 90-Grad-Winkel nach vorne, vom Körper weg. Gehen Sie nun langsamen Schrittes über das zu durchsuchende Areal. Kleine Muskelbewegungen bewirken, dass die beiden zunächst parallel gehaltenen Drähte sich kreuzen. Die Muskelbewegungen werden, so die Lehre der Rutengänger, durch die Energie verursacht, die durch eine unterirdische Wasserader freigesetzt wird. Konzentration ist dabei ebenso eine Grundvoraussetzung wie der Glaube daran, dass es möglich ist, eine Wasserader zu finden. Ohne Glauben keine Ader.

019.03 *DIE RUTE BEWEGT SICH* Wasseradern befinden sich normalerweise in 20 bis 100 Metern Tiefe und sind als Fluss im Erdinneren vorstellbar, der den Regen von der Erdoberfläche in einem nach unten ausgerichteten Drainagesystem transportiert. Das Wasser dringt tief in die Erdschichten ein, bis es auf wasserundurchlässige Schichten trifft und sich sammelt. Diese Adern können kilometerlang und oft sehr breit sein, manchmal fließen sie ineinander, wodurch sie noch größer werden. Das Wasser wird mit großer Gewalt durch das Erdreich gepresst, wobei an den Gesteinswandungen im Erdinneren zwangsläufig Reibung entsteht, die sich als Energie oder Abstrahlung an der Erdoberfläche entlädt und so genannte Störzonen erzeugt, auf die manche Menschen negativ reagieren können. Diese Störzonen kommunizieren im Idealfall per Energiefluss mit der Rute eines Rutengängers, die sich beim Auffinden einer solchen Ader bewegt.

019.04 **MICHAEL SCHUMACHER SCHLÄFT** Steht ein Bett direkt auf einer Wasserader, kann es zu Schlafstörungen kommen. Diese können freilich auch andere Ursachen haben, seriöse Rutengänger weisen darauf stets hin. Das Vorhandensein einer Wasserader gilt oft erst als eine der letzten Möglichkeiten, die Betroffene in Betracht ziehen. Durch einfaches Bettverrücken lässt sich das Problem oft beheben.

Der vielleicht prominenteste Kunde und Patient eines Rutengängers ist der deutsche Autofahrer Michael Schumacher, welcher auf Geheiß seines ehemaligen Teamchefs Jean Todt einen Rutengänger beauftragte, sein Schlafzimmer auf das Vorhandensein einer Wasserader hin zu durchsuchen. Dieser wurde fündig, und Schumacher, so heißt es, schläft nun durch.

019.05 **MEISTERKURS MIT ZERTIFIKAT** Erfahrene Rutengänger haben ein Mentaltraining hinter sich, da der Erfolg beim Wasseraderfinden ganz wesentlich von der Konzentration abhängig ist. Anfänger scheitern oft beim Versuch, ausschließlich an Wasser zu denken, an Wasser und sonst nichts. Die Vereinigung deutscher Rutengänger bietet mehrmals jährlich Grund- und Meisterkurse mit Zertifikat an. Sie weist darauf hin, dass wirklich jeder das Rutengehen lernen und praktizieren könne, es handele sich nicht um eine übersinnliche Begabung. Es gibt sogar Berufsrutengeher, aber das geht dann vielleicht doch etwas zu weit.

Als der beste Freund des Menschen gilt der Hund, aber wie man sich einen Hund zum Freund macht, ist in der Diskussion. Es gibt unter anderem die Leckerchenmethode, mit der man einen Hund jedes Mal belohnt, wenn er zum Beispiel sein Geschäft nicht auf dem Wohnzimmerteppich verrichtet. Es gibt die Sitz!-und-Platz!-Methode, die einen Hund gehorsam, aber vielleicht nicht unbedingt zum Freund macht. Und es gibt eine Erziehungsmethode auf der Basis von Vertrauen. Viele Hundeschulenbesitzer sind der Meinung, dass jeder Hund seiner Persönlichkeit gemäß behandelt werden muss. Einige grundsätzliche Regeln für den Aufbau einer Freundschaft gibt es aber doch. Und auch wenn eine Freundschaft zu einem Hund nicht mit einer wirklich tiefen Freundschaft zu einem anderen Menschen zu vergleichen ist, so bedarf sie doch der stetigen Pflege.

020.01 *EIN HUND IST KEIN KLEINES KIND* Hunde sind nach fünf bis sechs Monaten am Beginn der Geschlechtsreife und nach zwölf Monaten ausgewachsen. Die Rechnung, ein Hundejahr sei wie sieben Menschenjahre, stimmt in ihrer Pauschalität nicht. Zumindest das erste Hundejahr entspricht eher der menschlichen Entwicklung binnen 21 Jahren. Verkindlichen Sie auch einen jungen Hund daher nicht. Ein Hund ist ausgefuchst. Und wenn er spürt, dass Sie ihn für den größten Unfug loben, weil Sie ihn so süß finden, oder dass Sie über den Unfug großzügig hinwegsehen, analysiert er schon nach wenigen Wiederholungen dieses Musters: „Stell dich doof, dann geht's dir gut!"

020.02 *EIN HUND IST NICHT BLÖD* Hunde sind nicht alle gleich intelligent, gleich analytisch begabt oder gleich im Verhalten. Allgemein aber lässt sich sagen: Hunde spüren, wenn ihre Halter sich verstellen. Sie können Körpersprache lesen und bemerken Veränderungen der Stimme. Gehen Sie mit Ihrem Hund nicht wie mit einem Trottel um, und seien Sie authentisch. Vertrauen ist die Basis für eine Freundschaft mit Ihrem Hund.

020.03 *EIN HUND IST EIN VORTEILSBEZOGENES WESEN* Hunde tun nichts, was von Nachteil für sie ist. Wenn man Hunde kommandiert oder ihnen ein Stachelhalsband umlegt, werden das viele Hunde nicht als Vorteil für sich empfinden. Die klassische Unterordnungserziehung der Hundeausbildung ist daher heute umstritten. Stattdessen können Sie, so Sie auf diese Methode vertrauen, den Hund in jeder Situation dazu bringen, sich richtig zu entscheiden. Gehen Sie mit ihm an der Leine spazieren, und der Hund drängt immer wieder in die Büsche, rennt voraus oder bleibt hinter Ihnen zurück, so fragen Sie sich: Was will der Hund? Will er zum Beispiel seine Lieblingswiese erreichen, so ändern Sie immer, wenn er nicht an Ihrer Seite, sondern vor, hinter oder zu weit neben Ihnen geht, die Richtung – und zwar so, dass der Hund das merkt und selbst einen Zusammenhang herstellen kann. Der Hund spürt: „Wenn ich ausbüchse, erreiche ich die Wiese nicht." Er wird sich nach einigen Wiederholungen daran gewöhnen, neben Ihnen zu gehen, um sein Ziel zu erreichen. Und er wird das Gefühl haben, dass er selbst herausgefunden hat, wie er das schafft, und dass es seine Entscheidung ist, diesem Weg zu folgen.

020.04 *EIN HUND IST EIN GEWOHNHEITSTIER* Ein Hund passt sich an bestehende Konstanten an. Eine 40-Quadratmeter-Wohnung ist für ihn nicht zwangsläufig schlechter als eine 100-Quadratmeter-Wohnung. Er gliedert sich in eine gewohnte Umgebung ein. Auch das Laufen an der Leine sollte Gewohnheit sein, nicht Kontrolle.

020.05 *UNTERORDNUNG IST NICHT BASIS EINER FREUNDSCHAFT* Es gibt aufmüpfige und angepasste Menschen, und ähnlich ist es bei Hunden. Nicht jeder Hund folgt einfach Ihren Kommandos, nur weil Sie größer sind. Der Kommandierstil kommt aus der militärischen Schäferhundeausbildung und wurde von vielen Hundehaltern übernommen, als der Hund ein Alltagsbegleiter wurde. Hunde sind in der Lage, eine freundschaftliche Beziehung zu ihrem Halter aufzubauen, die auch hierarchisch sein kann. Aber militärischer Drill kann auch schaden. Mancher Hund mag auf Befehle reagieren und Ihnen gehorchen – Ihr Freund ist er dann aber möglicherweise nicht wirklich. Zumindest wird die Freundschaft nicht von beiden Seiten gleich empfunden werden.

020.06 **DIE BELOHNUNG SIND SIE** Wenn Sie Ihren Hund stets mit Leckerchen belohnen, ist das Leckerchen der Vorteil, den ein Hund für sich sucht. Der Hund sollte aber nicht das Leckerchen, sondern Ihre Aufmerksamkeit als seine größte Belohnung empfinden. Geben Sie ihm zum Beispiel immer dann ein Leckerchen, wenn er eine Katze *nicht* jagt, so wird er vielleicht nicht die Katzen-, aber möglicherweise doch die Hasenjagd über das Leckerchen stellen und auf das Leckerchen gerne verzichten. Empfindet der Hund stattdessen Ihre Freundschaft als Honorierung, lässt er auch den Hasen in Ruhe, wenn er nur an Ihrer Seite sein kann.

021 REITEN

Zumindest zum Klischeebild des Mannes gehört, dass er reiten kann. In der modernen Welt kommt man natürlich ziemlich gut zurecht, ohne reiten zu können. Man denke jedoch an John Wayne, wie er in einem seiner Western im Sattel sitzt und meist dafür sorgt, dass alles wieder ins Lot kommt. Er und das Pferd sind eins, in dieser Welt ist ein Mann ohne Pferd nicht denkbar. Auch in weiter zurückliegender Zeit gehörte zu einem Mann ein gutes Pferd, zum Beispiel in der Ritterzeit. Es ist daher für den modernen Mann in der Theorie ganz nett zu wissen, wie man reitet. Er muss dieses Wissen ja nie in der Praxis erproben, denn Reiten ist gar nicht so einfach.

021.01 **EMPFINDLICHES MAUL** Bereits das Sitzen auf einem Pferd erfordert Übung. Reiten beginnt daher an der Longe, was dazu dient, das Sitzen auf einem sich bewegenden Pferd zu lernen. Das Pferd wird an einer etwa sieben bis acht Meter langen Leine im Kreis herumgeführt, während der Reitlehrling damit umgehen muss, dass er selbst für seine Balance verantwortlich ist und diese sich nicht von alleine einstellt. Zudem sind nun zwei Grundtechniken zu erproben: die Gewichtsverlagerung und das Schenkeldrücken. Ein Druck mit dem rechten Schenkel nach links führt dazu, dass das Pferd nach links geht. Ein Druck mit dem linken Schenkel nach rechts führt zu einer Richtungsveränderung des Pferdes nach rechts. Darüber hinaus steht dem Reiter eine Zügelhilfe zur Verfügung, die durch das Maul des Tieres führt. Ein leichter Zug nach links verursacht eine Bewegung des Pferdes nach links, ein Zug nach rechts eine Bewegung nach rechts. Die Zügelhilfe ist jedoch eher ruhig zu halten, da das Maul die empfindlichste Körperregion des Pferdes ist.

021.02 *SCHRITT, TRAB, GALOPP* Wenn das mit dem Sitzen klappt, kann es weitergehen. Nun gilt es, die klassische Reitkunst zu erlernen. Diese besteht aus den Stilen Schritt, Trab und Galopp sowie dem Sprung- und Dressurreiten. Schritt, Trab und Galopp sind die drei Grundschritte eines mitteleuropäischen Pferdes, diese Schritte beherrscht das Tier von Natur aus. Sie sind auch die Grundlage für das Sprung- und das Dressurreiten (Islandpferde zum Beispiel beherrschen weitere Schritte, welche *Tölt* und *Pass* heißen). Der Schritt ist eine ruhige Viertaktgangart, das Pferd setzt die Hufe in der Folge links vorne, rechts hinten, rechts vorne, links hinten. Wird das Pferd vom Reiter angetrieben, geht es zunächst in den Trab, schließlich in den Galopp über. Der Antrieb erfolgt über die Beine des Reiters. Mit einem Druck der Wade auf das Pferd kann es nach vorne getrieben werden.

021.03 *SCHWEBEPHASE* Handelt es sich beim Schritt noch um eine Viertaktgangart ohne Schwebephase, ist der Trab eine Zweitaktgangart mit kurzer Schwebephase. Das vordere linke und das hintere rechte Bein bilden das eine Beinpaar, das vordere rechte und das hintere linke Bein das andere Beinpaar, das im Wechsel mit Ersterem geschwungen wird. Der Galopp ist die schnellste der drei Grundgangarten. Es werden jeweils die hinteren Beine nacheinander, anschließend die vorderen Beine nacheinander gesetzt. Zwischen der Vorder- und Hinterbeinbewegung entsteht eine längere Schwebephase, so dass der Reiter den Galopp als eine Reihung von Sprüngen auffasst.

021.04 **SPRINGREITEN** Das Springreiten ist eine hohe Kunst des Reitens, die weniger darin besteht, das Pferd zum Springen zu bewegen, als darin, es exakt zum Hindernis zu führen, so dass es dieses von selbst überwinden kann, ohne aus dem Rhythmus zu kommen. Üben lässt sich das mit *Kavaletti*, einzelnen Stangen von 40 bis 50 Zentimetern Höhe. Die Kunst des professionellen Springreitens besteht darin, ein Pferd, das im Galopp eine Schrittlänge von 3,50 bis 4 Metern hat, zentimetergenau zum Hindernis zu führen. Dafür sind ein gutes Auge und das exakte Berechnen von Schrittlängen elementar.

021.05 **DRESSUR** Die Dressur besteht aus verschiedenen Lektionen, die ein bis zwei Monate vor einem Wettkampf von den Kampfrichtern festgelegt werden, so dass Reiter und Pferd gemeinsam das Dressurenbuch durchlesen und die geforderten Lektionen lernen können. Jede Lektion wird auf einem Turnier auf einer Skala von 1 (Patzer) bis 10 (Bestnote) bewertet. Kriterien sind Gehorsam, Takt, Gleichgewicht, Sitz des Reiters, Hilfegebung durch den Reiter und Gesamtausführung der Lektionen. Es gibt hierbei verschiedene Schwierigkeitsgrade: E für Einsteiger, A für Anfänger, L für leicht, M für mittel, S für schwer. Ein Reiter, der eine M-Dressur reiten kann, erhält bereits einen Meisterbrief, doch werden bei Olympischen Spielen Dressuren des Grades S gefordert, deren besondere Schwere durch vier Sterne ausgewiesen wird; es handelt sich dann um eine S****-Dressur.

021.06 **WESTERNREITENDE FRAUEN** Ähnlich wie das Dressurreiten ist auch das Westernreiten, das dem Namen nach so männlich klingt, besonders bei Frauen beliebt. Und das, obwohl das Westernreiten auf der Arbeit der Cowboys basiert. Es gibt eine große Zahl verschiedener Disziplinen, unter anderem *Reining, Cutting, Superhorse, Working Cowhorse, Western Horse-*

manship, *Trail*, *Western Pleasure*, *Western-Riding*, *Superhorse* und *Show-manship*. Dabei wird üblicherweise Cowboykleidung getragen.

Beim Westernreiten kann ein Mann sich also am ehesten fühlen wie John Wayne, der noch ein, zwei Dinge zu regeln hat; und dass man umgeben ist von vielen westernreitenden Frauen, braucht einen dabei nicht weiter nervös zu machen.

SICH AM HIMMEL ORIENTIEREN 022

Die alten Seefahrer orientierten sich am Himmel, um zu navigieren, bei Tag und bei Nacht. Wenn man sich heute ohne Kompass verirrt hat oder einfach nur so herausfinden will, wo sich Norden befindet, kann man sich noch immer des Himmels bedienen. Für den Lauf der Sonne gibt es einen alten Kinder-Merkspruch. Er geht so: Im Osten geht die Sonne auf, im Süden nimmt sie ihren Lauf, im Westen wird sie untergehen, im Norden ist sie nie zu sehen. Die Verteilung der Himmelsrichtungen im Uhrzeigersinn lässt sich ebenfalls anhand eines Spruchs merken: Nie Ohne Seife Waschen. Die Anfangsbuchstaben stehen für die Himmelsrichtung, beginnend mit N für Norden, der auf dem imaginären Ziffernblatt auf zwölf Uhr liegt. Kurzum: Weiß man, wo eine Himmelsrichtung liegt, weiß man es auch von allen anderen.

022.01 **DIE ARMBANDUHR** Nun zum Himmel, zunächst bei Tag. Häufig verbreitet ist eine einfache Methode, den Norden zu bestimmen, und zwar mit einer Armbanduhr. Diese Methode ist allerdings sehr ungenau und weist Fehler von bis zu 30 Grad auf (trotzdem ist sie in den meisten einschlägigen Werken und in Schulbüchern enthalten). Erklärt wird sie so: Richten Sie den kleinen Zeiger auf die Sonne. Die Halbierungslinie zwischen dem kleinen Zeiger und der Zwölf zeigt nach Süden (Norden liegt logischerweise gegenüber). Wenn man diese Methode schon nutzt (und so ungefähr funktioniert sie ja), sollte man die Uhr auf Winterzeit stellen (die Sonne läuft ja im Sommer nicht anders).

Richten Sie den kleinen
Zeiger auf die Sonne.
Die Halbierungslinie zwischen
dem kleinen Zeiger
und der Zwölf zeigt nach Süden.

022.02 **VON WEST NACH OST** Eine bessere Methode: Stecken Sie einen Stock in die Erde, markieren Sie das Ende des Schattens mit einem Stein. Nun haben Sie ein wenig Zeit für ein Nickerchen oder einen kleinen Spaziergang. Kehren Sie nach einer halben Stunde zu Ihrem Stock zurück und legen Sie einen weiteren Stein auf das neue Ende des Schattens. Die Linie zwischen erstem und zweitem Stein zeigt von West nach Ost.

022.03 **DER GROSSE WAGEN UND KASSIOPEIA** Nun zum Himmel bei Nacht. Hier ist es auch nicht schwieriger, sich zu orientieren. Finden Sie das Sternbild des Großen Wagens (siehe Abbildung). Es besteht, salopp gesagt, aus dem Kasten und der Deichsel. Die Verlängerung der Linie durch die hinteren Sterne des Kastens führt zum Polarstern, der stets im Norden steht (und deshalb auch Nordstern genannt wird). Faustregel: Die Entfernung vom Kasten zum Polarstern ist rund fünfmal so groß wie die Entfernung zwischen den beiden hinteren Sternen des Kastens.

Nun kann es bisweilen passieren, dass der Große Wagen unter den Horizont rutscht. In diesem Fall hilft ein weiteres Sternbild, genannt Kassiopeia, das oberhalb des Polarsterns liegt. Es besteht aus fünf Sternen, die ein markantes **W** bilden. Die Spitze in der Mitte des **W** zeigt ungefähr auf den Polarstern.

Sehen Sie beide, den Großen Wagen und die Kassiopeia, so können Sie noch genauer arbeiten: Ziehen Sie eine imaginäre Linie vom ersten Stern der Deichsel (dem Kasten am nächsten) zur mittleren Spitze des **W**. Der Polarstern liegt auf dieser Linie.

022.04 *DAS KREUZ DES SÜDENS* All dies gilt nur für Bewohner der nörd-
lichen Hemisphäre, auf der der Sternenhimmel ganz anders aussieht als
auf der südlichen Hemisphäre. Den Seefahrern hat das lange große Probleme bereitet, bis sie vier Sterne fanden, die als Kreuz des Südens bekannt
sind. Zum einen erkannten sie darin natürlich ein Zeichen Gottes – das
Kreuz am Himmel. Zum anderen nutzten sie das Kreuz zur Orientierung:
Sie verlängerten die lange Achse des Kreuzes fünfmal nach unten hinaus

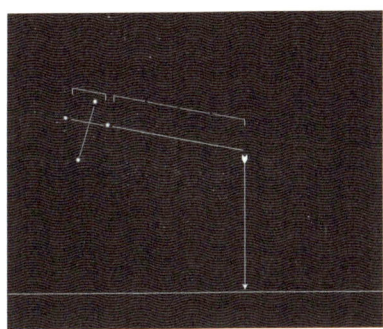 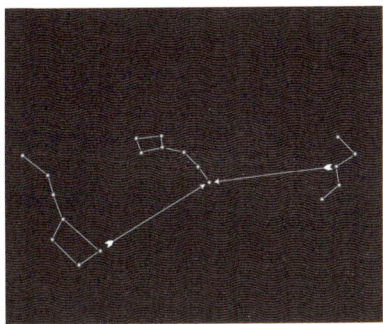

Süden finden   *Norden finden*

(das Kreuz steht nicht gerade am Himmel). Unter dem Ende dieser Linie
(die mitten am Himmel endet) liegt der Südpol. Heute verlängert man die
Achse viereinhalb Mal. Problematisch wird die Bestimmung der Himmelsrichtungen auf beiden Hemisphären bei dauerhaft dichter Bewölkung.

ZELTEN GEHEN ———————— # 023

Immer wieder mal in seinem Leben schläft ein Mann in einem Zelt. Viele
beginnen ihren Umgang mit Zelten als Kind, indem sie eine Decke über zwei
Stühle drapieren und sich darunter verstecken. Kaum ein Jugendlicher hat
nicht irgendwann in einem Zelt geschlafen, sei es beim Schulausflug, im

Urlaub mit der Jugendgruppe oder im eigenen Garten. Der junge Mann fährt in seinen ersten Urlaub ohne Eltern und landet auf einem Campingplatz, weil er sich kein Hotelzimmer leisten kann. Auf diesem oder einem anderen Campingplatz landet er später vielleicht erneut: als junger Familienvater, der sich dort wiederum aus Gründen der Sparsamkeit eine Parzelle mietet, manchmal aber auch, weil er seinen Söhnen die Romantik des Zeltens vermitteln möchte. Nicht wenige Männer schwören sich nach den Erfahrungen der Jugend, dass sie nie wieder einen Campingplatz betreten werden. Andere können davon nie genug bekommen und werden zu Campingprofis. Sollten Sie, aus welchen Gründen auch immer, plötzlich in die Lage geraten, zelten zu müssen, so können Sie in einer Hinsicht beruhigt sein: Die Hersteller bieten heute Zelte an, die kaum schwerer sind als drei Flaschen Bier und sich in wenigen Sekunden wie von selbst aufbauen.

023.01 **HEIZEN DURCH EIGENE WÄRME** Wenn Sie vor dem Urlaub noch schnell ein Zelt kaufen müssen, achten Sie auf Qualität; diese wird nicht nur von der Wasserdichtigkeit bestimmt, sondern auch von den verwendeten Materialien. Die Wassersäule der Außenhaut (auf der Verpackung angegeben) sollte mindestens 3000 mm und die des Zeltbodens mindestens 5000 mm betragen – die Zahl gibt an, welchen Wasserdruck das Material aushält. Das Gestänge sollte aus hochwertigem Aluminium bestehen, zudem sollte eine gute Belüftung versprochen werden.

Ein gutes Zelt muss atmungsaktiv sein: Das Innenzelt lässt Ihre Körperwärme nach außen entweichen und keine Feuchtigkeit hinein – es bleibt also auf der Innenseite komplett trocken. Das Außenzelt ist von außen wasserdicht und sammelt innen die Feuchtigkeit, die durch Ihre Körperwärme entsteht. So sind Sie in der Lage, das Zelt durch Ihre eigene Wärme zu heizen. Grundsätzlich kommen je nach Ihren Bedürfnissen wohl drei Zelttypen in Frage:

023.02 **DAS TUNNELZELT** Es ist länglich, wie eine Röhre geformt und eher niedrig – messen Sie vor dem Kauf ihre eigene Sitzhöhe genau, sonst wird es schnell unbequem. Tunnelzelte müssen immer längs zur Windrichtung aufgebaut werden, sonst können sie instabil und Opfer des Windes werden.

023.03 **DAS KUPPELZELT** Ein Kuppelzelt ist geformt wie ein Iglu. Es erhält seine Form durch zwei diagonal gekreuzte Gestänge. Besteht es aus drei oder mehr gekreuzten Gestängen, spricht man vom *geodätischen Kuppelzelt*. Wenn es am Boden belastet wird, zum Beispiel durch Gepäck, steht es, ohne mit Heringen verankert worden zu sein, da es wenig windanfällig ist. Ein Terminus aus der Mathematik – die geodätische Linie, also die kürzeste Verbindung zwischen zwei Punkten auf einer beliebig gekrümmten Fläche – hat dem geodätischen Kuppelzelt den Namen gegeben. Im Kuppelzelt werden die Innenzelte häufig einfach eingehängt, sie müssen also nicht eigens aufgebaut werden.

023.04 **DAS STEILWANDZELT** Es ist geeignet für Familienurlaube und längere Aufenthalte auf einem Campingplatz. Die Schlafzellen sind meist eingehängt. Angenehm: Man kann im Inneren aufrecht stehen. Einige dieser auch *Domes* genannten Riesenzelte haben im Vorraum sogar ein Art Abzug, der es erlaubt, ein offenes Feuer zu entfachen. In den meisten Zelten sollte man Feuer jedoch eher vermeiden: Die Zelte sind leicht entflammbar, und auch der Sauerstoffmangel könnte zum Problem werden.

023.05 **EINIGE TIPPS** Wählen Sie – wenn Sie nicht unbedingt Gewicht sparen müssen – ein Zelt immer etwas größer als benötigt. Planen Sie, zu zweit zu übernachten, reisen Sie lieber mit Dreimannzelt. So ist immer Platz für Gepäck, Kleidung und Schuhe. Achten Sie beim Aufbau Ihres Zeltes darauf, in welche Richtung der Zeltausgang liegt. Bedenken Sie, ob Sie den Sternenhimmel vom Ausgang sehen können oder ob Sie gerne etwas Morgensonne im Eingang haben möchten.

Achten Sie auf planen Untergrund, der – sollten Sie Regen erwarten – auch gern leicht abschüssig sein kann. Legen Sie sich dann mit dem Kopf auf die erhöhte Seite. Nehmen Sie eine Extra-Plane mit, die Sie unter dem

Zelt ausbreiten können. So schützen Sie den Zeltboden vor Beschädigungen und Feuchtigkeit und halten ihn sauber. Heben Sie um das Zelt herum, möglichst nah an der Außenwand, einen kleinen Graben aus. Es kann schon reichen, mit einem Stock eine Furche zu ziehen. Wenn es regnet, läuft das Wasser an Ihrem Zelt vorbei und auch das Wasser vom Zeltdach kann sich in dieser Furche sammeln.

Nehmen Sie zudem immer ein Reparaturset mit. Packen Sie Haken und Heringe immer in eine separate Tasche, um zu verhindern, dass sie Zeltwände und -boden beschädigen. Machen Sie das Zelt richtig sauber und lüften Sie es gut durch, bevor Sie es in Garage oder Keller packen. Sonst schimmelt es und entwickelt einen erstaunlichen furchtbaren Geruch.

024   EIN FEUER ENTZÜNDEN

Es ist heutzutage eher unwahrscheinlich, dass man in die Lage gerät, ein Feuer ohne die üblichen Hilfsmittel entfachen zu müssen. Feuer ohne Feuerzeug und ohne Streichhölzer anzünden zu können, ist jedoch eine Fähigkeit, die über sich hinausweist und nicht am profanen Nutzen gemessen werden kann, denn es handelt sich um eine der ursprünglichsten Techniken der Menschheit. Und sollte man tatsächlich, zum Beispiel weil man sich auf einer ausgedehnten Wanderung fern von bewohnten Gegenden verirrt hat, in die Lage kommen, ein Feuer mit wenigen Hilfsmitteln entzünden zu müssen, so gibt es wenig Erhabeneres (und Männlicheres), als es zu können – und, ganz entscheidend: wenig, was wichtiger ist.

024.01 **DIE KINDER-METHODE** Die einfachste Methode, fast jedem Mann seit der Kindheit bekannt, ist die mit der Lupe. Das Problem ist offensichtlich: Sie funktioniert nur tagsüber und wenn die Sonne scheint. Man sammelt leicht brennbares Material, also zum Beispiel trockenes Laub und trockenes Gras. Zudem sammelt man ein paar dünne, ebenfalls trockene Äste ein. Zunächst legt man Laub und Gras in einen Kreis von Steinen, der einen Windschutz bildet. Nun hält man die Lupe so, dass sie einen hellen Punkt auf das Laub wirft. Nach einer Weile beginnt es zu qualmen. Wenn sich ein wenig Glut zeigt, vorsichtig pusten, bis erste Flammen lodern. Dann die dünnen Zweige nachlegen. Wenn es tatsächlich so einfach geht, haben Sie Glück gehabt. In der Regel ist es wesentlich schwieriger. Aber es geht.

024.02 **DIE MÄNNER-METHODE** Die gängigste Methode ist das so genannte *Feuerbohren*. Sie brauchen dazu wenig Zubehör, gut wäre allerdings ein Messer. Den Rest können Sie einsammeln (oder haben ihn unbewusst dabei, wie zum Beispiel einen Schnürsenkel; besser wäre eine Schnur). Im Wesentlichen geht es darum, dass sie einen Holzstab auf einem Holzbrett drehen und so irgendwann Glut entsteht. So geht es grob vereinfacht. Im Detail ist das alles komplizierter. Sie brauchen im Einzelnen: einen Feuerquirl (den Stab) und ein Feuerbrett (die Unterlage). Weiterhin benötigen Sie etwas Zundermaterial; das kann trockenes, pflanzliches Fasermaterial aus der Umgebung sein (in arktischen Gebieten wurde früher auch Tierhaar als Zunder verwendet). Bereiten Sie zudem ein größeres Nest aus allerlei Material vor, das sich leicht entzündet, zum Beispiel Heu.

024.03 **QUIRL UND BRETT** Das Feuerbrett sollte aus weicherem Holz bestehen (Sie sollten es mit dem Fingernagel einritzen können), in dem sich ein kleines Loch oder eine Mulde befindet; idealerweise ist es zwei Zentimeter dick. Im Zweifel müssen Sie die Mulde selber hineinbohren oder -schnitzen. Schneiden Sie vor der Mulde ein kleines V-förmiges Stück aus dem Feuerbrett. In die Mulde wird der Feuerquirl mit einem Ende eingeführt. Der Feuerquirl ist ein Stab, der aus Hartholz besteht. Die simple und weniger erfolgversprechende Methode wäre nun, den Stab zwischen die Handflächen zu nehmen und hin und her zu reiben. Zugleich müsste Druck auf den Stab ausgeübt werden, er muss auf den Klotz gedrückt werden.

024.04 **DER BOGEN** Deshalb ist es sinnvoll, wenn Sie sich einen Bogen bauen. Dazu nehmen Sie ein gebogenes, festes Stück Holz und ein Stück

Schnur (oder einen Schnürsenkel). Die Schnur legen Sie in einer Schlaufe in der Mitte um den Quirl und befestigen Sie an den Enden des gebogenen Holzes. Zudem benötigen Sie ein kleineres dickes Stück Holz, in das Sie eine Mulde schneiden (oder einen Stein mit einer Vertiefung), mit dem Sie oben auf den Quirl drücken können. Nun an die Arbeit. Und es ist Arbeit.

024.05 **BIS ES QUALMT** Legen Sie ein Blatt unter die V-förmige Kerbe und etwas Zunder dazu. In der Kerbe muss allerdings Platz sein für den Abrieb vom Bohren. Stellen Sie Ihren linken Fuß auf das Brett, knien Sie auf dem rechten Bein. Stecken Sie den Quirl (vom Bogen eingefasst) in die Mulde. Drücken Sie mit dem Drückholz (oder dem Stein mit der Vertiefung) auf den Quirl. Dieser sollte jetzt fest in den beiden Mulden oben (Drückholz) und unten (Feuerbrett) sitzen. Jetzt ziehen Sie den Bogen hin und her, der Quirl dreht sich. Machen Sie das so lange, bis es immer mehr qualmt, machen Sie dann noch ein wenig weiter, bis es richtig qualmt.

024.06 **GLUT IM NEST** Nun vorsichtig den Quirl beiseite legen und den Fuß vom Brett nehmen. Den rauchenden Abrieb (idealerweise ein kleines schwarzes Stückchen) leicht anpusten, bis sich Glut zeigt. Dann das Ganze mit dem unter die Kerbe gelegten Blatt in das vorbereitete Nest legen. Pusten Sie weiterhin vorsichtig und gleichmäßig. Bald sollte das Nest in Flammen stehen, und dann gilt es, erst kleinere, später größere Holzstücke ins Feuer zu legen.

024.07 **FETT AUS DEN OHREN** Es gibt unzählige weitere Möglichkeiten, Feuer zu machen, aber diese funktioniert mit den wenigsten Hilfsmitteln. Sie erfordert allerdings einige Übung. Eine vernünftig laufende Spindel aus Bogen und Quirl zu bauen ist erfahrungsgemäß nicht ganz einfach. Als hilfreich erweist es sich, den Quirl am oberen Ende (auf das das Drückstück gehalten wird) ein wenig einzufetten. Ohrenschmalz eignet sich, sonst alles, was fettig ist. Wer je ein Feuer auf diese Weise entzündet hat, wird danach mit einigem Recht sehr stolz in die Flammen schauen.

Fragen Sie mal einen Jäger, was man zur Jagd braucht. Einfach so, weil Sie das eben gerade interessiert. Sie werden jedes Mal einen Gesichtsausdruck hervorrufen, der zwischen Erstaunen über die unqualifizierte Frage und Ratlosigkeit wechselt. Eine Weile schaut der Jäger Sie an und schweigt. Schließlich fragt er: „Zur Jagd auf was?" Sollten Sie tatsächlich eine Antwort auf Ihre Frage wünschen, dann lassen Sie sich nicht davon entmutigen, dass der Jäger zunächst etwas barsch wirkt. Wie alle Personen, die eine bestimmte Art von Wissen hüten, sind auch die Jäger bisweilen etwas verschroben.

025.01 **JEDEM TIER SEINE AUSRÜSTUNG** Ganz allgemein benötigt man zur Jagd Waffen, die Optik (Zielfernrohr und Fernglas), einen Rucksack, eine Brotzeit, Kleidung in der Umwelt angepassten Farben, Messer und Gummistiefel, häufig auch einen Hund und ein Fahrzeug. Im Speziellen aber benötigt man zur Jagd auf ein Wildschwein nicht das Gleiche wie zur Jagd auf einen Feldhasen. Im Prinzip verlangt jedes Tier, das erlegt werden soll, eine eigene Ausrüstung. Noch weiter verbreitet als die Jagd auf Braunbären ist in Deutschland die Jagd auf Rehwild, die somit als typische Jagdsituation gelten kann.

025.02 **DER DRILLING** Zur Jagd auf Schalen-, Raub- und Niederwild (vom Rehwild abgesehen) bietet sich der Drilling an, eine Langwaffe, die über zwei nebeneinander liegende Schrotläufe und einen darunter oder darüber angeordneten Kugellauf verfügt. Rehwild jagt man eher mit der Repetierbüchse. Aufgrund der Kombination von Schrot und Kugeln können sowohl Raubwild (auf kurze Distanz mit Schrot) als auch Schalenwild (mit der Kugel auf weitere Distanz) erlegt werden.

025.03 **DIE REPETIERBÜCHSE** Mit der Repetierbüchse kann man Rehwild auch auf große Entfernung schießen. Sie trägt ihren Namen aufgrund des

Repetiersystems, dessen Name wiederum vom lateinischen Wort *repetere* (wiederholen) kommt. Nach einem Schuss wird die Patrone ausgeworfen und zugleich eine neue Patrone aus dem Magazin geladen. Dies geschieht, indem der Verschluss zurück- und wieder vorgeschoben wird. Das Schloss ist dann gleich gespannt und die Waffe sofort wieder schussbereit. Für die Rehwildjagd mit der Repetierbüchse bietet sich die Benutzung des Kalibers *.308 win.* an, ein Standardkaliber. Das Gewehr braucht zudem eine Optik, ein Zielfernrohr. Das *Zeiss 3-12 x 56* böte sich an. Als Fernglas, um das Wild – wie der Jäger sagt – anzusprechen, ist ein *8 x 56er* zu empfehlen.

025.04 **DAS MESSER** Von der Schusswaffe abgesehen, brauchen Sie ein Messer, um das erlegte Tier aufbrechen und zerwirken zu können. Dies geschieht üblicherweise an Ort und Stelle, im Fall des Rehwilds also im Wald oder auf dem Feld. Messer sind noch vielfältiger als Schusswaffen; erfahrene Jäger werden die Messerwahl gezielt vornehmen. Ein Klappmesser, das neben einer feststellbaren Klinge über eine Aufbruchklinge verfügt (eine geschweifte Klinge, die am vorderen Klingenende verdickt und stumpf ist), ist vielleicht nicht die schlechteste Wahl.

025.05 **GRÜN UND BRAUN** Gummistiefel sind häufig angebracht, bei entsprechender Witterung auch Sturmmütze und Handschuhe. Die Kleidungsfarbe sollte wald- oder erdfarben sein, da erfolgreiche Jäger sich selten dadurch auszeichnen, dass sie auf dem Hochsitz auffallen. Auch Kleidung in Orange oder Rot wäre möglich, da viele Tiere diese Farben nicht wahrnehmen können, doch bis heute ziehen Jäger Grün- und Brauntöne vor. Im Rucksack, den Sie mitführen sollten, können Sie Ihr Messer verstauen. Auch ein Sitzkissen aus Filz ist sinnvoll, denn manchmal muss man doch einige Zeit im Hochsitz verbringen

025.06 **DER HUND** Eine alte Jägerweisheit besagt, dass ein Jäger ohne einen Hund nur ein halber Jäger sei. Hunde sind für Jäger wie Schusswaffen: Es gibt spezielle und es gibt Allrounder. Zu den für die Jagd geeigneten Allroundern zählen der *Deutsch-Kurzhaar,* der *Deutsch-Drahthaar* und der *Kleine oder Große Münsterländer.* Ein Spezialist für die Jagd von Tieren auf eine weite Entfernung wäre der *Bayerische Gebirgsschweißhund,* der eine besonders gute Nase hat und dadurch ein Tier, das erlegt werden sollte, aber eventuell nur angeschossen wurde und nun leidet, aufspüren kann.

025.07 **DER JAGDSCHEIN** Was Sie auf jeden Fall zur Jagd brauchen, ist ein Jagdschein. Jagen Sie ohne, sind Sie ein Wilderer. Der Jagdschein ist eine Urkunde, die von der Unteren Jagdbehörde an Antragsteller ausgestellt wird, die, erstens, eine Jägerprüfung bestanden haben, die, zweitens, nachweisen können, dass sie eine Jagdhaftpflichtversicherung für Sach- und Personenschäden abgeschlossen haben, und die, drittens, mindestens 16 Jahre alt sind, ein einwandfreies Führungszeugnis und die charakterliche und körperliche Eignung besitzen. Da von charakterlicher Eignung hier der Einfachheit halber ausgegangen wird, besteht die größte Hürde in der Jagdprüfung, in der Sie Fragen wie diese beantworten müssen: Ausgeprägtes Territorialverhalten zeigt eher der a) mehrjährige Rehbock oder b) mehrjährige Rothirsch? Sie haben es geahnt oder gar gewusst: Die richtige Antwort ist natürlich: a.

025.08 **DAS REVIER** Wenn Sie den Jagdschein haben, dürfen Sie jedoch noch nicht automatisch jagen, denn in Deutschland existiert ein Reviersystem. Jagdgenossenschaften verpachten Jagdflächen an eine Person, und nur diese sowie die Personen, denen sie es persönlich gestattet, dürfen darin jagen. Das Erlegen von Tieren erfolgt darüber hinaus nicht wahllos, sondern folgt einem Abschussplan, den die Untere Jagdbehörde aufstellt. Grundsätzlich obliegt die Verantwortung für den Erhalt der heimischen Tiere dem Jäger selbst.

025.09 **DICKES FELL** Da Sie als Jäger Tiere töten, werden Sie sicherlich früher oder später mit Vorwürfen von Tierschützern konfrontiert werden. Jäger versichern daher, dass man als Jäger neben all dem bisher genannten auch ein ziemlich dickes Fell brauche.

Der Hase steht hier stellvertretend für einen ursprünglichen Prozess: Nahrung finden, Nahrung erlegen, Nahrung zubereiten und schließlich verzehren. Die ersten beiden Schritte werden heute meist im Supermarkt erledigt, wobei das Erlegen durchs Bezahlen ersetzt wurde. Auch von Zubereitung ist in Anbetracht der vielen Fertiggerichte kaum zu sprechen. Ein Mann sollte zumindest wissen, wie es anders geht und wie es früher einmal ging. Nämlich so:

026.01 *DER HASE* Wir sprechen hier nicht vom Stallhasen, sondern vom Feldhasen *(Lepus Europaeus)*. Von der Natur wurde er mit Bewegungssehen und Rundumsicht sowie jeweils einem gut ausgebildeten Gehör- und Geruchssinn ausgestattet. Der Feldhase ist so genanntes Niederwild, trotz des Namens kann er aber recht hoch springen. Dass er gelegentlich tatsächlich recht hoch springt, ist gut für den Jäger, denn dieser kann den Hasen dann sehen und versuchen, ihn zur Strecke zu bringen. Es ist jedoch zu bemerken, dass der Feldhase sich nur ungern fangen lässt, weshalb er einige Techniken entwickelt hat. Hierzu gehören das Hakenschlagen und das Abhauen, wobei er 50 km/h, auf dem Höhepunkt der Flucht sogar bis zu 80 km/h, erreicht. Noch bemerkenswerter als diese Fähigkeiten ist sein Vermögen, sich ruhig zu verhalten und sich zu tarnen. Der Feldhase ist ein Meister der Tarnung. Er liegt tagsüber meist alleine in einer Sasse, einer kleinen Mulde auf dem Acker. Die Sasse ist so gewählt, dass der in ihr liegende Hase die Umgebung überblicken kann. Nähert sich ein Feind, bleibt der Hase wie erstarrt liegen und vertraut seiner Tarnfarbe. Fühlt er sich entdeckt, schlägt er Haken und wählt hohe Geschwindigkeit zur Flucht.

026.02 *DIE JAGD* Den Hasen zu erlegen ist mühsam und sehr zeitaufwendig, doch die Buschierjagd ist mit ein wenig Geduld oft von Erfolg gekrönt. Hier übernimmt der Hund des Jägers das Aufstöbern des Wildes vor dem Schuss. Er verharrt in seiner Bewegung und winkelt meist einen Vorderlauf an. Er steht dabei wie ein Pfeil und deutet mit der Nasenspitze in Richtung der Beute. Im Englischen würde man sagen: *He points* – weshalb eine dieser Hunderassen *Pointer* genannt wird. Es gibt neben den englischen Vorstehhunden eine zweite Gruppe, die kontinentalen Vorstehhunde, zu denen unter anderem der Pudelpointer gehört, ein vom Jäger Graf von Zedlitz

< Der Vorstehhund steht vor.
Der Hase stellt die Ohren auf. >

aus Pudeln und Pointern gezüchteter Hund. Häufiger als der Pudelpointer sind in Deutschland jedoch zum Beispiel der Kleine und der Große Münsterländer. Dies aber eher nebenbei. Der Jäger bereitet sich während des Pointens oder Vorstehens des Hundes auf den Schuss vor. Das Aufscheuchen des Wildes übernimmt entweder der Jäger selbst oder der Hund.

026.03 **DIE ZUBEREITUNG** Nun geht es darum, den Hasen küchenfertig zu machen. Das geht so: a) Ausziehen oder Ausbalgen, b) Ausnehmen und c) Zerwirken, was Zerlegen oder Zurichten meint. Mit einem scharfen Messer wird zunächst das Fell um die beiden unteren Gelenke der Hinterläufe abgeschnitten und auf der Innenseite der Schlegel vorsichtig bis zum Schwanz aufgeritzt. Dann wird der Hase an seinen Hinterläufen aufgehängt, zum Beispiel mit Schnüren. Die Bauchseite sollte nun dem Benutzer des Messers zugewandt sein. Dann wird das Fell, von den eingeschnittenen Stellen an den Hinterläufen ausgehend, über Rücken und Vorderläufe abgezogen. Eventuell muss das Fell beim so genannten Ausziehen stellenweise mit der Hand vom Fleisch gelöst werden. Anatomisch besonders interessant anzusehen ist der Moment, wenn das Fell über den Kopf gezogen wird. Eventuell muss hier mit dem Messer ein wenig nachgeholfen werden.

026.04 **DER VERZEHR** Besonders schmeckt zum Hasen Rotkohl, mit vielen Äpfeln gekocht. Auch Knödel und feine Kartoffelgerichte passen gut. Sauce zusätzlich reichen.

027 EIN TIER AUSSTOPFEN

Bis vor etwa 100 Jahren wurden Tierhäute mit Stopfmaterialien wie Holzwolle ausgefüllt. Daher kommt das umgangssprachlich bis heute gebräuchliche Wort vom Ausstopfen. Die ausgefüllten Tiere sahen allerdings häufig aus wie Würste mit Augen, und die Techniken der Tierpräparation haben sich seither stark verändert. Daher darf man Tierpräparatoren nicht fragen, wie man ein Tier ausstopft – sie empfinden das als Beleidigung des ganzen Berufsstands der zoologischen Präparatoren. Das wäre, sagen sie, als fragte man einen Arzt, wie er kurpfuscht.

027.01 **PRÄPARIERTER HIRSCH** Wenn Sie eine Jagdtrophäe präparieren möchten, zum Beispiel den Kopf-Schulter-Bereich eines Hirschen, so ist die gängige Präparationsart die dermoplastische Methode. Das Wort Dermoplastik – in vielen Sprachen ist von der Taxidermie die Rede – enthält die Bestandteile Haut (dermos) und Gestalt (taxis oder Plastik). Prinzipiell brauchen Sie Kenntnisse in Tierkunde, Anatomie und Gestaltung und müssen die Grundtechniken der Präparation erlernen. Wollen Sie Präparator werden, gibt es in Deutschland eine drei Jahre dauernde staatlich anerkannte Ausbildung in Bochum.

027.02 **HERSTELLUNG EINER DERMOPLASTIK** Sie benutzen dafür die Haut des toten Tiers und kleben sie auf eine detailliert angefertigte Plastik. Da die Haut trotz ihrer Elastizität eine definierte Fläche hat, muss die Plastik in allen Maßen exakt denen des toten Tiers angepasst werden. Sie müssen das tote Tier daher akribisch vermessen. Es ist üblich, zwei bis vier Dutzend verschiedene Längen-, Strecken- und Umfangsmaße zu nehmen. Auch ein anatomisch und ästhetisch schön modellierter Rehkopf ist ein schlechter Rehkopf, wenn die Haut nicht genau auf ihn passt.

027.03 **SCHNEIDEN DER HAUT** Der erste Schritt ist jedoch die Hautgewinnung. Die Haut müssen Sie möglichst bald nach dem Tod des Tiers abziehen, und zwar möglichst vollständig in allen Details, also auch die Haut an Körperstellen wie den Hufen, Augen, Ohren, Schwanzspitze und Lippen. (Entfernen Sie auch alle subkutanen Bindegewebs- und Fettreste.) Schon weil Sie für 50 Zentimeter brauchbare Naht etwa eine Stunde brauchen, wenn Sie geübt sind, sollten Sie die Schnitte akribisch planen, sonst machen Sie sich das Leben nur noch schwerer.

Wenn Sie die Kopfschultertrophäe eines Hirschen herstellen, ist es gut, die Haut zwischen den Hörnern auf der Oberseite des Halses aufzuschneiden, da an diesen Stellen die Fellhaare länger sind. Schneiden Sie an einer Kurzhaarstelle wie der Unterseite des Halses, wird später die Naht sichtbar sein. An einer Langhaarstelle wird die Naht von den Haaren verdeckt. Die Haut muss innerhalb von sechs bis neun Stunden den ersten wirkungsvollen Konservierungsschritt erreicht haben, da sonst die Gefahr besteht, dass sie fault. Die Präparation eines Tiers ist daher auch ein Wettlauf gegen die Zeit.

027.04 **STABILES POSITIV** Um das Nacktmodell zu erstellen, auf das später die Haut geklebt wird, benutzt man heute üblicherweise Ton, als Hilfsmittel Bildhauerwerkzeuge wie Spachtel, Modelliereisen und Modellierschlingen. Es erfordert große Präzision, der Plastik, die nicht nur die Tierart anatomisch korrekt darstellt, sondern vor allem auch das konkrete tote Tier, Anschaulichkeit und Genauigkeit zu verleihen, besonders was Mimik und Bewegung angeht. Nehmen Sie, wenn Sie mit der Plastik fertig sind, ein Negativ des Tonmodells, benutzen Sie dazu Gips oder – heute eher üblich – Polyesterlaminat. Dieses Negativ schäumen Sie dann mit Hart-Polyethanschaum auf. Der Schaum wird hart. Ziel ist ein stabiles, nicht allzu schweres Positiv. Ist die Plastik so weit gediehen, können Sie sie anschließend noch verfeinern, mit Raspeln, Schleifpapier oder einem Winkelschleifer.

027.05 *KLEBEN DER HAUT* Der nächste Schritt ist das Aufkleben der gegerbten und damit haltbar gemachten Haut. In der Haut-Fell-Konservierung wird grob zwischen Gerbung, also der Herstellung von Leder ohne Haare, und Zurichte, also der Zurichtung der Haut mit Haaren oder Pelz, unterschieden. Der Begriff Gerbung ist daher eigentlich nicht ganz korrekt, denn hier müssen die Fellhaare selbstverständlich vollständig und original erhalten bleiben. Zum Aufkleben ist ein Leim notwendig, der mehrere Bedingungen erfüllt: Er darf nicht schnellklebend sein, Sie müssen nach dem Aufbringen der Haut mehrere Stunden bis zwei Tage Zeit haben, die Haut exakt auf der Plastik zu verteilen. Er darf nicht allzu flüssig sein, denn er darf nicht einseitig von der Haut aufgesogen werden; sowohl Haut als auch Kleber müssen genau richtig und aufeinander abgestimmt feucht sein. Der Leim muss sich sowohl mit dem Leder als auch mit dem Plastikuntergrund verbinden. Er muss alterungsbeständig sein, damit die Haut nicht nach einigen Jahren abfällt. Und er darf die Haut nicht chemisch schädigen, er muss also Haut-pH-neutral sein.

027.06 *KLEBEN UND FIXIEREN* Verteilen Sie nun die Haut auf der Plastik. Ellbogenhaut gehört auf den Ellbogen, Schulterhaare gehören auf die Schulter – und zwar: exakt dorthin. Fixieren Sie die Haut in kleinen Dellen der Plastik, also in Vertiefungen. Denn die detailliert herausgearbeiteten anatomischen Feinheiten auf der Plastik sind nur sinnvoll, wenn die Haut diesen folgt und sich nicht beim Trocknen darüber wegspannt. Um während des Aufklebeprozesses die Haut auf der Plastik zu halten, können Sie Stecknadeln und Ähnliches benutzen. Nach dem Aufkleben der Haut muss das Präparat trocknen. Das kann drei bis sechs Wochen dauern. Sie sollten die Nadeln erst herausziehen, wenn alles ganz trocken ist.

027.07 *HALTBARE FLÜSSIGKEIT* Für andere Tiere gibt es andere Techniken. Insekten, Vögel, Fische, Reptilien, Amphibien und kleine Säugetiere wie Mäuse und Eichhörnchen werden anders präpariert als größere Säuger. Bei Mäusen ähnelt die Technik der, die Gunther von Hagens für seine be-

···

< Wandbüffel

Wandhecht >

·

rühmten Menschenpräparationen angewandt hat: Die Tiergestalt wird als Ganzes konserviert, das heißt, der Körper wird nicht zerlegt, detailliert nachgebildet und anschließend mit dem Tierfell wieder beklebt, wie es bei Rehen oder Büffeln üblich ist. Stattdessen wird die Gewebeflüssigkeit in einem aufwendigen Verfahren durch haltbare Flüssigkeit ersetzt, zum Beispiel durch Polyethylenglykol, eine Substanz, die sich wegen ihrer straffenden Wirkung auch in Kosmetika findet.

AUS EINEM AST EINEN BAUM MACHEN 028

Aus einem Ast einen Baum zu machen klingt zunächst nach einer eher seltsamen Idee. Aber es geht. Als der spätere deutsche Handball-Bundestrainer Heiner Brand 1976 als Aktiver an den Olympischen Spielen in Montreal teilnahm, erhielt er zum Ende der Spiele wie alle Teilnehmer einen Ahornzweig als Geschenk. Brand nahm seinen Zweig mit nach Gummersbach und pflanzte ihn ein. Mittlerweile steht in seinem Garten ein Ahornbaum, so hoch wie sein Haus. Das ist insofern ganz interessant, weil Brand viel in der Welt herumgekommen ist, aber stets nach Gummersbach zurückkehrte. Für diese Form der Verwurzelung, ohne dabei provinziell zu sein, lässt sich kaum ein besseres Symbol finden als der mitgebrachte Ahornzweig aus Kanada, der in Gummersbach zum Baum wurde.

028.01 **VORTEIL DER WEIDE** Wollen auch Sie aus einem Ast einen Baum machen, bietet es sich an, den Ast einer Weide zu verwenden.

Einerseits hat das den Nachteil, dass Sie in der Baumwahl etwas festgelegt sind, nämlich auf die Gattung der Weide *(Salix)* aus der Familie der Weidengewächse *(Salicaceae)*. Andererseits hat die Wahl eines Weidenastes den Vorteil, dass die Natur einen großen Teil der Arbeit selbst übernimmt.

028.02 **FORTPFLANZUNG** Die meisten der 400 bis 500 Weidenarten pflanzen sich durch Samen fort; der Fachmann spricht von generativer Fortpflanzung. Einige Arten können sich jedoch auch bestens vegetativ vermehren. Diese Arten sind von Natur aus dafür ausgelegt, sich selbst zu verbreiten.

028.03 **AM WASSER** Von all den geeigneten Weiden eignet sich eine besonders gut: die Bruch- oder Knackweide *(Salix fragilis)*. Sie wächst oft an Ufern, da sie feuchten Boden benötigt. Die Bruch- oder Knackweide verdankt ihren Namen den leicht brechenden und im Augenblick des Brechens laut knackenden Zweigen. Diese Zweige fallen häufig in das nahe Gewässer (weil dieser Baum, wie gesagt, gern an Ufern steht). Im Wasser bilden die Äste und Zweige dank der Feuchtigkeit unter Umständen neue Wurzeln aus. Werden sie schließlich ans Ufer gespült, wächst aus den Ästen und Zweigen eventuell eine neue Bruch- oder Knackweide.

028.04 **IM BODEN** Es kann vorkommen, dass sich ein Ast dieser Weide nach dem eben beschriebenen Schema von selbst pflanzt. Sie können jedoch etwas nachhelfen, einen Ast mit Wurzeln aus dem Wasser nehmen, ihn in die Erde stecken – und sich den Akt des Baumpflanzens dann selbst gutschreiben. Es ist möglich, dass selbst dann eine Weide aus einem Ast entsteht, wenn Sie lediglich einen Ast abschneiden und in den Boden stecken, ohne ihn zuvor zu wässern. Ist der Boden günstig, kann so – und zwar in einem einigermaßen überschaubaren Zeitraum, da die Weide schnellwüchsig ist – eine neue Bruch- oder Knackweide entstehen. Ein Boden ist günstig, wenn wichtige Bedürfnisse der Weide befriedigt werden: Sie benötigt Feuchtigkeit. Außerdem braucht sie Platz, da ihre Wurzeln sich weit ausbreiten, so dass ein eng bewaldeter Platz nicht geeignet ist.

Menschen tun an Weihnachten seltsame Dinge. Der vermutlich seltsamste Brauch ist der, sich einen Baum ins Wohnzimmer zu stellen und ihn festlich zu schmücken. Sogar jeder siebte Single hat einen eigenen Weihnachtsbaum in der Wohnung. Das Einfachste ist es, den Baum bei einem der zahllosen Händler zu kaufen. Das Schönste ist es, seinen Baum selbst auszusuchen und zu fällen.

029.01 *LEGAL FÄLLEN* Am besten begeben Sie sich dazu in einen Forst- oder Plantagenbetrieb in Ihrer Nähe, der speziell für das Weihnachtsgeschäft aufgezogene kleinere Nadelbäume anbietet, denn dort können Sie gegen Bezahlung ganz legal einen Baum schlagen. Das hat den Vorteil, dass man keinen Baum kauft, der, wie so viele Tannen, aus Skandinavien eingeflogen wird. Wenn Sie einfach in einem beliebigen Wald oder Nachbarsgarten eine beliebige Tanne schlagen, machen Sie sich eventuell strafbar. Die Erlaubnis, einen Baum zu schlagen, variiert zwar je nach den in den Bundesländern gültigen Baumschutzgesetzen, aber es kann nicht schaden, grundsätzlich davon auszugehen, dass Sie das nicht dürfen.

029.02 *GEEIGNETE BÄUME* Als Weihnachtsbäume beliebt sind, in dieser Reihenfolge, die Nordmanntanne *(Abies nordmanniana)*, die Stechfichte *(Picea pungens glauca)* und, auf Platz drei, die Edeltanne *(Abies procera)*. Sie können diese anhand einiger Kennzeichen unterscheiden.

029.03 *NORDMANNTANNE* Die Nordmanntanne hat grün bis dunkelgrün glänzende und zwei bis drei Zentimeter lange Nadeln. Auf der Unterseite haben die Nadeln zwei blasse Streifen. Die Nordmanntanne ist als Weihnachtsbaum besonders beliebt, da die Nadeln weich sind, nicht stechen und nicht so schnell abfallen, so dass Sie kein Fakir sein müssen, um über den Wohnzimmerteppich zu gehen. Sie wächst pyramidal, und die Zweige sind etagenförmig angeordnet. Ältere Bäume haben stehende Zapfen.

^{029.04} **STECHFICHTE** Die Stechfichte, auch Blaufichte und erstaunlicherweise auch Blautanne genannt, hat bis zu drei Zentimeter lange Nadeln und etagenförmig angeordnete Zweige. Die Nadeln sind spitz und stechen, was den Namen des Baums erklärt. Der in Deutschland gebräuchliche Name Blaufichte erklärt sich aus der blaugrauen Färbung der Nadeln. Ältere Pflanzen haben hängende Zapfen.

^{029.05} **EDELTANNE** Die Edel- oder Nobilistanne hat grüne, silbrige oder stahlblaue, bis zu drei Zentimeter lange und nicht spitze, also abgerundete Nadeln. Sie wächst asymmetrisch. Am Stamm befinden sich Harztaschen, die, wenn sie sich öffnen, einen intensiven angenehmen Weihnachtsbaumgeruch verbreiten. Die Zweige eignen sich auch für Weihnachtsgestecke. Mehrere Jahre alte Edeltannen haben stehende Zapfen.

^{029.06} **DAS FÄLLEN** Haben Sie einen Baum ausgewählt, müssen Sie ihn sich aneignen. Im Fall von Weihnachtsbäumen ist selten vom Fällen die Rede, da die jungen Stämme oft nur einen Durchmesser von vier bis sechs Zentimetern haben, wobei Fichten etwas stärker sind als Tannen. Auch Fichten können Sie aber noch problemlos umsägen.

^{029.07} **MIT DER HANDSÄGE** Heben Sie die untersten Zweige des Baums mit der einen Hand an, und setzen Sie mit der anderen die Säge an den Stamm. Ziehen Sie die Säge nun mit Druck hin und her, bis Sie den Stamm durchgesägt haben. Halten Sie ihn während des Sägens fest, damit er nicht unkontrolliert umfällt.

^{029.08} **MIT DER MOTORSÄGE** Eher unnötig ist es, eine Motor- oder Kettensäge zu benutzen. Gleichwohl ist die Kettensäge ein für Männer äußerst interessantes Werkzeug, und wenn Sie das ganze Jahr über keinen Anlass haben, sie zu benutzen, dann ist es sicher für jedermann nachvollziehbar, dass Sie das an Weihnachten nachholen wollen. Grundlegend am Umgang mit der Kettensäge ist, sie immer gut festzuhalten und zu wissen, dass es

einen Rückstoß geben kann. Es sind schon schlimme Unfälle passiert. Ein gerader Schnitt durch den dünnen Stamm genügt. Benutzen Sie Handschuhe und eine Schutzbrille, und achten Sie darauf, dass keine Kinder in der Nähe sind.

029.09 *MIT DER AXT* Mit der Axt erreichen Sie keinen sauberen Schnitt, sie ist für das Fällen eines dünnen Nadelbaums nicht sehr zu empfehlen. Die Axt müssen Sie nur dann anwenden, wenn Ihr Weihnachtsbaum außerordentlich groß sein soll. Einen sehr großen Baum selbst zu fällen ist allerdings auch nicht empfehlenswert, denn es ist gefährlich, und nicht umsonst gibt es Fachleute dafür. Wenn Sie einem Fachmann zusehen, werden Sie sehen, dass er auf der Seite, auf die der Baum fallen soll (was er nicht zwangsläufig tun wird) mit der Axt eine Fallkerbe in den Stamm schlägt (**01**). Auf der gegenüberliegenden Seite sägt er mit einer Kettensäge einige Zentimeter oberhalb der Unterkante der Fallkerbe einen Schnitt in den Stamm, bis der Schnitt einige Zentimeter tiefer ist als das Sägeblatt breit. Dann schaltet er die Säge aus und schlägt mit einem Vorschlaghammer zwei Keile in den Schnitt, ohne die Säge dadurch einzuklemmen. In Fallrichtung sägt er dann weiter, bis er fast auf Höhe der Fallkerbe angekommen ist (**02**). Dann zieht er die Säge seitlich heraus und schlägt die Keile mit dem Hammer weiter in den Schnitt, bis der Baum fällt (**03**).

01.

02.
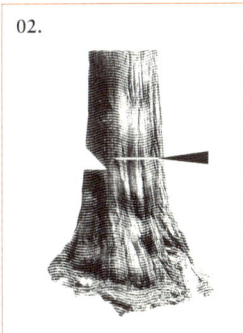

03.

DER MANN IN GEFAHR

030.01 *WAS TUN, WENN MAN EINE BOMBE FINDET?* Gelegentlich stößt man auf eine Bombe. Es empfiehlt sich, die Finger von der Bombe zu lassen. Wählen Sie die Rufnummer 110; die Polizei alarmiert dann die Fachleute. In größeren Städten sitzen in den Dienststellen der Polizei Bombenexperten; diese informieren den professionellen Bombenentschärfer über Größe, Aussehen und Zünderzahl der Bombe. Im besten Fall weiß der Profi bereits nach diesem Informationsgespräch, ob es sich um eine gefährliche Situation handelt. Er kommt dann in jedem Fall selbst vorbei, und in seinem Auto befindet sich stets sämtliches Material und Werkzeug, das man zur Bombenentschärfung benötigen könnte, darunter Rohrzangen in verschiedenen Größen. Sollten Sie, da Sie auch privat gerne basteln, beschließen: Och, das mache ich jetzt schnell selbst (was ausdrücklich nicht empfohlen wird), dann sollten Sie grob wissen, wie so eine Entschärfung normalerweise läuft.

030.02 *UM WELCHE BOMBE HANDELT ES SICH?* Bomben, die in Deutschland gefunden werden, sind klassifizierbar in den Amerikaner und den Engländer sowie in Bomben mit Aufschlagzünder und Langzeitzünder. Der Engländer hat eine Zäpfchenform, vorne ist er ansteigend, hinten gerade; außerdem hat er in der Regel einen oder mehrere Messingzünder. Der Amerikaner ist im Mittelteil zylindrisch, vorne und hinten konisch geformt. Er ist mit einem oder mehreren Stahl- oder Eisenzündern ausgerüstet. Die Größe einer Bombe ist für den Bombenentschärfer zunächst weniger entscheidend; gängig sind 500 lbs, was etwa 500 Pfund entspricht. Auch weniger entscheidend ist, ob es sich um einen Engländer oder einen Amerikaner handelt. Entscheidend ist die Art des Zünders, denn eine Bombe zu entschärfen heißt, den Zünder zu entfernen.

030.03 DIE ZÜNDER Der oder die Zünder einer Bombe können sich vorne oder hinten befinden. Handelt es sich, wie in den meisten Fällen, um einen normalen Aufschlagzünder, etwa den 101er Heckzünder oder den 103er

Kopfzünder, ist die Bombe eher ungefährlich, wobei Gefahr eine relative Größe ist. Aufschlagzünder sind mit einer Zündnadel ausgestattet, die an der Zünderseite aus der Bombe herausragt. Wird sie eingedrückt, etwa nach einem Abwurf und anschließendem Aufschlag, explodiert die Bombe. Manchmal explodiert sie aber auch nicht und wird später gefunden. Aufschlagzünder sind mechanische Zünder. Da Bomben liegend gefunden werden und also zum Zeitpunkt des Fundes keine Explosionsgefahr besteht, kann man den Zünder einfach mit einer Rohrzange herausschrauben.

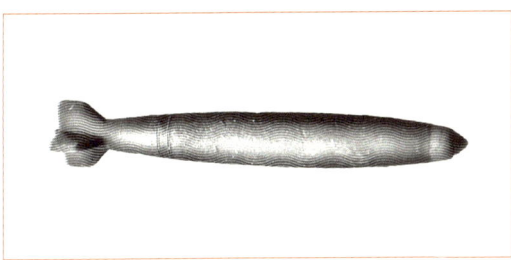

• • •

Eine Bombe zu
entschärfen heißt, den
Zünder zu entfernen.

•

030.04 **CHEMISCHE ZÜNDER** Handelt es sich jedoch um eine Bombe mit Langzeitzünder, ist das Vorgehen deutlich komplexer. Langzeitzünder sind nicht mechanisch, sondern chemisch.

Man kann davon ausgehen, dass eine Bombe, die heute gefunden wird, bereits seit etwa 60 Jahren an der Fundstelle liegt. Wurde die Bombe nach dem Fund jedoch bewegt, kann der Zünder aktiviert worden sein, was für jeden Entschärfer eine eher unerfreuliche Angelegenheit ist, ganz gleich, ob er Berufsentschärfer ist oder der Mann, der sich dachte: Das mache ich jetzt schnell selbst. Chemische Langzeitzünder enthalten eine Acetonampulle. Wird die Bombe bewegt, kann sie brechen. Das Aceton weicht dann die zwischen Ampulle und Zünder befindliche Sicherungsscheibe auf, und der Zünder schlägt durch. Dieses Aufweichen der Sicherungsscheibe kann zwischen einer halben Stunde und eineinhalb Tagen dauern, so dass größte Gefahr besteht, falls die Langzeitzünderbombe nach dem Fund bewegt worden ist.

Der Bombenentschärfer muss dies wissen (und Sie auch, falls Sie immer noch selbst zu Werke gehen). Es gilt, die Detonation abzuschätzen und das Umfeld großflächig räumen zu lassen. Anschließend ist es sinnvoll, die Bombe mit mitgebrachtem Sprengstoff zu sprengen. Der Entschärfer wird dann im Hubschrauber zum Fundort gebracht und, vor allen Dingen, schnell wieder weg (Verfügen Sie weder über eigenen Sprengstoff noch über einen Hubschrauber, wäre es spätestens jetzt an der Zeit, jemanden zu verständigen, der selbstverständlich nicht mehr drauf hat als Sie, aber eben mehr Mittel).

Auch wenn die Bombe nicht bewegt wurde, ist die Gefahr größer als bei einer mechanischen Aufschlagsbombe. Denn nach vielen Jahrzehnten kann das Material ermüdet sein. Die Scheibe, von der die Zündnadel gehalten wird, steht unter großer Federspannung, sie kann Risse bekommen haben, so dass die Bombe jederzeit explodieren kann und unbedingt entschärft werden muss. Das Problem ist allerdings, dass Langzeitzünderbomben eine Ausbausperre haben. Das bedeutet, dass ein Zünder nicht einfach herausgeschraubt werden kann. Man muss daher die gesamte Buchse ausbauen, in der die Acetonampulle, die Sicherungsscheibe und die Zündnadelkonstruktion eingebaut sind. Man kann sich der Techniken des Fräsens oder Bohrens bedienen. Allerdings gilt es stets, im Hinterkopf zu behalten, dass jede Bombe anders ist. Selbst Rost kann eine chemische Reaktion auslösen, und auch die Lage der Bombe muss bedacht werden.

Das alles bedeutet, dass man als unerfahrener Bombenentschärfer durchaus eine Bombe entschärfen kann. Schafft man es tatsächlich, handelt es sich jedoch um nichts anderes als Glück.

031 KOMMISSAR WERDEN

Sie haben eben den Krimi zu Ende gelesen, dann lief noch einer im Fernsehen, und jetzt steht Ihr Entschluss fest: Sie wollen Kommissar werden. Vielleicht einer wie Martin Beck, der in Stockholm ermittelt, oder wie Kurt

Wallander aus Ystad, und es schreckt Sie kein bisschen ab, dass diese Männer viel zu viel trinken und auf ein Privatleben blicken, das mehr oder weniger in Scherben liegt. Sind es nicht all die vielen Kommissare, die eine Art von Ordnung in der Welt erhalten, auch wenn Ihr eigenes Leben niemals in Ordnung geraten will? Kommissar werden also. Nichts leichter als das.

031.01 **OHNE ABITUR** Es gibt bei der deutschen Polizei 15 Dienstgrade. Der Polizeikommissar ist der sechste Rang von unten. Er stellt dennoch einen erstrebenswerten Rang dar, da er der erste Rang des gehobenen Dienstes ist, mit dem beginnend der Weg zu den weiteren Dienstgraden des gehobenen Dienstes erst möglich wird. Bei der Polizei sind drei Laufbahngruppen zu unterscheiden: mittlerer, gehobener und höherer Dienst.

Real- oder Hauptschulabsolventen beginnen beim mittleren Dienst. Ihre Laufbahn beginnt bei der Bereitschaftspolizei, sozusagen der Polizeischule, sie sind dann Polizeimeisteranwärter. Nach Bestehen der Prüfung an der Schule beginnt die Laufbahn eines Beamten der Uniformiertendienst-

Mittlerer Dienst z.B.
Polizeihauptmeister

Gehobener Dienst z.B.
Polizeihauptkommissar

Höherer Dienst z.B.
Polizeipräsident

gruppe – Polizeioberwachtmeister, Polizeimeister, Polizeiobermeister und Polizeihauptmeister (welcher bereits zur selben Besoldungsgruppe wie der Kommissar gehört, allerdings nicht im gehobenen, sondern im mittleren Dienst arbeitet). Sie alle tragen grüne Sterne auf der Schulterklappe. Ausnahme ist der Polizeimeisteranwärter, dessen Schulterklappe sternfrei ist, bis er die entsprechende Prüfung bestanden hat und dann Polizeioberwachtmeister ist und einen grünen Stern trägt. Durch gute Leistungen und Noten können Sie sich in dieser Zeit für eine Prüfung für die gehobene Laufbahn empfehlen. Für diese ist ein Studium an der Beamtenfachhochschule nötig, nach dem Sie in den gehobenen Dienst eintreten können und dort als erste Stufe den Rang eines Kommissars bekleiden. Die Ausbildung für den gehobenen Dienst dauert zweieinhalb Jahre.

031.02 **MIT ABITUR** Für Abiturienten oder Fachabiturienten, die sich direkt für den gehobenen Dienst bewerben, dauert die Ausbildung drei Jahre – sie absolvieren zusätzlich ein sechsmonatiges Praktikum, in dem sie den Alltag eines Streifenpolizisten kennenlernen und sich mit verlorenen Geldbeuteln, Verkehrsunfällen, Brandfällen und gemeldeten Einbrüchen beschäftigen. Die Eignung für den gehobenen Dienst wird bei Abiturienten bereits während der Schulzeit festgestellt. Es handelt sich bei der Prüfung, die sie absolvieren, um eine Prüfung für die allgemeine Beamtenlaufbahn im gehobenen Dienst; an dieser nehmen zum Beispiel in Bayern jährlich rund 1500 Anwärter teil. Zusätzlich müssen die Kandidaten eine zweistufige Polizeidiensteignung vorweisen. An dieser nehmen die besten 200 Polizeivollzugsdienstanwärter unter den 1500 Beamtenlaufbahnanwärtern für den gehobenen Dienst teil. Von diesen 200 werden 40 übernommen.

031.03 **40 KOMMISSARE** Bei der Zahl 40 handelt es sich um den errechneten jährlichen Bedarf. Die 40 Kandidaten sind die, welche die beste Ranglistenplatznote aufweisen können. Die Ranglistenplatznote errechnet sich über die Abiturnote in den Fächern Deutsch, Mathematik und in einer Fremdsprache. Zudem gibt es eine Polizeiprüfung, welche aus den beiden Teilen Gruppenaufgabe und Sporttest besteht; die Gruppenaufgabe dient der Prüfung der sozialen Kompetenz, der Sporttest der Prüfung der sportlichen Leistungsfähigkeit, wobei hier Ausdauer und Grundfitness relevant sind, weniger die technischen Fähigkeiten im Fußball. Die Polizeiprüfung zählt eineinhalbfach. Die Polizeiprüfungsnote und die Abiturdurchschnittsnote werden addiert und durch 2,5 geteilt. Das Ergebnis ist die Ranglistenplatznote. Die 20 Kandidaten mit den besten Ranglistenplatznoten beginnen die Ausbildung für den gehobenen Dienst im September nach der Prüfung. Die 20 nächstbesten Kandidaten beginnen sie im März darauf. Die 40 Kandidaten, die die Prüfung bestanden haben, werden nach der Ausbildung Polizeikommissare.

031.04 *HÖHERE KOMMISSARE* Die Regelbeförderung für die weitere Laufbahn erfolgt etwa alle drei bis vier Jahre. Nach dem Polizeikommissar (ein Stern) wird man Polizeioberkommissar (zwei Sterne), dann Polizeihauptkommissar (drei Sterne). Es folgt der Polizeihauptkommissar der Besoldungsgruppe A 12 (vier Sterne), anschließend der Erste Polizeihauptkommissar (fünf Sterne). Ist man erst einmal Polizeihauptkommissar, kann man für die Zusatzqualifikation für den höheren Dienst in Frage kommen. Diese erlangt man an der Polizeiführungsakademie in Münster. Hat man sie erlangt, gelangt man in den Rang des Polizeirats. Dieser trägt einen Stern, der allerdings golden ist. Ihm folgt der Polizeioberrat (zwei goldene Sterne), der Polizeidirektor (drei goldene Sterne), der Leitende Polizeidirektor (vier goldene Sterne) und, als höchste Stufe, der Polizeipräsident, der auf der Schulterklappe einen von einem Lorbeerkranz eingerahmten goldenen Stern trägt. Für diese Position qualifiziert die Ochsentour, allerdings ist auch der Quereinstieg möglich, zum Beispiel über den Weg des bestandenen doppelten Staatsexamens in Jura mit anschließendem Weg über die Politik.

031.05 *DEN WAGEN HOLEN* Was den Polizeikommissar betrifft: Er hat – anders als manche Krimiserie glauben macht – keinen Assistenten, nicht einmal der Polizeihauptkommissar hat einen Assistenten. Es gibt lediglich verschiedene Besoldungsgruppen. Es könnte sich also in Ihrer neuen Rolle als Kommissar als schwierig erweisen, jemanden zu finden, den Sie bei jeder passenden und unpassenden Gelegenheit losschicken können, damit er (oder sie) schon mal den Wagen holt.

Pfeil und Bogen sind zum einen eine sehr ursprüngliche Form der Waffe. Zum anderen sind sie etwas, das recht viel Spaß bereiten kann, und das nicht nur, wenn man mit seinem Sohn unterwegs ist. Zu beachten ist jedoch immer, dass Pfeil und Bogen ziemlich gefährlich werden können. Wenn Sie einen großen Bogen bauen und harte, gespitzte Pfeile verwenden, dann halten Sie tatsächlich eine potentiell tödliche Waffe in Händen. Sie sollten den Bogen also nur dort benutzen, wo Ihnen niemand in die Schussbahn laufen kann. Für Kinder sollten Sie einen kleinen Bogen bauen, der ist weniger gefährlich. Um einen ordentlichen Bogen zu bauen, brauchen Sie nicht viel.

032.01 **DAS MATERIAL** Im Baumarkt sollten Sie alles kaufen können, was Sie benötigen. 3 bis 5 Leisten aus Esche oder Ulme, für Erwachsene 1,60 Meter lang, für Kinder 80 Zentimeter oder weniger • Holzleim • Schraubzwingen • Säge • Schleifpapier • Fahrradlenkergriffband • Nylonschnur (1,5 – 2 Millimeter stark) • Buchenrundholz für die Pfeile (10 – 12 Millimeter Durchmesser).

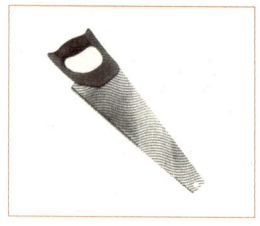

Säge   *Holzleim*   *Schraubzwinge*

032.02 **DER BOGEN** Leimen Sie die Leisten aufeinander. Sie bauen damit so etwas wie eine Blattfeder, die Leisten werden nicht brechen, wenn Sie sie spannen. Pressen Sie die geleimten Leisten mit den Schraubzwingen fest aufeinander, denn Holzleim hält nur, wenn er fest gepresst wird. Wenn Sie

Rapidleim benutzen, reicht eine halbe Stunde, sonst warten Sie lieber einen halben Tag. Kerben Sie, wenn der Leim getrocknet ist, das Holz mit der Säge an beiden Enden jeweils zirka einen Zentimeter vom Ende entfernt auf beiden Seiten ein. Hier wird später die Schnur eingespannt. Kerben ist besser, als ein Loch zu bohren, denn Bohren spaltet das Holz, es wird dann brechen. Mit dem Schleifpapier können Sie dafür sorgen, dass alle Kanten schön glatt sind.

Prüfen Sie nun, indem Sie das Holz spannen, wie lang Ihre Schnur sein muss. Als Knoten empfiehlt sich der Palstek an beiden Enden, so dass Sie zwei Schlingen haben, die Sie in die Kerben hängen können (vgl. Kapitel *Der alte Mann und das Meer*, Rubrik *Die zehn wichtigsten Knoten kennen*). Spannen Sie den Bogen nun vor und hängen Sie die Schnur ein. Selbstverständlich können Sie jeden anderen Knoten verwenden, der Ihnen angemessen erscheint. Das Fahrradlenkergriffband wickeln Sie abschließend um die Mitte des Bogens, damit erhalten Sie einen rutschfesten Griff.

032.03 **DIE PFEILE** Sägen Sie das Buchenrundholz auf die passende Länge; probieren Sie dazu, wie weit Sie den Bogen spannen können: Die Pfeile sollten etwas länger sein. Mit einem Messer können Sie die Pfeile nun auf einer Seite anspitzen und auf der anderen so einkerben, dass die Schnur des Bogens hineinpasst.

EINEN ZUG ANHALTEN 033

Sie kennen das vielleicht aus manchem Katastrophenfilm, dass der Lokführer plötzlich nicht mehr in der Lage oder willens ist, die Lok zu fahren. In Westernfilmen hat ihn meist ein Pfeil von Indianern durchbohrt oder eine Kugel von Banditen getroffen. In modernen Filmen springt er vielleicht ab oder erleidet einen Herzinfarkt. Handlungsstränge dieser Art gibt es im Film und auch in der Wirklichkeit mit vielen Verkehrsmitteln (vgl. Kapitel *Der Mann in Gefahr*, Rubrik *Eine 747 landen*). Und fast immer findet sich ein

Mann (zumindest im Film), der die Sache in Ordnung bringt. Sollten Sie sich nun in einem Zug befinden, in dem der Lokführer nicht mehr fährt oder fahren kann, so können Sie Folgendes tun, um den Zug anzuhalten: nichts. Der Zug macht das selbst.

033.01 **DER TOTMANNKNOPF** Das liegt daran, dass der Lokführer, selbst wenn der Zug weitgehend von alleine fährt, die ganze Fahrt hindurch aktiv ist. Er muss alle 20 bis 30 Sekunden auf einen Knopf drücken, den so genannten *Totmannknopf* oder *Totmannschalter*. Sobald er das getan hat, wird die Zeituhr erneut für 30 Sekunden aktiviert. Nach spätestens einer halben Minute muss der Knopf dann erneut gedrückt werden. Das hat den Zweck zu überwachen, ob der Lokführer noch arbeitsfähig und nicht eventuell

• • •

< Totmannknopf

Aktentasche >

•

eingeschlafen ist oder gar einen Herzanfall erlitten hat (glücklicherweise nicht mehr, ob er von Kugeln oder Pfeilen getroffen wurde). Drückt der Lokführer diesen Knopf nicht, ertönt zunächst ein akustisches Warnsignal, eine Hupe. Zusätzlich fordert ein Blinklicht den Lokführer auf, den Totmannknopf umgehend zu betätigen. Tut er das auch nach der Warnung nicht innerhalb von 2,5 Sekunden, wird der Zug automatisch gebremst.

033.02 **BLOCKIERT MIT DER TASCHE** Dieses System der durch DIN VDE 0119-207-5 geregelten Sicherheitsfahrschaltung, kurz Sifa, salopp Totmannknopf, ist ein wesentlicher Teil der Sicherheitsvorkehrungen sowohl bei der Deutschen Bahn als auch in Nahverkehrsbahnen. Der Totmannknopf kann, je nach Zugmodell, eine Fußtaste oder ein Handpedal sein.

Das System wurde stetig weiter entwickelt. So gab es den Totmannknopf zunächst als dauerhaft zu betätigendes Pedal; wurde es losgelassen, hielt der Zug sofort an. Lokführer hatten bei diesem System jedoch die Möglichkeit (die sie auch nutzten), das Pedal mit einer Aktentasche zu drücken, so dass es seinen Zweck verfehlte. Wichtig ist also, dass der Totmannknopf nicht blockiert werden kann, sondern aktiv ausgelöst werden muss.

033.03 **BESCHWERDE DER FRAU** Ein Problem des derzeitigen Systems ist, dass die regelmäßige Betätigung des Totmannknopfs nach einiger Zeit von den Fahrern so verinnerlicht wurde, dass sich manche Ehefrau eines Lokführers über permanente nächtliche Tritte beschwerte. In neuen Zugmodellen, die derzeit die älteren Modelle nach und nach ablösen, müssen Lokführer daher nicht in regelmäßigen Abständen den Knopf drücken oder treten, sondern auf ein unregelmäßig aufleuchtendes Lichtsignal reagieren. Sobald sie es sehen, müssen sie drücken. Es verhindert, dass die Lokführer den Knopf automatisch drücken, weil ihr Körper nicht mehr anders kann.

PILZE SAMMELN

034

Dies vorab: Die Pilzsuche kann böse, nämlich tödlich, enden. Jeder Pilzexperte wird Ihnen das sagen, und zwar mit einem Gesichtsausdruck, als teile er in einem Hollywood-Film gerade der Familie von Jimmy mit, dass Jimmy es leider nicht geschafft hat. Und die Pilzexperten haben Recht, denn wenn volkstümliches Wissen zum Einsatz kommt, ist schnell ein Pilz gepflückt und verzehrt, der nicht gepflückt und schon gar nicht verzehrt gehört.

034.01 **DER TÖDLICHE WEISSE** Was Sie also brauchen, ist fundiertes Wissen über zumindest einige Pilze, auf die sich der Pilzsucher zum eigenen Wohl konzentrieren sollte. Dieses Wissen sollte aber detailliert sein, um Verwechslungen, zum Beispiel zwischen dem giftigen und tödlichen Weißen Knollenblätterpilz *(Amanita virosa)* und einem Exemplar aus der 50 bis

56 Pilzarten umfassenden Gattung der Egerlinge *(Agaricus)* zu vermeiden. Egerlinge heißen im Volksmund fälschlicherweise Champignon, was französisch für Pilz ist (auch der Knollenblätterpilz ist also auf französisch ein Champignon).

034.02 **VERWECHSLUNGSGEFAHR** Die Lamellen von Egerlingen sind nie weiß, sondern roséfarben bis grau. Mit zunehmendem Alter des Fruchtkörpers werden sie schokoladenbraun bis schwarz. Im oberen Drittel des Pilzes befindet sich ein Ring oder Krägelchen. Letzteres weist auch der Knollenblätterpilz auf, weshalb er mit einem Egerling verwechselt werden kann. Allerdings hat der Knollenblätterpilz stets weiße Lamellen und zudem eine hautartige Scheide, eine Art sackartiger Zusatzbildung an der Basis. Er riecht jung angenehm kunsthonigartig.

034.03 **FRISCH GESTRICHEN** So ist die Erkenntnis äußerst relevant, dass ein Pilz nie an einem einzelnen Merkmal erkennbar ist, sondern stets – dies dafür verlässlich – an einer Kombination mehrerer Merkmale. Die Pilzsuche erfordert allerdings einen vorher abzuschließenden Lernvorgang und eine intensive Prüfung. Denn selbst die Gruppe der Egerlinge enthält leicht giftige, völlig ungenießbare Pilze, die so genannten *Karbolegerlinge*. Sie sind am Geruch zu erkennen, sie riechen leicht nach Tinte, also Karboleum. Besonders intensiv wird dieser Geruch bei der Zubereitung, das Mahl riecht dann nach einem frisch gestrichenen Zaun. Zudem werden die Stielstücke der Karbolegerlinge in der Pfanne quittengelb, und bereits roh laufen sie chromfarben an.

034.04 **UNGEFÄHRLICHE PILZE** Essbare Pilze, die verhältnismäßig leicht zu erkennen sind, sind die aus der Gruppe der Leistenpilze, wie z.B. Pfifferlinge. Sie zeichnen sich durch querverbundene, weit im Stielteil herablaufende Leisten auf der Unterseite, durch den etwas aprikosenartigen Geruch, etwas pfeffrigen Geschmack und eine fahl- bis dottergelbe Farbe aus. Zudem gut zu erkennen sind die verschiedenen Morchelarten. Sie haben einen kammerartigen Hutteil mit einem hohlen Inneren und einen wachsartigen, ebenfalls hohlen Stielteil. Auch sind die Raustielröhrlinge zu empfehlen. Sie haben einen Röhrenschwamm auf der Unterseite, der mit der Zeit dunkelt, einen rau schuppigen Stiel und graubraune bis rötliche Hüte. Ebenfalls stets ungiftig sind milde Täublinge und Milchlinge. Ihr Stiel zerfasert nicht. Er bricht quer und kann zerbröseln, aber nicht längs zerteilt werden. Sie haben keine Gesamthülle, also keine Punkte auf dem Hut und keine Scheide an der Basis. Sondern sie Milch ab, sind es Milchlinge. Tun sie das nicht, sind es Täublinge.

034.05 *GEFÄHRLICHE PILZE* Zu den, vom Knollenblätterpilz abgesehen, häufigsten Giftpilzarten in Mitteleuropa zählen die Giftäublinge, die den leckeren Stockschwämmchen ähnlich sehen, und einige Schleierlinge. Diese gibt es in unterschiedlichen Farben, doch sie wachsen stets auf der Erde,

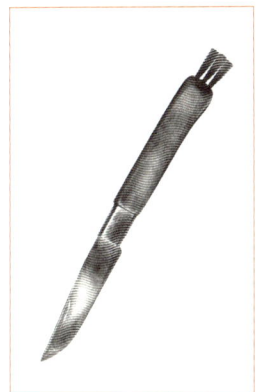

Pilzmesser   *Vorsicht bei Tintengeruch*   *Knollenblätterpilz*

nicht auf Holz, und ihre Lamellen sind in der Jugend von einem spinnwebartigen Schleier verdeckt. Manche tödlich giftigen Pilze schmecken ziemlich lecker, aber in der Welt der Pilze ist Geschmack – anders als in so vielen Bereichen des Lebens – keine verlässliche Kategorie.

035

Es gibt zahllose mehr oder minder ineffektive Empfehlungen, wie ein Schluckauf zu beenden sei. Gern genannt werden: Luft anhalten und bis zehn zählen, dreimal die Spucke herunterschlucken, den Betroffenen erschrecken oder schlicht etwas trinken. Das alles klappt so gut wie nie, und man muss eine Weile mit dem nervenden Schluckauf leben. Es gibt jedoch eine Methode, die bei einem einfachen Schluckauf so gut wie immer funktioniert, auch wenn die Betroffenen das erst nicht glauben wollen. Sie werden erst Unglauben und dann große Dankbarkeit ernten, wenn Sie die Methode beherrschen.

035.01 *VERSAGEN UNBEKANNT* Füllen Sie ein großes Glas mit Wasser. Erklären Sie dem Betroffenen, dass er sich zu Beginn der Prozedur einen Finger in jedes Ohr stecken muss, und zwar so, dass es wirklich dicht ist. Betonen Sie das: wirklich dicht. Sie werden dem Betroffenen dann das Glas so an den Mund halten, dass er ununterbrochen trinken muss, so lange er kann. Vereinbaren Sie ein Zeichen für den Moment, in dem er nicht mehr trinken kann, damit Sie dann das Glas absetzen können. Ein brauchbares Zeichen ist, dass er die Augen einmal fest zukneift. Wenn Sie das Glas absetzen, ist der Schluckauf in der Regel vorbei. In den ganz, ganz wenigen Fällen, in denen es nicht beim ersten Mal geklappt hat, wiederholen Sie die Prozedur. Es scheint zu helfen, den Betroffenen direkt nach dem Absetzen des Glases anzusprechen, damit er nicht erwartungsvoll auf den nächsten Schluckauf wartet, aber im Grunde ist das überflüssig. Den Autoren ist kein Fall bekannt, in dem diese Methode nicht geholfen hätte.

035.02 *SCHWERE FÄLLE* Anders liegt es natürlich bei besonders schweren Fällen wie einem Dauerschluckauf. In einem solchen Fall würde ein Arzt verschiedene Präparate probieren, um eins zu finden, das hilft. Tritt der Schluckauf immer wieder und länger auf, kann er auch Zeichen einer Erkrankung sein, beispielsweise der Leber, der Speiseröhre, der Bauchspeicheldrüse oder der Galle. In solchen Fällen ist die oben genannte Methode keine Lösung, selbst wenn sie kurzfristig hilft.

Nachteil an der Methode ist übrigens, dass es schwierig ist, sich selbst zu therapieren. Sie wurde zwar erfolgreich angewandt, indem der Betroffene sich wie beschrieben die Ohren zuhielt und aus einem Wasserhahn trank, doch die so unfassbar hohe Erfolgsquote wird – warum auch immer – nur zu zweit erzielt.

EINE 747 LANDEN 036

Es gibt Situationen im Leben, in denen ein Mann sich wünscht, einen anderen Beruf ergriffen zu haben. Zum Beispiel, wenn jemand im Restaurant panisch ruft: „Ist ein Arzt anwesend?" Wäre es nicht wundervoll, nun schnell zur Hilfe eilen zu können? Diagnose, Tat, und im Idealfall ist dann alles gut, man kehrt zurück an seinen Tisch und freut sich, dass man helfen konnte (vgl. Kapitel *Der Mann in Gesellschaft,* Rubrik *Sich verschlucken).* Eine andere, nahezu klassische Situation: Sie sitzen im Flugzeug, es ist ein sehr, sehr großes Flugzeug, und plötzlich hören Sie über den Bordfunk die Durchsage: „Verehrte Passagiere, ist vielleicht zufällig jemand an Bord, der weiß, wie man eine 747 landet?" Das passiert sehr selten, aber wenn es passiert: Wäre es nicht wundervoll, sich nun abzuschnallen, mit einem freundlichen Lächeln zum Cockpit zu schreiten, dort Platz zu nehmen und den Vogel sicher auf die Erde zu bringen? Sie würden vielen Menschen das Leben retten, unter anderem – als nicht unerhebliches Extra – sich selbst.

Wenn sich in Ihrem Flugzeug niemand meldet, der weiß, wie man eine 747 landet, ist es an der Zeit, die Sache selbst in die Hand zu nehmen. Nehmen Sie dieses Buch und schreiten Sie freundlich lächelnd zum Cockpit. Wenn das Bordpersonal per Durchsage nach einem Piloten fahndet, dann können Sie davon ausgehen, dass sich im Cockpit ein nicht ganz so kleines Missgeschick ereignet hat. Auf jeden Fall sind die Piloten, die den Flieger in die Luft gebracht haben, nicht mehr in der Lage, ihn wieder runterzubringen. Entfernen Sie also mit Hilfe der kräftigsten Stewardess den Piloten aus dem linken Sitz, machen Sie das ganz ruhig. Nehmen Sie nun selbst Platz. Denken Sie kurz: „Was für ein unwahrscheinliches Glück, dass ich mal wieder das Buch dabei habe." Und nun an die Arbeit.

036.01 **_SAGEN SIE DENEN AM BODEN, WER HIER OBEN JETZT DAS SAGEN HAT_** Nehmen Sie den Funk zur Hand und sagen sie jedem, wirklich jedem, der zuhören könnte, dass Sie am Steuerknüppel einer 747 sitzen und sich – zugegeben – nicht ganz sicher sind, was zu tun ist. Greifen Sie dazu nach dem Kopfhörer mit eingebautem Mikrofon (erinnert entfernt an das Handwerkszeug eines Call-Center-Mitarbeiters). Sie sitzen, wie gesagt, im linken Sitz. Rechts neben Ihnen, unter den vier Schubhebeln, befinden sich nebeneinander zwei kleine Displays, auf denen jeweils sechsstellige Zahlenreihen angezeigt werden. Dies erlaubt die Auswahl der Funkfrequenz. Drehen sie jetzt den runden Knopf direkt darunter solange bis die Zahlenreihe 121,500 anzeigt wird, das ist die international gültige Notfallfrequenz. Drücken Sie die kleine Taste mit den Doppelpfeilen unterhalb des Displays kurz. Greifen Sie vorsichtig mit der rechten Hand an den vor Ihnen liegenden Steuerknüppel. Mit dem Zeigefinger können Sie jetzt bequem einen an der Rückseite des Griffes befindlichen Kippschalter betätigen, dies aktiviert das vor Ihrem Mund platzierte Mikrofon. Sie können immer nur entweder sprechen oder zuhören. Aber Vorsicht: Drücken Sie keinesfalls den in der Nähe Ihres Daumens befindlichen Knopf, dieser deaktiviert den Autopiloten, und das wollen Sie ganz sicher nicht. Sprechen Sie jetzt laut und deutlich. Eher unpassend wäre es, wenn Sie sich mit einem munteren „Hallöchen! Ich bin's, Max. Ich hab den Vogel mal übernommen" meldeten. Die Sprache im internationalen Flugverkehr ist Englisch. Sagen Sie also „Mayday, Mayday" und ihre Flugnummer in das Mikrofon. Das sollte Ihnen die Aufmerksamkeit wirklich aller Zuhörer garantieren.

036.02 **_BEDIENUNG DES AUTOPILOTEN_** Etwas unter Augenhöhe, in der Mitte des Cockpits, befindet sich das Bedienpanel des Autopiloten. Vergewissern Sie sich, dass zumindest eine der drei Tasten mit der Beschriftung „CMD" erleuchtet ist. Falls nicht: einfach eine davon drücken. Im Normalfall sollten Sie sich in einer mittlerweile von allen angesehenen Airlines genutzten modernen 747-400 befinden, leicht erkennbar an den großen rechteckigen Bildschirmen vor Ihnen.

Falls Sie sich aber für das erstaunlich günstige Angebot einer Ihnen bisher unbekannten Airline entschieden haben, und Sie sich jetzt eher an das Innere eines U-Bootes erinnert fühlen (mit unzähligen kleinen Rundarmaturen um Sie herum), und Sie zudem auf Ihrem Weg ins Cockpit den Arbeitsplatz eines Flugingenieurs passiert haben, befinden Sie sich dummerweise in einer älteren Version, wahrscheinlich einer 747-200 oder -300. Dies, erlauben Sie die Bemerkung, schmälert Ihre Chancen auf eine erfolgreiche Landung ein wenig. Aber: Nun, da Sie schon mal hier sind – probieren Sie's einfach mal aus. Wenden sie sich in diesem Fall an den Fluglotsen und beschreiben Sie ihre pikante Lage. Mit etwas Glück findet sich ein Pilot mit Erfahrung auf Ihrem Flugzeugmuster auf der Frequenz. Folgen Sie seinen Anweisungen. Vergessen Sie nicht, sich anschließend angemessen zu bedanken, am besten mit dem internationalen Fliegergruß „Happy Landings!".

Finden Sie keinen Piloten auf der Frequenz, der Ihnen helfen kann, sind Ihre Chancen auf eine erfolgreiche Landung noch einmal ein wenig gesunken. Aber die Lage ist nicht aussichtslos: Überspringen Sie die folgende Erklärung zum Landen der 747-400 und lesen Sie, wie man die älteren Maschinen landet.

Sollten Sie sich erwartungsgemäß in einer 747-400 befinden: Herzlichen Glückwunsch! Dieses Modell ist mit ein klein wenig Hilfe in der Lage, automatisch zu landen. Verlangen Sie jetzt vom Fluglotsen einen Steuerkurs („Request Heading") zu einem geeigneten Flughafen. Wichtig: Nach jedem Funkspruch fügen Sie Ihre Flugnummer bei, so vermeiden Sie irritierende Verwechslungen. Weisen Sie ihn auf die Tatsache hin, dass Sie aufgrund der nicht zu unterschätzenden Größe Ihres Fliegers eine ausreichende Landebahnlänge benötigen. Außerdem sollte der Airport Ihrer Wahl eine elektronische Anflughilfe besitzen, ein so genanntes ILS. Ebenfalls empfehlenswert ist die Wahl eines Flughafens mit gutem Wetter. Zögert der Lotse etwas bei der Antwort auf Ihre entsprechende Frage, fliegen Sie lieber zum nächsten oder übernächsten Flughafen, Geduld zahlt sich in diesem Fall unbedingt aus.

Finden Sie jetzt auf dem Bedienpanel des Autopiloten das Display mit der Aufschrift „HDG". Geben Sie mit Hilfe des direkt darunter liegenden Drehknopfs das Ihnen übermittelte Heading ein. (000 ist Norden, 090 ist Osten, 180 Süden etc.). Drücken Sie jetzt den Drehknopf. Nicht erschrekken: Das Flugzeug dreht sich jetzt langsam aber sicher in Richtung des eingegebenen Steuerkurses. Nun zum Sinkflug. Fragen Sie den Fluglotsen jetzt nach einer geeigneten Flughöhe: „Request descent", immer schön mit Flugnummer am Schluss. Der Lotse wird Ihnen eine neue Flughöhe zuweisen, üblicherweise in Fuß. Wieder zurück zum Bedienpanel des Autopiloten: Unter der Überschrift „ALT"(= altitude, engl. für Höhe) findet sich wieder ein Display, darunter der zugehörige Einstellknopf. Drehen Sie nun die entsprechende Höhe ein. Etwas weiter links befindet sich die Taste mit der Aufschrift „FLCH". Drücken Sie darauf. Nun passiert Folgendes: Die Flugzeugnase senkt sich leicht nach unten, die so genannten Auto-Throttle bewegen die Schubhebel rechts neben Ihnen langsam in Leerlaufstellung. Sie beginnen zu sinken.

036.03 *DAS FLUGZEUG AUF DIE LANDUNG VORBEREITEN* Bei Unterschreiten einer Flughöhe von 10 000 Fuß (Sie finden diese Information direkt vor Ihnen, auf dem linken der beiden großen Bildschirme), beginnen Sie mit der schrittweisen Reduzierung der Geschwindigkeit. Die erlaubte Höchstgeschwindigkeit liegt jetzt bei 250 Knoten (knapp 500 km/h). Zwar würde man in Ihrem Fall wohl ein Auge zudrücken, aber irgendwann müssen Sie so oder so runter mit dem Speed, also warum nicht jetzt. Drehen Sie dazu – Sie erraten es – wieder auf dem Panel des Autopiloten die neue Geschwindigkeit ein. Das Display samt Einstellknopf befindet sich ganz links und trägt die Aufschrift „IAS/MACH". Drehen Sie 250 ein, die Schubhebel halten nun automatisch die richtige Stellung für diese Ge-

COCKPIT EINER 747-400: 01. *Bedienpanel Autopilot • Mode Control Panel* 02. *Triebwerksdaten • System Display* 03. *Schubhebel • Thrust Lever* 04. *Landeklappenhebel • Flaps Lever* 05. *Fuel Control Switches* 06. *Funkgerät • VHF Panel* 07. *Overhead Panel* 08. *Navigationsdisplay • Nav Display* 09. *Primary Flight Display* 10. *Speed Brake* 11. *Steuerhorn • Flight Controls* 12. *Bremspedale • Brake Pedals*

schwindigkeit. Jetzt folgt die wichtige Programmierung des automatischen Landesystems: Etwa auf Höhe Ihres rechten Knies befindet sich ein kleiner flacher Bildschirm mit darunterliegenden Bedientasten, ähnlich einem Miniatur-PC. Finden Sie die Taste „NAV RAD" und drücken Sie diese. Fragen Sie über Funk nach der ILS- Frequenz und dem Final Course, der Anflugrichtung zur Landung. Tippen Sie beide Informationen, mit einem Schrägstrich getrennt, anschließend ein, und drücken dann noch die vierte Taste von oben links neben dem Bildschirm. Geschafft.

036.04 **DER ENDANFLUG** Beginnen Sie jetzt mit dem Ausfahren der Lande-
klappen. Für die technisch Interessierten unter Ihnen: Diese vergrößern die
Flügelfläche (und damit den Auftrieb) erheblich, dadurch ist auch eine 747
in der Lage, langsam genug für eine Landung zu fliegen. Heben Sie jetzt den
Hebel rechts neben den Schubhebeln mit der Aufschrift „FLAP" leicht an
und platzieren ihn bei der markierten Stellung 5. Da Sie jetzt auch einen
größeren Luftwiderstand erzeugen, benötigt das Flugzeug deutlich mehr
Schub, also nicht wundern, wenn die Schubhebel entsprechend reagieren;
das ist alles ganz normal. Drehen Sie jetzt die Zahl 210 in das „IAS/
MACH" Display ein und fahren anschließend die Flaps auf Stellung 10,
dann Geschwindigkeit auf 190, Klappen 20. Aktivieren Sie den „Approach
Mode", drücken Sie dazu auf die Taste mit der Aufschrift „APP" direkt
rechts neben dem Display der Flughöhe. Jetzt zum Fahrwerk. Mittig rechts
(Sie müssen sich dafür leicht strecken) befindet sich der Gear Lever. Bewegen Sie diesen in die Position „DN" wie down. Sie hören jetzt deutlich das
Öffnen der Fahrwerksklappen, der Schub erhöht sich (genau, noch mehr
Luftwiderstand), und das Fahrwerk fährt aus. Hinter dem Bedienfeld für das
Funkgerät, rechts neben Ihnen, befindet sich der Wahlhebel für die automatischen Bremsen, erkennbar an der Beschriftung „Autobrakes". Stellen Sie
diese auf die Stufe 3. Wenn Sie das Flugzeug bereits kurz nach dem Start
übernehmen mussten, sich also noch viel ungenutzter Treibstoff in den
Tanks befindet, sind Sie ziemlich schwer unterwegs. Gönnen Sie sich in
diesem Fall die Autobrake-Stufe „Max Auto", sicher ist sicher. Setzen Sie
jetzt den Speed auf 150 (160 bei der schweren Variante) und fahren die
Klappen auf die Stufe 30 (25 für das schwerere Flugzeug). Fragen Sie den
Lotsen jetzt nach der „Approach clearance", folgen Sie entsprechenden
Heading- und Altitude-Wünschen, er sollte Sie jetzt in die perfekte Aus-
gangslage zum Endanflug dirigieren.

036.05 **DIE LANDUNG** Wenn Sie etwa 1000 Fuß erreicht haben, beginnt der
Radar Altimeter (Höhenmesser) mit Ihnen zu sprechen: „One thousand!".
Was er Ihnen sagen will, ist der Abstand zwischen der Landebahn und der

Unterseite der Reifen. Rufen Sie jetzt laut „Brace, Brace!" durch die geöffnete Cockpittür. Dies signalisiert den Flugbegleitern, bei den Passagieren für die Einhaltung der Sicherheitsposition zu sorgen. Hierbei senken die Passagiere Ihren Kopf nach vorne und umgreifen die Beine mit beiden Armen (Fassen Sie dies nicht als Vorbehalt gegenüber Ihren Landekünsten auf, ist ja nur eine Vorsichtsmaßnahme). Optional wäre jetzt auch ein geeigneter Augenblick, sich noch einmal an Verwandte und Freunde zu Hause zu wenden: Alles, was Sie laut sagen, wird vom Cockpit Voice Recorder aufgenommen und bleibt in jedem Fall erhalten. Als Nächstes meldet sich die Stimme wieder und zählt rückwärts die Höhe ab 50 Fuß („50, 40, 30, 20, 10"). Bei etwa 30 Fuß reduziert der Auto Throttle den Schub langsam gegen Null, bei zirka 20 Fuß leitet das Flugzeug den Flare ein, hebt also die Nase, um das Abfangen zu beginnen. Unmittelbar nach dem Aufsetzen setzt das automatische Bremssystem ein. Tut sich nichts, treten Sie mit Gefühl aber bestimmt auf die Fußpedale, aber Vorsicht, denn mit diesen lässt sich das Flugzeug auch lenken – also unbedingt gleichmäßig drücken. Sobald sich das Flugzeug im Stillstand befindet, schalten Sie die Triebwerke aus. Hierzu stellen Sie alle vier Fuel Control Hebel direkt hinter den Schubhebeln auf die Position „CUT OFF". Nehmen Sie die Glückwünsche zur erfolgreichen Landung entgegen und gönnen Sie sich an diesem Tag etwas wirklich Schönes. Sie haben es sich verdient.

036.06 *PECH GEHABT: SIE MÜSSEN EINE 747-200 ODER -300 RUNTERBRINGEN* Sie haben nun also festgestellt, dass Sie in einer 747-200 oder -300 sitzen. Der Haken an der Sache ist: Es gibt verschiedene Versionen auf dem Markt, und der Auto-Pilot ist von geringerer Qualität und schwieriger zu bedienen. Wie oben gesagt: Die Lage ist nicht aussichtslos, doch sind die Erfolgsaussichten als übersichtlich zu bezeichnen.

Schritt 1: Machen Sie sich mit den vor Ihnen liegenden Instrumenten vertraut. Das Rundinstrument direkt vor Ihnen ist der so genannte künstliche Horizont, blau (Himmel) sollte oben sein, braun (Erde) unten (getreu dem weitverbreiteten, aufmunternd gemeinten Fliegerspruch „Keep the blue side up!"). Gleich links davon ist der Geschwindigkeitsmesser, darunter mittig der Kompass. Diesen drei Instrumenten sollten Sie ab jetzt Ihre volle Konzentration schenken.

Schritt 2: Mittig unterhalb der Windschutzscheibe befindet sich das Mode Control Panel (MCP). Unter der Aufschrift *AUTOPILOT ENGAGE* sollte mindestens ein Kanal des Autopiloten eingeschaltet sein, erkennbar an der Schalterposition „command". Falls nicht, bitte bewegen Sie zügig einen der beiden Kippschalter in die besagte Stellung. Ganz rechts sehen Sie ein Display mit fünf Ziffern, das ist die Einstellung für die Flughöhe. Daneben wieder ein Kippschalter. Dieser sollte sich in der Position *ALT HOLD* befinden, die kleine grüne Lampe darüber bestätigt dies.

Widmen Sie sich jetzt dem Tachometer. Die Geschwindigkeit sollte etwa 300 Knoten betragen. Regulieren Sie diese mit den Schubhebeln, die sich rechts neben Ihnen befinden. Fassen Sie mit der Hand von oben über alle vier Hebel gleichzeitig, nach vorne ist schneller, nach hinten langsamer. Lassen Sie sich dabei Zeit, und gewinnen Sie allmählich ein Gefühl für den Jumbo. Jeder Zentimeter mehr ergibt auch ein paar tausend PS mehr, also schön sachte.

Schritt 3: Verfahren Sie jetzt wie bei der modernen 747-400, holen Sie sich Anweisungen für Sinkflug und Steuerkurs vom Fluglotsen. Der Funk ist ebenfalls rechts flach neben Ihnen, kippen sie den „Transfer Switch" zwischen den beiden Displays in Richtung der von Ihnen neu gewählten Frequenz. Drehen Sie die neue Höhe in das Display auf dem MCP ein, bewegen Sie den Wählschalter darüber auf „V/S", geben dem Rädchen rechts daneben einen kleinen Stupps nach oben, der Sinkflug ist eingeleitet. Das Rädchen kontrolliert die Sinkrate, wird es zu schnell, dann wieder etwas zurückdrehen. Links neben dem besagten Rädchen stellen Sie jetzt bitte den Kippschalter auf *ALT SEL.* Erkundigen Sie sich nach der ILS-Frequenz des Flughafens. Drehen Sie diese auf dem Display direkt vor Ihnen mit der Aufschrift *VHF NAV* ein. Den Steuerkurs drehen Sie in das Fenster mit der Bezeichnung *HEADING* ein, gleich rechts daneben den Wählschalter (erinnert an die Form eines Herdschalters der älteren Generation) auf Position *HDG*. Diesen Schalter für später merken! Geschwindigkeit noch bei 300? Sehr gut.

Schritt 4: Reduzieren Sie bei etwa 10 000 Fuß die Geschwindigkeit. Der Höhenmesser ist das runde Instrument rechts oben vor Ihnen, ignorieren Sie den rotierenden Zeiger, konzentrieren Sie sich auf die fünfstellige Anzeige der Höhe. Halten Sie dann mit entsprechender Regulierung der Schubhebel die neue Geschwindigkeit. Fahren Sie die Klappen auf 5, Geschwindigkeit zurück auf 210, Klappen 20, 180 Knoten, läuft doch super (wie das mit den Klappen funktioniert, steht oben bei der wunderbaren 747-400). Fahrwerk raus, mit Schub den jetzt erhöhten Widerstand ausgleichen. Sagen Sie dem Tower, sie seien jetzt „ready for approach", er wird Sie dann „clearen", Sie erwidern trocken „Roger" und gehen dann zum eben gemerkten Schalter, drehen diesen jetzt in die Stellung *ILS*. Geschwindigkeit noch bei 180? Sauber.

Schritt 5: Fahren Sie jetzt die Klappen auf 30 und die Geschwindigkeit auf 150. Sollten Sie hier etwas unsauber arbeiten und zu langsam werden, erinnert sie der so genannte „Stick Shaker" durch starkes Vibrieren der Steuersäule daran, die Geschwindigkeit wieder anzupassen. Praktisch, oder? Neben Ihrem rechten Daumen befindet sich ein Knopf, damit schalten Sie den Autopiloten aus, aber erst wenn Sie die Stimme des Höhenmessers von 50 an rückwärts zählen hören (so etwa bei 30).

Jetzt auch den Schub ganz wegnehmen, die Landebahn nicht aus den Augen lassen. Sie befinden sich in der Mitte, wenn Sie eine imaginäre Linie von der gestreiften Mittellinie der Landebahn durch Ihr rechtes Bein ziehen können (Im ursprünglich üblichen Merksatz führte die Linie durch ein anderes Körperteil, aber das war, als es noch so gut wie keine weiblichen Piloten gab). Jetzt die Nase (leicht!) anheben und aufsetzen. Pressen Sie die Fußpedale gleichmäßig bis zum vollständigen Stopp der Maschine.

Falls Sie Raucher sind, und Sie sich jetzt unheimlich gerne eine Zigarette anstecken würden: Links neben Ihnen erinnert ein ab Werk eingebauter Aschenbecher an die diesbezüglich tolerantere Einstellung in den guten alten Siebzigern.

Hat ein Mann ein bestimmtes Alter erreicht, wird er mit gesellschaftlichen Ereignissen konfrontiert, die ihm vorher vielleicht fremd gewesen sind. Er wird auf Hochzeiten eingeladen, auf denen getanzt wird. Er heiratet selbst und muss tanzen. Der Arbeitgeber lädt auf einen Ball ein. Das ist alles so weit ganz schön, wenn man tanzen kann. Wenn man nicht tanzen kann, ist man stets in Gefahr, in eine unangenehme Situation zu geraten. Und die Ausrede, man habe gerade eine Zerrung, glaubt einem kein Mensch. Man muss also das Beste aus solchen Situationen machen und tanzen, obwohl man nicht tanzen kann. Dazu bedient man sich einiger einfacher Schritte, mit denen man ganz passabel durch den Abend kommt.

037.01 *SCHNELL UND LANGSAM* Sie müssen nicht erkennen, ob eine Samba, ein Blues, ein Tango, eine Salsa, ein Cha-Cha oder eine Rumba gespielt wird, aber Sie sollten doch erkennen, ob es sich um einen schnellen oder einen langsamen Tanz handelt. Ist es ein schnellerer Tanz, zum Beispiel eine Samba, so tanzen Sie schneller. Ist es ein langsamerer Tanz, zum Beispiel eine Rumba, dann tanzen Sie langsamer. Ein zumindest in Ansätzen vorhandenes Rhythmus- und Tempogefühl ist daher leider unabdingbar. Je weniger steif und verkrampft Sie auf der Tanzfläche sind, desto leichter wird Ihnen das Tanzen fallen.

037.02 *DER UNIVERSALTANZ* Bei fast jedem Tanz genügt ein Allerweltsschritt. Ausnahme sind Drei-Viertel-Takt-Tänze, also langsamer Walzer und Wiener Walzer, für die Sie eine Dreischrittkombination brauchen. Selbst die ist in Grundzügen einfach erlernbar (vgl. Kapitel *Der Mann und die Kultur,* Rubrik *Den Wiener Opernball besuchen*). Bei allen anderen Taktarten hilft der Foxtrott, ein Universaltanz. Wenn vom Schieber die Rede ist, ist der Foxtrott gemeint. Das kommt daher, dass bei einer früheren Form des Foxtrotts eine Armbewegung üblich war, die einem Anschieben glich. Eine Hand legten die Männer auf die Hüfte der Frau und schoben zu den Fußbewegungen dort etwas nach. Der Ausdruck Schieber hat sich gehalten, auch wenn das Schieben weniger gebräuchlich geworden ist. Eine Hand können Sie aber nach wie vor auf die Hüfte der Tanzpartnerin oder des Partners legen, vielleicht etwas höher. Die andere Hand legen Sie locker in ihre oder seine freie Hand.

037.03 **ZWEI LANG, ZWEI KURZ** Der Foxtrott besteht aus zwei langen und zwei kurzen Schritten. Sie – der Mann – starten mit dem linken Fuß und einem längeren Schritt nach vorne. Dem folgt ein längerer Schritt mit dem rechten Fuß nach vorne. Machen Sie dann mit dem linken Fuß einen kleineren Schritt nach links, und schließlich stellen Sie den rechten Fuß wieder neben den linken. Die kleinen Schritte sind doppelt so schnell wie die langen, so dass die Bewegung sich als *laaang-laaaang-kurz-kurz* beschreiben lässt. Es folgt die Rückwärtsbewegung zur Ausgangsposition: langer Rückwärtsschritt mit links, langer Rückwärtsschritt mit rechts, linker Fuß kurz zur Seite, rechten nachziehen. Und es geht von vorne los.

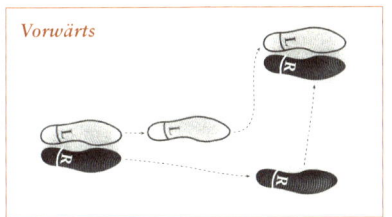 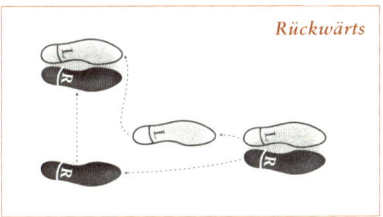

037.04 **SAGENHAFT ELEGANT** Wenn Sie wenig Platz haben, können Sie die kurzen Schritte auch quasi auf der Stelle machen, wichtig ist nur, dass Sie im Takt bleiben. Die Rückwärtsbewegung ist nicht zwingend, statt vor- und rückwärts zu tanzen, können Sie auch die Richtung etwas anschrägen. Dann drehen Sie sich mit Ihrer Tanzpartnerin auch noch im Kreis, was sagenhaft elegant aussieht. Es bereitet erstaunlicherweise wirklich Spaß, und sollten Sie das auch so empfinden, lohnt es sich, einen Tanzkurs zu besuchen, in dem Sie in wenigen Stunden die wichtigsten Kniffe lernen.

Ganz klar: Frauen sind die besseren Autofahrer. Sie rasen nicht, sie drängeln nicht, und sie neigen nicht zu riskanten Überholmanövern. Sie verursachen fast nie schreckliche Unfälle. Aber sie versuchen sich manchmal an Parklücken, die kleiner sind als ihre Handtaschen, sie schieben ihren Sitz bisweilen so weit nach vorne, dass sie mit ihren Wimpern alte Vignetten von der Scheibe kratzen könnten, und sie haben oft eine ganz eigene Definition von links und rechts und führen den Begriff „Beschleunigungsspur" nicht in ihrem Vokabular. Am schlimmsten aber: Sie treiben, obwohl sie nachweislich sicherer fahren, ihre männlichen Beifahrer regelmäßig in den Wahnsinn.

038.01 *SCHLECHTE BEIFAHRER* Dass es für einen Mann schier unmöglich ist, ruhig zu bleiben, während Frauen fahren, ist nicht deren Schuld. Der Hormonspiegel, das Testosteron, macht es dem Mann so schwer. Um ehrlich zu sein: Nicht Frauen sind die schlechteren Autofahrer – Männer sind die schlechteren Beifahrer. Um dennoch auf dem Beifahrersitz entspannen zu können oder zumindest den Eindruck von Entspannung zu vermitteln, sollten Sie sich der Methode der progressiven Muskelentspannung bedienen, die in den dreißiger Jahren von Dr. Edmund Jacobson entwickelt wurde. Sie hilft bei muskulären Verspannungen und zeigt auch bei Stress, Herzklopfen, Schweißausbrüchen und Zittern gute Erfolge.

038.02 *WOHLIGE WÄRME* Stellen sie die Klimaanlage auf zirka 21 Grad – das Auto sollte wohltemperiert sein. Ohne Wärme keine Entspannung. Nehmen Sie – falls vorhanden – die Brille ab und sorgen Sie dafür, dass Ihr Gurt

Bilden Sie eine Faust:
langsam, bewusst und kraftvoll.
Dann langsam wieder lösen.

nicht zu straff sitzt. Am besten schließen Sie die Augen. Konzentrieren Sie sich jetzt ganz auf Ihren Körper. Ihre Atmung müssen Sie nicht kontrollieren, denn sobald Sie sich beruhigen, atmen Sie automatisch im richtigen Rhythmus. Beginnen Sie mit der rechten Hand. Bilden Sie eine Faust: langsam, bewusst und kraftvoll. Merken Sie, wie die Muskeln und Sehnen bis in den Unterarm anschwellen? Und Sie ein Gefühl wohliger Wärme durchströmt? Sehr gut. Jetzt langsam wieder lösen. So geht's.

038.03 *ANSPANNEN, ENTSPANNEN* Nacheinander spannen Sie nun diese weiteren Muskelpartien an und entspannen sie nach zirka fünf bis sieben Sekunden wieder: rechter Unterarm • rechter Oberarm • linke Hand • linker Unterarm • linker Oberarm • Stirn • Augenpartie • Nase • Lippen/Mundpartie (Zunge und Gaumen)/Unterkiefer • Nacken • Schultern • Rücken • Bauch • rechter Fuß • rechte Wade • rechter Oberschenkel • linker Fuß • linke Wade • linker Oberschenkel. Herrlich, nicht wahr?

038.04 *GELASSENHEIT* Das bewusste Anspannen und Entspannen von Muskeln und Muskelgruppen führt zu einer gleichmäßigen Atmung und zu einem geregelten Herzschlag. Durch die Erholung Ihres unter Stress stehenden Körpers – zur Erinnerung: Ihre Frau sitzt immer noch am Steuer – stellt sich eine gewisse Gelassenheit gegenüber den Außen- und Innenreizen ein.

BEI DER GEBURT DABEI SEIN — 039

Vor vielen, vielen Jahren kümmerten sich die Männer um das Vieh und kochten Kaffee, während die Frau das Kind zur Welt brachte. Zumindest auf dem Land. Oft brühten sie auch heißes Wasser für die Geburt auf und reichten es der Hebamme ins Geburtszimmer, dessen Tür sich danach wieder vor den werdenden Vätern schloss. Aber wichtig war: Sie hatten eine Aufgabe. Kaffee kochen, Nachbarn abwimmeln, Kühe melken, Wasser aufbrühen. Solche Dinge.

Heute haben Väter bei der Geburt keine klare Funktion. Weder holen sie selbst das Kind noch brühen sie Wasser auf noch tun sie sonst irgendetwas Konkretes. Trotzdem sind die meisten Männer heutzutage bei der Geburt dabei, das ist seit Mitte der achtziger Jahre des 20. Jahrhunderts so üblich. Falls Sie Vater werden, sollten Sie also wissen, wie Sie sich bei der Geburt verhalten sollten.

039.01 **WIE SIE GERADE SIND** Kommt das Kind unerwartet früh, werden Sie womöglich bei der Arbeit angerufen. Kommen Sie, wie Sie gerade sind. Kreißsäle sind keine keimfreien Zonen wie Operationssäle. Sie können sie mit normal sauberer Kleidung betreten. Sie brauchen weder Schutzkittel noch Mundschutz oder Spezialschuhe. Sollten Sie verschwitzt oder verdreckt sein, wird Ihnen eine Hebamme einen Kittel zum Überziehen geben, das genügt.

Sie können theoretisch bei fast jeder Geburt dabei sein, auch wenn wegen Komplikationen eine Zangengeburt oder ein Kaiserschnitt notwendig wird. Bei den meisten Kaiserschnitten wird die Mutter per Spinalanästhesie in eine Teilnarkose versetzt; auch hier können Väter anwesend sein. Ausnahme ist die Geburt, die bei größeren Komplikationen per Not-Kaiserschnitt unter Vollnarkose stattfindet. Dann ist es jedoch wichtig, dass Sie zumindest draußen warten, denn Sie sind in diesem Fall derjenige, der das Kind auf den Arm bekommt – die Mutter steht ja noch unter Narkose.

039.02 **SIE KÖNNTEN STÖREN** Lässt man diesen Sonderfall der Geburt jedoch beiseite, sind 90 bis 95 Prozent der Väter heutzutage anwesend. Das hat sich so eingebürgert – und das kann durchaus ein Problem sein. Denn wenn Sie nur aus gesellschaftlichem Druck bei der Geburt dabei sein wollen, sollten Sie es lieber lassen. Es gibt Geburtshelfer, die der Meinung sind, Väter hätten im Kreißsaal nichts verloren, und tatsächlich sollten Sie über Ihre Anwesenheit mit Ihrer Frau oder Freundin sprechen – ausführlich. Und vorher. Ehrlichkeit ist die Grundlage der Beziehung werdender Eltern. Sagen Sie ihr also, wenn Sie selbst glauben, nicht tauglich zu sein. Aber gestehen Sie Ihrer Frau auch zu, Sie nicht dabei haben zu wollen. Denn Männer können bei einer Geburt stören. In jedem Fall sollten Sie vorher einen geburtsvorbereitenden Kurs besuchen, um zu verstehen, was bei einer Geburt passiert.

039.03 **DER PAUSENTEST** Eine werdende Mutter braucht eine vertraute Person, die ihr zur Seite steht. Eventuell sind Sie das, vielleicht aber auch nicht. Sollte Letzteres der Fall sein, machen Sie sich klar, was eine Geburt für eine Frau bedeutet: Vielleicht würden Sie auch nicht wollen, dass Ihre Frau oder Freundin Sie in derselben Situation sieht. Denn einen Sichtschutz, hinter dem ein Arzt irgendwann ein Kind hervorkramt, während Sie nur den Kopf der Mutter sehen, gibt es in deutschen Krankenhäusern nicht. Hebammen berichten von schwierigen Geburten, die plötzlich ganz einfach wurden, als der Vater mal eben Luft schnappen ging. Sie sollten in Erwägung ziehen, das Zimmer für eine Weile zu verlassen, wenn die Geburt kompliziert ist, um zu sehen, ob es ohne Sie besser läuft. Das nennt sich *Pausentest*. Denn Fakt ist: Sie haben freien Blick auf Blut, Tränen, Schleim, Fruchtwasser und auf die Geburt selbst. Das kann auch für die Mutter unangenehm sein.

039.04 **ALLEN AUF DIE NERVEN GEHEN** Aber nehmen wir an, Sie sind dabei. Wenn die Wehen begonnen haben, werden Sie sich vielleicht vor ein Problem gestellt sehen: Neben Ihnen liegt Ihre Frau und schreit vor Schmerzen. Und vielleicht fragen Sie sich, wie Sie das Problem lösen können. Sie könnten auf die Idee kommen, um Schmerzmittel für Ihre Frau zu bitten, weil Sie glauben, dass es ihr die Sprache verschlagen habe oder sie plötzlich nicht mehr selbst entscheiden könne. Sie könnten auch darum bitten, ihr kein Schmerzmittel zu geben, da Sie sich eine natürliche Geburt wünschen. Sie könnten ihr wie ein aufgezogener Spielzeugroboter den Arm streicheln oder ihr etwas voratmen, Sie wissen ja Bescheid, Sie haben ja einen geburtsvorbereitenden Kurs besucht. Kurz: Sie können allen Anwesenden auf die Nerven gehen.

^{039.05} ***ALLES RICHTIG MACHEN*** Bedenken Sie daher: Sie werden dieses Problem nicht lösen. Sie können nichts tun. Doch Sie können da sein, und wenn Sie das richtig machen, ist Ihr Nichtstun möglicherweise sehr wertvoll. Denn Sie werden zugleich nicht gebraucht und gebraucht. Manche Männer tun stets genau das Richtige; sie massieren der Mutter den Rücken, aber nicht zu lange; sie halten ihre Hand, aber nicht immer; sie reden mit ihr über die richtigen Themen. Eine Geburt ist eine Grenzerfahrung. Eine Erfahrung, mit der mancher besser, mancher schlechter umgeht. Ein festes Regelwerk gibt es dafür nicht.

040 BESCHATTEN UND BESCHATTET WERDEN

Man hört gelegentlich davon, dass Ehefrauen Liebhaber haben. Wenn Sie den Verdacht haben, dass es sich um Ihre Ehefrau handelt, gibt es drei Möglichkeiten. Erstens: Sie fragen sie. Wenn in Ihrer Ehe noch Leben steckt, könnte das Gespräch zu einem Ergebnis führen. Zweitens: Sie nehmen es achselzuckend zur Kenntnis, weil Ihnen Ihre Ehe ohnehin gleichgültig ist. Drittens: Sie werden zum Detektiv und observieren Ihre Frau. Das ist allerdings eine äußerst uncharmante Lösung.

Man hört zudem gelegentlich davon, dass Ehemänner Liebhaberinnen haben. Wenn Sie dieser Ehemann sind, ahnt Ihre Frau das möglicherweise. Auch sie könnte auf die Idee kommen, Sie beobachten zu lassen. Dann sollten Sie wissen, wie Sie merken, dass Sie beobachtet werden. Vielleicht müssen Sie auch aus ganz anderen Gründen jemanden beschatten oder sich gegen eine Beschattung wehren, und mit Ihrer Frau ist alles in Ordnung. Das wäre natürlich das Beste.

^{040.01} ***WIE MAN JEMANDEN ÜBERWACHT*** Um jemanden von einem Detektiv observieren zu lassen, müssen Sie ein berechtigtes Interesse nachweisen. Was ein berühmter Schauspieler privat tut, geht Sie nichts an. Haben Sie aber den Verdacht, dass Ihre Frau Sie hintergeht, haben Sie ein be-

rechtigtes Interesse. Es bietet sich nicht an, sie selbst zu beschatten, um sie auf frischer Tat zu ertappen. Denn Sie wird sie wahrscheinlich erkennen, wenn sie Sie sieht. Schicken Sie Detektive oder, falls Ihnen das zu teuer ist, Bekannte, die Ihre Frau nicht kennt. Der Erfolg der Ermittlung hängt davon ab, dass Sie unerkannt bleiben. Wer merkt, dass er beschattet wird, lässt sich ohnehin nicht erwischen.

040.02 **WIE BLEIBT MAN UNERKANNT?** *Regel eins:* Unauffällig bleiben, wählen Sie die Kleidung entsprechend. Was unauffällig ist, hängt von der Situation ab. Sie ahnen es schon: Schwarze Anzüge und Sonnenbrillen sind die Kleidung von Fernsehdetektiven. Auffälliger geht es nicht. Tragen Sie besser einen Malerkittel, das hat den Vorteil, dass Sie auch in Mietshäuser kommen. Denn kein Mieter wimmelt einen Handwerker ab, der vorgibt, von einem Nachbarn beauftragt worden zu sein und nur schnell seine Malerutensilien im Flur abstellen zu wollen. Wichtig ist, sich dem Milieu entsprechend zu kleiden, in dem die Zielperson – Detektive sprechen von der ZP – verkehrt. Geht sie auf einen Ball, müssen auch die Beobachter Ballkleidung tragen.

Regel zwei: Sicherheitsabstand wahren, zu Fuß und im Auto. Das birgt die Gefahr, die ZP zu verlieren, besonders nachts. Doch Sie können ein Stück Leuchtfolie unauffällig am Heck des Zielfahrzeugs anbringen, bevor es losfährt. Unter den vorausfahrenden Autos lässt sich dann das Zielfahrzeug im Licht der Scheinwerfer leicht lokalisieren.

Um die ZP auf frischer Tat, zum Beispiel bei einem Treffen mit einem fremden Mann, zu ertappen und dies zu dokumentieren, werden Sie technische Geräte benötigen, zum Beispiel eine Videokamera. Bedenken Sie, dass Sie keine intimen Handlungen außerhalb der Öffentlichkeit filmen dürfen, das ist verboten.

Ist die ZP in einem Haus verschwunden, so kann es sein, dass stundenlanges Warten beginnt. Der Standplatz des eigenen Wagens ist dann hin und wieder zu wechseln. Das Autoradio vertreibt zwar die Zeit, aber Beobachtung verlangt Konzentration. Auf Musik sollte man also verzichten.

Wenn die ZP in ein Restaurant geht, dann gehen Sie hinterher, am besten in einer Gruppe, der Sie sich anschließen. Zahlen Sie bei der Bestellung sofort, sonst müssen Sie auf den Kellner warten, während die ZP eventuell schon verschwindet. Folgen Sie ihr immer. Sie brauchen vor allen Dingen Geduld.

040.03 **WIE MAN MERKT, DASS MAN ÜBERWACHT WIRD** Professionelle Detektive wissen, wie man unbemerkt bleibt. Sie fahren leistungsstarke, aber unauffällige Autos, die es zu Hunderten in Städten gibt. Auf Sportwagen müssen Sie also nicht achten. Detektive kleiden sich unauffällig und pflegen von sich zu sagen: „Wir sind die graue Maus." Sie haben Wechselkleidung dabei, oft sogar Perücken.

Wenn Sie wirklich verfolgt werden, könnte es sinnvoll sein, sich in Hauseingängen zu verstecken, auf anfahrende Verkehrsmittel zu springen oder Restaurants und Kaufhäuser zu betreten, um sie durch Hintertüren wieder zu verlassen. Es ist denkbar, dass Sie den Beobachter so tatsächlich abhängen. Aber wenn Sie nicht wissen, ob einer da ist, sondern nur den Verdacht haben, dass einer da sein könnte, dann ist dieses Katz-und-Maus-Spiel sinnlos. Wenn Ihnen tatsächlich jemand folgt, weiß er dadurch, dass Sie etwas ahnen, und er wird umso vorsichtiger sein. Wiegen Sie ihn in Sicherheit. Bleiben Sie häufig stehen. Schauspielern Sie ein wenig, und kratzen Sie sich am Kopf, während Sie sich umdrehen und in die andere Richtung gehen. Der Mann, der eben sein Handy aus der Manteltasche hervorkramt, könnte Ihr Mann sein. Prägen Sie sich ein Merkmal ein, etwa seine Schuhe oder seine Ringe am Finger, daran können Sie ihn später vielleicht wiedererkennen.

Oder setzen Sie sich in ein Restaurant ans Fenster und beobachten unauffällig, wer nach Ihnen hereinkommt, wer draußen auf einer Bank sitzt, wer gelegentlich vorbeigeht und welche Autos in der Nähe parken. Wenn Sie das Restaurant verlassen, begeben Sie sich auf einigen Umwegen ins nächste. Wenn dort wieder dieselben Personen und Autos zu sehen sind, wissen Sie, wie Ihre Verfolger aussehen. Prägen Sie sich dann auch deren Gang ein. Den können sie nur schwer verstellen.

Wenn Sie im Auto unterwegs sind, so sehen Sie häufig in den Rückspiegel und versuchen Sie, das Fahrzeug auszumachen, das Sie verfolgen könnte. Fahren Sie keine Umwege, die eindeutig dämlich sind, sonst ist klar, dass Sie Verdacht geschöpft haben. Sie könnten aber falsch herum – jedoch vorsichtig – in eine Einbahnstraße fahren, falls Sie bereit sind, einen Strafzettel zu riskieren. Wenn Ihnen der Detektiv folgt, ist es kein guter Detektiv, aber umso besser für Sie. Folgt er Ihnen nicht, haben Sie einen Vorsprung. Nutzen Sie dann Ihre Ortskenntnis. Stellen Sie Ihr Auto ab, und gehen Sie zu Fuß weiter, am besten auf Wegen, die nicht mit dem Auto befahren werden können. Orte mit mehreren Ausgängen sind ideal. Gehen Sie vorne hinein und hinten hinaus, und nehmen Sie dort ein Taxi. Dann müssen Sie nur noch darauf achten, ob vielleicht ein anderes Taxi hinter Ihnen herfährt. Denn auch der Detektiv kann Ihnen dann nur im Taxi folgen.

GESCHLECHTSKRANKHEITEN ERKENNEN 041

0,04 von einer Million Menschen sterben, weil ein Flugzeug auf sie fällt. 0,4 von einer Million Menschen werden von einem Blitz getroffen und dabei getötet. 15,4 von einer Million Menschen tragen eine ernsthafte Verletzung bei der Benutzung von Weihnachtsdekoration davon. 200 von einer Million Menschen sterben bei einem Autounfall. 2000 von einer Million Menschen verletzen sich ernsthaft mit einem Küchenmesser. 40 000 von einer Million Menschen leiden irgendwann an einer gravierenden Lebensmittelvergiftung. Und 50 000 von einer Million Menschen bekommen früher oder später eine Geschlechtskrankheit, die nicht tödlich sein muss, aber sein kann. Geschlechtskrankheiten sind also eine nicht zu unterschätzende Gefahr; die Zahl der Betroffenen steigt eher, und es sind mehr Männer als Frauen betroffen. Zu den am häufigsten auftretenden gehören:

041.01 *SYPHILIS* Die Zahl der mit Syphilis Infizierten steigt wieder, auch in Deutschland. Verursacht wird Syphilis durch ein Bakterium namens *Trepo-*

nema pallidum, das bei Erwachsenen fast nur über direkten Sexualkontakt übertragen wird.

In den Körper gelangt es über die vaginale, orale oder anale Schleimhaut. Der Krankheitsverlauf wird in mehreren Stadien beschrieben. *Stadium I* äußert sich bei Männern im Auftreten des harten Schankers, eines Geschwürs an der Infektionsstelle, meist an der Penisspitze oder am hinteren Penisteil, eventuell auch im Analbereich. Es setzt sich zu den Lymphknoten, meist den Leistenlymphknoten, fort und führt dort zu Schwellungen. Nach der Erstinfektion verbreiten sich in *Stadium II* die Erreger über die Blutbahn im gesamten Körper. Er reagiert mit Fieber, Ausschlag, Wucherungen an den Schleimhäuten oder anderen dermatologischen Manifestationen. *Stadium III,* das nach einer zum Teil sehr langen Ruhephase eintritt, dem Latenzstadium, das nicht alle Syphilispatienten erreichen, ist gekennzeichnet von kardiologischen Komplikationen, Gefäßerkrankungen, sowie Haut-, Muskel- und Knochenveränderungen. In *Stadium IV* zeigen sich psychiatrische und neurologische Spätfolgen, die zum Teil schwer behandelbar sind und unbehandelt zum Tode führen können. In den Stadien III und IV ist Syphilis wesentlich weniger ansteckend als in den ersten beiden Stadien.

041.02 **GONORRHOE** Der verbreitetere Name für Gonorrhoe ist Tripper. Es handelt sich dabei um akute Entzündungen, bei Männern meist der Harnröhre, bei Frauen des Gebärmutterhalses, die mit Juckreiz, Schmerzen beim Wasserlassen und eitrigem Ausfluss verbunden sein können; Letzteres vor allem morgens, weshalb der Ausfluss auch *Bonjourtropfen* genannt wird. Während der Tripper bei Frauen in den Bauchraum steigen und bei akutem Verlauf eine lebensbedrohliche Entzündung innerer Organe oder bei chronischer Eileiterentzündung Sterilität verursachen kann, kann er bei Männern in die Prostata steigen. Selten sind Entzündungen der Nebenhoden. Bei Frauen und Männern kann er auch eine Sepsis, also eine Blutvergiftung, durch Bakterien bewirken. Übertragen wird die Gonorrhoe durch Gonokokken-Bakterien bei Kontakt mit ungeschützter Schleimhaut, auch über die Rachen- oder Enddarmschleimhaut.

041.03 **CHLAMYDIENINFEKTION** Auch sie wird durch Bakterien übertragen, in diesem Fall *Chlamydien*. Es handelt sich um eine der Gonorrhoe in vielen Aspekten ähnliche, aber weniger dramatische Harnröhreninfektion. Eine chronische Infektion der Eileiter kann zu Sterilität führen. Ebenfalls durch Chlamydien verursacht wird die *Lymphgranulomatose*. Es handelt sich dabei nicht um eine Harnröhreninfektion, sondern um ein schmerzhaftes Geschwür, auch Weicher Schanker genannt (im Gegensatz zum Harten Schanker bei der Syphilis).

HIV („Humanes Immundefizienz-Virus" oder „Menschliches Immunschwächevirus") ist nicht mit AIDS („Acquired Immune Deficiency Syndrome" oder „Erworbenes Immundefektsyndrom") gleichzusetzen.

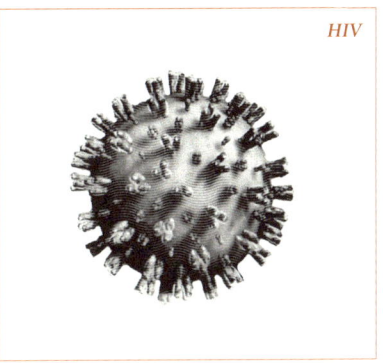

HIV

041.04 **HIV** Auch die HIV-Infektion wird zu den Geschlechtskrankheiten gerechnet, da das Virus zwar über Spritzen oder Blutkonserven übertragen werden kann, die am häufigsten vorkommenden Übertragungswege aber der vaginale oder anale, mit deutlich kleinerer Ansteckungswahrscheinlichkeit auch der orale Geschlechtsverkehr sind.

Eine Infektion mit HIV – dem *Humanen Immundefizienz-Virus* oder *menschlichen Immunschwächevirus* – ist nicht mit AIDS gleichzusetzen; die unbehandelte HIV-Infektion führt nach meist mehrjährigem Verlauf in aller Regel zu AIDS.

041.05 **TRICHOMONIASIS** Die Trichomoniasis ist weltweit eine der häufigsten durch Geschlechtsverkehr übertragenen Krankheiten, allerdings ist sie vergleichsweise harmlos. Der Parasit *Trichomonas vaginalis* wird durch Schleimhautkontakt übertragen. Krankheitsmerkmale sind beim Mann Entzündungen an der Eichel, der Harnröhre, der Harnblase und selten der Prostata, die aber oft nicht einmal bemerkt werden, da sie nur gelegentlich schmerzhaft sind.

041.06 **WEITERE SEXUELL ÜBERTRAGBARE KRANKHEITEN** Es gibt zahlreiche weitere Geschlechtskrankheiten, die jedoch weniger häufig auftreten. Dazu gehören die *Virus-Hepatitis* – meist eine *Hepatitis B;* die *Hepatitis C* lässt sich per Sexualkontakt nur schwer übertragen, denkbar ist es jedoch – und der *Genitalherpes,* der mit dem Lippenherpes verwandt ist. Man unterscheidet Typ 1 und Typ 2. Der Genitalherpes ist Typ 2, wobei es theoretisch möglich ist, auch an den Lippen Genitalherpes zu bekommen. Außerdem zu erwähnen wären die *Humanen Papillomaviren (HPV),* die zu einem Penis- oder Analkarzinom führen können.

041.07 **WAS TUN?** Wirksamen Schutz vor sexuell übertragbaren Krankheiten bietet die Beschränkung des sexuellen Kontakts auf einen einzelnen gesunden oder mehrere, aber ausschließlich gesunde Sexualpartner. Das Problem dabei ist zu wissen, wer gesund ist. Nicht jeder Mensch wird offen über eine Infektion plaudern. Sollten Sie mit einer Person Sex haben wollen, deren Krankheitsbild Sie nicht kennen, ist die Benutzung eines frischen Kondoms nach wie vor der beste und einzig wirksame Schutz. Vermeintlich sichere Sexualpraktiken wie Oralverkehr ohne Ejakulation oder oralanale Kontakte verhindern dagegen eine Infektion häufig nicht. Denn HIV kann auch durch Präejakulat übertragen werden; bakterielle Infektionen wie Syphilis und Gonorrhoe werden nicht nur durch Körperflüssigkeiten, sondern durch Übertragung der Bakterien während des Schleimhautkontakts weitergegeben.

Sollten Sie eine Geschlechtskrankheit haben, ist es erforderlich, einen Arzt aufzusuchen, je früher, desto besser. Die meisten Geschlechtskrankheiten können medikamentös behandelt werden. Die HIV-Infektion ist zwar nach wie vor nicht heilbar, allerdings kann der Krankheitsverlauf nach einer HIV-Ansteckung mit Medikamenten aufgehalten und der Immundefekt deutlich gebessert werden. Dabei ist die Immunantwort von Patienten, die rechtzeitig antiviral behandelt wurden, besser als die von spät Behandelten.

Syphilis ist mit Antibiotika heilbar, bleibende Komplikation treten in den frühen Stadien praktisch nicht auf, in den späten Phasen bleiben sie möglicherweise auch nach Heilung der Infektion bestehen.

Gonorrhoe und Chlamydieninfektion werden üblicherweise gemeinsam antibiotisch behandelt, da 15 bis 30 Prozent der Betroffenen beide Infektionen haben und die Symptome sehr ähnlich sein können.

Wichtig bei Geschlechtskrankheiten ist vor allem auch die Behandlung des Sexualpartners, da es sonst zu einer immer wiederkehrenden wechselseitigen Ansteckung kommen kann – Syphilis und Gonorrhoe beispielsweise können mehrmals im Leben auftreten. Auch ist aus Rücksicht auf den oder die Sexualpartner unbedingt zu Offenheit und einer frühzeitigen Behandlung der Krankheit zu raten.

EINEN KATER KURIEREN 042

Ein Kater kann ein recht angenehmer Zustand sein, wenn er nicht allzu schlimm ist. Der leichte Schmerz, dazu das Gefühl, die Welt durch einen Filter oder einen Nebel zu betrachten, alles wirkt gepuffert, und dann ist da noch die Erinnerung an den schönen Rausch vom Abend zuvor. So lässt sich zum Beispiel ein Sonntag ganz wunderbar angehen, ohne sich viele Gedanken über die Welt zu machen. Das geht allerdings nicht mit Kindern, es sei denn, Ihre außergewöhnlich verständnisvolle Frau hält die Kinder eine Weile von Ihnen fern. Ein Kater kann auch ein sehr unangenehmer Zustand sein, nämlich dann, wenn Sie es am Abend zuvor doch wirklich übertrieben haben und nicht mehr genau wissen, wer eigentlich die Schnäpse ins Spiel gebracht hat, und wenn überdies ein Arbeitstag bevorsteht.

^{042.01} **KEIN STÜTZBIER** Ihr Körper versucht, den Alkohol zu verarbeiten, er baut ihn ab, und dabei entsteht, vereinfacht gesagt: Schmerz. Zudem sind sie dehydriert, sie haben zu wenig Flüssigkeit im Körper, weil Alkohol entwässert. Vitamine und Mineralstoffe dürften auch nicht mehr viele übrig sein. Was Sie nun auf keinen Fall tun sollten: ein so genanntes Stütz- oder Konterbier trinken. Zwar unterbricht die erneute Zufuhr von Alkohol den schmerzhaften Methanolabbau, aber erstens ist dies eine Lösung für ganz kurze Zeit, und zweitens sind Sie damit auf dem Weg zum schweren Alkoholiker. Wenn Sie am Morgen danach in fürchterlichem Zustand sind, gibt es ein paar Dinge, die die Schmerzen lindern.

< Am Morgen danach:
Ingwertee
mit Knäckebrot

• • •

Eine frubiase Sport
oder eine Aspirin
in Wasser >

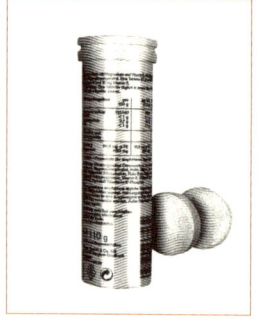

^{042.02} **AM MORGEN DANACH** Bevor Sie Schmerztabletten zu sich nehmen, sollten Sie etwas gegessen haben. Das klingt furchtbar, aber es geht. Beginnen Sie jedoch mit dem Trinken. Drei große Gläser Ingwertee, Cola und Wasser wären eine gute Kombination. Trinken Sie abwechselnd und nicht zu hastig, auch wenn Sie das Gefühl haben, Sie könnten einen Stausee austrinken. Lassen Sie sich Zeit. Spüren Sie einen Brechreiz, hilft Brechnuss aus dem Reformhaus. Ein spezieller Tipp, um die verlorenen Vitamine wieder zuzuführen: Halten Sie sich eine Packung „frubiase Sport" vorrätig, das sind Brausetabletten, die in Zusammenarbeit mit der Sporthochschule Köln für Sportler entwickelt wurden. Es gibt sie in jeder Apotheke, und sie enthalten unter anderem Magnesium, Calcium, Kalium, Eisen, Zink, Jod und

Vitamine (C, D, E, B). Das bringt Sie wieder auf den Damm. Essen Sie nun allmählich in kleinen Portionen Cracker, Knäckebrot, Toast, alles ohne Belag. Wenn Ihnen das ganz gut bekommt, versuchen Sie ein Knäckebrot mit Honig. Keine Schokolade, die verschlimmert den Kater. Wenn Sie die Zeit haben, können Sie sich eine Brühe bereiten und diese trinken. Haben Sie immer noch höllische Kopfschmerzen, sollten Sie jetzt zwei Aspirin nehmen.

042.03 **AM ABEND DAVOR** Es wird morgens nicht ganz so schlimm, wenn Sie abends vorbeugen. Zum Beispiel bereits vor dem Trinken, indem Sie ordentlich essen. Eine Grundlage ist wichtig. Oder während des Trinkens:

< Am Abend davor:
Eine gute Grundlage
ist wichtig
• • •
Viel Wasser vor dem
Schlafengehen und eine
Scheibe Brot >

Bestellen oder trinken Sie zu jedem alkoholischen Getränk ein Glas Wasser. Oder eben doch erst nach dem Trinken: Kippen Sie vor dem Schlafengehen für jedes alkoholische Getränk ein Glas Wasser nach. Wenn Sie die oben erwähnten „frubiase Sport" im Hause haben, nehmen Sie eine. Essen Sie ein wenig Brot, nehmen Sie Vitamin B und Magnesium zu sich, wenn Sie die frubiase nicht haben. Und nehmen Sie noch vor dem Schlafengehen zwei Aspirin, wenn Sie ahnen, dass es böse werden könnte.

Mit gründlicher Vorsorge am Abend und der beschriebenen Nachsorge am Morgen lassen sich Kater in der Regel ziemlich gut in den Griff bekommen; es sei denn, Sie haben sich vollkommen zerstört oder sich gar in eine Alkoholvergiftung gesoffen.

DER GEPFLEGTE MANN

043

Die Rasur mit einem Messer ist in Osteuropa weiter verbreitet als in Mittel- und Westeuropa, wo heute die meisten Männer ihre Rasur mit Markengeräten vornehmen, die mit Schwingköpfen und mehreren Sicherheitsklingen ausgestattet sind. Auch Friseure rasieren, sofern sie das überhaupt noch tun, heute häufiger mit Rasierklingen als mit dem Messer. Das hat zum einen hygienische Gründe, zum anderen dauert die Messerrasur länger und ist komplizierter; auch die Verletzungsgefahr ist größer. Die Messerrasur hat jedoch den Vorteil, bei richtiger Technik gründlicher zu sein. Sie können sich damit besonders tief ausrasieren. Barthaare haben einen dickeren Schaft und sind starrer als das Kopfhaar. Das Messer greift sie tief, so dass es länger dauert, bis sie sichtbar nachwachsen.

043.01 **GUT GESCHÄUMT** Beginnen Sie die Prozedur, indem Sie die Haut aufweichen. Tragen Sie dafür eine Prä-Rasur-Gesichtscreme auf, nehmen Sie ein heißes Bad oder eine Dusche oder legen Sie eine Kompresse auf, also ein heißes Handtuch. Es genügt jedoch nicht, nur die Haut für die Rasur vorzubereiten. Ist die Haut zu nass, wird sie runzlig, und es ist schwieriger, runzlige Haut zu rasieren als glatte. Vor allem muss auch das Barthaar weich werden. Dafür wird Rasierschaum benutzt. Barbiere folgen der Regel „Gut geschäumt ist halb rasiert".

043.02 **DAS HAAR DES DACHSES** Benutzen Sie zum Einschäumen kein Gel, denn Gel enthält Schadstoffe. Besser ist Rasierseife. Tubenrasierseife hat dabei keinen funktionalen Nachteil gegenüber der Blockseife; diese wird jedoch aus nostalgischen, Gewohnheits- oder, bei Friseuren, auch aus Showgründen noch benutzt. Schneiden Sie kleine Bröckchen von der Seife ab, und schäumen Sie diese mit dem Rasierpinsel auf. Sparen Sie dabei nicht an Wasser. Geeignet sind Dachshaarpinsel aus echtem Dachshaar. Tierschützer hören das nicht gern, aber andere Pinsel taugen nichts. Schäumen Sie sich dann mit dem Pinsel intensiv ein. Wenn Sie eine Tubenseife benutzen, geben

Sie sie an drei Gesichtsstellen in Klecksform auf und schäumen Sie das Gesicht von diesen Stellen aus mit dem Pinsel ein. Wichtig ist, den Schaum gut einzumassieren, denn dann wird das Barthaar besonders weich. Tun Sie das nicht, werden Sie beim Rasieren unter Umständen ein Zupfen verspüren, dem Gefühl vergleichbar, das die Rasur mit einer stumpfen Klinge auslöst.

043.03 **EINE FRAGE DES WINKELS** Nehmen Sie dann das Rasiermesser, klappen Sie es auf, und halten Sie es mit Daumen und drei Fingern so, dass die geöffnete Schale vom Gesicht weg weist. Rasiermesser haben nur auf einer Seite eine Schneide. Beginnen Sie mit den glatten Gesichtszonen. Straffen Sie mit der Hand, mit der Sie nicht das Messer halten, die Haut. Nicht nur zu Beginn, sondern die gesamte Rasur hindurch sind Sie beidhändig tätig. Mit einer Hand rasieren Sie, mit der anderen straffen Sie die Haut – die Haut muss immer unter Spannung sein; wenn Sie Falten haben, müssen Sie diese herausziehen.

Jüngere Männer tun sich daher bei der Messerrasur im Prinzip leichter, ältere sind allerdings häufig erfahrener, was ein großer Vorteil sein kann: Denn diese Rasur erfordert Übung. Elementar ist die richtige Winkelstellung, die Sie trainieren müssen.

043.04 **EIN BART IST KEINE ZWIEBEL** Bewegen Sie das Messer in einem Winkel von etwa 30 Grad zunächst mit dem Bartstrich. Wichtig: Ein Bart ist keine Zwiebel – rasieren Sie sich also nicht, wie Sie eine Zwiebel schneiden, nämlich schneidend, sondern schaben Sie! Die Verletzungsgefahr ist ansonsten außerordentlich groß.

Führen Sie das Messer zu flach, reißen Sie an den Bartstoppeln, statt sie zu rasieren. Führen Sie es zu steil, schneiden Sie sich in die Haut. An Ecken, Grübchen und Oberlippe müssen Sie das Messer allerdings ein wenig steiler halten. Nach vier bis fünf Rasuren mit dem Messer kennen Sie Ihre Haut; Sie wissen um Hauterhebungen und kleine Warzen, die Sie vorsichtig behandeln, in einem anderen Winkel rasieren oder vollständig umschiffen sollten, um sie nicht aufzureißen.

20 BIS 30 MINUTEN Eine Rasur besteht aus zwei Durchgängen, einem mit dem Bartstrich und einem zweiten gegen den Bartstrich. Nur so wird die Rasur wirklich tief und gründlich. Nach dem zweiten Durchgang ist die Haut gereizt. Alkoholhaltige Gesichtswasser trocknen sie aus, zudem brennen sie auf der Haut. Benutzen Sie lieber ein adstringierendes Gesichtswasser, das entzündungshemmend wirkt und dafür sorgt, dass sich die Haut wieder schließt. Direkt im Anschluss bietet es sich an, eine fetthaltige Tagescreme aufzutragen, um den Säureschutzmantel der Haut wiederherzustellen. Die gesamte Prozedur kann, falls Ihr Bartwuchs ausgeprägt ist oder Sie Anfänger sind, 20 bis 30 Minuten dauern.

044 EIN RASIERMESSER ABZIEHEN

Wenn Sie sich dazu entschieden haben, sich künftig mit dem Rasiermesser zu rasieren, so müssen Sie sich immer wieder einmal mit Ihrem neuen Messer beschäftigen. Grundsätzlich sollte man wissen: Es besteht ein Unterschied zwischen dem Schärfen und dem Abziehen eines Rasiermessers am Lederriemen. Es muss viel seltener geschärft als abgezogen werden, und es ist keine schlechte Idee, das Schärfen einem Fachmann zu überlassen.

044.01 *SANFTES ABZIEHEN* Da ein Rasiermesser sorgfältig kleinste Haare entfernen muss, ist es ein empfindliches Gerät, das außer einer gewissen Schärfe auch der Pflege bedarf. Abziehen am Riemen bedeutet: Pflege. Starker Druck während des Abziehens kann die Schneidkante zerstören, das Messer wird dann stumpf. Sanftes Abziehen am Lederriemen bewahrt die Schneidfähigkeit.

Rasiermesser sind übrigens nicht dazu geeignet, Papier oder Kuchen zu schneiden oder kleine Männchen aus Holz zu schnitzen. Rasiermesser rasieren, und zwar ausschließlich. Das wird so strikt gehandhabt, weil es sonst so ist wie bei der Haarschere, mit der Papier geschnitten wurde: Bald schneidet sie weder Haare noch Papier.

^{044.02} **DER FEINE GRAT** Wichtig ist, das Messer nicht nach der Rasur, sondern vorher abzuziehen. Während der Rasur biegt sich der feine Grat auf der Schneide ein wenig. Der Fachmann spricht davon, dass die Wate, also die Schneide, wächst. Wenn Sie es nun direkt nach dem Rasieren abzögen, würden Sie es abpolieren. Die Schneide würde bald schartig und müsste geschärft werden. Daher sollten Sie das Messer nach der Rasur ruhen lassen, bis die Schneide von selbst wieder in ihre alte Position zurückgekehrt ist und der Grat sich gestreckt hat. Solange dieser Prozess reibungslos funktioniert, ist selbst das Abziehen am Leder nicht unbedingt notwendig, und es kann – je nach Messer – genügen, es leicht über den Handballen abzuziehen, allerdings nicht mit der Schneidkantenseite. Sobald sich der

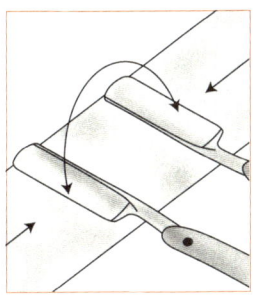

Beim Wechseln sollten Sie das Messer nicht über die Schneide, sondern über den Rücken drehen und es dann zum Körper hin abziehen.

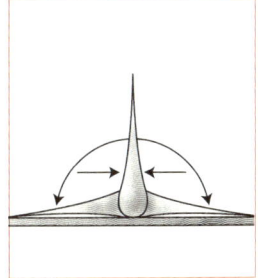

feine Schneidengrat jedoch abträgt, benötigen Sie einen Abziehriemen. Flache Messer werden auf Stoßriemen abgezogen, halbhohle oder hohle Messer auf Hängeriemen. Flache Rasiermesser haben heute meist einen französischen Kopf, der zugleich asymmetrisch und leicht eiförmig aussieht; halbhohle bis hohle Rasiermesser meist einen Rundkopf.

^{044.03} **BALLIGE SCHNEIDE** Die Riemen haben einen Drehknauf oder einen Griff zum Aufhängen und sind aus Rindsleder oder geschmeidigem Juchtenleder gefertigt. Das Ledern erfolgt im flachen Winkel mit aufgelegtem Rücken, der in Ziehrichtung vom Körper weg weist. Beim Wechseln sollten Sie das Messer nicht über die Schneide, sondern über den Rücken

drehen und es dann zum Körper hin abziehen. Wenn sie die Richtung nicht über den Rücken, sondern über die Schneide wechseln, wird sie ballig, also rund, und verliert den Schnitt. Spülen Sie das Rasiermesser nach Gebrauch mit Wasser ab und, sofern Sie kein rostfreies Chrommesser besitzen, trocknen Sie es sehr sorgfältig ab.

044.04 *DER FEINE STEIN* Sollten Sie auch das Schärfen selbst übernehmen wollen, benutzen Sie einen sehr feinen Schleifstein, zum Beispiel einen Wasserstein. Legen Sie das Rasiermesser mit dem Rücken darauf, so dass die Schneide ihn immer im gleichen Winkel berührt, und schleifen Sie in Schnittrichtung mit wenig Druck, so dass die Klinge nicht durchbiegt. Drehen Sie das Messer nach jedem Strich über den Rücken, um die Klinge zu schonen, und schieben Sie es während des Drehens nach oben, um dort mit dem nächsten Schärfstrich zu beginnen.

Das alles ist sehr aufwendig, aber eine gründlichere Rasur als mit dem Rasiermesser gibt es nicht.

045   NASEN- UND OHRENHAARE ENTFERNEN

Nasen- und Ohrenhaare sind unansehnlich und wachsen leider im Alter immer schneller und dichter. Die Behaarung im Inneren der Nase hat eine wichtige Funktion bei der Reinigung verschmutzter Luft – sie filtert Schmutzpartikel auf dem Weg zur Lunge. Nasenhaare sollten also stets nur geschnitten (mit einer Rundkopf-Schere oder dem elektrischen Nasenhaarschneider) und nie ausgerupft werden, auch, weil die Verletzung der Nasenhaarwurzeln, der Follikel, zu schmerzhaften Furunkeln im Nasenvorhof führen kann.

Ohrenhaare werden besonders gründlich bei einem Besuch eines türkischen oder arabischen Barbiers entfernt. Er taucht einen von einer Pinzette gehaltenen Wattebausch in Alkohol, zündet ihn an und fackelt die Härchen damit ab.

Es gibt Männer, die nur auf Beerdigungen und Hochzeiten einen Anzug tragen. Und es gibt Männer, die schon als 16-Jährige im Anzug in die Schule kommen und seither nie wieder ohne gesehen wurden. Tatsächlich ist es aber immer noch so, dass die Mehrzahl der Männer eher selten Anzug trägt. Das führt oft dazu, dass sie bei den seltenen Gelegenheiten eine nicht ganz so gute Figur machen, weil an ihrem Anzug das eine oder andere Detail nicht stimmt. Ein paar grundsätzliche Dinge sollte man als Mann also über Anzüge wissen.

046.01 *DUNKLER, WEISSER, GLATTER* Ein Anzug besteht aus einem Sakko, einer Hose und eventuell einer Weste. Die Einzelteile – hinzu kommen Schuhe, Gürtel, Strümpfe und Krawatte oder Fliege – sind farblich und stofflich aufeinander abgestimmt. Das Ziel der Abstimmung ist zunächst ein harmonischer Gesamteindruck. Sie sollten zusätzlich darauf achten, Ihren in sich abgestimmten Anzug auch auf die Gelegenheit abzustimmen, zu der Sie ihn zu tragen gedenken. Als allgemeine Konvention kann festgehalten werden: Je feierlicher der Anlass, desto dunkler der Anzug, desto weißer das Hemd und desto glatter der Schuh, der dann auch umso besser zum Gürtel passen sollte.

046.02 *EINE KLEINE KUNST* Da die Abstimmung des Anzugs auf den Anlass der Interpretation und modischen Strömungen unterliegt und nicht exakt gleichbleibenden Schemata folgt, bleibt die Wahl des richtigen Anzugs dennoch eine kleine Kunst. Ein gravierender Kleidungsfehler wird oft mit strafenden Blicken sanktioniert, so dass Sie, wenn Sie erstmals einen Anzug tragen und prompt seltsam angesehen werden, davon ausgehen können, dass Sie gegen irgendeine, Ihnen bisher nicht bekannte Konvention verstoßen haben. Das ist im Grunde nicht weiter schlimm, aber viele Männer empfinden es als unangenehm. Daher ein paar kleine Hilfestellungen, was Sie wann wo tragen können.

ARBEITSPLATZBESUCH VON MONTAG BIS DONNERSTAG
Die Kleidung hängt natürlich stark von der Art der Arbeit ab. Ganz einfach gesagt: Ein Schmied kommt nicht im Anzug. Wenn Sie nun aber einen neuen Job in einem Unternehmen antreten, in dem sie mit Menschen und Themen in Kontakt kommen, die mit wirtschaftlicher oder politischer Macht in Verbindung gebracht werden, so ist es nötig, einen Geschäftsanzug zu tragen. Ihre neue Arbeit liegt dann meist im Kaufmännischen oder im Finanzbusiness, in einem großen Konzern, in der wirtschaftlichen Leitung oder im Kapitalsegment eines Unternehmens, das in seiner Struktur nach den Regeln der freien Wirtschaft aufgebaut ist, im Politik- und Wirtschaftsjournalismus, in Kanzleien oder politischen Institutionen. Ein Businessanzug ist ein zwei- oder dreiteiliger Anzug; der Dreiteiler, also der Anzug mit Weste, ist etwas weniger üblich als der Zweiteiler mit Hose und Jackett. Wählen Sie einen Zweiteiler, kann das Jackett ein Zwei- oder Dreiknopfsakko sein; nicht klassisch, aber modisch ist auch ein Vier-Knopf-Sakko. Bei den Sakkos bleibt der unterste Knopf jeweils offen, beim Drei- und Vier-Knopf-Sakko auch der oberste. Ziehen Sie einen Westenanzug vor, bleibt auch der unterste Westenknopf stets geöffnet.

Gedeckte Farben sind ratsam; tagsüber kann auch ein dunklerer Karostoff die Seriösität des Auftretens unterstreichen, während der Stoff mit zunehmender Feierlichkeit oder Wichtigkeit des Anlasses eher einfarbig und dunkler ist. Prinzipiell sind tagsüber auch hellere Stoffe denkbar, auch dunklere oder leicht karierte Sakkos in Kombination mit einer helleren Stoffhose.

Zum Businessanzug gehören ein einfarbiges oder leicht gestreiftes Herrenhemd und eine dezente Krawatte. Das weiße Hemd ist ideal für jeden Anlass, es kann Schattenstreifen haben. Nicht unwichtig ist jedoch der Kragen. Der *Haifischkragen* ist gespreizt und passt zu allen Anzügen, zu denen Krawatten getragen werden. Er hat einen modischen italienischen Einschlag, anders als der klassischere *Kentkragen*, dessen Flügel weniger gespreizt sind. Unpassend zum Geschäftsanzug wie zu jedem Anzug, zu dem man eine Krawatte oder Fliege trägt, ist das *Button-Down-Hemd,* dessen

Kragen mit zwei zusätzlichen Knöpfen – je einem links und rechts am unteren Ende des Kragenflügels – am Oberhemd befestigt werden. Zu diesem sportlich-legeren Hemd kann notfalls eine derbere Wollkrawatte getragen werden, üblich ist jedoch auch das nicht unbedingt.

Als Fußbekleidung bieten sich, je nach Hosenfarbe, dunkelblaue, schwarze oder anthrazitfarbene Socken an, dazu gepflegte Herrenschuhe, die tagsüber auch braun sein dürfen, sofern Braun zur Anzugfarbe passt. Ein Monk mit Schnalle oder der Full-Brogue-Budapester mit Lyralochung hinterlassen einen sportlichen Eindruck und sollten eher tagsüber getragen werden. An den meisten Arbeitsplätzen sind sie jedoch ebenso angemessen wie glatte Leder- oder Lackschuhe.

046.04 **ARBEITSPLATZBESUCH AM FREITAG** Da in vielen Banken und Versicherungen am Freitag schon am frühen Nachmittag die Arbeit niedergelegt wird, hat es sich – in den fünfziger Jahren von den Vereinigten Staaten ausgehend – eingebürgert, am Freitag etwas legerer zur Arbeit zu kommen. Man spricht vom *Casual Friday*, vom legeren Freitag, und von der *Friday wear*, der Freitagsmode. Friday wear ist weitgehend akzeptiert, vor allem dann, wenn Sie Ihr Unternehmen an diesem Tag nicht nach außen vertreten, zum Beispiel bei Kunden- oder Partnergesprächen. Legerere Kleidung meint, dass ein Polohemd oder ein Button-Down-Hemd ohne Krawatte reichen. Wie weit Sie die Regeln am Freitag dehnen, ist Ihnen selbst überlassen. Wählen Sie einen sportlichen Schuh, kann auch ein geflochtener Gürtel in einer anderen Farbe als der Schuh ein harmonisches Bild abgeben. Wählen Sie einen edleren Schuh, ist ein gleichfarbiger Gürtel besser.

046.05 **NACH SECHS IN ENGLAND** Die englische Mode ist etwas traditionsorientierter als die italienische, und manch alte Regel wie „Kein Braun nach sechs Uhr" (no brown after six), was sich auf die Schuhe bezieht, oder „No brown in town" – keine braunen Schuhe zum Spaziergang oder zum Ausgehen – ist noch gültig, auch wenn moderne Stilberater gern etwas anderes behaupten.

046.06 **ALLTAG IN ITALIEN** Diese strengen englischen Regeln können Sie getrost vergessen, wenn Sie in Italien unterwegs sind. Italienische Mode bedeutet modische Mode. Die Kombination aus blauem Anzug und braunem Schuh ist häufig, wesentlich ist auch, dass braune Schuhe zu keiner Zeit verpönt sind, sofern sie sich in das Gesamtbild einfügen. Der harmonische und modische Anzug ist hier, anders als in Großbritannien, wichtiger als die Abstimmung des Anzugs auf den Anlass.

046.07 **PARLAMENTSREDE IN JAPAN** Wenn Sie einmal eine Rede im japanischen Parlament halten müssen, so tragen Sie dem Protokoll gemäß den *Cut* oder *Cutaway*, den großen Bruder des Stresemanns. Den Cut trägt man allerdings nur vor 18 Uhr. Er besteht aus einem schwarzen oder dunkelgrauen Schwalbenschwanz mit meist einem Knopf und einer gestreiften, oft auch nur leicht gestreiften Hose. Meinen Sie es ernst mit dem Cut, tragen Sie darunter eine hellgraue oder silbrige Weste, ein Kläppchenkragenhemd, also einen hohen Vatermörder-Stehkragen, der seinen Namen aus seiner Eigenschaft bezieht, den Vater, der ihn trägt, stark einzuengen, und das *Plastron*, eine silbergraue Schalkrawatte. Ein glatter, möglichst rahmengenähter Schnürschuh sollte ebenso selbstverständlich sein wie der Kniestrumpf und ein Einstecktuch. Handschuhe und Zylinder sind Tradition, aber nicht notwendig.

046.08 **AUFTRITT ALS NACHRICHTENSPRECHER** Treten Sie als Nachrichtensprecher vor eine Fernsehkamera, können Sie eine Jackettregel umgehen: Der oberste Knopf des Drei-Knopf-Sakkos ist bei dieser Berufsgruppe, was eigentlich ungewöhnlich ist, oft geschlossen. Offen bleibt er normalerweise, damit das Sakko gut fällt; ist er geschlossen, kann leicht der Eindruck entstehen, sein Träger sei etwas eingequetscht.

Nachrichtensprecher jedoch sitzen, sofern sie im Sitzen arbeiten, auf dem hinteren Sakkosaum, was dafür sorgt, dass das Sakko vorne auch mit geschlossenem Knopf gut fällt. Die Knopfregel hatte also einen funktionalen Hintergrund, der zur modischen Konvention geworden ist.

Nachrichtensprecher beweisen, dass solche Konventionen flexibel gehandhabt werden können.

046.09 **ÖFFENTLICHE AUFTRITTE ALS ENTERTAINER** Ziehen Sie sich getrost eine Discokugel an, tragen Sie rote Hosen dazu, Ringelsocken und Holzschuhe. Tragen Sie einen Stresemann, um ein seichtes Lied zu singen. Wählen Sie einen klassischen Frack, um ein Millionenpublikum anzusprechen, das in Jogginghosen auf der Couch sitzt. Wenn Sie das jemals dürfen, dann als Entertainer. Karl Lagerfeld tritt häufig in einem Vatermörder-Hemd vor die Öffentlichkeit, das für Smoking, Cut und Frack sowie für die Spencer-Jacke reserviert ist, und beweist damit, dass in manchen Kreisen erlaubt ist, was gefällt. Allerdings sollte man wissen, was man tut, denn keine Grenze ist so schnell überschritten wie die zwischen Avantgarde und Peinlichkeit.

046.10 **EIGENE HOCHZEIT** Warum nicht im Stresemann heiraten? Dunkles, meist schwarzes, einreihiges Sakko, das dem Gehrock ähnlich und kürzer ist als der Cut, schwarz-grau gestreifte Hose, hellgraue Weste. Das Sakko hat aufsteigende Revers und, anders als der offiziellere Cut, keinen Schwalbenschwanz. Gegenüber dem älteren Cut eignet sich der Stresemann für Anlässe mit weniger offiziellem Charakter, wenngleich er in der frühen Bundesrepublik zu Staatsempfängen getragen wurde, weshalb er auch „Bonner Anzug" heißt. Während Sie den Cut mit einem Kläppchenkragen tragen sollten, genügt zum Stresemann ein glattes Kent- oder Haifischkragenhemd mit Umschlagmanschette, das mit Manschettenknöpfen getragen wird. Der Schuh sollte schwarz und glatt sein. Außer für die eigene Hochzeit empfiehlt sich der Stresemann für Trauerfeiern und Banketts, sofern sie tagsüber stattfinden.

046.11 **OFFIZIELLE ABENDEINLADUNG** Ein gesellschaftlicher Anlass verlangt nach einem dunklen Abendanzug, auch mit Weste, oder nach einem Smoking in Schwarz, Mitternachtsblau oder – eventuell – Bordeauxrot mit Seidenrevers. Der Smoking, der so genannte *Kleine Gesellschaftsanzug*, wird nie tagsüber getragen; für eine Filmpremiere am Nachmittag fällt ein Smoking daher aus, es sei denn, sie wird am Abend im Fernsehen übertragen. Ursprünglich zogen Herren eine Smokingjacke über, wenn sie sich nach dem Dinner ins Raucherzimmer zurückzogen, damit ihre andere Kleidung nicht den Rauchgeruch aufnahm. Die Jacke ist ein- oder zweireihig und hinten nicht geschlitzt, am Ende der Ärmel ist sie mit drei oder vier Knöpfen besetzt. Zum Smoking gehört heute eine dunkle Hose mit einfachem Seidengalon an der äußeren Naht, ohne Aufschlag und Gürtelschlaufen, weshalb die Smokinghose mit Hosenträgern getragen wird.

Tragen Sie zum Smoking ein weißes Kentkragenhemd oder, klassischer, einen Vatermörder mit Klappmanschetten. Die Hemdbrust ist entweder glatt, längs oder quer gefältelt oder mit Baumwollpiqué verstärkt, wobei schnörkellose Hemden auch unter anderen Anzügen nie die schlechteste Wahl sind. Zum Smoking gehört eine Schleife, die im Idealfall selbstgebunden ist und deren Glanz dem Revers gleicht oder sehr ähnelt (vgl. Kapitel *Der gepflegte Mann*, Rubrik *Eine Fliege binden*).

Glatte, rahmengenähte polierte Kalbsleder-Oxfordschuhe mit glatter Kappe – oder, besser, glatte Lackschuhe sind die richtige Wahl.

Der weiße Smoking war im britischen Empire üblich; wenn James Bond einen weißen Smoking trägt, so ist dies als Referenz daran zu verstehen. Heute fällt man damit jedoch etwas aus der Rolle, ein weißer Smoking steht vor allem dann zur Debatte, wenn auch der Träger gerne etwas aus der Rolle fällt, zum Beispiel, wenn er Britney Spears heiratet. Unter freiem Himmel ist das weiße Jackett als Dinner-Jackett eher üblich, aber besser ist es, sie tragen es nicht.

046.12 **PRIVATER RESTAURANTBESUCH** Der Kunde ist, sofern er am Ende die Rechnung begleicht, einigermaßen beliebt; deshalb gibt es nur noch wenige Restaurants, die nicht auch unpassend gekleideten Gästen offen stünden. Selbst in feinsten Restaurants wird man Menschen in Jeans und Button-Down-Hemd antreffen. Es gibt jedoch in einigen Städten so genannte No-Jeans-Restaurants, deren Name alles sagt.

046.13 **OPERNBESUCH** Der Besuch einer Opernaufführung bedeutet eine Würdigung der außergewöhnlichen Arbeit der daran Beteiligten sowie allgemein der Kultur. Wählen Sie Ihre Kleidung dementsprechend. Manche Männer tragen zwar auch in der Oper Jeans, Button-Down-Hemd ohne Krawatte und Jackett; den Konventionen eher gemäß ist jedoch ein dunkler, ein- oder zweireihiger Anzug mit Weste und Krawatte oder, sofern auch Ihre Begleitung eine entsprechende Robe wählt, der Smoking. Zum dunklen Anzug passen ein *Loafer* oder ein *Monk*. Ein Frack, der *Große Ausgehanzug*, würde unter Umständen übertrieben und aufgesetzt wirken, falls Sie nicht gerade eine Loge gemietet haben. Selbst dann ist er nicht notwendig.

046.14 **DINNER MIT DER QUEEN** Hat sich die Queen zum Abendessen angekündigt (oder Sie überraschend in den Buckingham Palace eingeladen), so tragen Sie Frack. Der Frack ist reserviert für hochoffizielle Anlässe. Er besteht aus einem Schwalbenschwanz, weißer Weste aus Baumwollpiqué und einer schwarzen, umschlaglosen Hose mit doppeltem Seidengalon an der äußeren Naht. Das weiße Frackhemd hat stets einen Stehkragen, die weiße, selbst gebundene Schleife ist aus Baumwollpiqué. Klassisch gehören zum Frack Pumps mit einer Ripsschleife. Die alte Regel „Zum Frack kein Lack" ist jedoch veraltet, wie Prince Philip, der Gemahl von Queen Elizabeth II., mit seiner Schuhwahl demonstriert. Hochglanzpolierte Kalbsleder- oder Lackpumps sind üblich. Wollen Sie sich nicht gezielt lächerlich machen, tragen Sie zum Frack keine Armbanduhr.

046.15 **PRIVATE ABENDFEIERLICHKEIT** Je informeller der Anlass, desto legerer können Sie auftreten. Dunkle Ein- oder Zweireiher sind selten völlig daneben, das Sakko kann aber auch fein gemustert oder gestreift sein. Prince Charles trägt häufig einen Zweireiher. Sollten Sie kein Thronfolger sein, tut es auch der Einreiher, der nicht so leicht einen elitären oder neureichen Eindruck hinterlässt. Das Hemd kann gestreift oder kariert sein; wenn Sie eine Krawatte tragen – Kaschmir oder Wolle böten sich an –, wäre ein weißes Hemd angemessener. Hose und Sakko müssen nicht unbedingt gleichfarbig sein. Ansonsten passen Cord- oder Wollhosen gut zu Sportsakkos. Dunkelbraune Raulederschuhe oder schwarze Penny-Loafers genügen.

047

Selbstverständlich kann man auch aus einem einfachen Hemd eine Wissenschaft machen. Die besten Hemden gibt es in London in der berühmten *Jermyn Street,* an der sich unzählige Edelschneider niedergelassen haben. Dort sollten Sie einkaufen, wenn nur das Beste gut genug für Sie ist. Wenn Sie auch mit einem normalen Hemd zufrieden sind, sollten Sie dennoch darauf achten, gute Qualität zu kaufen, denn selbst der beste Anzug sieht schlecht aus, wenn das Hemd ein schlechtes ist. Das Hemd sollte aus Baumwolle bestehen (und zwar unbedingt zu 100 Prozent), und vor allen Dingen sollte der Kragen richtig sitzen. Der Kragen ist überdies das wesentliche Stilmerkmal eines Hemdes. Die gängigsten Formen sind diese:

047.01 *BUTTON-DOWN-KRAGEN* Beim Button-Down-Kragen sind die Kragenschenkel ans Hemd geknöpft. Erfunden wurde dieser Kragentyp von Polospielern, denen die Kragen ins Gesicht schlugen – also versahen sie die Kragenenden mit einem Knopfloch und knöpften sie etwa in Höhe des Schlüsselbeins ans Hemd. Der Kragen gilt daher als recht sportlich, man kann ihn gut ohne Krawatte tragen. Zu einem Hemd von *Brooks Brothers* mit Button-down-Kragen sieht allerdings auch eine Krawatte gut aus.

047.02 *KENTKRAGEN* Den eleganten Kentkragen erkennt man daran, dass er nur wenig gespreizt ist. Er ist der Klassiker unter den Kragen, besonders, wenn man einen Anzug trägt. Fast alle Krawattenknoten passen zu diesem Kragen.

047.03 *NEW-KENT-KRAGEN* Der New-Kent-Kragen ist stärker gespreizt als der Kentkragen – aber nicht so weit wie der Haifischkragen. Man kann ihn mit einem etwas breiteren Krawattenknoten tragen.

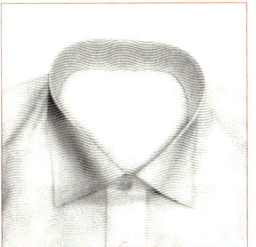

Button-Down-Kragen   *Kentkragen*   *New-Kent-Kragen*

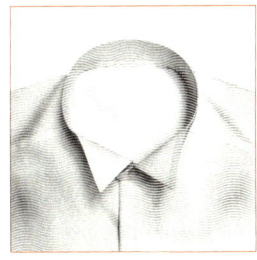

Haifischkragen   *Tabkragen*   *Vatermörder*

047.04 **HAIFISCHKRAGEN** Der Haifischkragen ist ein modischer, sehr weit gespreizter Kragen. Er eignet sich hervorragend für sehr breite Krawattenknoten wie den doppelten Windsor.

047.05 **TABKRAGEN** Der Tabkragen hat eine enge Spreizung. Er kann nicht ohne Krawatte getragen werden. Die Kragenenden werden von einem kleinen Steg zusammengehalten, der den (schmalen) Krawattenknoten hervorhebt.

047.06 **VATERMÖRDER** Der Vatermörder ist ein Stehkragen, der auf ein kragenloses Hemd geknöpft wird. Er stammt aus dem 19. Jahrhundert und ist ein sehr förmlicher Kragen. Man trägt ihn zu Smoking, Cut oder Frack, und dann stets mit Schleife, nie mit Krawatte.

Es gibt über 180 verschiedene Möglichkeiten, eine Krawatte zu binden. Aber nur eine entscheidende Regel: der Knoten muss zum Kragen passen. Schmale Kragen fordern kleine Knoten, breite Kragen vertragen breite, größere Knoten. Treffen Sie Ihre Wahl ähnlich wie bei der Kombination von Hose und Schuh; enger Hosenaufschlag – schmaler Schuh, weiter Aufschlag – breiter Schuh. Man kann bei der Wahl der passenden Krawatte im Grunde wenig falsch machen. Wenn Sie ein dezentes, dunkles Modell wählen, liegen Sie meist richtig. Ausgefallene Muster oder schreiende Farben sind als etwas schwierig zu bezeichnen, aber natürlich ist das letztlich Geschmacksache; als Faustregel mag jedoch gelten, dass entscheidend für Ihre Ausstrahlung Ihr Charisma ist und nicht die schrille Form. Krawatten sind in der Regel 145 cm lang. Sollte ihr Körpermaß 1,75 m übersteigen, greifen Sie zum in 155 cm Länge erhältlichen Modell – sollten Sie deutlicher größer als 1,90 m sein, gibt es Krawatten in Überlänge. Wichtig ist: Die Krawatte endet immer auf Höhe der Gürtelschnalle, beziehungsweise des Hosenbundes. Mit den folgenden drei Knoten kommen Sie gut durchs Leben.

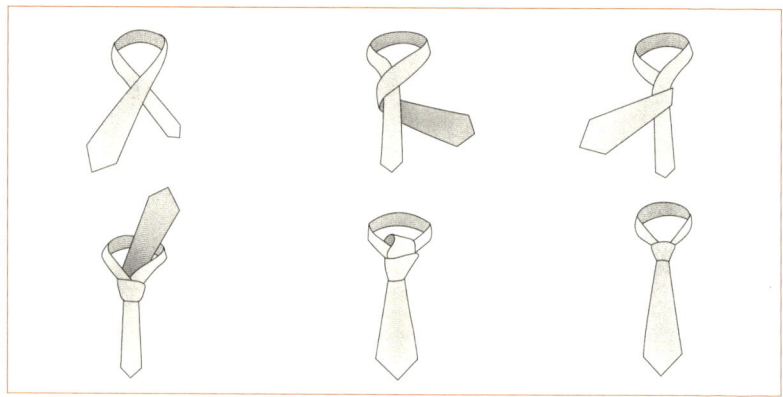

Four-in-Hand

Halber Windsor

Windsor

Die Fliege, auch Querbinder, Krawattenschleife oder (in Bayern und Österreich) Mascherl genannt, ist das einzig passende Accessoire zum Smoking (schwarze Fliege) und zum Frack (weiße Fliege). Auch im Snooker (ein Billardsport) gehört sie zwingend zur Bekleidungsvorschrift: Nur wer ein ärztliches Attest vorlegen kann, darf auf die Schleife verzichten. Man sollte also, möchte man auf einer Trauung, einem Ball oder am Snookertisch eine gute Figur abgeben, imstande sein, sie selbst zu binden. Das Tragen fertiggebundener Fliegen ist ebensowenig akzeptabel wie das Tragen von bunten und bemusterten Schleifen, wie man sie von den Kragen einiger Naturwissenschaftler und Politiker kennt. Das Binden einer Fliege erfordert ein wenig Übung, auch wenn die Schleife im Grunde genauso gebunden wird wie die Schnürsenkel eines Schuhs.

Das rechte Ende der Schleife sollte ein paar Zentimeter weiter herunterreichen als das linke. Das rechte Ende über das linke führen und von unten

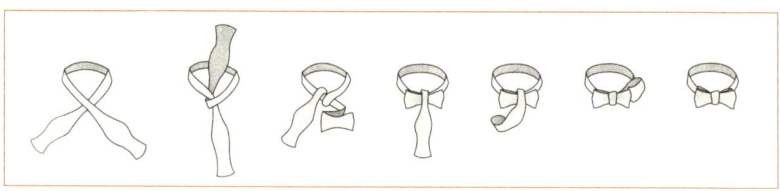

durch die Schlinge ziehen. Danach wird das Vorderteil des kürzeren Endes halbiert und waagerecht mit Zeigefinger und Daumen der linken Hand zu einer Schlaufe geformt. Das längere Ende wird dann nach vorne fallen gelassen. Der Zeigefinger der rechten Hand liegt auf der unteren Hälfte des herabhängenden Teils. Dieses wird hinter der vorderen Schlaufe nach oben geschoben. Dadurch entsteht eine weitere Schlaufe, die durch den Knoten hinter der vorderen Schlaufe gesteckt wird. Das ist der einzig schwierige Teil. Nicht verrückt machen lassen. Danach einfach die Enden ausrichten und den Knoten festziehen.

Das Einstecktuch (auch: Pochette) wird in der Brusttasche des Sakkos getragen. Es gibt sie vorgefaltet (teils auf Pappe genäht), aber das gilt als stil-
los. Gleiches gilt für Kombipakete, in denen Einstecktuch und Krawatte in
gleichem Muster angeboten werden. Tatsächlich sollte ein gleiches Muster
von Krawatte und Tuch unbedingt vermieden werden. Ein Mann sollte das
Einstecktuch spielerisch auf den Rest seiner Kleidung abstimmen. Zum
weißen Anzughemd passt ein weißes Einstecktuch, es sollte dann ein weißes Leinentuch sein. Ansonsten sind der Fantasie wenig Grenzen gesetzt.
Farbige Tücher sind aus Seide (mit handgerollter Kante), und als grobe
Faustregel kann gelten, dass sie in der Hauptfarbe einen Farbton aufnehmen, den auch die Krawatte zeigt. Das ist allerdings keineswegs zwingend,
es ist also einfach ein wenig Gefühl gefragt. Wichtig ist jedoch stets, dass
das Tuch nicht irgendwie in die Brusttasche gestopft, sondern erst gefaltet
und dann eingesteckt wird. Zum Beispiel so:

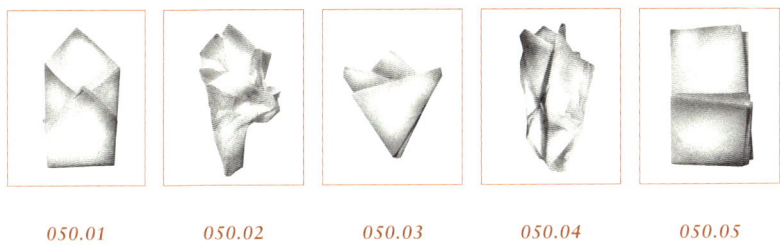

050.01   050.02   050.03   050.04   050.05

050.01 **DIE DREIECKSFALTUNG** Zum Dreieck falten, die linke und rechte
Seite so zur Mitte falten, dass die Spitzen den Rand berühren. Das Einstecktuch umdrehen und mit der glatten Seite in die Tasche stecken.

050.02 **DIE BAUSCHFALTUNG** Das Tuch in der Mitte mit zwei Fingern anheben, ausschütteln und lässig mit der Öffnung nach unten in die Tasche
stecken.

050.03 **DIE KRONENFALTUNG** Nach oben zum Dreieck falten, dabei leicht verschieben. Die linke und rechte Seite ebenfalls nach oben legen, so dass eine Krone mit vier Zacken ensteht. Die Seiten und das untere Ende nach hinten falten und so in die Tasche stecken.

050.04 **DIE PUFFFALTUNG** Funktioniert genau wie die Bauschfaltung, nur dass das Tuch andersherum, also mit den Spitzen nach oben, eingesteckt wird.

050.05 **DIE AMERIKANISCHE FALTUNG** Das Tuch von links und rechts jeweils um ein Drittel einschlagen (wie beim Zusammenlegen eines Handtuchs), das untere Ende bis zur Mitte hockknicken. Umgedreht einstecken.

051   DIE RICHTIGEN SCHUHE TRAGEN

Bekannt für Schuhe werden immer nur Frauen, und dann meist dafür, dass sie sehr viele davon besitzen. Immer wieder gern genannt wird Imelda Marcos, Ehefrau und spätere Witwe des ehemaligen philippinischen Diktators Ferdinand Marcos, die zwischen 1000 und 3000 Paar Schuhe besaß. Die Angaben schwanken, sie selbst sprach von 2000 Paar. Die meisten Frauen haben eine besondere Beziehung zu Schuhen, und immer wieder kommen Umfragen zu dem Ergebnis, dass die Hälfte der Frauen hierzulande immerhin mehr als 20 Paar besitzt. Männer hingegen besitzen meist sehr wenige Schuhe, und das, obwohl Schuhe letztlich das wichtigste Kleidungsstück sind. Mit ein klein wenig Mühe (und etwas mehr Geld) kann man sich eine passable Grundausstattung zulegen.

051.01 *ÜBERWIEGEND SCHWARZ* Diese Grundausstattung hängt sehr von Ihrem Beruf ab. Für den Fall, dass Sie dem üblichen Dresscode von Banken oder Kanzleien unterliegen, benötigen Sie einige Schuhklassiker.
    Diese wären: glatte oder geradkappige Derbys, geradkappige Oxfords, Brogues (je nach Anlass – gröbere Lochung wirkt eher sportlich, gerad-

kappige Halfbrogues sind nicht so sportlich), Monks (Spangenschuhe) oder die klassischen Loafer. Zum Anzug (grau, dunkelgrau oder Blautöne) sind die Schuhe idealerweise schwarz, haben keine zu dicke Sohle und glattes schwarzes Oberleder, das durch Pflege seinen Glanz bekommt. Wenn man alle Sportarten (und die zugehörigen Schuhe) beiseite lässt und nur von Straßen- und gemäßigtem Freizeitschuhwerk spricht, ist der Schuhschrank schwarz dominiert. Cognac, Rot- und Brauntöne – jeweils gekonnt patiniert – sind das Richtige für Tweed-, gemusterte Kammgarnanzüge oder -jacken im Tweedlook und zu sommerlichen Baumwollanzügen in Sand- und Khakitönen.

051.02 **SELTEN UNTER ZEHN** Da der Schuh optimalerweise täglich gewechselt werden sollte und ihm eine 48-stündige Pause gut tut, fängt ein vernünftiger Schuhschrank selten unter zehn Paar Schuhen an. Für die feine Abendgarderobe braucht man wenigstens einen glatten Schnürschuh mit einlagiger Sohle und anliegendem Sohlenrand – dieser Schuh muss nicht aus Lackleder sein, sondern kann hochglanzpoliert werden. Für Empfänge im dunklen Anzug oder nur im Straßenanzug, aber auch zum Cut (vgl. Kapitel *Der gepflegte Mann*, Rubrik *Einen Anzug tragen)* ist ein glatter Schnürschuh mit leichter oder zweisohliger Bodenausführung zu empfehlen – rahmengenäht und nicht zwiegenäht. Der Schnürschuh mit gerader glatter Kappe ist auch angemessen. Immer sollte man auf die Proportion der Gesamtausführung achten. Ein schwerer Mann sieht in dünnsohligen Schuhen seltsam aus. Modische Schuhe sind für einen Herren, dessen Charakter und Aufgabe von Verlässlichkeit und Geradlinigkeit geprägt sind, ein Tabu und werden von Dritten immer unterbewusst mit einer suchenden Persönlichkeit in Zusammenhang gebracht.

051.03 **DIE BASIS** Eine Grundausstattung sollte folgende Schuhe umfassen: 1 schwarzer, glatter Derby ohne aufgesetzte Kappen ....
1 schwarzer, glatter Derby oder Oxford mit gerader aufgesetzter Vorderkappe ....

1 schwarzer Brogue oder Halfbrogue ....

1 schwarzer, nicht zu sportlicher Loafer ....

1 brauner, cognac- oder oxbloodfarbener Fullbrogue ....

1 dunkelbrauner Brogue oder Chukka mit dezenter Gummisohle für die
Reise und für Sauwetter ....

Schwarzer, glatter Derby ohne aufgesetzte Kappen

Schwarzer, glatter Oxford mit gerader aufgesetzter Vorderkappe

Schwarzer Halfbrogue

Schwarzer, nicht zu sportlicher Loafer

Brauner, cognac- oder oxbloodfarbener Fullbrogue

Chukka Boot mit Gummisohle

051.04 ***LÄNGER LEBEN*** All diese Schuhe sollen aus gutem Oberleder und bestem Futterleder bestehen und mit dicken und festen, möglichst pflanzlich gegerbten Brandsohlen ausgestattet sein. Der Schuh übernimmt zusammen mit dem Strumpf (Wolle ist besser als Baumwolle, und es gibt auch sehr feine Wollkniestrümpfe für warmes Wetter) wichtige Klimaaufgaben für den Körper. Dass die Passform der Schuhe das Wohlfühlen und die Leistungsfähigkeit des Trägers besonders beeinflussen, wird oft vergessen.

Peter Eduard Meier, Urenkel des Königlich Bayerischen Hoflieferanten Eduard Meier, ist der Ansicht, dass jemand, der zeitlebens die richtigen Schuhe trägt, seine Lebenszeit gegenüber einem, der seine Fuße quält, um Jahre und Jahrzehnte verlängern kann. Laut Meier tragen 95 Prozent der Deutschen falsch passende, meist erheblich zu kurze Schuhe.

051.05 **BLASEN VERMEIDEN** Nun haben neue Schuhe den Nachteil, dass man sich Blasen in ihnen laufen kann. In einem Schuh von ordentlicher Qualität, der richtig angepasst wurde und in dem Sie Strümpfe aus Wolle tragen, kann normalerweise nicht viel passieren. Doppelsohlige Schuhe können allerdings, weil sie anfangs oft steif sind, die Ferse belasten. Meiers Geheimtipp: Die Schuhe kräftig mit einem Lederdehner (der eigentlich Eintragehilfe heißen müsste) innen und außen einsprühen und über Nacht in Plastiktüten verpacken und luftdicht verschließen. Wenn die Schuhe tags darauf frisch aus den Tüten kommen: sofort anziehen und ein paar Stunden an den Füßen lassen, ohne sich besondere Märsche zuzumuten. Danach die Schuhe eine Stunde stehen lassen und erst dann auf die passenden Spanner geben. Dabei sollte man darauf achten, dass die Spanner die Schuhe nicht dehnen oder sie zu stark strecken – man stellt sie eher locker als zu fest ein, denn der Schuh ist in feuchtem Zustand etwa fünf Prozent weiter als in trockenem.

DIE RICHTIGEN SCHUHE RICHTIG PFLEGEN — 052

Wenn man die nicht ganz einfache Schuhpflege auf das Wesentlichste reduzieren möchte, dann lautet das Schlüsselwort: Schuhspanner. Leisten geben einem Schuh bei der Herstellung die Form, und die Funktion des

Leistens übernimmt später der Schuhspanner. Direkt nach dem Tragen muss der Spanner in den Schuh. Der richtige Spanner ist schlanker als der Schuh, er überstreckt und überdehnt ihn nicht. Die richtige Länge ist erreicht, wenn sich der Spanner mit sanftem Druck schließen lässt. Ein Tipp ist, Schuhe, die nach dem Tragen 48 Stunden ruhen sollten, auf die Seite zu legen, nicht auf die Sohle. Dann erholt sich auch die Sohle. Der Sitz des Spanners wird durch seitliches Aufschlagen des Schuhs optimiert.

052.01 *ROSSHAAR, LAPPEN, NYLON* Zur weiteren Schuhpflege sind alle guten Cremes geeignet, sowohl eine Terpentinwachscreme als auch eine Emulsion. Cremen Sie den Schuh ein, lassen Sie die Creme einwirken, und polieren Sie den Schuh mit einer Bürste und einem Lappen. Schuhputzlappen werden erst richtig gut, wenn sie schon ein paar Mal gewaschen wurden. Als Bürste für die Endpolitur bietet sich bei einem Glattlederschuh eine Rosshaarbürste an, die mit einem Lappen überzogen wurde, der wiederum mit einem Nylonstrumpf überzogen wurde. Das Ganze kurz in Wasser tunken. Polieren. Fertig.

052.02 *RAUES LEDER* Achten Sie bei Raulederschuhen (Wildlederschuhen) allerdings darauf, dass die Creme nicht aufs Leder kommt, Raulederschuhe bedürfen einer Sonderbehandlung mit einer Bürste mit Messingborsten. Speckige Stellen erfordern nicht zwangsläufig ein Waschen des ganzen Schuhs, sie können auch mit einem Spezialradiergummi gereinigt werden. Er enthält Sand, der die Fasern aufraut, und Gummianteile, die das Abradieren übernehmen.

052.03 *SCHUHKILLER* Schlecht für die Schuhpflege sind Schwämme mit Schnellglanzpräparaten. Erstens solche, die mit Silikonöl getränkt sind, denn auf Dauer greift es das Leder an, das dadurch irgendwann stumpf wird. Zweitens solche, die eine Lackschicht auftragen. Denn die Lackschicht wird irgendwann brechen, und der Bruch zieht ins Leder ein. Schnellglanzpräparate sind nach Ansicht vieler Experten Schuhkiller.

Das Tragen von Jeans unterliegt weniger strengen Regeln als das Tragen eines Anzugs. Jeans strahlen Lässigkeit aus. Anfangs waren sie eine Arbeitermode – der Name stammt wohl von der Hafenstadt Genua, da italienische Seeleute aus Genua simpel geschnittene Arbeitshosen aus schwerem Baumwoll-Twill trugen. Heute sind Jeans gesellschaftsfähig. Sie werden sogar bei Opernbesuchen getragen, was allerdings nicht von allen Besuchern als angemessen empfunden wird. Darüberhinaus gilt: Jeans ist nicht gleich Jeans.

053.01 *CLASSIC* Wollen Sie eine Jeans im Büro tragen, greifen Sie eher zu einer klassischen Jeans. Classic ist der Sammelbegriff für jene Jeans, die in Schnitt, Farbgebung und Verzierung über die Jahre kaum verändert wurden. Farblich gängig ist die Denim-Jeans, eine klassische, dunkelblaue Hose. Der Begriff Denim weist auf die Herkunft dieses Stoffs aus der französischen Stadt Nîmes hin, die schon im 17. Jahrhundert ein Textilzentrum war: Der Stoff kam „de Nîmes" – aus Nîmes. Klassisch bei Jeans – allerdings wie Denim nicht nur bei Classic-Jeans üblich – ist auch das Five-pocket-System: Hinten zwei so genannte Patchpockets, vorne zwei im Eingriff halbrund geschnittene Taschen und in der rechten vorderen Hosentasche eine kleine Uhrentasche – macht fünf Taschen, die klassische Jeanszahl.

Classic-Jeans sind heute häufig gerade geschnitten. Sowohl der Boot-Cut – also Schlaghosenschnitt – als auch die Karottenform sind aus der Mode gekommen. Classic-Hosen sind, im Händlerjargon, clean. Sie haben also keine Verzierungen wie Abwetzungen, Fransen und aufgenähte Muster und keine besonderen Waschungen. Sie sind büro- und kirchgangs- und eventuell, je nach persönlichem Empfinden, sogar operntauglich. Classic-Jeans sind zudem höher geschnitten als viele modische Jeansmodelle, die häufiger etwas tiefer sitzen – so genannte Fashion-Jeans.

053.02 *FASHION* Fashion-Jeans haben besondere, zum Teil extravagante Waschungen, Färbungen und Verzierungen. Häufig sehen Fashion-Jeans gebraucht aus – im Jeans-Jargon: authentisch. Der Stoff wird, um authentisch zu wirken, schon während der Hosenproduktion so bearbeitet, dass die Hose bereits beim ersten Tragen den Eindruck von Gebrauchtheit macht.

Jedes Accessoire und jede optische Finesse kann mit jeder anderen kombiniert werden, etwa Stitching, destroyed Jeans, Nieten, ausgefranste Hosentaschen, Reißverschlüsse an den Taschen oder Vintagewaschungen.

Stitching sind Stickereien. Destroyed, also zerstört, ist eine Jeans, wenn sie bereits mit Rissen und Löchern gekauft wird. Es gibt immer wieder Menschen, die sich darüber wundern, warum man das tut. Fakt ist, dass Jeans eine eher anti-elitäre Aura haben, die heute, da die Jeans an sich kein zwangsläufig unkonventionelles Kleidungsstück ist, durch Risse und Löcher betont wird. Mit einer Jeans in die Oper zu gehen, hat keinen symbolischen Wert. Mit einer zerrissenen Jeans in die Oper zu gehen durchaus.

Vintagewaschungen sorgen dafür, dass eine Jeans gebraucht aussieht. Die Jeans werden nach Fertigstellung von den Herstellern zum Beispiel an bestimmten Stellen gefaltet, bevor sie gewaschen werden, so dass sich Hosenfalten, zum Beispiel am hinteren Kniebereich oder an der Hüfte, auch farblich abzeichnen. Denn an den gefalteten Stellen wird die Farbe nicht herausgewaschen. Die Falten heißen auch Buffys.

053.03 *LIFESTYLE* Bei Lifestyle-Jeans handelt es sich um die Modelle bestimmter Marken, die aufwendig handgefertigt sind und nicht aussehen wie Stangenware.

Die Bleichungen und Verzierungen, auch die Schnitte und weitere Details wie Nieten, sind dabei besonders ausgefallen und modisch. Ausgebleichte oder verzierte Jeans sind in mancher Nobeldiskothek gern gesehen und kein Grund, einen Gast abzuweisen, sondern eher ein Grund, ihn hereinzulassen, da er Modebewusstsein beweist.

Ältere Männer tragen Lifestyle-Jeans weniger häufig als jüngere, wobei Alter hier weniger als biologische denn als geistige Kategorie verstanden werden muss. Wenn Sie sich jung fühlen, können Sie durchaus auch Lifestyle- und Fashion-Jeans für sich entdecken. In einem sachlichen Beruf –

wenn Sie beispielsweise Verwaltungsaufgaben haben, in einer Bank oder bei einer Versicherung arbeiten – fallen Sie mit Lifestyle-Jeans jedoch auf.

053.04 *SOLIDARITÄT* Auch die Baggyhosen – als Sonderfall der Fashion- und Lifestyle-Jeans – sind nicht jedermann zu empfehlen. Es handelt sich um weite, sackartig wirkende Kleidungsstücke, die vor allem von Jugend-lichen getragen werden, die im Hip-Hop-Milieu verkehren. Sie entwickelten sich als Hosen der Hip-Hopper, die anfangs alle dunkelhäutig waren, bevor Hip-Hop von den Schwarzenvierteln der USA aus um die Welt ging. Mit den Baggyhosen sollte Solidarität mit afroamerikanischen Gefängnisinsassen ausgedrückt werden, die im Gefängnis keine Gürtel tragen dürfen – deren Hosen rutschen daher auch.

EIN HEMD BÜGELN 054

Ein Hemd zu bügeln ist viel einfacher, als Nichtbügler glauben. Man muss nur die Reihenfolge und ein paar winzige Regeln beachten, dann geht wirk-lich alles glatt. Die Profibügler unter den Männern sind Barmänner und Kellner in guten Restaurants oder Bars. Die meisten von ihnen bügeln tat-sächlich selbst. Da sie allabendlich ein frisches Hemd tragen, bedeutet das, dass sie nach 25 Berufsjahren rund 7500-mal ein Hemd gebügelt haben. Die meisten dieser Männer haben daher einen festen Plan.

054.01 *KRAGEN ZUERST* Beginnen Sie immer mit dem Kragen. Bügeln Sie zuerst die Rückseite des Kragens, dann die Vorderseite, die später umge-schlagen wird. Beide Male von der Spitze, also dem Kragenrand, zur Mitte hin bügeln, denn sonst wird der Kragen wellig. Die Kragenstäbchen soll-ten schon vor dem Waschen entfernt worden sein. Oft brechen sie in der Waschmaschine oder gehen beim Bügeln kaputt. Sollte das passiert sein, hilft der Kurzwarenhandel. Dort sind Ersatzstäbchen erhältlich – es gibt sie durchsichtig und in weiß.

054.02 _FALTE ODER LUFTIGE FORM_ Nun zu den Ärmeln. Sie werden der Länge nach auf dem Brett ausgelegt und vom Hemd zu den Manschetten hin erst mit der Hand glatt gestrichen und dann mit dem Eisen gebügelt. Ihre Naht verläuft unter dem Arm, von der Achselhöhle aus. Die obere Seite (ohne Naht) kann mit dem Bügeleisen geglättet werden. Das ist reine Geschmackssache. Einige sagen, diese Bügelfalte sei (ähnlich wie die Bügelfalte in einer Anzughose) so scharf zu ziehen, dass man sich daran schneiden müsste. Andere wieder verzichten auf das Bügeln einer Kante, um dem Ärmel eine luftige Form zu erlauben. Nach den Ärmeln werden die Manschetten geglättet, wiederum erst von innen, dann von außen. Wie beim Kragen gilt: Der Seite, die gesehen werden kann, muss mehr Sorgfalt gewidmet werden.

054.03 _BIS AN DEN ZWIRN_ Weiter geht es mit Brust und Rücken. Dabei wird zuerst die Brust, also die Vorderseite des Hemdes auf das Brett aufgezogen, und zwar mit dem Teil, der die Knopfleiste aufweist. Ein gutes Bügeleisen hat zwischen der eigentlichen Bügelfläche und dem Plastikkörper rundum einen Spalt, der es erlaubt, die Knöpfe so darin zu versenken, dass direkt bis an den Zwirn gebügelt werden kann, der die Knöpfe hält.

054.04 _VIER ETAPPEN_ Dann wird das Hemd weiter gezogen, so dass die erste Hälfte des Rückens auf dem Brett liegt. Ein ideales Bügelbrett – das sollte schon beim Kauf bedacht werden – ist genau so groß, dass das gesamte Hemd in vier Etappen geglättet werden kann: also Brust rechter Teil mit Knopfleiste, dann Rücken rechter Teil, Rücken linker Teil und Brust linker Teil mit Knopflöchern. Ist die Knopflochleiste fertig gebügelt, ist das Hemd fast fertig.

054.05 _KALT IN DEN SCHRANK_ Nur noch der Rückenteil zwischen den Schulterblättern wird gebügelt, der beim Glätten von Brust und Rücken zu kurz gekommen ist, weil er vom Eisen nicht erreicht werden konnte. Zum Schluss wird das Hemd auf einen Bügel – einen möglichst runden Holzbügel (die Blechbügel, die man aus der Reinigung kennt, zerbeulen die Form und sind vollkommen unbrauchbar) – aufgehängt und gelüftet. Noch ist es warm und darf auf keinen Fall sofort im Schrank verschwinden. Nur abgekühlt hält es die Glätte.

T-SHIRT FALTEN AUF JAPANISCH — 055

Sie können sich die Schuhe binden, Ihre Stocken ineinander stecken, Ihre Hemden zusammenlegen und wahrscheinlich sind Sie sogar in der Lage, Ihre T-Shirts so zu falten, dass diese einen einigermaßen ordentlichen und ansehnlichen Stapel im Schrank bilden. Dann ist es an der Zeit, einen erstaunlichen neuen Trick zu lernen; es handelt sich um eine Methode, mit der man T-Shirts schneller und akkurater falten kann, als Sie das möglicherweise gewöhnt sind. Zudem macht diese Methode einigen Eindruck. Sie stammt aus Japan, besteht aus sechs Schritten und sieht auf den ersten Blick fürchterlich kompliziert aus, ist aber, wenn man es einmal geschafft hat, verblüffend einfach:

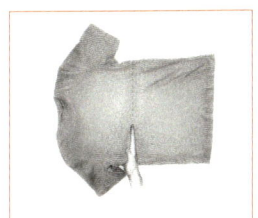 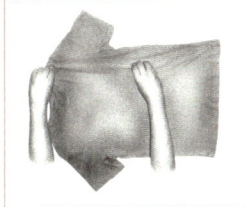 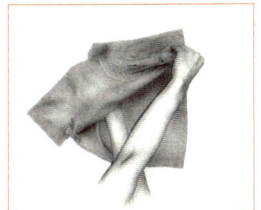

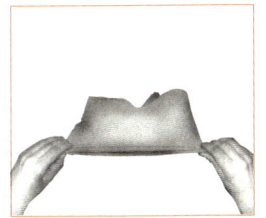 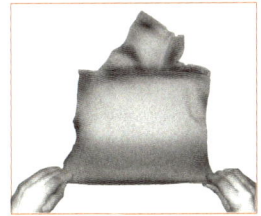 

Neigt ein Mann zu sehr geringer Körperbehaarung und hätte gern mehr, dann hat er Pech gehabt (es sei denn, er will sich mit der Lächerlichkeit eines Brusttoupets bekleiden). Andersherum ist es besser. Männer, die gern weniger oder keine Haare am Körper hätten, können ihre Haare entfernen oder entfernen lassen. Beliebt sind, bei manchen Männern, das haarfreie Bein, die haarfreie Achsel, der haarfreie Rücken, der haarfreie Genitalbereich und das haarfreie Gesicht. Auch die Ganzkörperenthaarung ist möglich. Einige Formen der Enthaarung überlässt man besser Fachleuten. Diese unterscheiden zwischen Depilation und Epilation.

056.01 **DEPILATION** Bei der Depilation handelt es sich um eine nicht dauerhafte Haarentfernung, sprich: Man benutzt Schere und Rasierer. Zur Depilation zählt auch der Einsatz chemischer Mittel, zum Beispiel basischer Enthaarungscremes. Die Creme wird auf die zu enthaarende Körperstelle aufgetragen, wo sie nach einiger Zeit dergestalt wirkt, dass das Haar sich auflöst. Der Vorteil der Creme gegenüber der Rasur liegt darin, dass ihre Wirkung etwas länger anhält. Bei der Rasur wird lediglich das äußere Haar entfernt, es wächst sofort nach. Die in einer Enthaarungscreme enthaltenen Substanzen dagegen brechen die Proteine eines Haars auf. Der außerhalb der Haut gelegene Teil des Haars wird aufgelöst, der sichtbare Haarwuchs setzt erst nach einigen Tagen wieder ein. Die Haarwurzel wird davon nicht berührt. Die Verträglichkeit solcher Cremes ist hautabhängig, es kann zu allergischen Reaktionen kommen. Eine weitere Depilationsmethode ist die Entfernung von Körperhaaren durch Wachs. Hierbei wird ein Gemisch aus Bienenwachs und Harz in Form von Wachsstreifen auf die zu enthaarende Stelle aufgetragen, angepresst und dann ruckartig abgerissen. Am Wachsstreifen kleben dann Haare mit ihren Wurzeln. Diese Prozedur entfernt Haare großflächig für vier bis sechs Wochen, doch sie ist schmerzhaft und fördert zudem den Haarwuchs unter der Haut. Im Genitalbereich sollte diese Methode wirklich nicht angewendet werden.

056.02 EPILATION Bei der Epilation handelt es sich um dauerhaftere oder gar dauerhafte Haarentfernung. Auch hier sind verschiedene Methoden zu unterscheiden, nämlich die Nadel- und die Laserepilation.

056.03 NADELEPILATION Die Nadelepilation funktioniert mittels einer elektrischen Nadel. Intim-, Nasen-, Ohren- und Achselbereich sind von dieser Behandlung in der Regel ausgenommen. Der Epilator versucht, mit der Nadel in den Haarfollikel zu stechen. Die Idee: Strom und Hitze führen dazu, dass das Haarprotein verkocht wird. Das Haar wird allerdings nur dann dauerhaft entfernt, wenn es sich im Moment der Bearbeitung mit der heißen Nadel in der Wachstumsphase befindet.

Prinzipiell sind mehrere Lebensphasen eines Haars zu unterscheiden: die Wachstumsphase, die Stillstandsphase, die Rückbildungsphase und der Haarausfall. Haare wachsen, hören auf zu wachsen, bilden sich zurück und fallen aus. Ein ewiges Wachsen und Ausfallen und Wiederwachsen und Wiederausfallen, das an mancher Körperregion (Schädel) früher oder später in einem Totalausfall enden kann, während man an anderen Stellen (Ohr, Nase) hormonell bedingt zunehmend mehr Haare hat, als einem lieb ist.

056.04 LASEREPILATION Bei der Laserbehandlung werden die Haare per Laserstrahl an der Wurzel entfernt. Der Schmerz, der dabei empfunden wird, entsteht durch die Hitze des Lasers. Da jedoch mit dem Laser auch ein Kühlspray geschossen wird, ist der Schmerz in der Regel verkraftbar. Die Technik hat Fortschritte gemacht, dennoch sind Laser bei weißen, grauen und blonden Haaren nicht sinnvoll einsetzbar.

056.05 EIN SCHÖNER RÜCKEN Drei bis fünf Prozent der Menschen, die gern weniger Haare hätten, können mit keiner der genannten Methoden zufriedengestellt werden, da ihre Haare weiterwachsen. In diesem Fall empfiehlt es sich, seine Vorlieben zu ändern, und wer je an den Stränden des Südens einen richtig behaarten Männerrücken sah, der weiß, dass das so schlimm gar nicht aussieht. Wenn man es sich ein bisschen schönredet.

DER MANN IN DER
GESELLSCHAFT

Eine gepflegte Konversation hat nichts mit einem guten Gespräch zu tun, sie ist nichts anderes als: Smalltalk. Und mit dem Smalltalk ist es so eine Sache, er kann einerseits eine furchtbare Zeitverschwendung sein, er kann andererseits eine kultivierte Form des Umgangs bedeuten. Manche Berufsberater vertreten die Ansicht, dass Menschen eine bessere Karriere hinlegen, wenn Sie sich mit dem Smalltalk leicht tun – er zählt im Jargon zu den so genannten *soft skills*. Smalltalk ist nicht direkt eine spannende Beschäftigung, geht es doch darum, gemeinsam plaudernd die Zeit vergehen zu lassen. Allerdings: Allzu schlimm muss der Smalltalk auch nicht sein. Fast jeder Mensch hat irgendwo eine interessante Geschichte versteckt, und stecken Sie in einem längeren Smalltalk mit einer fremden Person, können Sie versuchen, diese Geschichte zu finden. Manchmal ist die Suche allerdings vergeblich und Sie haben es mit dem zu tun, was man umgangssprachlich eine dröge Nuss nennen würde.

057.01 **KEINE SCHLEIMEREI** Im Geschäftsleben ist Smalltalk äußerst wichtig, und zwar sowohl innerhalb Ihrer eigenen Firma als auch mit Geschäftspartnern oder Kollegen aus anderen Firmen. So fies es sich für Sie, der Sie zur Schweigsamkeit neigen, anhören mag: Der Chef hat natürlich ein genaueres Bild im Kopf von dem Kollegen, der geschickten und entspannten Smalltalk betreibt, als von dem, der beharrlich nichts sagt außer: Guten Tag. Smalltalk muss dabei keine Schleimerei sein: einfach eine kleine Unterhaltung über dies und das, eine Geste, eine Freundlichkeit. Es gibt ein paar einfache Regeln, wie Sie solche Situationen bestens überstehen.

057.02 **NATÜRLICH DAS WETTER** Gesprächseröffnungen sollten sich stets auf etwas Offensichtliches beziehen. Wenn Sie jemanden auf einem Fest oder einer Abendveranstaltung kennen lernen, fragen Sie einfach, woher Ihr Gegenüber den Gastgeber kennt. Damit muss er ein wenig erzählen, und anschließend erzählen Sie, woher Sie den Gastgeber kennen. Auch in anderen

Situationen ergeben sich stets einfache Fragen. Wie war die Reise, wie sind Sie gekommen? Wie hat Ihnen der Vortrag gefallen? Und was natürlich immer geht, ist das Wetter. Sie mögen das für ein Klischee halten, aber über das Wetter zu reden kann eine wunderbare Form der Unterhaltung sein, ohne irgendetwas Substantielles zu sagen. Sie werden ihrem Gesprächspartner nicht zu nahe treten, und – ebenso wichtig – er ihnen auch nicht. Die Themenvielfalt ist dabei groß, weil man das Wetter mit dem des vergangenen Jahres vergleichen kann, zudem Vermutungen darüber anstellen kann, wie es Flora und Fauna mit dem Wetter geht und immer so weiter. Sie können dabei sogar ein wenig persönlich werden und von den Pflanzen in ihrem Garten oder auf Ihrem Balkon erzählen.

057.03 **ELEGANT ENTKOMMEN** Das Wichtigste ist, dass Sie gut zuhören. Stellen Sie hier und da eine interessierte Nachfrage. Wenn Ihr Gegenüber viel gesprochen hat, wird er das Gespräch später als angenehm empfinden. Und da Sie so interessiert waren, werden Sie in guter Erinnerung bleiben. Das ist nicht falsch zu verstehen: Sie sollen sich nicht verstellen und Interesse heucheln, obwohl Sie sich zu Tode langweilen. In diesem Fall sollten Sie versuchen, dem Gespräch elegant zu entkommen, indem Sie vielleicht jemanden entdecken, den Sie kennen, sich höflich entschuldigen, für das Gespräch bedanken und anmerken, Sie hätten mit der gerade entdeckten Person noch ein, zwei Dinge zu bereden. Vermeiden Sie plumpe Ausreden wie: Ich muss dringend auf die Toilette.

057.04 **DER EIGENE NAME** Versuchen Sie, Ihre Fragen offen zu formulieren. Also nicht: War Ihr Urlaub schön? Sondern: Was hat Ihnen im Urlaub besonders gefallen? Äußern Sie sich zu positiven Dingen, loben Sie dies und das. Die anderen, nicht so erfreulichen Dinge können Sie mit Ihren Freunden besprechen. Benutzen Sie überdies immer wieder mal den Namen Ihres Gegenübers; es ist stets aufs Neue erstaunlich, wie erfreut Menschen reagieren, wenn sie ihren eigenen Namen hören. Sie sehen: Smalltalk ist ein schmaler Grat; bleiben Sie immer höflich, werden Sie niemals unterwürfig.

057.05 **ABSURD UND HARMLOS** Themen, die unbedingt vermieden werden sollten, sind Religion, Krankheiten, Geld, Politik und persönliche Probleme. Lästern über Dritte verbietet sich ebenfalls, Sie haben dann schnell einen entsprechenden Ruf weg. Wie gesagt: Es geht nicht um die Substanz des Gesprächs, es geht um eine angenehme Atmosphäre. Haben Sie also keine Angst vor Banalitäten. Fast jeder Ratgeber wird Ihnen übrigens nahe legen, mit Humor vorsichtig zu sein. Aber wenn Sie Humor haben, werden Sie damit ohnehin nicht hinter dem Berg halten können. Und wenn Sie merken, dass Ihr feiner Witz Ihr Gegenüber irritiert, machen Sie das, was das Allerwichtigste ist im Smalltalk: Lächeln Sie. Wegen des Witzes, wegen der Situation und darüber, dass der Smalltalk zu den absurden und doch erfreulich harmlosen Formen des menschlichen Umgangs zählt.

058   EINE TISCHORDNUNG ERSTELLEN

Sobald Sie mehrere Personen zu einem privaten Abendessen einladen, die einander nicht kennen, kann es sich als sinnvoll erweisen, vorher eine Tischordnung zu gestalten. Sonst kann es ohne weiteres passieren, dass die, die einander kennen, sich bestens unterhalten, und der Rest der kleinen Gesellschaft den ganzen Abend über bemüht ist, ein Gespräch in Gang zu bringen. Das passiert einfach, niemand ist dabei bösen Willens; aber die meisten Menschen sprechen nun einmal zunächst mit denen, die sie bereits kennen. Die Tischordnung ist also kein Zwang, sondern ein Mittel, das es allen Beteiligten ermöglicht, einen interessanteren und schöneren Abend zu verleben. Und genau darum geht es ja bei der Einladung.

058.01 **CHARAKTER DER GÄSTE** Für Tischordnungen gibt es einige festgeschriebene, überlieferte Regeln – diese können Sie befolgen, aber Sie müssen das nicht tun. Es geht um einen gelungenen Abend, nicht um die strikte Konvention. Die alten Regeln können jedoch als Leitfaden dienen. Ihr Ziel ist es, den Tisch so zu ordnen, dass der Abend einen erfolgreichen

Verlauf nimmt, von anregender Konversation begleitet wird und auf diese Weise Ihnen und Ihren Gästen eine angenehme Erinnerung beschert. Dabei ist es nicht immer ratsam, streng nach Etikette zu handeln. Vielmehr ist es wichtig, sich erst über den Charakter der Gäste Gedanken zu machen und sie dann mit Geschick zu platzieren.

058.02 **NÄHER ZUR KÜCHE** Ein Beispiel: Sie laden gemeinsam mit ihrer Frau zu einem Abendessen ein. Geladen sind vier weitere Paare – sie werden also den Abend zu zehnt verbringen.

Grundsätzlich werden Frauen und Männer abwechselnd platziert – wobei der Hausherr an einem Kopfende Platz nimmt und die Dame des Hauses am anderen. Kümmert sich einer der beiden Gastgeber auch um die Küche, wählt er das Kopfende, das der Küche am nächsten liegt. Sprich: Haben Sie eine Leidenschaft fürs Kochen und kochen auch an diesem Abend, sind Sie immer noch Hausherr, sitzen aber trotzdem näher zur Küche.

058.03 **TRENNE NIE VERLIEBTE** Für die anderen gilt: Der links neben der Frau sitzende Mann – egal, ob er mit ihr bekannt ist oder nicht – nimmt die Rolle ihres Tischherrn ein. Er übernimmt in einem gewissen Maße die Verantwortung für ihr Wohlergehen – gerade zu Beginn des Abends. Er versucht, sie in ein nettes Gespräch zu verwickeln und rückt ihr, wenn sie sich setzen will, den Stuhl zurecht. Manche Regeln können Sie ignorieren; zum Beispiel die, dass Verlobte stets nebeneinander sitzen sollten, verheiratete Paare aber einander gegenüber sitzend platziert werden. Allein: Trennen Sie nie frisch verliebte Paare. Das führt im Verlauf des Abends erstaunlich oft zu Ärger.

058.04 **EINE KOMPOSITION** Wichtiger als alle Konvention ist also, dass die Gäste einander gut verstehen. Zurück zur Ausgangssituation: Sie haben vier weitere Paare eingeladen. Zwei Paare sind miteinander bekannt, zwei Paare sind zum ersten Mal bei Ihnen eingeladen und werden also heute, wenn man so will, in die Gesellschaft eingeführt. Platzieren Sie die Paare über Kreuz. Und achten Sie auch darauf, welche Frauen und welche Männer eher etwas lebhaft in der Konversation sind und wer eher etwas zurückhaltend agiert. Versuchen Sie, das beim Arrangement ihrer Tischordnung mit einzubeziehen und ordnen Sie auch hier abwechselnd. Es klingt kompliziert, ist aber im Grunde ganz logisch. Eine perfekte Tischordnung gleicht einer harmonischen Komposition.

058.05 ***BEIDSEITIG BESCHRIFTET*** Tischkärtchen können helfen und wirken – da sie doch etwas antiquiert sind – auch in informellen Runden äußerst charmant. Sie werden mit der Hand geschrieben und auf Vorder- und Rückseite mit dem Namen des Gastes beschriftet (so kann sie auch die Person gegenüber lesen). Die Tischkärtchen sind lediglich Gedankenstütze für den Gastgeber, der die Platzierung persönlich vornimmt. Es gilt als unschicklich, sich als Gast über den Tisch zu beugen und schon vor dem Essen nach seinem Kärtchen zu suchen. Schlicht verboten ist es einem Gast, Tischkärtchen auszutauschen, weil er anderswo lieber säße. Das zeugt von wenig Respekt dem Gastgeber gegenüber. Wenn es zu Tisch geht, gibt es eine einfache Regel. Zuerst nimmt die Dame des Hauses Platz, dann folgen die weiblichen Gäste und schließlich der Rest der Tischgesellschaft.

059 SERVIETTEN FALTEN

Servietten gibt es aus den unterschiedlichsten Materialien. Die günstigsten, die man aus der Imbissbude kennt, bestehen aus Zellstoff – andere gängige Arten sind aus Papier. Sie sollten sich allerdings für zu Hause auch ein Set edler Stoffservietten zulegen. Es gibt sie aus Baumwolle, aus einem Leinen-Baumwolle-Gemisch, manchmal auch aus Seide oder aus Kunstfaser.

059.01 ***IMMER AUF DEM SCHOSS*** Bevor die Serviette zum Bestandteil des gepflegt gedeckten Tisches wurde, war es üblich, sich die Hände an der Kleidung und an der Tischdecke abzuwischen. Erst seit dem 16. Jahrhundert soll die Serviette für saubere Hände und einen sauberen Mund sorgen – man benutzt sie, indem man tupft, und nicht, indem man wischt. Die Serviette liegt beim Essen auf dem Schoß. Alles andere gilt als unschicklich, zum Beispiel die Serviette mit einem Clip oder der Krawattennadel an der Krawatte zu befestigen oder gar, sie ins Hemd zu stecken. Optimalerweise falten Sie die Serviette einmal in der Mitte und legen Sie mit der offenen Seite zu sich hin auf den Schoß. Nach dem Essen gehört die Serviette locker gefaltet auf den Stuhl oder die Stuhllehne (dorthin sollten Sie sie auch legen, wenn Sie sich während des Essens einmal kurz vom Tisch entfernen müssen).

059.02 *GEBROCHENE MÜTZE* Wenn Sie zu sich nach Hause eingeladen haben, ist es eine nette Geste, die Servietten an den Plätzen zu falten. Es gibt zahlreiche Arten eine Serviette zu falten – man sagt im Jargon auch „zu brechen"; recht einfach zu lernen ist das Falten einer Bischofsmütze, die überdies ziemlich gut aussieht.

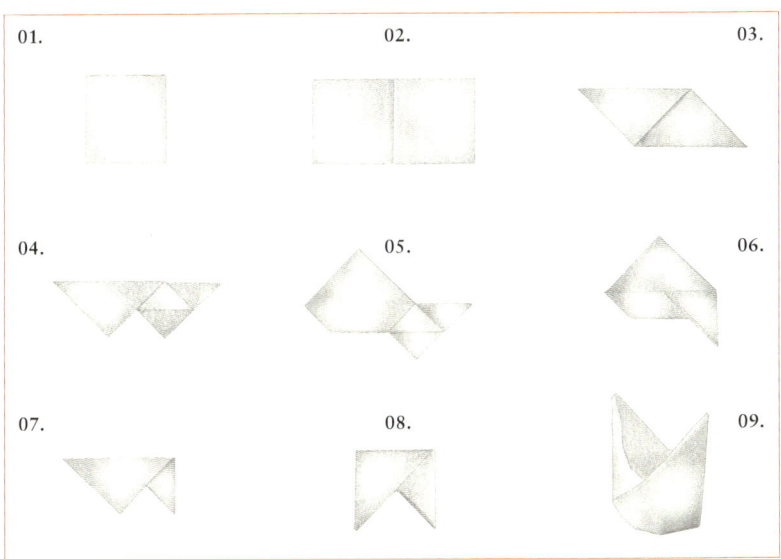

Das feine Restaurant zählte lange zu den Männerdomänen. Das zeigte sich unter anderem daran, dass es stets der Mann war, der den Wein kostete, daran, dass Damen eine Damenkarte gereicht wurde, auf der zwar die Speisen, aber keine Preise verzeichnet waren, und daran, dass der Mann auch für seine Begleitung das Menü bestellte. Die Umgangsformen in feinen Restaurants haben sich jedoch weiterentwickelt, und manches Verhalten, das früher zum guten Ton gehörte, ist heute deplatziert. Heute gilt: Wer einlädt, leitet den Abend – auch wenn es eine Frau ist.

060.01 *HOFIEREN ERLAUBT* Als Mann sollten Sie daher nicht den Fehler begehen, in ein altes Rollenbild zu fallen, sobald Sie ein Restaurant betreten. Sie sollten jedoch auch nicht den Fehler machen, alle Höflichkeiten einfach zu unterlassen. Aufgrund veränderter Geschlechterrollen sind manche Männer unsicher, ob sie eine Frau hofieren dürfen. Es gilt: Hofieren Sie sie, egal ob Sie sich gerade kennen gelernt haben oder ob Sie seit 30 Jahren verheiratet sind. Geht sie eine Treppe hinunter, so gehen Sie vor ihr. Geht sie eine Treppe hinauf, so gehen Sie hinter ihr. Nicht um eine bessere Perspektive auf ihr Gesäß zu haben, sondern damit Sie sie auffangen könnten, wenn sie fiele. Helfen Sie Ihrer weiblichen Begleitung in den Mantel und aus dem Mantel. Und lassen Sie die Dame zum Tisch vorgehen. Nach wie vor ist es angemessen, einer Dame den Stuhl zu halten, wenn sie sich setzt. Stehen Sie auf, wenn Sie aufsteht, und stehen Sie wieder auf, wenn sie an den Tisch zurückkommt. Frauen, die diese typisch männlichen Höflichkeiten nicht gutheißen, zum Beispiel weil sie mit Geschlechtsstereotypen in jeder Hinsicht brechen möchten, werden Sie darauf hinweisen, wenn es sie stört, hofiert zu werden.

060.02 *DER GASTGEBER BESTELLT* Nicht mehr zeitgemäß ist es, davon auszugehen, dass Sie als Mann in jeder Situation die Abendleitung übernehmen sollten. Speisen Sie mit Ihrer Frau oder einer alten Freundin, können

Sie nach wie vor – nach Absprache mit der Dame – die Bestellung der Speisen übernehmen. Sobald Sie die Speisekarte zugeklappt haben, weiß ein Ober, dass Sie gewählt haben. Er kommt dann zu Ihnen. Sagen Sie zum Beispiel: „Die Dame hätte gerne den Hummersalat und anschließend die Médaillons vom Kalbsfilet. Ich würde als Vorspeise die Langustinen wählen, danach die rosa gebratene Entenbrust." Eine Damenkarte ohne Preis, die durchaus etwas Diskriminierendes ausstrahlt, wird in den meisten feinen Restaurants heute nicht mehr gereicht. Es ist jedoch möglich, für seine Gäste um Karten ohne Preise zu bitten, dies sollte aber unabhängig vom Geschlecht der Gäste geschehen.

Wenn Sie eingeladen werden, egal ob von einer Frau oder einem Mann, so überlassen Sie der Gastgeberin oder dem Gastgeber die Pflicht und Ehre, das Menü zu bestellen.

060.03 **KOSTEN VOM WEIN** Die Weinverkostung wird in der Regel von Gastgeberin oder Gastgeber übernommen. Wenn Sie der Einladende sind, können Sie die Weinverkostung einen Gast übernehmen lassen, der von sich glaubt, viel von Wein zu verstehen, aber zunächst werden Sie selbst vom Ober gefragt werden. Lädt eine Frau ein, übernimmt sie auch die Weinverkostung. Frauen überlassen diese Aufgabe dann zwar häufig den Männern, indem sie sagen: „Lassen Sie den Herrn verkosten." Sie können das dann als Höflichkeit interpretieren, als Respektsbekundung vor Ihrer feinen Nase. Aber Sie könnten auch davon ausgehen, dass die Dame Ihnen gerade mitgeteilt hat: „Dieses eine Territorium lasse ich Ihnen noch." Sie können, wenn niemand am Tisch das Geringste über Wein weiß, auch den Sommelier bitten, den Wein zu kosten – es geht ja darum festzustellen, ob der Wein in einwandfreiem Zustand ist (vgl. Kapitel *Der Mann in der Gesellschaft*, Rubrik *Eine Weinflasche öffnen*).

060.04 **TELEFONIEREN UND KLAPPERN** Vom Geschlecht unabhängig sind weitere Umgangsformen, die Sie beachten sollten, wenn Sie in einem feinen Restaurant speisen. Häufig passiert der Fauxpas, dass Restaurantgäste während des Essens Zeitung lesen, SMS schreiben oder gar telefonieren. Mobiltelefone sind in Restaurants nicht verboten, aber grundsätzlich unerwünscht. Elegant ist es, nicht mit dem Besteck zu klappern und, vor allem, langsam zu essen.

060.05 *GLAS AM STIEL* Gehen Sie beim Besteck von außen nach innen vor. Nehmen Sie jeweils die äußerste Gabel und das äußerste Messer. Wird das Gedeck nach einem Gang abgeräumt und der nächste Gang serviert, so benutzen Sie das nächste äußere Besteck. Die Gläser sind folgendermaßen angeordnet: Außen rechts steht das Wasserglas, daneben das Weinglas, daneben das Rotweinglas.

Gläser haben deshalb einen Stiel, weil man sie daran anfassen kann. Fassen Sie ein Glas nicht an der Wölbung an, die Fingerabdrücke sind unschön, und das Glas sieht schnell verschmiert aus. Daher sollten Sie sich auch vor jedem Schluck den Mund an der Serviette abtupfen, um nicht einen Fettrand am Glas zu hinterlassen.

060.06 *AUF DEN STUHL* Die Serviette liegt auf Ihrem Schoß, und sobald Sie sie benutzt haben, nie mehr auf dem Tisch. Sollten Sie aufstehen, so legen Sie sie auf den Stuhl oder hängen sie über die Stuhllehne. In vielen feinen Restaurants wird Ihnen der Ober ohnehin eine neue Serviette bringen, sobald Sie zum Platz zurückkommen.

060.07 *DIE UNTERSCHRIFT DES KOCHS* Eine alte Umgangsform, die heute aber umstritten ist, lautet: Saugen Sie nicht die Sauce auf. Es ist tatsächlich unschön, mit Brot den Teller abzuwischen oder ihn gar abzuschlecken, doch sollten Sie bedenken, dass eine Sauce wie die Unterschrift eines Kochs ist. Sie sollten sie daher keineswegs liegen lassen. Sauce mit Fleisch oder Kartoffeln aufzusaugen ist möglich. Besonders elegant ist es jedoch, die Sauce separat zu genießen. Zu diesem Zweck liegt ein kleiner Saucenlöffel bereit, der sich durch eine nur sehr leichte Wölbung auszeichnet. Benutzen Sie diesen, um die Sauce zu genießen.

Trinkgeld zu geben ist seit Jahrhunderten Sitte. Im Deutschen trägt es seinen Namen, weil man es früher Bediensteten gab, denen man lediglich zutraute, den Obolus zu vertrinken. Der Begriff „Trinkgeld" ist bis heute erhalten geblieben, und es zu geben ist nahezu überall üblich. In Japan und China, wo die Annahme von Trinkgeld nicht üblich ist, wird es in Restaurants oft empört zurückgewiesen.

061.01 *IMMER IN BAR* Um Trinkgeld richtig und in angemessener Höhe zu geben, müssen Sie ein paar simple Regeln beachten. In Restaurants ist es üblich, zirka zehn Prozent auf den Rechnungsbetrag aufzuschlagen (in den USA 15 bis 20 Prozent). Entweder runden Sie den Betrag bereits beim Bezahlen auf, oder sie warten auf Ihr Rückgeld und hinterlassen einige Münzen auf dem Tisch oder in der Mappe / auf dem Teller, auf dem Ihre Rechnung serviert worden ist. Grundsätzlich empfehlenswert ist es, Trinkgeld immer in bar zu hinterlassen, auch wenn Sie Ihre Rechnung bargeldlos beglichen haben.

061.02 *GELD, WORTE, BLICK* Trinkgeld ist eine Ehrerbietung gegenüber dem Personal und sollte mit ein paar netten Worten und einem freundlichen Blick begleitet werden. Sollten Sie mit dem Service überhaupt nicht zufrieden sein, ist es besser, gar kein Trinkgeld zu geben als nur einige wenige Cent.

Wenn die Rechnung höher ausfällt und Ihre Gäste über die genaue Höhe nicht unterrichtet werden sollen, da es sich um eine Einladung Ihrerseits handelt, empfiehlt es sich, dem Kellner beim Aufrunden der Summe lediglich die Stellen nach dem Hunderter zu nennen, indem Sie zum Beispiel sagen „80 bitte!", oder besser noch: „Geben Sie mir 20 zurück, bitte?"

061.03 *WEIHNACHTSGELD* Auch für Trinkgelder, die nicht prozentual berechnet werden, gibt es einfache Regeln. Eine Hotelpage erhält mindestens einen Euro pro Gepäckstück, ein Zimmermädchen einen Euro pro Tag

Ihres Aufenthalts. Bei Toilettenfrauen oder -männern sind 30 Cent angemessen. Bei Zeitungsausträgern, Hausmeistern oder Postboten ist es üblich, ein Weihnachtstrinkgeld zu geben, gerne in Höhe von 10 bis 20 Euro.

061.04 *NICHTS FÜR DEN CHEF* Es gibt nur wenige Menschen im Dienstleistungsgewerbe, denen Sie eher kein Trinkgeld anbieten sollten. Es gilt zum Beispiel immer noch als unangebracht, die Chefin oder den Chef eines Betriebes, zum Beispiel den Inhaber eines Friseursalons, mit Trinkgeld zu bedenken. Auch Stewardessen und Stewards von Luftfahrtgesellschaften erhalten kein Trinkgeld (Ausnahme: Billig-Airlines, deren Angestellte Bordverkauf betreiben). Bei manchen gehobenen Airlines ist es für die Angestellten üblich, angebotenes Trinkgeld zur Vermeidung eines Disputs mit dem Fluggast anzunehmen, es aber nicht zu behalten, sondern einem wohltätigen Zweck zu spenden.

062 SICH VERSCHLUCKEN

Stellen Sie sich vor, Sie befinden sich in einem Restaurant, in dem Fisch serviert wird, auf einem Grillabend, bei dem marinierte Hähnchenschenkel gereicht werden, oder auf einem Familienfest, und soeben wurde Kernobst aufgetischt. Das alles klingt harmlos, kann aber dramatisch werden – wenn Gräte, Knochen oder Kern in einem Hals stecken bleiben. Sie haben nun zwei Möglichkeiten, zur Tat zur schreiten, wobei die zweite etwas drastisch ist: Sie können den Heimlich-Handgriff anwenden oder einen Luftröhrenschnitt setzen.

062.01 *DER HEIMLICH-HANDGRIFF* Die Methode, die in den siebziger Jahren von Henry Jay Heimlich, einem Arzt aus Delaware, erfunden wurde, ist heute umstritten. Man sagt ihr nach, sie könne zu Erbrechen und Verschluckung führen. Weitaus umstrittener ist Mr. Heimlich selbst, seit er in Südamerika und Afrika Experimente mit Aids- und Krebspatienten ausführte, denen er einen Malariaerreger spritzte, um sie so zu therapieren. Diese Versuche werden in seriösen medizinischen Kreisen als menschenverachtend und grausam empfunden.

Zum Handgriff: Sie können sich entweder hinter die vom Erstickungstod bedrohte Person stellen oder sie in die Seitenlage bringen und sich selbst dahinter legen. Sie umarmen die Person von hinten, legen eine Faust unterhalb des Brustbeinendes auf, umfassen diese mit der anderen Hand und üben einen ruckartigen, heftigen Druck in Richtung des Zwerchfells und des Herzens aus – also nach innen und oben. Wiederholen Sie dieses Manöver so lange, bis der Fremdkörper aus den Atemwegen des Patienten hinausgeschleudert werden kann.

Sollten Sie sich selbst in die entsprechende Notlage gebracht haben, können Sie das Manöver auch an sich selbst anwenden, indem sie gegen einen Tisch rennen, dessen Kante ungefähr ihre Bauchnabelhöhe hat und sich mit dem Oberkörper nach vorne auf den Tisch fallen lassen.

< Hilfsmittel:
eine Tischkante.

• • •

Hilfsmittel:
ein Kugelschreiber. >

062.02 **DER LUFTRÖHRENSCHNITT** In absoluten Notfällen bleibt Ihnen noch die Möglichkeit, dem Erstickenden die Atmung durch einen Schnitt unterhalb des Kehlkopfes wieder zu ermöglichen. Bringen Sie den Patienten dazu in Rückenlage und stützen Sie den Nacken mit einem zusammengerollten Pullover oder einer Tasche. Dort, wo der Schnitt erfolgen wird, sollten keine Haare mehr im Weg sein (wenn nötig und möglich rasieren). Desinfizierten Sie den Hals mit Alkohol. Schneiden Sie nun mit einem möglichst scharfen Messer von oben nach unten zirka drei Zentimeter, beginnend unter dem Kehlkopf. Durchtrennen Sie die Halsmuskulatur. Führen Sie einen weiteren senkrechten Schnitt durch einen Luftröhrenknorpel und spreizen Sie den Schnitt durch eine Drehung des Messers in die Waagerechte. Stecken Sie nun eine desinfizierte Kugelschreiberhülle in das Loch und warten Sie auf den Arzt.

063 EINE WEINFLASCHE ÖFFNEN

Wie ein Wein geöffnet wird, orientiert sich am Anlass. Je gehobener der Rahmen, desto andächtiger wird der Moment zelebriert. Ein bisschen Respekt vor dem Wein schadet nie – ob zu Hause oder im Restaurant. Man trägt den Wein eher vorsichtig zum Tisch, man schüttelt ihn nicht, selbst wenn das bei einem jungen Weißwein sinnlos erscheinen mag, hat er doch oft eine tagelange Reise in einem Lastwagen auf holpriger Straße verbracht.

063.01 *ÖFFNEN ZU HAUSE* Auch daheim lässt sich eine Flasche Wein am besten mit dem Kellnerbesteck öffnen. Ob es ein- oder zweistufig arbeitet, ist lediglich eine Frage der Bequemlichkeit – in zwei Stufen lässt sich der Korken leichter ziehen. Sie können sich den Rolls Royce unter den Kellnerbestecken zulegen – den „Forge de Laguiole Sommelier Korkenzieher" (ab 125 Euro) –, doch auch für deutlich weniger Geld gibt es anständige Kellnerbestecke.

Mit dem Kapselschneider entfernen Sie die Kapsel am besten so, dass der Schnitt unterhalb des Flaschenwulstes liegt. So wird verhindert, dass der Wein das Verschlussmaterial berührt und seinen Geschmack ändert.

Die Spirale des Bestecks wird so angesetzt, dass die erste Rundung am Rand der Öffnung liegt. Richtet man das Besteck auf, findet die Spirale automatisch die Mitte des Korkens. Achten Sie nach dem Öffnen, das langsam und nicht mit einem lauten Plopp vor sich gegangen sein sollte, darauf, dass keine Rückstände des Korkens am Flaschenrand bleiben – wischen Sie ihn zum Beispiel mit einem Tuch ab.

063.02 **AN DER LUFT** Wenn sie wollen, können Sie den geöffneten Wein nun dekantieren oder belüften. Dekantiert werden Rotweine, die in der Flasche ein Depot gebildet haben könnten, also Rückstände aus Schwebeteilchen auf dem Flaschenboden. Sie werden vorsichtig umgefüllt – am besten benutzen Sie zusätzlich das Licht einer Kerze, um das Depot in der Flasche zu sehen und dort zu halten. Belüftet – also aus der Flasche in eine Karaffe umgefüllt – wird vor allem junger Wein, der schnell Sauerstoff braucht.

063.03 **GLASWAHL** Geben Sie dem Wein etwas Zeit, bevor er ins Glas kommt. Bei der Wahl des Glases sind Sie nicht an strenge Regeln gebunden – nichts spricht gegen ihr Lieblingsglas, selbst wenn es stiellos sein sollte. Ein Weinglas hat zwar in der Regel einen Stiel, damit die Handwärme nicht die Temperatur des Weines verändern kann und keine Fettflecken auf das Glas geraten, aber im Grunde ist gegen Wein aus dem Becher nichts zu sagen. Selbst die Firma Riedel, die für beinahe jede Rebsorte ein eigenes Glas entworfen hat, bietet Weingläser ohne Stiel an. Hauptsache, es ist nicht weit nach oben geöffnet. Ein Tipp: Fast immer richtig liegen Sie mit dem Riesling- oder Chianti-Classico-Glas – außer bei schweren Weinen aus dem Bordeaux und dem Burgund.

063.04 **FEHLERSUCHE** Bevor Sie den ersten Schluck genießen, begeben Sie sich auf die Suche nach möglichen Weinfehlern. Es gibt mehrere Weinfehler, nicht nur den korkenden Wein. Allerdings ist es nicht einfach, zum Beispiel zu erkennen, ob ein Wein „Brett" hat (ein Fehlton, der durch Hefe ausgelöst wird) – auf Brett weist der Geschmack von Pferdeschweiß oder gar Kameldung hin, und wer weiß schon, wie das schmeckt. Bedenken Sie zudem, dass das, was Sie im Wein als Kork empfinden, auch ein anderer Fehler sein kann. Es kann tatsächlich auch ein Wein mit Schraubverschluss korken, selbst Mineralwasser kann korken. Es kann sich um einen chemischen Fehler handeln, der mit dem Korken als Verschlussmaterial nichts zu tun hat, und dennoch spricht man vom Korken. Auch irreführend: Manche Weine – wie der *Pinot Noir* – können direkt nach dem Öffnen fürchterlich müffeln, was aber nicht auf einen Fehler schließen lässt, weil sie den Geruch später verlieren.

063.05 *FRAGEN AN DEN WEIN* Wenn Sie wollen, können Sie die Prozedur wesentlich ausführlicher gestalten und den Wein einer ganz genauen Prüfung unterziehen. Das kann interessant sein, wenn Sie sich dazu entschieden haben, mehr über Wein zu erfahren und nun dazu übergehen wollen, ihre Sinne zu trainieren. Man nennt die Prozedur „dem Wein Fragen stellen". Dazu gehen Sie am besten in einer bestimmten Reihenfolge eine Checkliste durch:

Wie sieht der Wein aus? Beurteilen Sie seine Farbe nach Klarheit, Farbtiefe und Farbton. Lassen Sie sich nicht davon täuschen, dass es auch *geschminkte* Weine gibt, deren dunkle Farbe nichts über ihre innere Schönheit sagen muss. Mit trüben Weinen stimmt etwas nicht.

Der Geruch. Riechen Sie in das Glas hinein und bilden Sie durch ein Schnüffeln leichte Luftwirbel. Versuchen Sie, verschiedene Aromen zu erkennen und beurteilen Sie deren Intensität. Riecht der Wein floral, fruchtig, würzig, nach Kräutern, nach Gemüse oder mineralisch? Können Sie ein Entwicklungsstadium erkennen – ist er jung oder gereift? Schwenken Sie das Glas, um Sauerstoff zuzuführen, und nehmen Sie erneut eine Nase. Dann können Sie vielleicht auch die flüchtigen Stoffe entdecken.

Der Geschmack. Nehmen Sie nun einen kleinen Schluck. Bewegen Sie ihn im ganzen Mund, auch durch die Zähne und bis hinten zum Gaumen. Versuchen Sie, alle Geschmackszonen zu erreichen. Ziehen Sie etwas Luft zu. Wie ist die Säure des Weines? Mild oder aggressiv? Wie ist seine Süße? Trocken oder süß? Hat der Wein Tannin (Gerbstoffe)? Wenig oder viel? Wirkt das Tannin adstringierend – zieht es Ihnen also den Mund zusammen – oder eher sanft und weich? Wie ist der Alkohol? Leicht, mittel oder kraftvoll? Hat der Fassausbau eine Holznote hinterlassen?

Der letzte Eindruck. Atmen Sie noch einmal durch die Nase aus. Man nennt das „retronasales Nachprüfen". Bemerken Sie nun noch Aromen, die Ihnen vorher nicht aufgefallen sind?

063.06 **BLIK-TEST** Wenn Sie alle Fragen gestellt haben, sind Sie bereits auf dem Weg zu einem Urteil. Entscheidend für Ihr Urteil ist das Zusammenspiel aller Eindrücke. Man spricht vom *BLIK-Test*. B steht für die *Balance* aller Komponenten, *L* für die *Länge* der Eindrücke, *I* für die *Intensität* der Aromen und der Frucht und *K* für die Vielschichtigkeit aller *Komponenten*.

063.07 **ÖFFNEN IM RESTAURANT** In der gehobenen Gastronomie findet das Öffnen einer Weinflasche oft in feierlicherem Rahmen statt. Nach dem Öffnen der Flasche, die stets auf einem Extratisch serviert wird, beginnt der Sommelier, die Gläser zu avinieren, das heißt, er gibt einen kleinen Schluck Wein von Glas zu Glas und schwenkt ihn darin aus, um die Trinkgefäße „weingrün" zu machen – er entfernt etwaige andere Gerüche aus dem Glas, die von der Lagerung oder von Spülmittelresten stammen können.

Herrscht Unklarheit über die Frage, wer in der Runde den Wein probieren möchte, ist es durchaus angebracht, diese Aufgabe dem Sommelier zu überlassen. Erstens kann er den Wein unter Umständen besser beurteilen, zweitens verdient er oft so wenig, dass er sich immer wieder freut, einen guten Wein testen zu können.

Sollten Sie selbst probieren, wird der Sommelier Ihnen das Etikett der Flasche deutlich zeigen, damit Sie Ihre Bestellung und den Jahrgang nochmals überprüfen können.

Da der Sommelier nicht nur den Wein geöffnet, sondern ihn in der Regel auch ausgesucht hat, erweist sich ein „Vielen Dank für die Empfehlung" oder ein „Gut gewählt" als richtig, wenn Sie Ihrer Zufriedenheit Ausdruck geben möchten.

MIT STÄBCHEN ESSEN — 064

Mit Stäbchen zu essen ist bekanntlich in großen Teilen Asiens üblich. Wichtigster Bestandteil des Essbestecks sind sie in China, Japan, Korea und Vietnam. Auch in Thailand werden Stäbchen benutzt – dort allerdings nur, um die festen Nahrungsbestandteile einer Suppe – wie die Nudeln einer *Tom Kha Ghai* zum Beispiel – aufzunehmen. Alle anderen Speisen werden dort mit Gabel und Löffel gegessen.

In China isst man bereits seit rund 3000 bis 4000 Jahren mit Stäbchen. Im Rest der Welt aß man damals mit den Fingern. In Europa aß man noch lange, bis vor rund 300 bis 400 Jahren, mit Löffel und Fingern, ganz gleich, welchem Stand man angehörte. Das Essen mit Stäbchen hat zur Folge, dass in der chinesischen Küche die Speisen vorgeschnitten werden. Das Messer gilt in China als Werkzeug und gehört als solches in die Küche; es hat daher auf dem Tisch in der Regel nichts zu suchen. Entgegen der üblichen Annahme, dass man mit Stäbchen nur greift, werden sie übrigens auch zum Schaufeln benutzt.

064.01 *30 MUSKELN* Das Essen mit Stäbchen zählt zu den Kulturtechniken, die auch ein europäischer Mann beherrschen sollte. Es käme im italienischen Restaurant ja auch niemand auf die Idee, die Spaghetti erst mit Messer und Gabel zu zerschneiden, um sie dann mit dem Löffel zu essen. Die Handhabung der Stäbchen erfordert ein wenig Geschick und Koordinationsfähigkeit – immerhin werden mehr als 30 Muskeln in der Hand, im Unterarm und in der Schulter bewegt. Zudem ist mit Stäbchen zu essen nicht allein eine Form der Nahrungsaufnahme: Das Training mit den Stäbchen ist ausweislich verschiedener Quellen gut fürs Gehirn.

064.02 *ERBSE UND KARTOFFEL* Das erste Stäbchen liegt in der Kuhle zwischen Daumen und Zeigefinger einerseits und auf der Spitze des Ring- oder Mittelfingers andererseits. Es wird dort festgeklemmt und bewegt sich nicht. Das zweite Stäbchen wird zwischen die Daumenspitze und Zeigefinger gehalten. Nur dieses Stäbchen wird bewegt. Üben Sie das Zugreifen mit den Stäbchen zuerst an leichten und kleinen Gegenständen und schließlich an immer größeren und schwereren. Sie sollten nach einer Weile in der Lage sein, sowohl eine Erbse als auch Speisen von der Größe einer Kartoffel aufnehmen zu können.

Mehrwert: Falten Sie aus der Verpackung der Stäbchen eine Ente.

Ähnlich wie in Europa gilt es auch in Asien als selbstverständlich, bei Tisch einen Verhaltenskodex einzuhalten. So sollten Sie nach Beendigung Ihres Mahls die Stäbchen nicht in die Essschale legen, sondern entweder auf ein möglicherweise vorhandenes Stäbchen-Bänkchen oder, am besten, Sie platzieren sie exakt da, wo Sie sie vor dem Essen aufgenommen haben. Weiterhin gilt es als unhöflich, mit den Stäbchen auf eine andere Person zu deuten oder mit Ihnen zu spielen, indem man sie zum Beispiel als Trommelstöcke gebraucht. Wirklich nie sollten Sie Ihre Stäbchen in den Reis stecken. Das erinnert an ein Ritual bei Beerdigungen und bedeutet: Tod.

065   WEINKENNER WERDEN

Da es sich bei Wein um ein Kulturgetränk mit einer langen Geschichte handelt und Menschen, die sich mit Wein auskennen, stets Bewunderung erfahren, geben einige Männer ungern zu, dass sie im Grunde lieber Bier trinken. Und dass sie von Wein so viel verstehen wie von Atomphysik. In der Tat kann man nicht von heute auf morgen ein Weinkenner werden, aber mit ein wenig Geduld geht es durchaus, und nach kurzer Zeit weiß man bereits eine Menge (und mehr als die meisten).

065.01 **_WOHIN ES GEHEN KANN_** Beginnen Sie mit einem leichtverständlichen Wein, bevor Sie sich an die Meisterwerke wagen. Steigern Sie sich allmählich – lassen Sie sich dabei von einem Weinhändler beraten und schieben Sie nur hin und wieder einen schwerverständlichen Wein ein, einen so genannten „Benchmark-Wein", also einen, der die Grenzen des einfachen Geschmacks überschreitet. Nur um zu wissen, wohin es geschmacklich gehen kann.

Wein ist natürlich auch Geschmackssache. Geschmack kann zwar geschult werden oder gar geeicht – die Beurteilung von Wein ist aber relativ und immer eine subjektive Erfahrung. Sie sollten testen, was immer Ihnen ins Glas kommt. Man lernt durchs Probieren. Wichtig ist: Keine Flasche muss mehr als 30 Euro kosten. Ist Wein teurer, bezahlt man oft die Marketingkosten mit.

065.02 *SIEBEN TRAUBEN* Es gibt unzählige verschiedene Rebsorten – allein in Portugal werden zirka 300 verschiedene Trauben angebaut. Grundsätzlich reicht es jedoch vollkommen, wenn Sie sieben Trauben kennen. Diese sieben finden sich im Weinanbau auf der ganzen Welt und werden in den meisten Weinen verarbeitet.

Bei Weißweinen sollten sie mit *Chardonnay, Sauvignon blanc* und *Riesling* vertraut sein. Beim Roten sind es der *Cabernet Sauvignon,* der *Merlot,* der *Syrah* und der *Pinot Noir.*

Wenn Sie eines Tages mehr ins Detail gehen wollen, werden Sie sich noch mit *Malbec* (Argentinien), *Carmenere* (Chile), *Zinfandel* (Kalifornien) und den italienischen Rebsorten *Nebbiolo* (aus dem zum Beispiel der Barolo gemacht wird) und *Sangiovese* (Chianti, Vino Nobile und Brunello) vertraut machen. Aber das hat Zeit.

065.03 *DIE HOHE KUNST* Als besonders schwierig gilt es, Wein mit Speisen zu kombinieren. Es gibt dazu einige Grundregeln: Reichen Sie leichte Weine zu leichten Speisen und schwere Weine zu schweren Speisen. Achten Sie darauf, dass der Aufbau in der Wein-Reihenfolge stimmt: leichte, schlanke Weine vor schweren, vollen Weinen, weniger geschmacksintensive vor intensiven Weinen, trockene vor lieblichen und junge vor gereiften Weinen, kleine vor großen Jahrgängen. Und natürlich: weiße vor roten Weinen. Wenn Sie sich unsicher sind, fahren Sie mit Weinen, die gekühlt serviert werden (Weiß-, Rosé- und leichte Rotweine), besser. Diese passen zu den meisten Gerichten.

065.04 *KOMBINIEREN* Es gibt keine eindeutigen Vorgaben, was die Kombinationen von Wein und Speisen angeht. Grundsätzlich ist erlaubt, was gefällt. Sie haben einmal davon gehört, dass sie Weißwein zu Fisch und Rotwein zu Wild genießen sollten – und es gibt kein Gesetz, das ein Vorgehen in anderer Richtung unter Strafe stellt, sprich: Sie können lustvoll gegen diese Regeln verstoßen. Es gibt aber in der Kombination von Weinen und Speisen ein paar Harmonien und Dissonanzen, die Sie sich merken könnten.

065.05 *SÄURE UND SÄURE, SÄURE UND SÜSSE* Treffen Säure und Säure aufeinander, wird es bitter. Beispiel Salat: Saucen mit Essiganteilen haben es schwer mit säurebetonten Weißweinen. Auch Fisch- und Fleischspeisen, die mit Essig gewürzt sind, gehen nicht gut mit Wein zusammen. Ein Wein mit hohem Extraktgehalt, also Restzuckeranteil, harmoniert besser.

065.06 *SALZ UND SÄURE, SALZ UND SÜSSE* Stark gesalzene Speisen wie Matjes oder ein salziger Käse und säurebetonte Weine lassen sich nicht kombinieren. Auch hier gilt: Eher zum Wein mit hohem Restzucker greifen.

065.07 *SÜSSE UND SÄURE, SÜSSE UND SÜSSE* Harmoniert nicht. Vorsicht bei Speisen, die mit Zucker zubereitet werden. Auch einige Gemüse wie Karotten gehören dazu. Hier hilft auch kein süßerer Wein. Süße und Süße addiert sich unangenehm.

065.08 *BITTERSTOFFE UND SÄURE, BITTERSTOFFE UND SÜSSE* Saucen mit bitteren Geschmacksstoffen gehen genauso wenig mit einem säurebetonten Wein zusammen, wie etwas Saures, zum Beispiel ein Sauerbraten. Ist der Wein aber eher lieblich oder süß, passt er.

065.09 *GERBSTOFFE* Gerbstoffe, die vor allem in Barriqueweinen, also in im Holz ausgebauten Rotweinen, ausgeprägt vorkommen, sind besonders schwer mit Speisen zu kombinieren. Sie tun sich mit Säure, Salz, Süße und Bitterstoffen schwer und harmonieren lediglich mit von Röststoffen Geprägtem – also mit Gegrilltem oder Gebratenem.

065.10 *WEIN UND GESUNDHEIT* Wein hat zahlreiche positive Effekte auf die Gesundheit. Er mindert das Risiko für Herz- und Kreislauferkrankungen, Thrombose, Alzheimer, Krebs und Leukämie und neutralisiert den zu hohen Salzgehalt in vielen Speisen. Verantwortlich dafür sind:

Alkohol: erhöht den Anteil des so genannten „guten Cholesterins" und vermindert den des „schlechten Cholesterins" und somit das Risiko für Herzerkrankungen. Er hat einen entspannenden Effekt und einen sozialen Wert. *Flavonide:* sind speziell in Rotweinen vorhanden. Wirken als Antioxidans gegen den Alterungsprozess. *Resveratrol:* ebenfalls in Rotwein vorhanden. Ein Abwehrstoff, den auch Pflanzen bilden, wenn sie äußere Angriffe wie schlechtes Wetter, Insekten, Laubfraß und Pilzbefall abwehren müssen. Wirkt gegen Zellveränderung und somit gegen Krebs. *Potassium:* Gegenspieler von Natrium. Senkt Bluthochdruck.

065.11 **DIE RICHTIGE DOSIS** Über die richtige Menge an Wein pro Tag gibt es geringfügig unterschiedliche Ansichten, allgemein werden ein bis zwei Gläser empfohlen. Der Wein-Akademiker und Diplom-Sommelier Guido Walter hat uns das einleuchtende Rezept eines Wiener Chefarztes und Weinliebhabers überliefert, der so schlüssig wie getragen bemerkte: „Das Maß aller Dinge ist eine Bouteille."

AUSTERN ÖFFNEN — 066

Eine Auster ist recht speziell, denn sie wird nicht nur roh, sondern auch lebend verzehrt. Etwas zu essen, das noch lebt, mag ein wenig komisch klingen. Doch eine Auster zu verzehren, die nicht mehr lebt, ist regelrecht unkomisch – der Verzehr wird lebensgefährlich. Achten Sie also unbedingt darauf, dass die Schalen Ihrer Austern – in der Regel haben Sie sich für die Pazifische Felsenauster *(Crassostrea gigas)*, Fines de Claire, Nr. 3, Moyen oder Grand, entschieden – beim Kauf dicht verschlossen sind. Nur dann steckt noch Leben unter ihrer harten Schale.

Sollten Ihnen überraschend ein paar Austern in einem Restaurant serviert werden, das keinen besonders guten Eindruck auf Sie macht, hilft der

Zitronentest. Die geöffnete Auster wird mit ein wenig Zitronensaft beträufelt. Zieht sich nun der äußere Rand des Tieres, der so genannte Bart, etwas zusammen, lebt die Auster noch und alles ist in bester Ordnung.

066.01 **HANDSCHUH UND MESSER** Sie möchten ihre Austern aber heute gerne zu Hause servieren, Sie haben sie selbst ausgesucht und erworben und den passenden Wein gekühlt. Sie machen sich nun daran, sie selbst zu öffnen, und das ist nicht ganz ungefährlich. Sie sollten sich die notwendige Spezialausrüstung besorgt haben: einen Spezialhandschuh und ein Austernmesser. Die Auster wird zuerst mit der linken Hand fest auf einer stabilen Oberfläche fixiert. Der Schutzhandschuh oder zumindest ein dickes, mehrmals gewickeltes Handtuch hält die Schale fest. Die bauchige Schale zeigt nach unten, das Scharnier in Ihre Richtung. Das Scharnier befindet sich am spitz zulaufenden Ende der Auster. Ihre rechte Hand bohrt nun die Spitze des Austernmessers langsam und geduldig in das Scharnier.

066.02 **DEN SCHLIESSMUSKEL DURCHTRENNEN** Unmittelbar nach dem Durchdringen der etwas widerspenstigen Scharnier-Membran wird das Messer leicht gedreht. So können Sie das Scharnier brechen und die Teilung der Schalenhälften vorbereiten. Danach dringen Sie mit dem Messer tief in die Schale ein und bewegen sich mit der Klinge an der oberen Schalenhälfte in Richtung des Schließmuskels entlang. Der Schließmuskel befindet sich etwa in der Mitte der Auster auf ihrer rechten Seite und wird nun mit einem Ruck des Messers durchtrennt. Vorsicht: Das Austernfleisch sollte möglichst unbeschädigt bleiben. Die obere (flache) Austernschale kann nun entfernt werden.

066.03 **MEERWASSER MITTRINKEN** Das saftige, weiche Fleisch der Auster ist nun vermutlich in der unteren Schale noch mit Resten des Schließmuskels verbunden. Sie können das Fleisch der Auster schon jetzt mit dem Messer lösen und es dadurch völlig freilegen, oder Sie servieren die Auster, ohne das Fleisch zu lösen. Ihr Gast kann dann den Rest des Muskels mit einer

> *Eine Auster wird nicht*
> *nur roh, sondern*
> *auch lebend verzehrt.*
>
> • • •
>
> *Lebt die Auster nicht mehr,*
> *ist der Verzehr*
> *lebensgefährlich.*

kleinen Gabel entfernen. Wichtig ist, dass in der unteren Schale der Auster befindliches Meereswasser nicht einfach weggekippt wird. Beim Ausschlürfen der Auster wird es nämlich gerne mitgetrunken.

066.04 **DAZU EINEN WEIN** Austern haben nur einen äußerst geringen Nährwert. Deshalb sollten sie mit Schwarzbrot und Butter als Sättigungsbeilage serviert werden. Angerichtet werden sie auf zerstoßenem Eis und vielleicht ein bisschen Seetang. Dazu passen ein Muscadet, ein Chablis oder ein leichter Riesling.

Die Wirkung von Austern als Aphrodisiakum ist übrigens nicht nur umstritten, sie ist schlicht unbelegt.

EINEN HUMMER ZERLEGEN 067

Die Zeiten, in denen Hummer als Grundnahrungsmittel galt, sind lange vorbei: Sein Bestand hat sich in den vergangenen 100 Jahren um 99 Prozent verringert. Heute ist der Hummer eine seltene Delikatesse. Da Sie also ein Menge Geld beim Fischhändler lassen werden, empfiehlt es sich, bei der Auswahl des Tieres aufmerksam nach dem schönsten Exemplar – dem Hummer mit dem höchsten Fleischanteil – Ausschau zu halten. Es gibt zwei Methoden, die Qualität eines Hummers zu ermitteln. Die eine: Lassen Sie den lebhaftesten Hummer aus dem Bassin fischen. Wer kräftig ist, trägt viel Fleisch und musste nicht monatelang in Hummerkäfigen hungern. Die andere: Halten Sie den Hummer gegen das Licht. Wenn Sie ihn vorsichtig hin und her schwenken, lässt sich das Verhältnis von Fleisch und Wasser im Körper erkennen.

Achten Sie darauf, dass die Hummerscheren durch ein starkes Gummiband gesichert sind. Der Hummer könnte es als unangenehm empfinden, hin und her geschwenkt zu werden, und sich mit seinen Scheren zur Wehr setzen. Der Hummer wird lebend verkauft und erst kurz vor dem Verzehr getötet, da er Giftstoffe entwickelt, wenn er bereits kurz nach dem Fang getötet wird. Diese können zu schweren Lebensmittelvergiftungen führen.

Da Sie eine Menge Geld beim Fischhändler lassen werden, empfiehlt es sich, bei der Auswahl des Tieres aufmerksam nach dem schönsten Exemplar Ausschau zu halten.

067.01 **KOPF IN DIE BRÜHE** Die einzige in Deutschland erlaubte Tötungsmethode mutet zwar brutal an, ist aber äußerst wirksam: Der Hummer wird in kochendem Wasser getötet. Idealerweise erledigen Sie das in einer Salzwasser-Bouillon aus Karotten, Sellerie und Lauch oder in einem Sud aus Salzwasser, Zwiebeln, Kümmel, Basilikum und Pfeffer – so nimmt der Hummer umgehend Geschmack an.

Der Hummer wird mit dem Kopf nach unten in die kochende Brühe gesenkt und zunächst in dieser Position gehalten. Zählen Sie nun bis drei, dem Hummer steigt in dieser Zeit das Blut in den Kopf. Dann lassen Sie den Rest seines Körpers in den Topf gleiten. Fertig ist er, wenn seine ursprünglich blaugraue Farbe in ein schönes Rot gewechselt hat. Bei einem

Gewicht von etwa 500 Gramm dauert das zirka 15 bis 20 Minuten. Richtig schwere Exemplare benötigen eine Kochzeit bis zu einer halben Stunde. Serviert wird der Hummer warm oder gekühlt. Man trocknet ihn ab und bestreicht ihn mit Öl.

067.02 *HUMMERZANGE & HUMMERGABEL* Im Restaurant wird ein Hummer bereits tranchiert und geknackt serviert. Zu Hause bereiten Sie sich Ihren Hummer jedoch selbst zu – also sollten Sie imstande sein, ihn fachgerecht zu zerlegen. Die wichtigsten Werkzeuge bei der Zerlegung eines Hummers sind die Hummerzange und eine Hummergabel, deren zwei Zinken dazu dienen, das zarte Fleisch auch aus den tiefsten Ecken der Beine herauszuheben. Da der Hummer mit den Fingern gegessen wird, sollte eine Fingerschale mit Zitronenwasser bereitstehen.

067.03 *DAS ABDREHEN DER HUMMERSCHEREN* Sollten Sie Rechtshänder sein, halten sie den Hummer am Brustpanzer mit der linken Hand fest und trennen die Scheren mit der rechten Hand nacheinander mit drehenden Bewegungen vom Rumpf. Packen Sie die Scheren ganz dicht am Körper, dort befindet sich sozusagen ihre Sollbruchstelle. Ob Ihr Hummer übrigens auch Rechtshänder ist oder war, erkennen sie am Wuchs seiner Zangen. Liegt die größere Zange, die als Nahrungswerkzeug und zur Selbstverteidigung dient, auf seiner linken Seite, war er Linkshänder.

067.04 *DEN HUMMER ENTZWEIEN* Drücken Sie das Tier (der Kopf zeigt nach links) mit der Unterseite fest auf das Tranchierbrett und teilen es mit einem großen, scharfen und stabilen Messer längs durch – vom Kragen bis zum Schwanz. Die Klinge wird am Kragen – in der Vertiefung zwischen Kopf und Rumpf – angesetzt.

067.05 *DEN KOPF HALBIEREN* Drehen Sie den Hummer einmal um 180 Grad, bis der Kopf nach rechts weist. Stechen Sie erneut tief mit der Messerspitze in den Kopf und trennen Sie den Schädel vollständig in zwei Hälften.

067.06 *DIE HUMMERHÄLFTEN AUSHEBEN* Sie sollten jetzt – am besten mit einem Löffel – die Leber und eventuell den *Corail* (den Hummerrogen) entfernen. Leber und Corail sind übrigens äußerst schmackhaft und eignen sich bestens zur Verfeinerung von Soßen. Sie können jetzt auch bereits die Antennen und die Fühler entfernen. Sie tragen kein Fleisch und sind nur im Weg.

067.07 *MAGEN UND DARM ENTNEHMEN* Wenn der Hummer richtig geteilt wurde, liegt der Kanal, in dem sich der Darm befindet, jetzt offen. Der Darm ist ungenießbar und nicht besonders ansehnlich. Wie beim Entfernen der Gedärme anderer Schalentiere (Krebse oder Langusten) sollten Sie darauf achten, dass der Darm nicht reißt. Der Magen liegt hinter dem Kopf in einer Art Kissen und ist leicht zu erkennen.

067.08 *DAS FLEISCH AUS DEN BEINEN ENTNEHMEN* Die dünnen Beine vom Hummerkörper abdrehen, ähnlich wie vorher die Scheren. Führen Sie die Hummergabel tief ins Innere der Beine und schlagen Sie mit dem Messerrücken leicht auf die Schale. Vorsicht! Sie möchten das Fleisch nicht verletzen, und die Schale der Beine bricht relativ leicht. Fleischreste, die sich mit der Zange nicht entfernen lassen, können Sie aussaugen. Das ist ausdrücklich erlaubt.

067.09 *DIE SCHEREN TEILEN* Greifen Sie die Schere mit der linken Hand vorsichtig an der gebogenen Seite und biegen die kleinere, untere Scherenzange nach unten weg, bis sie sich löst. An der kleinen Scherenzange befindet sich noch eine Knorpelscheibe, die vorsichtig mit herausgezogen werden muss.

067.10 *DIE SCHEREN VOM ARM TRENNEN* Das ist einfach: Während Sie mit einer Hand die Schere fest umklammern, lösen Sie mit der anderen Hand das nächste Glied, also den Arm, am Gelenk durch eine Drehung von der Schere.

067.11 *DAS GELENK AUSEINANDERZIEHEN* Im Gelenk und in dem Glied, das Sie eben gelöst haben, befindet sich reichlich Fleisch. Ziehen Sie das Gelenk vorsichtig auseinander und lösen Sie dadurch das Fleisch.

067.12 *DIE SCHEREN ÖFFNEN* Die Schere ist der am stärksten gepanzerte Teil des Hummers und am schwierigsten zu öffnen. Erledigen Sie das mit der Hummerzange oder mit einem Trick: Legen Sie die Schere hochkant auf die Tranchierfläche und schlagen kräftig mit dem Messer auf das dicke Ende der Schere, so dass das Messer wie in einer Kerbe stecken bleibt.

067.13 *DAS FLEISCH AUS DER SCHERE ENTNEHMEN* Brechen Sie den eingekerbten Panzer der Schere weg und versuchen Sie, das Scherenfleisch mit einer Hand unter ständigem Hin- und Her-Bewegen herauszuziehen.

SPARGEL ESSEN — 068

Da beim Spargel immer erst die Spitze gegessen werden sollte, wird Spargel mit dem Kopf nach links liegend serviert. Er wird in der Regel mit Besteck zerkleinert, kann aber auch aus der Hand gegessen werden.

EINEN FLACHMANN BEI SICH TRAGEN — 069

Der Flachmann ist kein Campingutensil. Er ist vielmehr Teil der Grundausstattung eines Mannes und immer wieder einmal sein Begleiter auf Zugfahrten, im Flugzeug, auf Wanderungen, bei Sportveranstaltungen, im Taxi, in Kino und Theater und selbstverständlich in der Oper.

069.01 *SILBER ODER STAHL* Es gibt ihn in zahlreichen Ausstattungsvarianten, wobei darauf zu achten wäre, nicht das günstigste Modell zu wählen. Der Flachmann, der beim Kaffeehändler erworben werden kann, dessen

Sortiment hauptsächlich aus so genannten Non-Food-Artikeln besteht, muss zwar nicht undicht sein, er ist es aber dennoch manchmal. Nichts ist schlimmer, wenn der doch eher intime Prozess der Einnahme alkoholischer Kostbarkeiten durch den penetranten Geruch der feuchten Innentasche Ihres Sakkos gestört wird. Ein schöner Flachmann ist aus Silber oder poliertem Edelstahl gefertigt. Gerne wird er mit Stoff oder Leder eingefasst. Graviert ist er ein ideales Geschenk. Manchmal ist der Schraubverschluss durch einen Gelenkarm fest mit der Flasche verbunden, oft aber dient er auch als Trinkgefäß.

069.02 **WHISKY GEHT IMMER** Über die Befüllung Ihres Flachmanns entscheiden Ihr Geschmack, der Anlass und die Witterung. In kalten Wintern kann die sanft vor sich hin kalauernde Regel „Das schönste Jäckchen ist immer noch das Cognäc-chen" Anwendung finden, im Sommer kann ein Grappa aus dem Flachmann den Kaffee beim Picknick zum *Café Corretto* verzaubern. Whisky geht immer, Ardbeg ist eine sehr gute Wahl, wenn man es torfig mag. Mit Likören, Sherrys oder Ports werden Flachmänner eher selten befüllt – meist erwartet man doch eher stärkere Alkoholika in der Taschenflasche.

Zur Reinigung Ihres Flachmanns verwenden Sie eine handelsübliche Flaschenbürste aus Zinkdraht mit Nylon- oder Naturborsten oder – sollte die Flasche lange nicht in Gebrauch gewesen sein – eine sonst zur Gebissreinigung übliche, in lauwarmem Wasser gelöste Reinigungstablette.

Eine wirklich gute Zigarre zu empfehlen ist nicht leicht. Wie bei vielen anderen Dingen auch, entscheidet letztlich allein der persönliche Geschmack. Ob Sie einmal eine milde jamaikanische, eine stärkere aus Honduras oder eine vollmundige aus Nicaragua probieren, hängt von Ihren Vorlieben ab.

Nur soviel: Die kubanische Zigarre ist überschätzt. Das von den USA verhängte Handelsembargo hat dazu geführt, dass die Tabakbauern nicht mehr an die entsprechenden Düngemittel kommen und der Boden und die Pflanzen über die Jahrzehnte an Qualität verloren haben. Außerdem haben die besten kubanischen Zigarrenproduzenten schon lange das Land verlassen, um in anderen mittelamerikanischen Staaten, die gleiche klimatische Voraussetzungen bieten, ihre Manufakturen neu aufzubauen.

Bei der Auswahl der richtigen Zigarre sollten Sie lediglich auf den Zustand des Deckblatts achten. Wenn es ölig und unverletzt ist, wurde die Zigarre richtig gelagert. Je größer der Durchmesser einer Zigarre (wird als Ringmaß bezeichnet), desto kräftiger und voller ist ihr Geschmack. Je länger eine Zigarre ist, desto kühler schmeckt ihr Rauch.

BEZEICHNUNG	LÄNGE	RINGMASS
Campana	140 mm	52
Churchill	178 mm	47
Corona	142 mm	47
Double Corona	194 mm	49
Dalia	170 mm	43
Demi Tasse	100 mm	32
Laguito No. 1	192 mm	38
Laguito No. 2	152 mm	38
Laguito No. 3	115 mm	26
Lonsdale	165 mm	42
Minuto	110 mm	42
Panatela	124 mm	50

070.01 **ANSCHNITT** Von allen Methoden, eine Zigarre anzuschneiden, ist die Guillotine die sicherste und sauberste. Es gibt handliche Taschenguillotinen ab zirka 30 Euro im Fachhandel. Mit diesen kann kaum etwas schief gehen – achten Sie lediglich darauf, nicht zu viel abzuschneiden.

070.02 **ANZÜNDEN** Verwenden Sie entweder einen langen Holzspan oder ein Gasfeuerzeug – auf keinen Fall ein Benzinfeuerzeug oder Streichhölzer. Der Streichholzkopf und das Benzin zerstören Geschmack und Aroma einer Zigarre. Halten Sie das Ende der Zigarre in etwa zwei bis drei Zentimetern Abstand von der Flamme, drehen es dabei und warten, bis das Deckblatt eine dunkle Färbung annimmt. Jetzt können Sie vorsichtig beginnen, an der Zigarre zu ziehen, weiter daran drehend, bis die Glut einen gleichmäßigen orangeroten Ring bildet. Achten Sie darauf, nicht mit der Zigarre direkt in die Flamme zu gehen; bleiben Sie am äußeren Rand der Flamme.

070.03 **RAUCHEN** Eine Zigarre sollten Sie nur rauchen, wenn Sie wirklich die Zeit dazu haben. Der Genuss einer *Double Corona* kann gut 40 Minuten in Anspruch nehmen. Zigarren sind nichts für Hektiker und nervöse Menschen. Auch beim Entfernen der Asche brauchen Sie Geduld: Warten Sie, bis die Asche eine Länge erreicht hat, die Sie gerade noch halten können, erst dann wird sie abgerollt. Kräftiges Aschen zerstört die Struktur des Deckblatts und vermindert den Rauchgenuss – die Asche hilft außerdem, die Zigarre kühl zu halten. Eine *Churchill* sollten Sie rauchen, ohne öfter als viermal die Asche abzurollen. Ein häufig zu beobachtender Fehler ist auch das Ausdrücken einer Zigarre: Man lässt sie stets im Aschenbecher ausglimmen. Ohnehin sind Zigarrenraucher, die in der Öffentlichkeit – zum Beispiel in Bars – rauchen, meist Dilettanten. Eine Zigarre schmeckt am besten, wenn man allein ist oder in Gesellschaft eines guten Buches.

071

Im angelsächsischen Raum wird die Flatulenz (im Volksmund: das Furzen) unter Männern eher als lustig empfunden als hierzulande (Frauen lehnen sie dort ebenso ab wie hier). Das Standardwerk für Menschen, die Flatulenzen lustig finden, stammt allerdings nicht aus dem angelsächsischen Raum, sondern aus Frankreich: In Louis de Funes' Film *„Louis und seine außerirdischen Kohlköpfe"* (La soupe aux choux, 1981) verbringen zwei alte Bauern ihren Lebensabend damit, Rotwein zu trinken und selbstgemachte Kohlsuppe zu essen. Von der Suppe bekommen die beiden enorme Blähungen und lassen so laut Luft, dass es im Weltall zu hören ist und ein Außerirdischer vorbeikommt, um mal nach der Ursache der Geräusche zu sehen (er probiert dann von der Kohlsuppe, die ihm vorzüglich schmeckt). Für die beiden Bauern eröffnet sich durchs Furzen letztlich der Weg in eine bessere Welt, denn am Ende verlassen sie die Erde und fliegen mit dem Außerirdischen auf dessen Planeten. Für die meisten Männer eröffnet eine Flatulenz hingegen eher nicht den Weg in eine bessere Welt, sondern bedeutet Ärger, insbesondere mit Frauen. Dieser Ärger lässt sich relativ einfach vermeiden.

071.01 **SPUREN VON SCHWEFEL** Blähungen entstehen durch Gase, die sich während der Verdauung im Dickdarm bilden, und durch verschluckte Luft. Normalerweise sind diese Gase kein Problem, der Körper kommt gut damit zurecht, es entstehen keine Blähungen, mithin keine Flatulenzen. Problematisch wird es, wenn zu viel Gas vorhanden ist. Die meisten dieser Gase sind übrigens geruchsfrei, es sind Wasserstoff, Stickstoff, Kohlendioxid, Methan und Sauerstoff. Für den Gestank zeichnen Spuren von Schwefelgasen verantwortlich, die sich dazumischen.

071.02 **BERÜHMTE BOHNEN** Manche Speisen fördern die Bildung der Gase besonders; zu nennen wären vor allem natürlich der Kohl, zudem die Bohnen, die regelrecht berühmt dafür sind.

Des Weiteren: Vollkornbrot, Müsli, Feigen, Trauben, Bananen, Hülsenfrüchte, Linsen, Brokkoli, Nüsse, Zwiebeln, unreifes Obst, Rosinen, Schokolade und Zucker. Der übermäßige Verzehr von Kaffee, Alkohol und Nikotin trägt ebenfalls zu Flatulenzen bei.

071.03 *VIELE KLEINE MAHLZEITEN* Daraus ergibt sich logischerweise der erste Schritt: Wenn Sie Probleme mit Flatulenzen haben, meiden Sie diese Speisen. Weiterhin: Nehmen Sie mehrere kleine Mahlzeiten am Tag zu sich und nicht ein oder zwei große. Essen Sie langsam, kauen Sie gut, nehmen Sie sich Zeit und hören Sie auf, sobald Sie satt sind, auch wenn der Teller noch halb voll ist.

071.04 *PREISGEKRÖNTER RETTER* Hilft das nicht, können Sie weitere Maßnahmen ergreifen. Legen Sie sich nach dem Essen eine Wärmeflasche auf den Bauch. Gehen Sie anschließend ein wenig spazieren. Trinken Sie Tees mit Fenchel, Pfefferminze, Salbei oder Kümmel. Hilft das immer noch nicht, versuchen Sie die Einnahme von so genannten Entschäumerpräparaten, die die Gasblasen im Darm zerstören. 1991 wurde der Ig-Nobel-Preis (vgl. Kapitel *Der Mann in Bewegung*, Rubrik *Fusseln im Bauchnabel finden*) an Alan Kligerman vergeben; er wurde gepriesen als „Entwickler verdauuungsbezogener Erlösung, Retter im Falle von Ausdünstungen und Erfinder von Beano". Kligerman leistete Pionierarbeit mit Flüssigkeiten, die Blähungen vermeiden; dabei kam ein Produkt namens *Beano* heraus, das mit dem ersten Bissen des Essens eingenommen wird.

071.05 *UNAUSSPRECHLICHE FURCHT* Der Ig-Nobelpreis ist eine eher lustige Auszeichnung, und so wurde er 1998 erneut für eine Arbeit zum Thema Flatulenzen vergeben, diesmal an Mara Sidoli für ihren Bericht: „Furzen als Verteidigung gegen unaussprechliche Furcht". Der Bericht heißt wirklich so. Erinnert sei schließlich an eine alte Volksweisheit, die da lautet: Aus einem traurigen Arsch fährt kein fröhlicher Furz. Der Furz und der Arsch sind hier allerdings eher im übertragenen Sinne zu verstehen.

Das Gehirn reagiert besonders sensibel auf den Geruch von Feuer, weil Feuer Gefahr bedeuten kann.

Mit großer Sicherheit kennen Sie diese eher unangenehme Situation. Sie haben, wie man so wunderbar betulich sagt, in großer Ruhe Ihr Geschäft auf der Toilette abgewickelt und dabei die Zeitung durchgelesen. Das Unangenehme: Je nachdem, was Sie gegessen haben, stinkt die Toilette nun. Es hilft einer der einfachsten Tricks der Welt: Sie maskieren den Geruch, indem Sie ein Streichholz abbrennen. Man riecht dann tatsächlich nichts mehr von dem, was man auch nicht riechen will. Fragt sich allein, warum das tatsächlich funktioniert.

Selbstverständlich ist der Klogeruch nicht weg. Er wird schlicht überlagert. Das Gehirn nimmt verschiedene Gerüche unterschiedlich stark wahr. Das funktioniert auch, wenn man es nicht will; der Geruch einer frisch gebackenen Torte kann zum Beispiel vom Geruch einer frisch geschnittenen Zwiebel überlagert werden. Im Falle des Streichholzes ist es so, dass das Gehirn besonders sensibel auf den Geruch nach Feuer reagiert, weil Feuer Gefahr bedeuten kann. Sollte es nach dem Geschäft besonders unangenehm riechen, empfiehlt es sich, gleich zwei oder drei Streichhölzer abzubrennen. Das riecht zwar auch nicht wie ein Rosengarten, aber doch viel besser, als wenn man gar nichts tut.

Es ist möglich, dass Sie einmal in die Lage geraten, einen Kranz niederlegen zu müssen. Hohe Repräsentanten eines Staates tun dies bei unterschiedlichen Anlässen, zum Beispiel um eines geschichtlichen Ereignisses zu gedenken: des Volksaufstands am 17. Juni, des versuchten Attentats auf Adolf Hitler, der Opfer des Nationalsozialismus oder der Opfer eines terroristischen Anschlags. Sollten Sie nicht als hoher Repräsentant eines Staates arbeiten, so kommen Sie eher in Lage, einen Kranz niederlegen zu müssen, wenn Sie der Beerdigung eines Verwandten beiwohnen oder der eines Freundes, eines Berufskollegen oder eines Mitglieds des Vereins, zu dessen Vorstand Sie gehören.

073.01 *KRANZROHLING* Mit der Wichtigkeit des oder der Verstorbenen für Sie (und mit dem Budget eines Vereins) wächst die Größe des Kranzes. Kränze, die von Staatsrepräsentanten niedergelegt werden, haben häufig als Kranzrohling einen Durchmesser von 70 bis 80 Zentimetern, ohne Blumen. Blumen können den Kranzdurchmesser vergrößern. Übliche Beerdigungskränze sind ebenfalls 70 bis 80 Zentimeter groß. Ist der Kranz zu schwer, lassen Sie sich beim Tragen helfen.

073.02 *MIT BEIDEN HÄNDEN* Neben Blumen soll ein Kranz eine Trauerschleife tragen, auf der sowohl eine Beileids- oder Trauerbekundung sowie die Namen derer stehen, in deren Namen Sie den Kranz niederlegen. Auf den Kranzschleifen von Staatsrepräsentanten steht allerdings keine Trauerbekundung, sondern nur der Name des repräsentierten Amtes, etwa: *Der Bundespräsident, Die Bundeskanzlerin* oder *Der Bundesinnenminister*. Tragen Sie den Kranz mit beiden Händen so, dass Sie ihn nicht beschädigen, zum Beispiel indem Sie die Blumen mit Ihrem Körper plattdrücken. Je nach örtlichen Begebenheiten müssen Sie den Kranz flach vor den Sarg legen, an eine Stufe oder Mauer lehnen, ihn auf einen meist etwa 1,50 Meter hohen Kranzständer stellen oder ihn an einen Kranzhaken hängen. Falls Sie die örtlichen Begebenheiten nicht ohnehin kennen, sollten Sie diese vorher erkunden oder sich telefonisch informieren, zum Beispiel beim zuständigen Bestattungsunternehmen. Legen Sie den Kranz dann den Begebenheiten entsprechend nieder.

073.03 *SYMBOLISCHES ANFASSEN* Nach der Niederlegung folgt das Ausrichten der Schleife. Liegt der Kranz am Boden oder lehnt er an einer Stufe oder Mauer, so müssen Sie leicht in die Knie gehen. Um nicht schlampig oder desinteressiert zu wirken, richten Sie die Schleife mit beiden Händen aus; da die Schleife zwei Enden hat, gebietet das ohnehin auch die Logik. Das Anfassen der Schleife steht symbolisch für den Vorgang des Kranzniederlegens, die Ehrenbezeugung, um die es dabei geht, können Sie auch alleine damit erbringen. Sie können den Kranz daher auch von zwei Helfern niederlegen lassen und ihnen folgen, um dann Ihre Würdigung erst mit dem Ausrichten der Schleife zu beginnen. Bei Staatsrepräsentanten ist das üblich.

Das Anfassen der Schleife steht symbolisch für den Vorgang des Kranzniederlegens.

073.04 *ACHT SEKUNDEN GEDENKEN* Die Schleifenenden sollten Sie so ausrichten, dass danach die Schrift zu lesen ist. Falls Sie in die Knie gehen mussten, stellen Sie sich anschließend wieder aufrecht hin und treten Sie einen Schritt zurück. Kreuzen Sie die Hände entweder vor dem Bauch oder lassen Sie sie seitlich hängen. Verharren Sie in dieser Position für etwa acht bis zehn Sekunden, in denen Sie der oder des Verstorbenen gedenken oder zumindest so aussehen. Verneigen Sie sich anschließend leicht. Eine tiefe Verbeugung ist jedoch unüblich. Gehen Sie schließlich zwei bis drei Schritte rückwärts und drehen sich erst dann um, um den Ort verlassen.

DER MANN IN BEWEGUNG

Immer wieder erscheint es wie ein Wunder: Dieses fein gewebte Bällchen aus Fusseln, das sich im Bauchnabel des Mannes findet. Eben, vielleicht vor wenigen Stunden, hat man ein Bällchen entfernt, und nun ist da schon wieder ein neues. Wo kommt es her? Das Thema beschäftigt nicht nur Millionen einfache Männer in aller Welt, sondern auch die Wissenschaft.

074.01 *EINE ART PREISFRAGE* In der Kategorie „Interdisziplinäre Forschung" ging der in Anlehnung an den Nobelpreis so genannte Ig-Nobel-Preis 2002 an Karl Kruszelnicki von der Universität Sydney für seine umfassende Studie zu Fusseln im menschlichen Bauchnabel. Er hatte erforscht, wer wann wie viele Fussel welcher Farbe im Nabel hatte. (Dem Ig-Nobel-Preis liegt ein kleines Wortspiel zugrunde, denn ignoble kann als „unwürdig" übersetzt werden. Es ist ein satirischer Preis, verliehen von der Universität Harvard, den die Preisträger mittlerweile sehr gerne annehmen. Schön zu wissen: In der Kategorie Technik ging der Preis im Jahr 2001 zu gleichen Teilen erstens an John Keogh aus Hawthorn in Australien, dafür, dass er in diesem Jahr das Rad zum Patent angemeldet hatte, und zweitens an das australische Patentamt, dafür, dass es ihm das Patent tatsächlich ausstellte.)

074.02 *IN EINEM SATZ* Karl Kruszelnicki hat, grob zusammengefasst, erläutert, dass Kleidungsfasern, die sich bei Bewegung durch Reibung von der Kleidung lösen, an Körperhaaren entlang in den Nabel wandern, wo sie sich wegen der bestehenden muldenartigen Vertiefung, aus der sie, sind sie erst einmal hineingelangt, nur schwerlich wieder herausfinden, sammeln und zu einem Fussel zusammenschließen.

074.03 *ENGE KLEIDUNG* Bauchnabelfussel bilden sich wahrscheinlicher, wenn man männlich und behaart ist. 96 Prozent der Bauchnabelfusselproduzenten haben zudem einen konkaven Nabel. Eng anliegende Kleidung befördert zudem den Transport von Stoff in den Nabel, denn auch die direkte Reibung von Kleidung und Nabel sorgt für Fussel. Dies kann als ausschlaggebend dafür angesehen werden, dass drei Prozent der Probanden in Kruszelnickis Studie, die angaben, sie seien unbehaart oder sehr wenig behaart, ebenfalls Bauchnabelfussel aufwiesen.

074.04 **SCHNECKENSPUR** Etwa 80 Prozent der Menschen mit Fusseln sind mit einer Schneckenspur ausgestattet, also mit einer Haarverbindung zwischen Schambehaarung und Nabel. Darauf ist die aggressivere Fusselbildung bei Männern als bei Frauen zurückzuführen. Generell nämlich haben Frauen Schambehaarung, die wie eine umgedrehte Pyramide oder eine Karte von Tasmanien aussieht, mit einer scharfen Kante am oberen Ende. Männer dagegen haben häufiger Schambehaarung mit einem sich nach oben zuspitzenden Ausläufer, der in vielen Fällen bis zum Nabel reicht. Über diesen Ausläufer werden die Stoffteilchen nach oben transportiert. Ein dicht bewaldeter Bauch befördert also die Bauchnabelfusselbildung, ein fast unbehaarter erzeugt nicht genug Antriebskraft. 40 Prozent der Versuchsteilnehmer, die am Experiment „Haarfreier Highway" teilnahmen und sich die Schneckenspur abrasierten, verzeichneten in der Folge weniger Bauchnabelfussel.

074.05 **STATUR, HAUTFARBE, SCHMUCK** Der Hauttyp – trocken, normal, fettig – spielt eine untergeordnete Rolle für den Fusselerzeugungs- und -sammlungsvorgang. Die Körperstatur und, was man vielleicht als erwartbar bezeichnen kann, die Hautfarbe sind ebenfalls nicht ausschlaggebende Kriterien. Die Existenz von Nabelschmuck dagegen kann ebenso als relevante Größe erachtet werden wie die benutzte Waschmaschine. Ein Nabelpiercing verhindert die direkte Reibung zwischen Kleidung und Nabel, so dass die Stoffteile schwieriger in ihn hineingelangen können.

074.06 **HEIRAT AUF MELMAC** Die Fernsehfigur Alf – ein haariger Außerirdischer, der bei einer amerikanischen Familie lebt – hat einmal erzählt, dass die Eheschließung auf seinem Heimatplaneten Melmac durch den Austausch von Bauchfusseln vollzogen wird.

075

Das Sixpack heißt im Deutschen noch nicht allzu lange Sixpack. Es hieß zuvor: Waschbrettbauch. Es handelt sich dabei um einen flachen, harten Bauch, dessen *Musculus rectus abdominis* stark ausgeprägt ist und nur von wenig Fettgewebe verdeckt wird. Die Bauchmuskulatur ist mehrfach gewölbt, oft je dreifach links und rechts, wobei die horizontalen Unterteilungen durch Zwischensehnen entstehen. Dies ergibt eine sechsfache Wölbung, wobei auch eine mögliche zweifache oder achtfache Wölbung – je nach Körperveranlagung ist beides denkbar – vereinfachend Sixpack genannt wird.

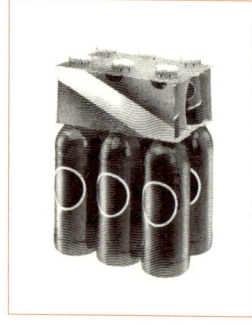

< Auch ein Sixpack

• • •

Auch ein Waschbrett >

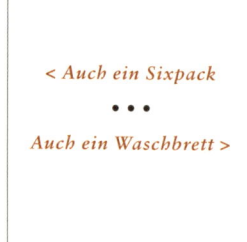

075.01 **DAS MASSNAHMENPAKET** Es gibt drei Maßnahmen, die zu befolgen sind, will man sich ein Sixpack alias Waschbrettbauch zulegen.

075.02 **DIE ERNÄHRUNG** Die erste lautet: ausgewogene Ernährung. Hierauf beruhen 70 Prozent des Sixpackerwerbs. Ausgewogene Ernährung geht so: Die Nahrungsbausteine Eiweiß, Fett und Kohlenhydrate sind dem Körper in etwa der gleichen Menge zuzuführen. Das mag erstaunlich klingen, steht Fett doch im gleichen Ansehen wie die Hexenverbrennung. Es ist aber notwendig, Fett zu sich zu nehmen, um Fett abzubauen. Es geht dabei um gute, also ungesättigte Fette, die zum Beispiel in kalt gepressten pflanzlichen Ölen oder Nüssen stecken.

Um die Fettressourcen angreifen zu können, ist zunächst der Kohlehydratspeicher des Körpers zu leeren. Einen wichtigen Beitrag hierzu leistet – auch das mag paradox klingen – die Zuführung von Kohlehydraten, wobei allerdings zwischen kurz- und langkettigen Kohlehydraten zu unterscheiden ist. Nudeln, Reis, auch Vollkornbrot sind dem Erwerb eines Sixpacks eher hinderlich, kohlehydrathaltiges rohes Gemüse dagegen dienlich. Gemüse ist sogar wichtiger als Obst, da Obst Fruchtzucker enthält.

Eiweiß nun, Bestandteil Nummer drei, ist, in den richtigen Mengen zu sich genommen, ein Schlankmacher. Eiweiß ist in Fisch, weißem Fleisch und tatsächlich sogar im Ei enthalten. Ein Gramm Eiweiß gibt dem Körper 4,2 Kalorien, verbraucht aber bei der Verstoffwechselung 5,3 Kalorien. Eiweiß ist ein Baustein der Muskelbildung, und Muskeln sind Motoren der Fettverbrennung. Eine gute Frühstücksmischung wäre etwa ein ganzes Ei und vier Eiweiß ohne Dotter.

Es ist festzuhalten, dass sowohl Fette als auch Kohlehydrate und Eiweiß in Glukose – Traubenzucker – umgewandelt werden. Entscheidend ist jedoch, dass der Blutzuckerspiegel durch die Nahrungsaufnahme nicht ins Unermessliche gesteigert wird, denn dann würde Insulin produziert. Insulin ist ein körpereigenes Hormon, das die Fettzellen aufsperrt, durch die der Traubenzucker dann ins Zellinnere und von dort aus ins Bindegewebe gelangen kann, dorthin also, wohin er partout nicht gehört. Selbst Eiweiß wäre also schädlich, wenn es den Blutzuckerspiegel steigern würde, was wiederum bedeutet, dass zu viel Nahrung, egal welcher Art stets schlechte Nahrung ist. Eine vorgegebene Kalorienrichtzahl gibt es jedoch nicht, da ein körperlich arbeitender Mensch mehr Kalorien zu sich nehmen muss als etwa ein sitzend arbeitender Mensch.

075.03 **DAS MUSKELTRAINING** Die zweite Maßnahme zum Sixpack-Erwerb lautet: Die Kontur des *Musculus rectus abdominis*, die, ist sie sichtbar, Sixpack genannt wird, tritt nicht durch Bauchmuskel-, sondern durch Ganzkörpertraining hervor. Komplexe Übungen sind also von Vorteil, denn bei komplexen Übungen werden mehr Muskeln eingesetzt. Der Beinstrecker, eine Übung an einem Fitnessgerät, an dem das Bein gestreckt wird, ist weniger komplex als eine Kniebeuge, bei der sowohl Unter- als auch Oberschenkel- und Gesäßmuskeln eingesetzt werden. Je mehr Muskelgruppen eingesetzt werden, desto höher ist gegenüber isolierten Übungen der Verbrennungseffekt.

Die Wichtigkeit der Bauchübungen wird völlig überschätzt. Sie sorgen zwar unter anderem für eine bessere Rückenhaltung, durch die wiederum Bauchmuskelgruppen stärker hervortreten, doch tun sie dies nur, wenn das auf ihnen lagernde Fett verbrannt wird. Dies wird am besten durch eine Kombination von Übungen erreicht. Hierzu gehören neben Kniebeugen das Bankdrücken, der Klimmzug, der Latissimuszug und die Schulterpresse.

075.04 **DAS KARDIOTRAINING** Die dritte Maßnahme für den Erwerb des Sixpacks ist: intensives, aber kurzweiliges Kardiotraining. Kardiotraining heißt, sich auf ein Laufband zu stellen und zu rennen, wahlweise auch das Rudergerät oder den Fahrradhometrainer zu bedienen. Das Kardiotraining kann die Fettverbrennung um bis zu 50 Prozent beschleunigen. Die Verbrennung von 600 bis 800 Kilokalorien pro Stunde ist so möglich, und wird das Kardiotraining intensiv, also bei hohem Puls ausgeführt, stellt sich zudem ein Nachbrenneffekt ein, der auch am Tag nach dem Training anhält und durch den weitere Kalorien verbraucht und nicht hinzugewonnen werden. Bei Lauftraining, das eine Dauer von etwa 45 Minuten übersteigt, werden allerdings – unabhängig von der Intensität des Trainings – eher Muskeln ab- als aufgebaut. Intensives, hochpulsiges Training ist daher als sinnvoller anzusehen als niederpulsiges langes Training.

Das Alter eines Trainierenden spielt dagegen keine entscheidende Rolle: Muskelaufbau wird zwar mit etwa 45 Jahren schwieriger, jedoch ist er nicht unmöglich, wenn er auch noch mehr Disziplin vor allem bei der Ernährung erfordert.

075.05 **ZU BEACHTEN** Das Training muss kontinuierlich gesteigert werden. Das bedeutet, wer sein Leben lang 30 Kilo stemmt, wird anfangs Muskeln aufbauen und sie später, steigert er das Gewicht nicht, wieder verlieren, da der Körper bereits an 30 Kilogramm gewöhnt ist. Also lautet die alles entscheidende Maßnahme: Disziplin.

075.06 **EIN PLAN FÜR EINEN TRAININGSTAG Morgens:** Nach dem Aufstehen: Ein Glas warmes Wasser, das regt den Stoffwechsel an. Danach ein Ganzkörperworkout von 10–20 Minuten. Führen Sie dem noch nüchternen Magen dann sofort ein Proteingetränk zu (alternativ: Sojamilch), denn Eiweiß regt die Produktion des Wachstumshormons (STH) an, das, da es die Anzahl der Muskelzellen vervielfacht, für die Ankurbelung des Stoffwechselprozesses unentbehrlich ist. Zirka 15–30 Minuten später sollte man Mineralstoffe und Vitamine mit niedrigem glykämischen Index zu sich nehmen (wie Apfel, Beeren- und Zitrusfrüchte). Um die Hungerattacke zu bremsen und die Verdauung über den Tag anzuregen, sollten möglichst verschiedene Vollkornprodukte mit hohem Ballaststoffanteil gegessen werden (z.B. Müsli aus Biogetreide, Leinsamen, Kleie, Gerste, Sonnenblumen- und Kürbiskernen, sowie Vollkornbrot aus Dinkel oder Sechskorn), dazu ungesüßter Kaffee, Tee oder frisch gepresste Obstsäfte.

Mittags: Das Mittagessen sollte vielseitig und ausgewogen sein. Achten Sie auf eine hohe biologische Wertigkeit der Nahrung (hoher Eiweißanteil, welches im Körper besser verwertet werden kann, zum Beispiel eine Kombination aus tierischem und pflanzlichem Eiweiß). Kombinationen wie Vollkornkohlehydrate (Naturreis, Nudeln, Grünkern), Hülsenfrüchte (Erbsen, Bohnen, Linsen) und mageres Geflügel- oder Rindfleisch sowie diverse Fisch- und Wildsorten liefern eine hohe biologische Wertigkeit. Dazu: frisches Gemüse. Beginnen Sie mit einem Salatmix, für die Sättigung. Nach Wunsch ein Dessert – Trockenobst, Bitterschokolade oder frischer Obstsalat.

Abends: Am Abend setzt die Regenerationsphase des Körpers ein. Aktivieren Sie die dafür zuständigen Hormone, insbesondere Melatonin (das Anti-Aging-Hormon), indem Sie sich nur hochwertige Nahrungsmittel einverleiben. Nach einem Workout sollten Sie nur noch ein hochwertiges Eiweißpulver mit Vitaminen und Mineralstoffen sowie L-Carnitin zu sich nehmen. Um den Insulinspiegel möglichst niedrig zu halten, ist die Zugabe von einem Schuss frisch gepresster Zitrone zu empfehlen. Dabei kann auf Milch verzichtet werden. Alternativ können magere Milchprodukte (Hüttenkäse, Magermilchjoghurt, Magerquark) kombiniert mit Gemüse ohne hohen glykämischen Index (Aubergine, Tomate, Artischocke, Zwiebel, Blumenkohl, Kohlrabi, Oliven) oder Meeresfrüchte gegessen werden.

Zwischendurch: Wenn es nicht anders geht, greifen Sie auf einen Proteinsnack zurück, zum Beispiel Thunfisch in Wasser, fettarmen Eiersalat, gebratenes Hühnchen, Trockenobst oder Nüsse in kleinen Mengen. Variieren Sie täglich. Trinken Sie je nach Körpergröße zwischen eineinhalb und drei Liter Flüssigkeit am Tag, aber keine zuckerhaltigen Getränke.

076 FECHTEN

Früher bereiteten sich Männer auf einen Ernstkampf mit scharfen Waffen vor, indem sie fochten. Beim Fechten lernte man zu treffen, ohne getroffen zu werden. Heute wird Fechten als Sport betrieben (außer Sportlern lernen es noch einige Schauspieler; früher lernten es viele Schauspieler, weil manchmal auf der Bühne und dann viel öfter im Film gefochten wurde). Unterschieden wird zwischen den Disziplinen mit dem Säbel, dem Degen und dem Florett. Es geht darum, den Gegner mit der Waffe zu treffen, je nach Disziplin auf verschiedenen Trefferflächen. Beim Florett ist die Trefferfläche – vom Hals zur Hüfte – kleiner als beim Degen. Und es sind nur Treffer mit der Waffenspitze erlaubt, anders als beim Säbelfechten, bei dem auch Treffer mit der Klingenseite erzielt werden können. Das Florettfechten gilt daher als die schwierigste Disziplin, weshalb Anfänger in vielen Vereinen mit dem Florett beginnen. Die Umstellung vom Florett auf die anderen Waffen ist leichter als umgekehrt.

076.01 *AUSRÜSTUNG* Bevor Sie zu fechten beginnen, müssen Sie die Ausrüstung anlegen. Jedes Ausrüstungsteil muss, um zugelassen zu werden, eine festgelegte Kraft zwischen 800 und 1600 Newton aushalten, um die Verletzungsgefahr zu minimieren. Zur Ausrüstung gehören die Fechtmaske mit Drahtgitter aus Stahl oder einem Plexiglasschutz, die Fechtjacke, eine Unterziehweste aus Kevlar, eine spezielle Hose, spezielle Schuhe und Strümpfe, ein gepolsterter Handschuh (der an der Fechthand getragen wird), ein Suspensorium und eine Elektroweste.

076.02 **KOORDINATION** Ein Gefecht findet auf der Planche statt, einer 14 Meter langen und zwei Meter breiten Bahn. Sie können sich also nicht, wie früher, im Kreis bewegen, sondern nur vor- und rückwärts. Sie stehen in Seitstellung auf der Planche, in einer Hand halten Sie die Waffe, den Rest des Körpers müssen Sie schützen. Dadurch ist Fechten heute, anders als zum Beispiel Tennis, eine arhythmische und asynchrone Sportart. Denn der Arm bewegt sich oft anders als das Bein. Während beim Tennis Arm- und Beinbewegung gleichförmig sind, muss der Waffenarm beim Fechten stets einen Vorsprung vor dem Bein haben. Denn beim Degenfechten ist das Bein eine Trefferfläche, an der Sie getroffen werden können. Beim Florettfechten ist ein vorgeschobenes Bein ebenfalls von Nachteil, da Sie mit dem Bein zwangsläufig auch die Hüfte nach vorne bewegen, die hier Trefferfläche ist. Sie brauchen daher eine gute Hand-Bein-Koordination.

076.03 **VARIANTEN** Fechterische Aktionen sind sehr variantenreich, so dass hier nur einige Standards beschrieben werden können. Wer angreift, tut dies meist mit einem Ausfallschritt oder einem Sturzangriff (Flèche), der schnellsten Form der Vorwärtsbewegung, die damit endet, seitlich am Gegner vorbeizulaufen. Beim Säbelfechten ist dieser Angriff allerdings nicht erlaubt. Wenn Sie angreifen, können Sie versuchen, die Klinge Ihres Gegners zu beseitigen und dann selbst zu treffen. Oder Sie täuschen einen Stoß an (man spricht von der Finte) und hoffen, dass sich Ihr Gegner zu einer unüberlegten Aktion verleiten lässt, die Sie ausnutzen können. Gute Fechter treffen mit ihrer Klingenspitze beim Zustoßen ein Zehn-Cent-Stück. Wenn Sie es schaffen, eine Lücke in die Defensive des Gegners zu schlagen, können Sie

Das Florett

Der Säbel

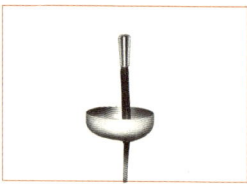

Der Degen

hineinstechen. Sind Sie in der Defensive, haben Sie die Möglichkeiten der Parade, also der Abwehr der gegnerischen Klinge mit der eigenen, oder des Zurückweichens. Sie können auch den Angriff des Gegners mit einer eigenen Aktion kontern.

076.04 **TREFFER** Was auch immer Sie jedoch anstellen: Es geht im Sportfechten nicht wirklich nur darum zu treffen, ohne getroffen zu werden, sondern darum zu treffen, bevor der Gegner Sie trifft. Sie erhalten einen Punkt für einen Treffer und haben Ihr Gefecht gewonnen, wenn Sie, je nach Ausscheidungsmodus, nach drei bis neun Minuten Kampfzeit mehr Punkte als Ihr Gegner haben oder vor ihm eine bestimmte Punktanzahl, je nach Modus von 5 bis 15, erreichen.

Da Fechten ein ungemein schneller Sport ist und Fechter im kurzen Moment des Ausfallschritts Geschwindigkeiten bis zu 80 km/h erreichen, ist mit bloßem Auge kaum zu erkennen, wer nun wem zuerst einen Treffer zugefügt hat. An der Rückseite der Elektroweste eines Fechters befindet sich daher ein Melder, der mit einer Kabeltrommel verbunden ist. Durch den Arm der Weste und des Fechtanzugs führt von dort ein Kabel, das den Melder mit der Waffe verbindet. Durch die Waffe führt ein dünner Draht bis in ihre Spitze. Trifft man mit der Spitze nun die Elektroweste des Gegners, wird der Stromkreis geschlossen, und eine Licht- und Tonanlage zeigt an, dass Sie einen Treffer erzielt haben. Welche Variante auch immer Sie also wählen: Es geht darum, dass am Ende Sie den Stromkreis schließen, bevor er auf Ihnen geschlossen wird.

Der Freistoß ist immer ein erstaunlicher Moment im Fußball. Normalerweise sind 22 Mann in Bewegung und orientieren sich auf dem Spielfeld, sie sind Teil des Angriffs oder Teil der Abwehr, sie sichern den Raum oder laufen in Position, sie treiben den Ball oder setzen eine Grätsche an. Jeder tut irgendetwas auf dem Spielfeld, und selbst die Torhüter stehen selten bewegungslos. Alles fließt in einem Fußballspiel, und dann gibt es einen Freistoß – und alles ruht. Plötzlich wird das ganze Spiel verdichtet auf diesen einen Schuss. Die verteidigende Mannschaft stellt eine Mauer aus Menschen vor das Tor, und in der angreifenden Mannschaft schaut alles auf einen Mann: den Schützen. Eine besondere Zuspitzung auf diesen einen Schuss gab es zum Ende der Bundesligasaison 2000/2001, als in der letzten Aktion des letzten Spieltages Patrick Andersson einen Freistoß für den FC Bayern ins Tor des Hamburger SV jagte und mit diesem Schuss die Meisterschaft zugunsten der Bayern entschied. Es ist also wirklich wichtig, dass in einer Fußballmannschaft jemand Freistöße schießen kann.

077.01 ***DIREKT UND INDIREKT*** Es gibt direkte und indirekte Freistöße. Beim indirekten Freistoß muss neben dem Schützen ein weiterer Spieler den Ball berührt haben, damit ein eventueller Treffer zählt – beim direkten ist das nicht nötig. Für beide Arten des Freistoßes gibt es Spezialisten. Zum indirekten Freistoß tritt fast immer der Spieler mit dem härtesten Schuss an. Zum direkten Freistoß tritt dagegen der Spieler mit dem meisten Gefühl im Fuß an. Einmal wirkt die Kraft, einmal wirkt die Kunst.

077.02 ***WIE DER BALL LIEGEN SOLLTE*** Der ehemalige Bundesligaprofi Mehmet Scholl zählte zu den Künstlern am Ball und war ein hervorragender Freistoßschütze. Er kann erklären, warum die Spieler sich den Ball so lange zurechtlegen: Man legt den Ball so, dass man das Ventil nicht mit dem Schuh trifft, da der Ball am Ventil nicht ganz rund ist; er könnte also eine andere Flugbahn nehmen als gewünscht, wenn er dort getroffen wird. Das Ventil sollte auch nicht auf dem Rasen liegen. Bei Scholl kam hinzu, dass er das Ventil auch nicht sehen wollte. Also legte er sich den Ball so hin, dass das Ventil grob in Richtung Tor zeigte. Auch der ehemalige Profi Mario Basler legte sich den Ball sehr aufwendig zurecht, bei ihm war das allerdings eher Aberglaube.

077.03 **DER ANLAUF** Schon Kinder lernen im Fußballtraining, das Standbein beim Schuss immer direkt neben den Ball zu platzieren, weil dann das Schussbein die größte Kraft auf den Ball wirken lassen kann. Das Problem: Der Ball wird zwar schnell, aber er fliegt meist nur geradeaus. Um einen Freistoß um eine Mauer herum oder über sie hinweg schießen zu können, muss man den Ball allerdings so treffen, dass man ihm einen Spin verpasst, ihn also um die eigene Achse rotieren lässt. Das geht besser, wenn man das Standbein nicht direkt neben den Ball stellt, sondern kurz davor. Man muss also darauf achten, dass der Anlauf kurz vor dem Ball endet.

077.04 **DER RICHTIGE DREH** Wichtig ist, wie der Ball getroffen wird. Er soll ja seine gerade Flugbahn verlassen und einen Bogen beschreiben. Das dahinter steckende Phänomen ist der Magnus-Effekt, 1852 entdeckt von Heinrich Gustav Magnus: Dieser Effekt bezeichnet ein Phänomen der Strömungsmechanik, nämlich die Querkraftwirkung auf eine rotierende Kugel. Entscheidend ist, wie weit außen und wie fest der Ball getreten wird. Wenn man den Ball rechts von der Mitte trifft, dreht er sich im Flug um sich selbst nach links. Der Luftdruck auf der rechten Seite erhöht sich, und folglich beschreibt der Ball eine Linkskurve. Dafür gilt es, ein Gefühl zu entwickeln.

077.05 **IMMER WIEDER ÜBEN** Im Training wird die Mauer durch eine Reihe von Plastikmännchen simuliert. Meist sind es fünf signalgelbe Figuren aus UV-beständigem, hitze- und kälteresistentem PVC, alle um die 1,80 Meter groß. Sie lassen sich mit Stahlnägeln im Boden fixieren und können in jeder erdenklichen Kombination gruppiert werden. Eines aber unterscheidet sie von echten Profis: Sie bleiben stehen, wohingegen Profis als Mauer

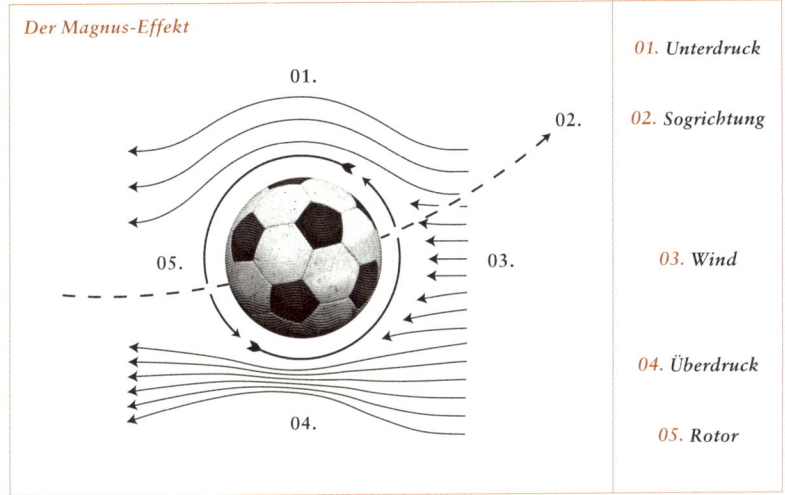

Der Magnus-Effekt

01.

02.

05.   03.

04.

01. Unterdruck

02. Sogrichtung

03. Wind

04. Überdruck

05. Rotor

in der Regel hochspringen. Mehmet Scholl hatte sich deshalb die Männchen auf dem Trainingsgelände des FC Bayern auf 2,20 Meter Höhe ausbauen lassen. So konnte er den Ball über eine angemessen hohe Mauer heben und die Flugkurve des Balls perfektionieren: Erst fliegt er hoch über die Mauer, dann senkt er sich ins Tor. Außerdem hatte Scholl die hohen Männchen meist für sich allein, weil kaum jemand mit den Riesen üben wollte: Die Erfolgserlebnisse waren zu selten.

077.06 **HÄSSLERS KURVE** Der beste Freistoßschütze, den es laut Scholl in der Bundesliga bisher gab, war Thomas Häßler, ehemals Nationalspieler und Profi unter anderem beim 1. FC Köln, dem AS Rom und 1860 München. Häßler, erzählt Scholl, schickte den Ball auf eine eigenartige Flugbahn: In dem Moment, da er über die Mauer hinwegflog, befand er sich in einer Höhe von bis zu vier Metern. Noch kurz vor dem Tor flog der Ball immer noch, wie es schien, deutlich zu hoch. Doch dann senkte er sich im letzten Moment und zischte, wenn alles gut ging, ins Netz. Wie Häßler das gemacht hat, weiß nicht einmal ein Künstler am Ball wie Scholl.

Zu Beginn steht die Wahl des richtigen Koffers. Sind Sie zu viel unterwegs, ist die Anschaffung eines Hartschalenkoffers angebracht (auch, wenn diese nicht immer schön sind), bevorzugt als Trolley, wobei unbedingt darauf zu achten ist, dass die Rollen leichtgängig, stabil und groß genug sind und dass der Griff Ihrer Körpergröße entsprechend weit genug herausgezogen werden kann und angenehm in der Hand liegt. Lederkoffer sind schöner, oft auch praktischer, da in ihren Außentaschen Zeitschriften und Unterlagen schnell griffbereit transportiert werden können – aber auch weniger stabil (bis ihr Koffer das Transportband im Ankunftsbereich des Flughafens erreicht hat, wird nicht gerade zimperlich mit ihm umgegangen). Zudem müssen Lederkoffer kühl und nicht zu trocken (also zum Beispiel im Keller) gelagert werden, da sonst das Leder leidet.

078.01 *DIE BASIS* Ganz nach unten in Ihren Koffer gehören der Kulturbeutel und die Schuhe. Damit sie ihre Form behalten (und um Platz zu sparen), sollten die Schuhe mit Strümpfen ausgestopft werden. Die Schuhspanner bleiben auf kurzen Reisen ausnahmsweise daheim, denn ein guter Holzspanner würde für zu viel Gewicht im Koffer sorgen.

078.02 *T-SHIRTS UND UNTERWÄSCHE* Knitterfreie Wäsche, also T-Shirts, Unterwäsche, Pyjama oder auch Pullover bedecken die Schuhe. Diese erste Schicht wird zum Abschluss mit einem großen, weichen Handtuch belegt, das als unterer Schutz für alle Kleidungsstücke dienen wird, die leicht verknittern – später kommt ein weiteres Handtuch obendrauf. Stellen Sie sich eine Muschel vor, in der die darin liegende Perle durch zwei äußere Schalen geschützt wird.

078.03 *SAKKOS UND HOSEN* Ihre wertvollsten und am wenigsten knitterfreien Kleidungsstücke werden nun auf das erste Handtuch gelegt. Um zu verhindern, dass beim Auspacken ein scharf gezeichneter Falz vom Falten zu sehen ist, gibt es einen Trick: Eine Hose zum Beispiel bleibt faltenfrei, wenn sie zunächst halb in den Koffer gelegt, dann mit einem Pullover bedeckt und schließlich in dem Koffer gefaltet wird.

078.04 **HEMDEN** Legen Sie nun Ihre gefalteten Hemden in den Koffer und achten Sie darauf, dass diese nicht verrutschen können. Sie sollten sie durch das Auffüllen der Zwischenräume mit kleinen Gegenständen (Socken, Büchern, etc.) stabilisieren.

078.05 **DER ABSCHLUSS** Ein weiteres Handtuch (oder ein Mantel) bildet die letzte Schicht. Achten Sie beim Schließen des Koffers darauf, dass nicht zu viel Kraft aufgewendet werden muss. Nicht nur Ihre Kleidung ist in Gefahr, sondern auch die Schlösser des Koffers. Ein überpackter Koffer ist genauso wenig sinnvoll wie ein zu leerer Koffer. Packen Sie bei Bedarf lieber noch einen zweiten Koffer oder eine leichte Sporttasche.

BUS FAHREN 079

079.01 **DER LINIENBUSFAHRER** In sehr jungen Jahren träumt mancher Mann davon, den Linienbus, der ihn zu Schule bringt, selber fahren zu können. In etwas späteren jungen Jahren verblasst dieser Traum, an seine Stelle tritt der Wunsch, stets einen Platz in der letzten Reihe des Busses zu ergattern. Doch sind nicht die frühesten Träume die schönsten? Das Leben als Linienbusfahrer ist kein schlechtes Leben.

079.02 **VOR DER FAHRT** Morgens begibt der Linienbusfahrer sich, so er Frühdienst hat, zum Betriebshof des Verkehrsunternehmens, das ihn beschäftigt. Dort holt er in der Verwaltung seinen Fahrplan für den Tag und erfährt die Nummer des zu fahrenden Fahrzeugs. Der Linienbusfahrer, der nicht zum Frühdienst eingeteilt ist, geht zu einer im Dienstplan festgelegten Haltestelle, an der er die Linienbusführung vom Vorgänger übernimmt.

DIE VORBEREITUNG DER FAHRT Da heutzutage Automatikfahrzeuge eingesetzt werden, gestaltet sich die Fahrt auch für den Autofahrer als machbar. Zunächst ist der Motor zu starten, was mittels Drehens des Zündschlüssels im Zündschloss geschieht. Das Fahrzeug übernimmt dann eigenständig eine Überprüfung des Druckluftaufbaus, der für die Bremsen und zur Türöffnung notwendig ist, des Ölstands, aller Lichtanlagen und des Kühlflüssigkeitsstands. Der Linienbusfahrer nennt dies einen Selbstcheck. Die Türöffnungsvorrichtung sollte zum Selbstcheck zusätzlich bedient werden, der Knopf hierfür befindet sich am Armaturenbrett etwas rechts vom Lenkrad. Auch die Fragen „Ist der Feuerlöscher noch da?" und „Wo ist der Unterlegkeil?", der bei einem Ausfall der Bremsen benötigt würde, müssen nach wie vor selbst beantwortet werden, der Bus tut dies nicht.

079.04 **DIE FAHRT** Der Bus fährt sich fast wie ein Auto. Allerdings gibt es einige Tücken, auf die zu achten ist. Die eine Tücke sind Kurven. Während ein LKW- oder Autofahrer über der Vorderachse sitzt, also direkt an der Bewegungsachse, sitzt der Busfahrer etwa einen Meter vor der Achse. Es ist daher notwendig, in einer Kurve weit auszuholen, also in eine Kreuzung weiter hineinzufahren, bevor man an ihr abbiegen kann. Das erfordert Übung. Des Weiteren muss der Busfahrer für mindestens zwei bis drei Autos vor ihm mitdenken, also sehr vorausschauend fahren. Eine Vollbremsung könnte zu Verletzungen der Fahrgäste führen, da diese oft stehen und nicht sitzen. Es gilt, solche Bremsungen zu verhindern.

079.05 **WÄHREND DER FAHRT** In manchen Städten muss der Linienbusfahrer den Ticketverkauf übernehmen. Er benutzt hierzu eine manuell bedienbare Ticketverkaufsanlage; er sollte die Ticketpreise gelernt haben, damit er nicht bei jedem Fahrgast nachschlagen muss. In einigen Städten soll der Linienbusfahrer zudem die nächste Haltestelle durchsagen. Da er das oft vergisst, gibt es mittlerweile in vielen Städten das Ibis – das Integrierte Bord-Informationssystem. Dieses aktiviert der Fahrer vor Beginn der Fahrt durch die Eingabe einer Kennzahl in eine Apparatur, die sich am

Armaturenbrett befindet. Die Kennzahl besteht aus der Nummer der Linie und der Kursnummer. Das Ibis weiß dann stets, wo sich ein Bus gerade befindet, und eine freundliche Frauenstimme von Band informiert die Fahrgäste über die nächste Haltestelle, ohne dass der Linienbusfahrer noch einen Finger rühren muss.

079.06 *LINIENBUSFAHRER WERDEN* Wie gesagt: Das Leben als Linienbusfahrer ist kein schlechtes Leben, und der Weg dahin ist gar nicht mal weit. Es gibt verschiedene Möglichkeiten: Man bewirbt sich bei Verkehrsunternehmen, um bei ihnen den Busführerschein zu erwerben, oder man erwirbt den Busführerschein in einer Fahrschule und bewirbt sich anschließend bei Verkehrsunternehmen. Bevor man einen Busführerschein besitzen darf, muss man allerdings das 21. Lebensjahr vollendet haben. Auch Frauen können problemlos Linienbusfahrer werden, die Statistik lehrt allerdings, dass das Steuern eines Linienbusses noch eine Männerdomäne ist.

EINEN FORMEL-1-WAGEN LENKEN — 080

Dass die Formel 1 eine komplexe Angelegenheit ist, die mit normalem Autofahren nichts gemein hat, lässt sich am besten mit einem Blick auf das Lenkrad sehen. Es ist übersät mit Knöpfen, die wirken, als habe sie jemand mit leichter Hand verstreut wie Streusel über einen Kuchen. Unvorstellbar, dass ein Rennfahrer diese Vielzahl an Knöpfen bedienen kann, wenn er zugleich seinen Wagen immer am Limit über einen Kurs steuern muss. Es dauert rund 100 Stunden, so ein Lenkrad herzustellen. Entsprechend hoch ist der Preis: Zwischen 20 000 und 25 000 Euro kostet ein Formel-1-Lenkrad, also so viel wie ein Mittelklassewagen für die Familie.

PLATTE MIT GRIFFEN Noch Anfang der neunziger Jahre waren Formel-1-Lenkräder ein eher simples, rundes Bauteil. Ihre einzige Besonderheit bestand darin, dass man sie abnehmen konnte. Dann setzte eine rasante technische Entwicklung ein, die das Lenkrad zu einem futuristischen Objekt machte. Wie man am hier abgebildeten Lenkrad eines BMW Saubers von 2006 unschwer erkennt, lenkt der Pilot den Wagen mittels einer Art Multifunktionsplatte, an der rechts und links je ein Griff angebracht wurde. Die Teams halten für jeden Fahrer mehrere Lenkräder bereit; meist gibt es einen Ingenieur, der sich um nichts anderes kümmert als um die Lenkräder.

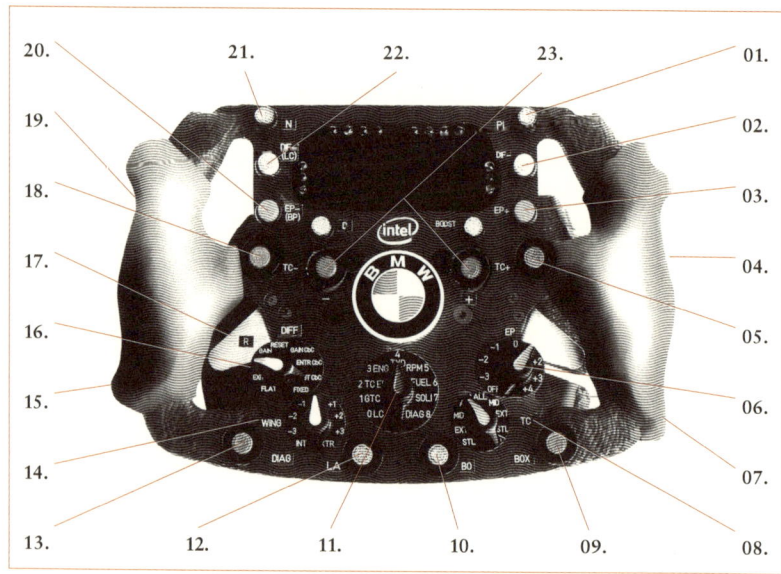

01. *Geschwindigkeitsbegrenzer für Boxengasse* 02. *Einstellung Sperrdifferential positiv* 03. *Einstellung Motorbremse positiv* 04. *Hochschalten* 05. *Einstellung Traktionskontrolle positiv* 06. *Motoreinstellung* 07. *Kupplungshebel* 08. *Kennfeld Traktionskontrolle* 09. *Team Info Inlap* 10. *Burn Out* 11. *Multifunktionsschalter* 12. *Gemischeinstellung* 13. *Diagnose* 14. *Info an Team: Frontflügeleinstellung soll erhöht/reduziert werden* 15. *Kupplungshebel* 16. *Kennlinie Sperrdifferential* 17. *Fahrerfunk* 18. *Einstellung Traktionshilfe negativ* 19. *Runterschalten* 20. *Einstellung Motorbremse negativ* 21. *Leerlauf* 22. *Einstellung Sperrdifferential negativ* 23. *Einstellung Anzeige*

Einen LKW zu fahren, ist nicht so wahnsinnig kompliziert, wenn Sie auch Auto fahren können, denn Sie müssen bei den wenigsten Modellen noch Zwischengas beim Schalten geben, da die meisten LKWs mit halbautomatischen Sechsganggetrieben ausgestattet sind. Zum Gasgeben treten Sie auf das eine Pedal, zum Bremsen auf das andere. Es gibt allerdings viele besondere, auch potentiell gefährliche Situationen, mit denen umzugehen Sie lernen müssen, wenn Sie ein professioneller LKW-Fahrer sein wollen. Zudem gibt es eine Reihe von rechtlichen Bestimmungen, die zu beachten sind.

081.01 *FAHRERLAUBNIS* Sie benötigen die Fahrerlaubnis der Klasse CE. Mit dem Führerschein der Klasse C dürfen Sie Fahrzeuge von mehr als 3,5 Tonnen Masse fahren, die Klasse E ist die Erlaubnis für das Fahren mit Anhängern von mehr als 750 Kilo. Den Führerschein erwerben Sie, nachdem Sie eine umfangreiche theoretische Prüfung sowie eine 75-minütige Prüfungsfahrt erfolgreich hinter sich gebracht haben. Und Sie müssen nachweisen, dass Sie selbst den LKW technisch überprüfen können, falls dies notwendig werden sollte.

081.02 *PAUSENREGELUNG* Innerhalb von 4,5 Stunden müssen Sie 45 Minuten pausieren. Sie dürfen erst nach 5,25 Stunden die Fahrt wieder aufnehmen. Sie können die Pause nach 4,5 Stunden am Stück nehmen, können sie aber auch in zwei Rasten von einer Viertel- und einer halben Stunde teilen.

Als LKW-Fahrer sind Sie ein gläserner Mensch, Sie werden kontrolliert. Das passiert, um zu verhindern, dass Sie übermüdet unterwegs sind oder das Fahrzeug überladen ist. So sollen Unfälle verhindert werden. Sie müssen daher vor jeder Fahrt Ihre Fahrerkarte in den Fahrtenschreiber einstecken. Auf der Karte ist für die jeweils letzten 365 Tage unter anderem verzeichnet, welche Fahrten Sie unternommen und wann Sie Pausen eingelegt haben – und wie lang diese waren. Wenn eine Verkehrsstreife Sie aufhält, wird in der Regel auch der Fahrtenschreiber kontrolliert.

FEHLER VERMEIDEN Ein Unfall mit einem LKW kann drastische Folgen haben. Neuere Modelle sind technisch so aufgerüstet, dass Sie als Fahrer gewarnt werden, wenn Sie Ihre Fahrspur unbeabsichtigt verlassen oder zu nahe auf Ihren Vordermann auffahren. Spurkontrollsysteme geben akustische Warnsignale, wenn die Fahrbahnmarkierungen überfahren werden, ohne den Blinker zu setzen. Eine Videokamera hinter der Windschutzscheibe beobachtet dabei den Fahrspurverlauf. LKWs mit einer Masse von mehr als zwölf Tonnen sind mit einem Geschwindigkeitsbegrenzer ausgestattet. Sie können damit nie schneller als 85 km/h fahren. Und ab einer Masse von neun Tonnen braucht ein LKW eine Dauerbremse. Normale Bremsen können bei längerem Betrieb überhitzen und damit zu Bremsversagen führen, die Dauerbremse ermöglicht länger dauerndes Bremsen. Doch selbst wenn die Sicherheitssysteme immer intelligenter werden und die Vorschriften größtmögliche Sicherheit gewährleisten sollen: Fehler zu verhindern bleibt immer noch Aufgabe des Menschen.

081.04 **KURVEN, ABSTAND, TOTER WINKEL** Sie müssen bedenken, dass ein LKW deutlich länger, breiter, höher und schwerer ist als ein PKW; beladen kann er, je nach Modell, 40 Tonnen wiegen. Daraus ergeben sich einige Notwendigkeiten. Zum einen ist die Kurvengeschwindigkeit von LKWs geringer als die von PKWs. In Kurven müssen Sie besonders langsam fahren.

Der Anhalteweg unterscheidet sich übrigens kaum von dem eines PKW, da ein LKW zwar eine größere Masse hat und dadurch eigentlich länger brauchen müsste, um anzuhalten, wegen der Masse bringt er aber auch mehr Reibung auf die Straße, was die Bremsung verstärkt. Dennoch müssen Sie als LKW-Fahrer besonders vorsichtig sein, da ein Auffahrunfall mit einem LKW noch häufiger schlimm endet als mit einem PKW.

Darüber hinaus ist zu beachten, dass Sie aufgrund der Konstruktion des Fahrzeugs einen bestimmten seitlich liegenden Bereich trotz mehrerer Rückspiegel nicht sehen können. Dieser Bereich liegt im toten Winkel. So kann es zum Beispiel sein, dass Sie einen Fahrradfahrer übersehen, der auf einem Radweg rechts der Fahrbahn fährt, wenn Sie rechts abbiegen. In einem LKW sind Sie auf der Straße der Größte, was auch bedeutet, dass Sie die größte Verantwortung tragen.

Sie werden vielleicht bemerkt haben, dass sich die Ästhetik des pornographischen Films seit Mitte der neunziger Jahre in den Mainstream geschlichen hat, was besonders an Musikvideos und auch der Selbstdarstellung von Popsängerinnen gut zu beobachten ist. Damit ging einher, dass Pornographie zunehmend weniger tabu ist. Festzustellen ist ein Schnitt zwischen den Generationen: Wer nach 1985 geboren ist, wird ein Musikvideo als zeitgemäß und normal empfinden, das zehn und mehr Jahre zuvor Geborene als wenigstens anstößig empfinden. Dass Pornographie nicht mehr als grober Tabubruch empfunden wird, führt auch dazu, dass immer mehr Männer daran denken, einmal in einen Sexfilm mitzuspielen. Sollten Sie, warum auch immer, zu diesen Männern gehören, so sei Ihnen gesagt: Die zunehmende Enttabuisierung führt natürlich dazu, dass sich als Darsteller in Sexfilmen weniger Geld verdienen lässt als früher. Weniger Tabu – weniger Geld. Geld ist allerdings für die wenigsten Männer die Motivation, in einem Sexfilm aufzutreten. Einige haben sonst nicht so viel Sex, viele sind in festen Beziehungen, andere suchen das kontrollierte Abenteuer (kontrolliert, weil alle Beteiligten einen HIV-Test haben), also eine Art Kick.

082.01 *NACKT UND BEREIT* In den meisten Pornofilmen spielen etablierte Darsteller. Es gibt jedoch auch Produktionen, die ungeübten Darstellern offen stehen. In diesen wird grundsätzlich unterschieden zwischen den Stehern und den Spritzern. Wenn Sie ganz neu dabei sind, gehören Sie normalerweise zur zweiten Gruppe. Ihre Aufgabe ist es, nackt herumzustehen und sich bereit zu halten. Zu angemessener Zeit sollten Sie Ihr Glied in einen erigierten Zustand versetzen, wobei Ihnen gewöhnlich bei Bedarf eine Assistentin mit der Hand ein wenig hilft. Wenn Sie so weit sind, dass Sie kommen können, treten Sie vor die Kamera und ejakulieren. Den eigentlichen Sexualakt vollführen derweil die so genannten Steher, die den Namen tragen, weil Sie keine Probleme damit haben, vor einer Kamera Sex zu haben. Im Jargon tragen sie auch derbere Namen. Theoretisch haben auch die Spritzer die Chance, von Beginn an richtig mitzumachen, die meisten haben damit allerdings Probleme, da es doch nicht so einfach ist, wie viele denken.

082.02 *DIESES HETERO?* Wie kommen Sie ans Set? Das ist simpel, denn in Stadtteilmagazinen, Annoncenblättern und auch Tageszeitungen finden sich Anzeigen, in denen Männer für Sexfilme gesucht werden. Zu großer Verwirrung führt dabei immer wieder einmal der Begriff „Hetero". Einige wenige Männer, die sich auf die Anzeigen melden, bemerken dann am Telefon, sie würden durchaus gern mitmachen, aber was habe es mit diesem „Hetero" auf sich? Sollten Sie sich das auch gerade fragen: Es bedeutet, dass in dem Film Männer mit Frauen Sex haben; es gibt also keinen gleichgeschlechtlichen Sex in diesem Film. Eine Münchner Produktionsfirma, die seit mehr als zehn Jahren Sexfilme herstellt, hatte bisher rund 30 000 Anfragen von Männern, die gern mitmachen wollten; und immer wieder einmal begehrte einer zu wissen, was genau „hetero" bedeutet.

082.03 *NICHT ZU DICK* Sie haben nun also angerufen. Man wird Ihnen sagen, was Sie brauchen. Im Einzelnen sind erforderlich: ein aktueller namentlicher Aids-Test, nicht älter als zwei Wochen; Sie dürfen nicht zu dick sein; Ihr erigiertes Glied sollte nicht kleiner als zehn Zentimeter sein (es gibt kleinere); Sie sollten eine gepflegte Erscheinung sein; Sie brauchen eine Intimrasur, und Sie müssen Ihren Ausweis mitbringen. Sie sollten zwischen 18 und 50 Jahre alt sein. Am Set müssen Sie zudem eine Freigabeerklärung unterschreiben, die bedeutet, dass Sie mit der Veröffentlichung der Aufnahmen einverstanden sind. Das ist im Grunde alles.

082.04 *ZIEMLICH VIELE MÄNNER* Ihr Tag am Set bei einer Produktion, die auch mit Laien dreht, beginnt in der Regel damit, dass Sie mit ziemlich vielen anderen Männern dastehen. In Vorbereitung auf den Dreh werden Sie nackt sein, wie all die anderen Männer. Vor ihnen allen steht ein bekleideter Mann, der ihnen erklärt, was geschehen wird. Meist werden mehrere Filme auf einmal gedreht. Sie als Anfänger können entscheiden, wo Sie mitmachen wollen. Dann geht es an die Aufnahme. Die Steher besorgen fast alle Szenen. Immer wieder einmal kommt ein so genannter Spritzer hinzu und ejakuliert. Das ist Ihre Aufgabe als Neuling: hinzukommen und ejakulieren; es sei denn, Sie können schon mehr – dann dürfen Sie auch mehr. Danach können Sie sich ein wenig erholen. Da oft mehrere Filme auf einmal gedreht werden, können Sie noch einmal zum Einsatz kommen, wenn Sie das wünschen und dazu in der Lage sind.

082.05 **ZUM STEHER WERDEN** Sie werden bezahlt, allerdings werden Sie nie so viel verdienen wie die beteiligten Frauen, die mit bis zu 1500 Euro pro Drehtag entlohnt werden. Auch wenn Sie einige Male ejakulieren können, kommen Sie nicht auf einen sonderlich hohen Betrag. Die Steher verdienen mehr. An einem Drehtag für so genannte Gangbang-Filme sind von den vielen anwesenden Männern ungefähr zehn Steher. Es kommt immer wieder mal vor, dass sich Männer zum Steher entwickeln, weil Sie allmählich Ihre Scheu vor der Kamera verlieren.

082.06 **AUSSTATTUNG** Sie haben im Grunde keine Chance, ein Porno-Superstar zu werden. In diesem Geschäft werden allenfalls Frauen Stars, die gut aussehen und äußerst belastbar sind. Männliche Pornostars gibt es in Deutschland nicht, und selbst in den USA sind es nur einige wenige. Um als Mann in diesem Genre immerhin einige Bekanntheit zu erlangen, müssen Sie jederzeit und an jedem Ort sexuell leistungsfähig sein – am Set arbeiten stets einige bekleidete Menschen, die sich um Licht, Ton, Kamera und sonstiges kümmern, doch die echten Steher hemmt gar nichts, am wenigsten die Crew. Zudem sollten Sie, wie man so sagt, gut ausgestattet sein. Das bedeutet, dass Ihr erigierter Penis nicht kleiner als 18 Zentimeter sein sollte. Erfüllen Sie diese Vorraussetzungen, können Sie Steher werden, oder

Sie werden, wenn Sie wirklich gut sind, in die Kartei einer Agentur aufgenommen und für verschiedene Produktionen gebucht – dann ist es allerdings vorbei mit dem bürgerlichen Job.

082.07 **SIND SIE DER MANN?** Es gibt Darstellerinnen (insbesondere Laien), die tatsächlich einigen Spaß am Sex vor der Kamera haben. In der Regel werden Frauen in Pornos so dargestellt, als gäbe es für Sie nichts Schöneres, als möglichst viele Männer sexuell zu bedienen. Für manche Frauen ist das tatsächlich das Schönste, zumindest im sexuellen Bereich – und nur darum geht es hier. Ganz allgemein wird im Porno allerdings ein Frauenbild vermittelt, das mit der Mehrzahl der Frauen nichts zu tun hat, und Sie sollten sich gut überlegen, ob Sie an der Gestaltung eines solchen Frauenbildes mitwirken wollen. Fast jeder Mann, der sagt, er habe noch nie einen Sexfilm gesehen, lügt. Die Pornographie ist ein riesiger Markt mit allein in Deutschland Millionen Konsumenten – insofern wäre es Heuchelei zu behaupten, dass einige wenige Menschen in der Schmuddelecke Sexfilme schauen und Ihnen daher abzuraten, in einem solchen Film mitzuwirken. Es gibt die Pornographie, und davon kann jeder halten, was er will. Die Frage ist allein, ob Sie der Mann sind, der dabei mitmachen will.

083   DEN BESTEN SITZ IM FLUGZEUG FINDEN

Ein schlechter Sitzplatz im Flugzeug wird vor allem dann zur Qual, wenn Sie sich auf einem Mittel- oder Langstreckenflug befinden. Großgewachsene Männer leiden auf solchen Flügen besonders, aber auch für kürzere Männer ist ein schlechter Sitz äußerst unangenehm. Die besten Sitze, also die mit der meisten Beinfreiheit, finden sich stets beim Übergang zwischen Business- und Economy-Class und bei den Notausgängen (es sei denn, Sie fliegen ohnehin Business- oder First-Class). In zahlreichen Internetforen wie *seatguru.com* oder *seatexpert.com* werden die Sitzpläne der bekanntesten Fluggesellschaften zur Ansicht dargestellt. Diese Seiten können zur Orientierung dienen, sie sind jedoch mit Vorsicht zu genießen, da viele Gesellschaften ihre Flotte ständig aktualisieren. Die meisten Fluggesellschaften setzen die im folgenden aufgeführten Flugzeuge auf längeren Strecken ein. Sie können versuchen, schon bei der Buchung einen der empfohlenen Plätze zu reservieren – da diese aber sehr begehrt sind, werden sie oft zurückgehalten und können erst am Schalter gebucht werden. Das bedeutet leider: früh am Flughafen sein. Die Flugzeugarten werden meist im Internet auf der Buchungsseite angegeben, in der Regel jedoch nicht der genaue Typ. Diesen müssten Sie gegebenenfalls telefonisch erfragen.

083.01 *BOEING 747-400 (744)* Die komplette Reihe 24 • Reihe 32 B und C, H und J • Reihe 33 A und K und die mittleren Sitze (D, E, F und G) ....

083.02 *BOEING 747-400 (74P)* Die komplette Reihe 32 • Reihe 33 A und K • Die komplette Reihe 43 ....

083.03 *AIRBUS A340-600 (34D)* Die komplette Reihe 26 • Reihe 43 hat nur Mittelsitze (D, E, F und G) • Reihe 44 nur die Außensitze (also A, C, H und K) ....

083.04 *AIRBUS A340-600 (346)* Reihe 20 nur die Außensitze (A, C, H und K) • Reihe 21 hat nur Mittelsitze (D, E, G) • Reihe 43 hat nur Mittelsitze (D, E, F, G) • Reihe 44 nur die Außensitze (A, C, H und K) ....

083.05 *AIRBUS A340-300 (34P UND 330)* Die Reihe 24 komplett • Reihe 29 hat nur Mittelsitze (D, E, F und G) • Reihe 30 nur die Außensitze (A, C, H und K) ....

083.06 *AIRBUS A340-300 (34V)* Reihe 15 hat nur Mittelsitze (D, E und F) • Reihe 16 nur die Außensitze (A, C, H und K) • Reihe 29 hat nur Mittelsitze (D, E, F und G) • Reihe 30 nur die Außensitze (A, C, H und K) ....

083.07 *AIRBUS A340-300 (343)* Die komplette Reihe 20 • Reihe 29 hat nur Mittelsitze (D, E, F und G) • Reihe 30 nur die Außensitze (A, C, H und K) ....

Vielen Männern ist es eine schöne Erinnerung an die Sommer der Kindheit geblieben, wenn sie während des Urlaubs auf dem Bauernhof auf dem Traktor des Bauern mitfahren durften. Auf dieser Erinnerung beruht das unterbewusste Wissen, dass ein Mann in der Lage sein sollte, einen Traktor zu fahren. Das ist im Grunde recht einfach. Zugleich ist es aber auch nicht so einfach, denn die Traktoren werden stetig weiterentwickelt. Musste man früher lediglich wissen, dass ein Sitzkissen im Traktor aus einem Kartoffelsack zu bestehen hat und wo die Pedale liegen, sollte man heute auch moderne Technologien wie das Kriechganggetriebe und den stufenlosen Fahrantrieb bedienen können. Welche Technologie in einem Traktor steckt, ist aber immer auch abhängig davon, wofür er eingesetzt wird.

084.01 **BREMSEN** Manche Traktoren haben zwei oder drei Bremspedale, was für die Arbeit auf dem weichen Acker wichtig ist. Es sind Einzelradbremsen. Treten Sie die eine, wird bei einer Fahrt um die Kurve das innere hintere Rad gebremst. Es bleibt stehen. Der Traktor dreht sich dann um dieses Rad und hat beim Wenden einen sehr kleinen Radius. Treten Sie die andere Bremse, wird das innere hintere Rad der anderen Seite gebremst, und Sie wenden in die andere Richtung. Das ist sinnvoll, weil ein Feld längs bearbeitet wird. Am Ende jeder Ackerfurche müssen Sie umdrehen, um die nächste Furche entlangfahren zu können. Ein kleiner Wenderadius ist Voraussetzung dafür, da die Furchen nah nebeneinander liegen.

Wenn Sie auf der Straße fahren, verbinden Sie die Einzelradbremsen mittels eines Bügels mit der Hand und machen daraus ein größeres Pedal.

084.02 **GAS** Hightech-Traktoren haben häufig kein Gaspedal, sondern ein Fahrpedal. Ein Gaspedal regelt die Einspritzung in den Motor. Fahrpedale haben dagegen keine Verbindung zum Motor. Durch die Betätigung dieses Pedals teilen Sie dem Traktor mit, wie schnell Sie fahren möchten. Die komplizierte Elektronik regelt den Rest von alleine. Gehen Sie vom Fahrpedal, bleibt der Traktor stehen, ohne dass Sie die Bremse treten müssen. Das funktioniert auch bei voller Last am Hang und ohne, dass der Motor absäuft.

In vielen Modellen gibt es ein Handgas: Fährt man mit immer gleichem Tempo geradeaus, zum Beispiel bei einer langsamen Fahrt durch eine Ackerfurche, stellt man eine bestimmte Motordrehzahl ein. Der Fahrer bekommt dann keinen Krampf im Gas- oder Fahrfuß.

084.03 *GANGSCHALTUNGEN* Gemüsebauern schleichen in ihren Traktoren förmlich über den Acker. Ihre Fahrzeuge erreichen auf dem Feld Stundengeschwindigkeiten von 200 Metern. Bei einem derart langsamen Tempo söffe ein PKW-Motor ab. Auch andere Traktoren erreichen während der Feldarbeit Geschwindigkeiten von nicht mehr als etwa vier bis zwölf Kilometer pro Stunde. Traktoren haben daher in der Regel sehr viele Gänge für niedrige Geschwindigkeiten. Einfachere, aber etwas veraltete Modelle haben zum Beispiel ein Zwölfganggetriebe. Es gibt aber auch Traktoren mit 17, mit 40, mit 60 oder sogar mit 78 Schaltmöglichkeiten.

Das hat den Grund, dass im Bereich niedriger Geschwindigkeiten möglichst viele Gänge vorhanden sein müssen, um für jedes Tempo einen guten Drehzahlbereich herzustellen. In niedrigen Drehzahlbereichen ist auch der Spritverbrauch am niedrigsten. Wenn Sie einen heute üblichen Traktor fahren, sollten Sie daher den Gang wechseln, sobald Sie das Tempo nur um 1,5 km/h drosseln oder erhöhen, besser schon bei 1,2 km/h.

Bei heute üblichen Schaltungen ist zu unterscheiden zwischen dem mechanisch geschalteten Betrieb und stufenlosen Fahrantrieben. Eine mechanische Schaltung, beispielsweise mit normalem Sechsganggetriebe, bedienen Sie, indem Sie die Kupplung treten und am Knüppel schalten. Jeder der sechs Gänge ist noch einmal in vier weitere Gänge unterteilt, die Sie per Tastendruck schalten können. Das heißt dann: Vierfach-Lastschaltung. Diese hat den Vorteil, dass Sie an Hängen per Tastendruck schalten können, ohne die Kupplung betätigen zu müssen, was bedeutet, dass Sie ohne Kraftverlust fahren.

Traktor fahren ist also nicht mehr so einfach und unbeschwert wie in der Kindheit, aber es macht immer noch erstaunlich viel Spaß.

085 EINEN BAGGER FAHREN

Das Kind im Mann beschäftigt sich wenig mit Lärmbeschwerden, unschönen Arbeitszeiten, bis zu 70 Grad heißen Führerkabinen im Sommer und eher mäßiger Bezahlung. Das alles gehört zum Baggerfahren dazu. Das Kind im Mann versteht unter Baggerfahren nur: Baggerfahren. Und zum Baggerfahren muss man Folgendes wissen:

085.01 **ARMLEHNE NACH UNTEN** Es gibt kleine und große Schaufelbagger, und je nach Modell mag sich ein Funktionshebel an verschiedenen Stellen befinden, aber das Prinzip ist immer dasselbe. Auf der Einstiegsseite befindet sich neben dem Fahrersitz links eine Armlehne. Wenn Sie einsteigen, ist sie hochgeklappt. Das ist wichtig, denn was als Armlehne getarnt ist, ist ein Sicherungshebel. Ist die Armlehne hochgeklappt, sind alle Pedale, Knöpfe und Joysticks nicht funktionstüchtig, so dass zum Beispiel niemand, wenn er aus Versehen an einen Hebel kommt, einen Passanten mit der Schaufel verletzen kann. Klappen Sie die Armlehne herunter, wenn

Sie im Bagger sitzen. Auf der rechten Seite befindet sich, eingebaut in die rechte Armlehne, der Zündschlüssel. Drehen Sie ihn. Der Bagger läuft nun.

085.02 **ARM UND SCHAUFEL** Auf den beiden Armlehnen, links wie rechts, befindet sich jeweils ein Joystick. Drücken Sie den linken Joystick nach vorne, bewegen Sie den unteren Arm des Schaufelarms nach vorne, also von der Führerkabine weg. Ziehen Sie den Joystick zurück, bewegen Sie den unteren Arm auf sich zu. Drücken Sie den rechten Joystick nach vorne, bewegen Sie den oberen Teil des Schaufelarms – den Grundausleger – nach unten. Ziehen Sie den Joystick zurück, bewegen Sie den Grundausleger nach oben. Die Schaufel geht zu, wenn Sie den rechten Joystick nach links bewegen, und sie geht auf, wenn Sie ihn nach rechts bewegen.

085.03 **DEN ARM DREHEN** Der ganze Schaufelarm lässt sich auch drehen, sozusagen am Schultergelenk. Am linken Joystick befindet sich ein Knopf, den Sie bequem mit dem Daumen bedienen können. Drücken Sie nur diesen Knopf, passiert allerdings gar nichts. Zusätzlich müssen Sie für diese Funktion mit dem rechten Fuß ein Pedal bedienen. Treten Sie das Pedal, während Sie den Knopf drücken, nach vorne, schwenkt der Schaufelarm nach rechts. Treten Sie es nach hinten, schwenkt er nach links. Denselben Knopf gibt es auch am rechten Joystick. Er ist die Hupe.

DIE SCHÖNSTE SPIELEREI Auf der rechten Seite der Führerkabine befindet sich, etwa auf Höhe der Rückenlehne, ein Hebel, der das Planierschild bewegt. Das Planierschild benötigen Sie zum Beispiel, wenn Sie einen Kieshügel hochfahren wollen. Drücken Sie den Hebel nach vorne, senkt sich das Planierschild, das sich an der hinteren Unterseite des Baggers befindet, nach unten, liegt also auf der Straße auf und drückt den Bagger nach oben. Ziehen Sie den Hebel nach hinten, hebt sich das Planierschild wieder, und der Bagger sitzt wieder auf den Ketten.

Das Planierschild ermöglicht auch die vielleicht schönste Spielerei überhaupt. Wenn Sie zugleich hinten das Planierschild herunterfahren und vorne die Schaufel auf den Boden aufsetzen, können Sie, wenn Sie nun den Schaufelarm als Ganzen nach unten bewegen, den Bagger vom Boden lösen. Je weiter Sie den Schaufelarm nach unten bewegen, desto stärker drücken Sie die Führerkabine vorne nach oben. Es ist möglich, die Kabine beinahe senkrecht in die Luft zu stellen.

085.05 *SCHNELL UND LANGSAM* Um mit dem Bagger zu fahren, müssen Sie zwei manuell bedienbare Fahrhebel benutzen. Es sind längere Hebel, die direkt vor dem Fahrersitz aus dem Baggerboden kommen. Drücken Sie beide Hebel zusammen nach vorne, fährt der Bagger rückwärts. Ziehen Sie beide zusammen nach hinten, fährt er vorwärts. Der linke Fahrhebel bewegt, wenn Sie ihn einzeln bedienen, die linke Kette. Der rechte Fahrhebel bewegt die rechte Kette.

Ein Gasknopf befindet sich am hinteren Teil der linken Armlehne. Hier können Sie zwei Gasstufen einstellen, schnell und langsam. Wirklich schnell fährt ein Bagger aber nicht. Er fährt auch selten sehr weit, weshalb gerade kleine Bagger auch keine Kilometer-, sondern eine Stundenanzeige haben. Auf dieser steht dann nicht, wie viele Kilometer damit zurückgelegt wurden, sondern wie viele Stunden ein Bagger in Gebrauch war.

085.06 *SCHMALSPURBAGGER* Es gibt noch einen weiteren Hebel, er befindet sich unter dem Fahrersitz und sorgt dafür, dass das Fahrwerk größer oder kleiner gemacht wird. Ziehen Sie den Hebel, verengt sich die Spur, das heißt, Sie können dann auf einer besonders schmalen Straße fahren. Drücken Sie ihn nach unten, erweitert sich die Spur wieder zur normalen Weite.

085.07 **ALLES ZUGLEICH** Soweit das Prinzip. Schwierig am Baggerfahren ist, dass kaum eine Aktion sinnvoll ausgeführt werden kann, wenn Sie nicht mehrere Hebel, Joysticks und Knöpfe zugleich bedienen. Es wird vorkommen, dass Sie den Oberarmausleger nach innen, den Unterarm nach unten und die Schaufel nach innen bewegen müssen, während Sie eine Schwenkbewegung fahren. Das erfordert Übung. Und noch viel mehr Übung, wenn Sie auf den Zentimeter genau arbeiten müssen, was bei Planierarbeiten durchaus üblich ist. Der einzige Haken an der Sache ist, dass Sie nicht sofort loslegen können, sondern zum Baggerfahren einen Fahrausweis für Erdbaumaschinenführer brauchen.

EINEN GEBRAUCHTWAGEN WIRKLICH PRÜFEN — # 086

Gehen wir einmal davon aus, dass Sie so gut wie gar keine Ahnung von Autos haben. Im Grunde eine miserable Ausgangsposition für einen Autokauf. Vermutlich sind Sie auch schon einmal beim Kauf eines Gebrauchtwagens übers Ohr gehauen worden. Machen Sie sich nichts draus, das ist auch Profis schon passiert.

Die folgende Anleitung soll Ihnen ermöglichen, beim nächsten Mal besser gewappnet zu sein – kann aber auch hilfreich sein, wenn Sie selbst einen Wagen verkaufen wollen. Denn auch wenn der Kaufinteressent mehr Ahnung hat als Sie, kann das unangenehm ausgehen.

086.01 **DER ERSTKONTAKT** Sie haben in der Zeitung oder im Internet den Wagen gefunden, den Sie suchen. Ob die Beschreibung in der Anzeige (oder am Telefon) tatsächlich mit der Wahrheit übereinstimmt, lassen Sie sich am besten vor der Anreise noch einmal schriftlich bestätigen, denn mancher

Interessent hat schon viele hundert Kilometer vergeblich zurückgelegt. Im Streitfall – sollten also Beschreibung und Zustand des Autos gar nichts miteinander zu tun haben – können Sie zumindest ihre Anreisekosten bei dem Anbieter geltend machen.

086.02 **MITNEHMEN** Einen Bleistift, weil der auch im Regen schreibt, einen dokumentenechten Kugelschreiber, eine Taschenlampe, einen Block, einen Magneten, einen Lumpen, eine Plastiktüte – das alles sollten Sie im Gepäck haben, wenn es zur Besichtigung geht.

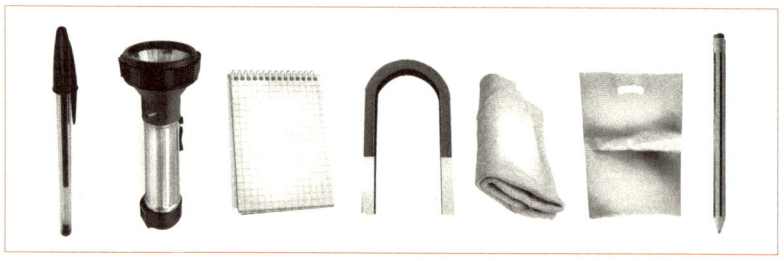

086.03 **AM ORT** Das erste Zusammentreffen mit dem Verkäufer und der erste Eindruck sind wichtig. Versuchen Sie festzustellen, ob der Ort, an dem das Auto angeboten wird, mit dem Eindruck, den Sie vom Verkäufer haben, in Einklang zu bringen ist. Wird ein Geländewagen angeboten, der „noch nie Gelände gesehen" haben soll und der Verkäufer trägt dunkelgrüne Kleidung und hat sich mit Ihnen an seiner Jagdhütte verabredet, dann stimmt irgendetwas nicht. Auch ein in der düstersten Wohngegend einer Vorstadt angebotener Ferrari sollte vorsichtig betrachtet werden.

086.04 **DIE RUNDE BEGINNT** Der erste Gang führt einmal rund ums Auto. Öffnen Sie alle Türen und den Kofferraum. Der erste optische Eindruck und der Pflegezustand sind wichtig: Ein äußerlich wohlgepflegter Wagen lässt meist auch Schlüsse auf den technischen Zustand zu. Fallen an der Karosserie behobene oder nicht behobene Unfallschäden auf? Man erkennt sie an Ungleichheiten im Lack, an Glanzgradunterschieden. Setzen Sie an allen Teilen der Karosserie Ihren Magneten an: Er muss an allen Metallteilen genauso gut haften wie am Dach (was natürlich nicht bei Cabrios oder Aluminiumkarosserien gilt). Auch wenn ein Unfallschaden gut kaschiert ist – mit dem Magneten merken Sie immer, ob unter dem Lack gespachtelt worden ist. Untersuchen Sie Gummiteile (an den Türen zum Beispiel). Ist der Gummi mitlackiert – und wie sieht es unter den Gummis aus? Kann man dort eine verdächtige Lackkante entdecken?

086.05 **UNFALLCHECK** Jetzt überprüfen Sie die Spaltmaße. Sie vergleichen also beide Seiten des Autos und betrachten die Türen und Hauben noch einmal ganz genau: Klafft irgendwo eine Lücke? Dann ist der Wagen durch einen Unfall verzogen. Sitzen die Stoßstangen gerade und fest? Achten Sie dabei bei moderneren Autos, die von Kunststoffstoßstangen geschützt werden, auf Lacksprünge. Eine Kunststoffstoßstange formt sich auch nach einem Unfall oft komplett in die ursprüngliche Form zurück, und Karosserieschäden sind nicht auf den ersten Blick erkennbar. Hat der Lack aber spinnennetzartige Sprünge, hat die Stoßstange einmal schwer gelitten. Bei unlackierten Stoßstangen zeigt sich ein Schaden an Weißfärbungen: Hier wurde das Plastik wohl überlastet.

Überprüfen Sie jetzt die Frontscheibe auf Risse und Steinschläge. Risse beginnen häufig am Rand der Scheibe, dort sollten Sie also besonders aufmerksam nachsehen. Kleinere Steinschläge sind zu verkraften, gröbere Steinschlage – vor allem im Sichtfeld des Fahrers – sind ein Problem. Die früher übliche Suche nach Durchrostungen ist heute nicht mehr so wichtig. Neuere Autos sind kaum noch gefährdet. Worauf Sie allerdings achten sollten, sind die Wagenheberauflagen. Diese könnten von Rost beschädigt worden sein.

086.06 **RÄDER UND REIFEN** Stimmt die montierte Reifengröße mit dem Eintrag in den Autopapieren überein? Wichtig: Die Reifen können, auch wenn sie nicht eingetragen sind, durchaus zugelassen sein. Zur Sicherheit sollten Sie sich das aber vom Verkäufer schriftlich bestätigen lassen.

Ist die Profiltiefe der Reifen noch erträglich? Zwar sind 1,6 mm gesetzlich ausreichend – mindestens 3 mm sollten sie aber haben. Zur Überprüfung stecken Sie eine Ein-Euro-Münze ins Profil – der goldene Rand sollte bedeckt sein.

Sehen Sie sich auch die Kanten der Bereifung genau an. Sind die Räder dort stark abgefahren, könnte das ein Hinweis auf einen Defekt an der Radaufhängung sein. Prüfen Sie unbedingt auch den Zustand der Felgenhörner (das ist der äußerste Rand des metallischen Teils), leichte Schrammen bei Leichtmetallrädern, meist durch Bordsteine verursacht, sind bis zu einem gewissen Maß unkritisch, liegt jedoch eine wirkliche Deformation vor, kann das bei einem Leichtmetallrad lebensgefährlich sein.

Stecken Sie eine
Ein-Euro-Münze ins
Profil der Reifen –
der goldene Rand der Münze
sollte bedeckt sein.

Wenn Sie durch die Felgen die Bremsscheiben sehen können, achten Sie darauf, dass diese keinen tiefen Grat haben. Sie sollten zudem – bis auf einen ein bis zwei Millimeter schmalen Rand – gleichmäßig metallisch blank sein. Die Belagstärke der Bremsbeläge lässt sich meist nicht ohne weiteres prüfen.

086.07 **DIE LAUFLEISTUNG** Leider wird immer noch am Kilometerstand gedreht, um die Laufleistung zu mindern. Es gibt aber ein paar Hinweise, die Rückschlüsse auf die Laufleistung zulassen, ohne den Tacho betrachten zu müssen. Passen Gesamtzustand und Kilometerstand zusammen? Verschleißspuren sieht man ab 100 000 Kilometern am Lenkrad und an den Sitzen – ab 200 000 Kilometern stellt man bereits gröbere Abnutzungen fest. Ist der Wagen bereits über 200 000 Kilometer gelaufen, erkennt man das häufig an der schwer austauschbaren Manschette um den Schalthebel. Sie trägt dann deutliche Risse.

Wie ist der Zustand des Sicherheitsgurtes? Ab 200 000 Kilometern zieht der Gurt eigentlich immer Fäden. Wie ist das Spiel der Türscharniere? Heben Sie die Tür hinten hoch – sitzt sie noch straff?

Haben Sie den Verdacht, dass der Tachostand manipuliert worden ist, sollten Sie im Innenraum und im Motorraum nach Hinweisen suchen. Oft finden sich Zettel und Aufkleber (an der A-Säule oder der Schlüsselsäule) über Ölwechsel oder andere Inspektionen. Sollte sich ein Hinweis auf einen Ölwechsel bei 160 000 Kilometern finden lassen, der Tacho zeigt aber erst 80 000 Kilometer, dann stimmt wohl was nicht.

Auch am Scheckheft wird leider häufig manipuliert. Ist es wirklich plausibel? Stimmen die Abstände zwischen den Inspektionen und wer hat gestempelt? Hat das Auto mehrere Vorbesitzer, die Stempel stammen aber alle aus derselben Werkstatt, ist wahrscheinlich gepfuscht worden.

086.08 **DER MOTORRAUM** Achten Sie auf die Verschraubungen der Kotflügel. Sind sie verschieden – also auf der einen Seite lackiert und auf der anderen unlackiert, weist das auch auf einen Unfallschaden hin.

Der Motorraum soll sauber sein, wenn er aber aussieht wie geleckt, muss das nicht unbedingt ein gutes Zeichen sein. Ab 100 000 Kilometern darf durchaus Ölnebel rund um die Dichtungen vorhanden sein, er sollte aber von trockenem Staub belegt sein.

Viele Motoren haben inzwischen einen Zahnriemen. Der muss regelmäßig gewechselt werden, was durch den hohen Arbeitsaufwand sehr teuer ist. Die Wechselintervalle sind im Scheckheft vermerkt, ein Wechsel wird aber leider nur durch Ankreuzen vermerkt. Es ist also besser, Sie lassen sich die Rechnung zeigen. Wurde der Zahnriemen nicht gewechselt, kann ein Motorschaden anstehen.

Öffnen Sie den Einfülldeckel des Motoröls und betrachten Sie ihn auf der Innenseite. Es dürfen keine kohle- oder koksartigen Reste oder ein mayonnaiseartiger Schaum zu sehen sein: Entweder ist der Wagen dann zu viel Kurzstrecke gefahren oder die Zylinderkopfdichtung ist durchgebrannt. Ist der Ölwechsel nicht regelmäßig gemacht worden, hat das Öl im ganzen Motor Klumpen gebildet.

Jetzt nehmen Sie den Kühlwasserdeckel ab – nur bei kaltem Motor, sonst besteht Verbrühungsgefahr. Das Kühlwasser sollte sich dunkler (meist grün oder rot) absetzen, darf aber nicht schwarz sein – diese Ablagerungen weisen ebenfalls auf eine durchgebrannte Zylinderkopfdichtung hin. Ist der Kühler überhaupt dicht? Sind die Schläuche trocken – oder finden sich Kalkreste und angetrocknetes Kühlmittel?

Ist das Auto automatikbetrieben, sollten Sie das Automatikgetriebe-öl prüfen – bei warmem, laufendem Motor. Riechen Sie am Peilstab: Ist er geruchsfrei, passt alles – riecht er verbrannt, ist das Getriebe verschlissen.

086.09 **DIE PROBEFAHRT** Das Radio sollte ausgeschaltet bleiben. Wie fühlt sich das Auto an? Lenkung, Schaltung, Kupplung – alles darf nicht ausgeleiert sein und muss sich eher straff anfühlen. Wird es schwammig, hat der Wagen meist über 200 000 Kilometer drauf. Unterziehen Sie das Auto diesen Tests:

01. Bei circa 70 km/h lassen Sie das Lenkrad locker. Fährt der Wagen weiter geradeaus? Geht die Lenkung nach einer Kurve von selbst wieder in eine gerade Stellung?

02. Fahren Sie eine weiche Links- und eine weiche Rechtskurve. Ändert sich das Geräusch, könnten die Radlager defekt sein. Macht der Wagen wummernde Geräusche deutet das ebenfalls auf defekte Radlager oder aber auch auf verschlissene Reifen oder kaputte Stoßdämpfer hin.

03. Machen Sie bei 80 km/h zwei Bremsentests. Beim ersten halten Sie das Lenkrad fest und achten auf die Wirkung der Bremsen. Ist sie an- und abschwellend, sind die Scheiben defekt.

Beim zweiten halten Sie das Lenkrad eher locker in der Hand. Wirken die Bremsen gerade oder zieht das Auto zur Seite? Zieht es zur Seite, könnte die Bremsanlage ungleichmäßig arbeiten oder die Achsgeometrie unfallbedingt verschoben sein.

04. Ob die Kupplung schleift oder richtig trennt, merken Sie, indem Sie im dritten Gang auf zirka 3000 Umdrehungen gehen und den Drehzahlmesser aufmerksam beobachten. Geben Sie abrupt Vollgas. Wenn die Drehzahl merklich steigt, das Auto aber nicht schneller wird, ist die Kupplung verschlissen. Auch das Pedalgefühl gibt einen Hinweis auf den Zustand der Kupplung: Das Pedal muss auf den letzten Zentimetern wesentlich leichter durchzutreten sein als in der ersten Hälfte des Pedalweges.

05. Ob Getriebe oder Differenzial in Ordnung sind, merken Sie, wenn beim Gasgeben oder -wegnehmen keine heulenden Geräusche zu hören sind.

06. Haben Sie auch noch einen Blick auf Öldruck- und Wassertemperaturanzeige geworfen? Die Öldruckanzeige sollte nach dem Start (auch bei Leerlauf) sofort erloschen sein. Die Wassertemperatur sollte auch an heißen Tagen nie über den mittleren Bereich gehen – bei modernen Autos knapp 90 Grad.

07. Ganz allgemein lohnt es sich, auf Windgeräusche zu achten – die sind immer ein übles Zeichen.

08. Ein Rütteln in der Lenkung dagegen macht nichts – das kann meist durch das Auswuchten der Räder behoben werden.

09. Ihr letzter Fahrtest sollte über einen abgesenkten Randstein gehen. Fahren Sie langsam diagonal über den Randstein, so dass jeder Reifen die Erhebung einzeln nimmt. Wenn Sie ein Klacken vernehmen können, deutet das auf Spiel in der Radaufhängung hin.

10. Wenn der Wagen wieder steht, sollten Sie noch die Handbremse testen. Sie sollte ausreichend Widerstand bieten (beginnend ab der dritten, spätestens ab der fünften Raste).

086.10 ***NACH DER PROBEFAHRT*** Der häufig zu beobachtende Stoßdämpfertest, zu dem sich Interessenten auf die Kotflügel setzen, ist eher als Quatsch zu bezeichnen. Natürlich kann man das Auto an jeder Ecke einmal einfedern lassen und prüfen, ob es hochkommt ohne nachzuwippen. Aber: Mit dieser Methode kann lediglich ein kompletter Ausfall der Stoßdämpfer festgestellt werden.

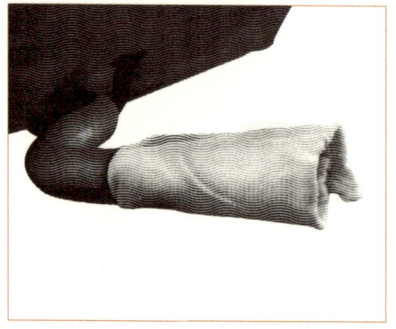

Um mit einem weiteren Vorurteil aufzuräumen: Auch der altbekannte Kupplungstest, bei dem man im dritten Gang die Kupplung kommen lässt, Handbremse angezogen, Vollgas gibt und darauf hofft, der Wagen möge sofort ausgehen, ist Humbug. Wer das ein paar Mal mit einer Kupplung macht, kann sich sicher sein, dass er sie so endgültig zerstört hat.

Zurück zum Wagen. Prüfen Sie die Klimaanlage im Stand: Starten Sie den Motor, schalten Sie die Klimaanlage an und stellen sie auf die niedrigste Temperatur. Halten Sie die Hand in den Luftstrom des Gebläses und vergleichen es mit der Außentemperatur. Spätestens zwei Minuten nach dem Einschalten muss der Luftstrom wesentlich kälter sein. Stellen Sie den Motor wieder ab. Öffnen Sie erneut die Motorhaube und schrauben den Öleinfülldeckel ab. Sind immer noch keine Rückstände am Inneren des Deckels zu erkennen? Schrauben Sie auch den Kühlwasserdeckel noch einmal ab. Vorsicht: Zunächst in der ersten Raste den Druck ablassen, dann vollständig öffnen. Wenn sich nach einer Probefahrt, die nicht länger als sechs bis sieben Minuten gedauert haben dürfte, bereits großer Druck gebildet hat, weist das leider erneut auf eine defekte Zylinderkopfdichtung hin.

086.11 *UNTERM AUTO* Jetzt kommt der mitgebrachte Lumpen zum Einsatz. Sie können sich auf den Lumpen – verpackt in eine Plastiktüte – knien, um den Unterboden des Autos zu prüfen – auf Ölverlust, auf Bodenkontakt und Korrosion. Auch sollten Sie sich die Auspuffanlage genauer anschauen.

Gibt es ein Ersatzrad?

Selbst wenn der Auspuff gerade erst ersetzt wurde, können die Gummis, die ihn tragen, so verschlissen sein, dass die ganze Anlage in ein paar Tagen wieder herunterfällt.

Sind Sie gut unter dem Auto wieder hervorgekrochen, sollten Sie die Anlage auch auf Dichtheit prüfen. Nehmen Sie den Lumpen aus der Tüte und halten Sie bei laufendem Motor das Endrohr damit zu. Wenn die Anlage undicht ist, wird es irgendwo pfeifen.

Nehmen Sie jetzt ihre Taschenlampe zur Hand, schlagen die Räder ganz nach links und ganz nach rechts ein und prüfen Sie die Radkästen. Ist irgendwo Fett oder Öl zu sehen, könnte der Marder am Auto gewesen sein und einen Schaden in der Antriebswelle hinterlassen haben. Vielleicht haben Sie jetzt einen Blick auf den Motor und auf die Stoßdämpfer – dann schauen Sie auch hier nochmals nach austretendem Öl. Prüfen Sie auch den Boden unter dem Fahrzeug. Sind hier Flecken zu sehen?

086.12 **DER KOFFERRAUM** Gibt es ein Ersatzrad? Ist es auf dem gleichen Typ Felge aufgezogen, wie die Räder am Wagen? Ist das nicht der Fall, achten Sie darauf, dass ein Extra-Set Radschrauben vorhanden ist. Hat der Wagen nur ein Notrad und muss dieses erst aufgepumpt werden – ist auch der Kompressor da? Sind Bordwerkzeug und Wagenheber da? Verbandskasten (Verfallsdatum beachten) und Warndreieck? Wie ist der Zustand der Ersatzradwanne? Ist sie rostig oder deformiert? Oder sind gar Pfützen vorhanden?

DER INNENRAUM Treten Sie – bei laufendem Motor – mit aller Kraft die Bremse durch. Sie darf auf keinen Fall durchfallen. Machen Sie den Wagen wieder aus und treten die Bremse so oft, bis das Pedal hart wird und sie dadurch die Servounterstützung deaktiviert haben. Bleiben Sie mit moderatem Druck einige Minuten auf der Bremse stehen und schalten in der Zwischenzeit nacheinander alle elektrischen Verbraucher zu und probieren alle Schalter einmal aus: Radio, Scheinwerfer, Schiebedach, Fensterheber, Spiegelverstellung. Wenn sie damit durch sind, sollte sich das Bremspedal noch immer nicht bewegt haben. Es darf keinen Druck verlieren.

Treten Sie jetzt noch einmal ganz fest auf das Bremspedal und starten den Motor neu. Im Moment des Anspringens muss das Pedal nachgeben und sich dann wieder verhärten: dann funktioniert die Servounterstützung einwandfrei.

086.14 **DIE ENTSCHEIDUNG** Sie haben den Wagen nun ausführlich geprüft und getestet – aber: Wenn Sie immer noch nicht zu einhundert Prozent sicher sind und es außerdem um eine ganze Menge Geld geht, wird der Verkäufer nichts dagegen haben, wenn Sie den Wagen noch einmal von einem Profi überprüfen lassen. Das kann eine Autowerkstatt sein oder ein Kfz-Sachverständiger.

Kommt es jetzt zur Unterschrift unter einen Kaufvertrag, sollten Sie noch zwei Dinge abschließend beachten:

01. Lassen Sie sich wirklich alle Schlüssel zum Fahrzeug geben, halten Sie die genaue Anzahl im Vertrag fest und prüfen Sie, ob auch alle Schlüssel in Tür und Zündung funktionieren.

02. Ist eine Radio-Codekarte vorhanden oder ist der Code schriftlich irgendwo festgehalten? Wenn das Radio einen Code hat und einmal vom Strom getrennt war (zum Beispiel beim Batteriewechsel), können Sie es ohne Code nicht mehr anschalten.

086.15 **EIN LETZTER TIPP:** Vor einem vorschnellen Fehlkauf kann man sich schützen, wenn man jemanden mitnimmt, der dem geplanten Kauf eher ablehnend gegenübersteht und einen ständig auf alles hinweist, was negativ auffällt. Das kann zwar nerven, aber so ist man eher davor gefeit, sich einen Wagen schönzureden.

FÜNF AUTOS FÜR DEN MANN KENNEN 087

Viele Männer versuchen, sich über ihr Auto auszudrücken. Das ist natürlich Quatsch. Wer sich über sein Auto ausdrückt, sagt damit etwas anderes über sich, als er sagen wollte. Die folgenden fünf Autos stehen und sprechen für sich. Wer als Mann einen dieser Wagen fährt, macht nicht allzu viel falsch.

087.01 *PORSCHE 911 CARRERA* 3,2 L • G-MODELL • BAUJAHR 1983–1989 Optisch die Sportwagenikone der sechziger bis neunziger Jahre. Vollverzinkte Karosserie. Kaufen Sie die geschlossene Version, das Coupé. Zur Not den Targa, aber wirklich nie das Cabrio, denn das ist ein Auto für Söhnchen.

087.02 *VW GOLF* Egal welches Modell. Mit Familie vielleicht lieber einen Kombi. Das ideale Auto für den Mann, der nichts beweisen muss.

087.03 *VW BUS* Wenn die Familie oder die Aufgabe wirklich groß ist. Wer ein Auto dieser Größe braucht, für den gibt es in der Summe der Eigenschaften einfach nichts Besseres.

087.04 *LANDROVER DEFENDER* (UND AHNEN) Optisch seit Ewigkeiten nahezu unverändert. All den lächerlichen SUVs an Charakter weit überlegen. Mittlerweile mit eher widerwillig eingebauten Airbags bestellbar. Kein Statussymbol, ein Auto wie ein Werkzeug.

087.05 *ASTON MARTIN DB 5* BAUJAHR 1963–1965 Ungeheuer britisch. Gehört zum Schönsten, das Autobauer je geschaffen haben. Tief wummernder Sound, angenehm in den Bässen. Eine Wertanlage.

MÄNNER UNTER SICH

Welche Gründe auch immer Sie bewogen haben, nun in die Fremdenlegion eintreten zu wollen: Es sei zu Ihren Gunsten angenommen, dass es sehr gute Gründe sind. Übrigens können Sie in der Legion auch Krankenpfleger, Sportlehrer, Fotograf, Koch, Mechaniker, Autoelektriker, Schweißer, Lackierer, Karosserieschlosser, Funktechniker, Sekretär, Buchhalter oder Musiker werden. Aber klar: Sie wollen Soldat in einem der zehn Regimenter werden. Und Sie haben sich das alles sehr gut überlegt.

088.01 *ANGEGEBENE IDENTITÄT* Es ist völlig egal, aus welchem Staat der Erde Sie kommen, wenn Sie in die französische Fremdenlegion eintreten wollen. Auch Franzosen können in die Fremdenlegion des eigenen Landes eintreten; dies erlaubt das Prinzip des so genannten Dienstes unter angegebener Identität. Diese Bestimmung gestattete es früher Kandidaten, die dringend eine zweite Chance im Leben brauchten, Soldat der Legion zu werden. Heute werden unerwünschte Bewerber abgewiesen, doch das Prinzip gibt es immer noch, weshalb ein Franzose behaupten kann, zum Beispiel aus Algerien zu kommen und damit als Ausländer zu dienen.

Um sich zu verpflichten, ist eine Reise nach Frankreich nötig. Die *Légion étrangère* ist eine Eliteeinheit, was bedeutet, dass man französische Auslandseinsätze auch an der Front unterstützt. Die Legion wirbt damit, dass man sicher sein könne, „jeden Tag neue Abenteuer" zu erleben. Nicht immer gehen diese Abenteuer gut aus: In der Geschichte der Legion sind bis 2007 35 800 Legionäre gefallen; da die Legion bereits 1831 gegründet wurde, sind das allerdings vergleichsweise wenige.

Reise- und Visumskosten gehen zu Lasten des Bewerbers, Unterkunft und Verpflegung während der Musterung sind frei. Mitzubringen ist ein Identitätsnachweis. Es ist nicht verboten, verheiratet zu sein, doch die Verpflichtung für die Legion erfolgt mit dem Familienstand ledig. Hautfarbe, Religionszugehörigkeit oder Schulbildung spielen für die Rekrutierung keine Rolle. Die Altersspanne der Rekruten liegt zwischen 17 und 40 Jahren.

Es ist nicht nötig, im Herkunftsland gedient zu haben. Uneingeschränkte körperliche Tauglichkeit ist jedoch zwingend. Diese wird im Lauf der Rekrutierungsphase getestet, die sich in vier Abschnitte gliedert.

088.02 **ERSTENS: DIE INFORMATION** Dieser Abschnitt dauert einen Tag und findet in einem von elf Informationsbüros der Fremdenlegion statt (Paris, Lille, Nantes und Straßburg für den Norden, Aubagne, Bordeaux, Lyon, Marseille, Nizza, Perpignan und Toulouse für den Süden Frankreichs). Am einfachsten ist es vielleicht, Sie gehen in das Büro in Paris am *Fort de Nogent, 94120 Fontenay-sous-Bois* an den Nahverkehrshaltestellen *Fontenay-sous-Bois* oder *Nogent-sur-Marne,* aber letztlich ist es natürlich nicht allzu wichtig, in welchem Büro Sie sich vorstellen.

In den Büros werden allen Bewerbern Auskünfte erteilt. Dies ist in vielen Sprachen möglich, darunter Englisch, Deutsch und Spanisch. Zu den wichtigsten Auskünften gehören die Besoldung (der Eingangssold beträgt 1043 Euro oder 1269 US-Dollar im Monat, Unterkunft und Verpflegung werden gestellt), Informationen über den Urlaubsanspruch (45 Wochentage pro Jahr), über Aufstiegschancen (einer von vier Legionären wird Unteroffizier und beginnt unter Umständen eine Militärkarriere) und über die Möglichkeit, die französische Staatsangehörigkeit zu erwerben (diese kann nach frühestens drei Dienstjahren beantragt werden und wird in der Regel unter der Bedingung erteilt, dass der Legionär nie Probleme mit der französischen Justiz hatte). An dem Tag, an dem Sie sich vorstellen, wird zudem mit der Zusammenstellung der Unterlagen für die Verpflichtung begonnen.

088.03 **ZWEITENS: DIE SO GENANNTE ERSTAUSWAHL** Dieser Abschnitt dauert einen bis drei Tage und findet in einem von elf Bewerbungsbüros der Fremdenlegion statt. Diese Büros befinden sich an denselben Orten wie die Informationsbüros. Im Rahmen dieses Abschnitts finden ein erstes Sicherheits- und Begründungsgespräch statt, über dessen Inhalte keine Auskunft erteilt wird, zudem eine ärztliche Untersuchung, die einer Musterungsuntersuchung für den Wehrdienst bei der Bundeswehr vergleichbar ist. Zudem werden die Unterlagen für die Verpflichtung nun vollständig zusammengestellt. Am Ende ist die Verpflichtung zu unterschreiben.

088.04 **DRITTENS: DIE AUSWAHL** Dieser Abschnitt dauert ein bis zehn Tage und findet im Bewerbungszentrum der Fremdenlegion in Aubagne statt. Bewerber absolvieren psychotechnische Tests, bei denen Wert darauf gelegt wird, dass eine eventuell vorhandene Schulausbildung das Bestehen nicht vereinfacht, folglich das Nichtvorhandensein einer Schulausbildung das Bestehen auch nicht erschwert. Zum weiteren Programm gehören eine vollständige ärztliche Untersuchung, ein Sicherheits- und Vorstellungsgespräch, ein Persönlichkeitstest (als Ergänzung der Psychotechnik), ein Gespräch mit der Verpflichtungskommission und ein Sporttest. Dieser umfasst den Geschwindigkeitslauf auf einer 20 Meter langen Bahn, sechs Bahnen sind eine Strecke. Diese Strecke müssen Sie mindestens siebenmal laufen. Außerdem zu schaffen: ein Minimum von vier Klimmzügen, fünf Meter Seilklettern und 40 Sit-Ups.

088.05 *VIERTENS: DER WEG ZUR WEISSEN KAPPE* Nachdem Sie den zunächst fünf Jahre laufenden, später um sechs Monate bis fünf Jahre verlängerbaren endgültigen Vertrag unterschrieben haben, folgt Ihre Eingliederung in die Legion. An diese schließt sich die Grundausbildung an, die in der Regel 15 Wochen dauert. Hierzu gehört eine Einführung in das Leben der Fremdenlegion, eine Auseinandersetzung mit dem sieben Artikel umfassenden Ehrenkodex, eine Gebirgsausbildung in den Pyrenäen, eine technische und nicht ganz unanstrengende praktische Ausbildung, der Erwerb des LKW- und, falls nicht vorhanden, des PKW-Führerscheins. Nach ungefähr vier Wochen der Ausbildung wird Ihnen und den anderen neuen Rekruten das Kennzeichen der *Légion étrangère* überreicht, das *Képi Blanc,* die weiße Kappe. Zum Ende der Ausbildung werden Sie in eines der zehn Regimenter der Fremdenlegion versetzt. Nun sind Sie wirklich raus aus dem Leben, das Sie bis hierher gelebt haben. Was Sie nun verinnerlichen sollten, ist folgender Kodex:

• DER EHRENKODEX DER FREMDENLEGION •

• Artikel 1 •

Fremdenlegionär, Du bist ein Freiwilliger, der dem
französischen Staat mit Ehre und Treue dient.

• Artikel 2 •

Jeder Fremdenlegionär ist Dein Waffenbruder,
gleich welcher Staatsangehörigkeit, Religion oder Rasse er ist.
Du fühlst Dich ihm immer verbunden, wie es die
Zusammengehörigkeit einer großen Familie erfordert.

• Artikel 3 •

Du hältst die Traditionen in Ehren, dienst mit Treue
Deinen Vorgesetzten. Disziplin und Kameradschaft
sind Deine Stärke, Mut und Ehre sind Deine Eigenschaften.

• Artikel 4 •

Du bist stolz, Fremdenlegionär zu sein.
Deine Uniform, immer tadellos und elegant, beweist es.
Dein Benehmen drückt Bescheidenheit und gute Erziehung aus.
Dein Platz in der Kaserne ist immer anstandslos
sauber und aufgeräumt.

• Artikel 5 •

Du bist ein Elitesoldat; Du hältst Dich durch
unerlässliches und konsequentes Training in Form.
Deine Waffe pflegst Du, als wäre sie ein Stück von Dir.

• Artikel 6 •

Der Auftrag ist Dir heilig, Du führst ihn aus im Respekt der Gesetze,
Kriegsgebräuche, internationalen Abmachungen und,
wenn nötig, im Einsatz Deines Lebens.

• Artikel 7 •

Im Kampf handelst Du ohne Leidenschaft und Hass. Du achtest Deine
besiegten Feinde. Unter keinen Umständen gibst Du Deine Gefallenen,
Verwundeten oder Waffen auf.

089

Ein Mann sollte nicht wegen jeder Kleinigkeit andere Männer zum Duell fordern; das ist schlicht übertrieben, und die eine oder andere Beleidigung kann man auch mal mit einer gewissen Lässigkeit abwettern. Wenn Sie aber tatsächlich der Ansicht sind, dass es nun zum Äußersten kommen soll, sei empfohlen, sich an ein paar Regeln zu halten. Im Jahr 1836 hat der Graf von Chateauvillard seinen „Duell-Codex" veröffentlicht. Dieses Buch ist bis heute das Standardwerk zum Thema; ihm sind folgende Ratschläge entnommen.

089.01 **VOM DUELL** Ein Duell ist der zwischen zwei Personen verabredete Kampf mit gleichen tödlichen Waffen zur Austragung eines Ehrenhandels. Ein in seiner Ehre Verletzter fordert den Ehrverletzenden oder Beleidigenden zum Duell heraus. Voraussetzung für ein Duell ist also die Beleidigung.

089.02 **VON DER BELEIDIGUNG** Es gibt verschiedene Arten von Beleidigungen: die Beleidigung, die Beleidigung mit Schimpf und die Beleidigung mit Schlägen oder Verwundungen. Wenn Sie jemand einfach nur „Himbeertoni" nennt, bleiben Sie locker. Ist die Beleidigung gröbster Natur, dann haben Sie die Wahl der Waffen – der Beleidiger muss ihre Wahl annehmen.

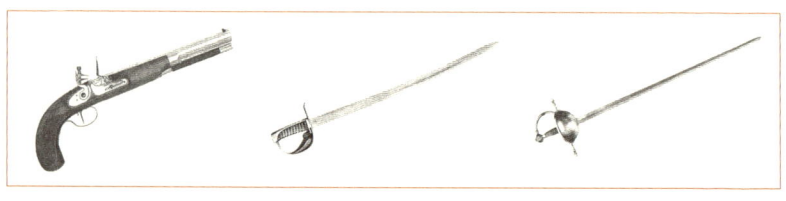

Duellpistole   *Säbel*   *Stoßdegen*

089.03 **VON DEN WAFFEN** Drei Waffen sind gesetzmäßig: der Stoßdegen, die Pistole und der Säbel. Wer nicht in der Armee dient, kann jedoch immer den Säbel ablehnen.

089.04 *VON DER HERAUSFORDERUNG* Wenn ein Duell gefordert worden ist, soll der Fordernde so genau wie möglich seinen Namen und Wohnung angeben; dasselbe geschehe von Seiten des Geforderten. Die beiden Gegner sollen alsbald ihre Zeugen suchen und sich gegenseitig Namen und Wohnungen der besagten Zeugen zusenden. Wenn es die Zeugen nicht anders beschlossen haben, so soll jedes Duell binnen 48 Stunden vor sich gehen. Man muss, wo möglich, vom Augenblick der Ankunft auf dem Kampfplatz bis zum Anfang des Gefechtes nicht mehr als zehn Minuten vergehen lassen.

089.05 *VON DEN ZEUGEN* Jeder der Streitenden soll beim Pistolen- und Säbel-Duell zwei Zeugen haben. Ein Einziger genügt beim Duell auf Stoßdegen, obgleich auch dann zwei vorzuziehen sind. Die Zeugen sind nicht mit den Sekundanten zu verwechseln; denn jeder Sekundant, wenn er als solcher gewählt worden ist, muss wieder seine Zeugen haben. (Sekundanten sind eigentlich Mitfechtende, wie sie in der Ritterzeit üblich waren. Heutzutage gibt es also nur Zeugen. Beide Benennungen werden in Deutschland häufig verwechselt.)

089.06 *VOM DUELL AUF STOSSDEGEN* Sobald die Gegner sich aufgestellt haben, messen die Zeugen die Degen, welche gleich sein sollen. Die Degenklingen dürfen in keinem Falle schneidend oder schartig sein. Hierauf werden die Fechtenden ersucht, ihre Röcke abzulegen und die Brust zu entblößen, damit die Zeugen sehen mögen, dass kein fremdartiger Gegenstand einen Degenstich abhalten könne. Dieses zu verweigern wäre Duell-Verweigerung.

Es ist den Kampfregeln gemäß, sich zu bücken, sich aufzurichten, sich nach rechts und links zu werfen, zurückzuweichen, vorzudringen und den Gegner von allen Seiten anzugreifen. Den entwaffneten oder am Boden liegenden Gegner zu stechen, ist wider die Regeln.

Der Kampf soll bei Verwundung eines Kämpfenden augenblicklich aufhören, bis es mit Zustimmung des Verwundeten dessen Zeugen beliebe, ihn wieder anfangen zu lassen. Kreuzt der Verwundete nach einer Unterbrechung wieder die Degen oder greift er seinen Gegner an, so ist dies als seine Zustimmung zum Wiederbeginn des Gefechts anzusehen. Ist einer der Kämpfenden gegen die Kampfregeln erstochen oder verwundet worden, so sollen die Zeugen ein Protokoll darüber aufsetzen, und den Übertreter (oder Meuchelmörder) durch alle möglichen Rechtsmittel vor den Gerichten belangen.

089.07 *VON DEN PISTOLEN-DUELLEN* Es gibt verschiedenartige Pistolen-Duelle, aber allgemeine Regel bleibt, dass die Entfernung nie näher als fünfzehn Schritte sein darf und dass die Pistolen-Läufe nicht um mehr als fünfzehn Linien in ihrer Länge unterschieden seien. Es ist vorzuziehen, dass die Pistolen von gleicher Beschaffenheit seien. Der mit Schimpf oder Schlag Beleidigte darf sich seiner eigenen Waffen bedienen, aber er muss seinem Gegner eine davon geben; dieser mag sie annehmen oder andere verlangen, und also auch die seinigen benutzen.

089.08 *PISTOLEN-DUELL MIT FESTEM STANDPUNKT (DE PIED FERMÉ)* Die Zeugen bezeichnen Standplätze und Entfernung, welche zwischen 15 bis 35 Schritten liegen sollte. Der Beschimpfte hat den ersten Schuss, wenn die Entfernung 35 Schritte beträgt. Ist die Entfernung geringer, so wird um den ersten Schuss gelost.

Der Zeuge, den das Los bestimmt hat, sagt: „Spannt!" (Armez!) Nach diesem Wort gibt er das Kommando: „Feuer!" (Tirez!). Wenn der erste Schuss eine Verwundung beigebracht hat, so mag der Getroffene noch auf seinen Gegner schießen, aber es sind ihm zur Erholung nur zwei Minuten gestattet. Sind diese verstrichen, darf er nicht mehr schießen. Wenn kein Schuss getroffen hat und das Duell fortgesetzt werden soll, so lade man die Waffen erneut.

089.09 *PISTOLEN-DUELL MIT FREIEM SCHUSSE (À VOLONTÉ)* Hier wird vom festen Standpunkt abgewichen, indem man die Kämpfenden auf 25

Schritte und sich die Rücken zuwendend aufstellt. Auf das Kommando „Feuer!" drehen sich die Streitenden um und jeder schießt, wann er will.

089.10 **PISTOLEN-DUELL MIT VORRÜCKEN** (*À MARCHER*) Auf dem Kampfplatze angelangt, wird die Entfernung von den Zeugen abgemessen; sie mag zwischen 35 und 40 Schritten betragen. Dazwischen werden noch zwei Linien gezogen, 15 bis 20 Schritte voneinander entfernt, so dass also jeder der Kämpfenden zehn Schritte vorrücken könne. Die Kämpfenden rücken vor, wenn es ihnen beliebt, aber sie sollen in gerader Linie vorrücken. Im Gehen müssen sie die Pistolen senkrecht in die Höhe halten. Sie können zielen, wenn sie stehen bleiben, dann mögen sie wieder vorwärts gehen; sie mögen bis zu den durch einen Stock oder ein Schnupftuch zwischen den Standplätzen bezeichneten Linien vorrücken; dürfen diese aber nie überschreiten. Wer geschossen hat, muss das Feuer des Gegners in vollkommener Unbeweglichkeit abwarten. Letzterer aber darf, von dem ersten Schusse an gerechnet, zum Vorrücken und Schießen nicht länger als eine Minute brauchen. Der Verwundete darf auf seinen Gegner schießen; es ist ihm aber, vom Augenblick der Verwundung an, auch nur eine Minute vergönnt. Ist er niedergestürzt, so sind ihm zwei Minuten gestattet.

089.11 **PISTOLEN-DUELL AUF PARALLEL-LINIEN** Dieses Duell ist wohl das schärfste unter den gesetzmäßigen. Auf dem Kampfplatz angelangt, ziehen die Zeugen zwei Parallel-Linien, 15 Schritte voneinander entfernt, und jede 25 bis 30 Schritte lang. Die Plätze der Streitenden sind am Ende der beiden Parallel-Linien, so dass sie sich schräg gegenüber stehen. Die Streitenden gehen nicht gerade aufeinander los, sondern es folgt jeder seiner Linie, und zwar nach Gutdünken, so dass er am Ende nur noch 15 Schritte von seinem Gegner entfernt sein wird, ob dieser vorgerückt sei oder nicht. Wer schießen will, muss stillstehen. Jeder feuert nach Belieben. Wer zuerst geschossen hat, soll das Feuer seines Gegners durchaus unbeweglich abwarten, doch dieser darf zum Vorrücken und Schießen nicht mehr als eine halbe Minute brauchen.

089.12 *PISTOLEN-DUELL AUF KOMMANDO (AU SIGNAL)* Dieses erheischt die größte Aufmerksamkeit, denn ein Fehler kann Leben und Ehre aufs Spiel setzen. Auf dem Kampfplatze stecken die Zeugen die Entfernung von 25 bis 35 Schritten ab. Sobald die Streitenden ihre Pistolen erhalten haben, sollen sie diese spannen, und, das Kommando erwartend, den Lauf nach der Erde gesenkt halten. Beim ersten Schlag in die Hand eines zu bestimmenden Zeugen sollen die Streitenden die Waffen erheben und zielen bis zum dritten Schlag. Auf den dritten müssen sie beide, ob sie in der Schusslinie sind oder nicht, gleichzeitig abfeuern.

Wenn einer der Streitenden vor, oder eine halbe Sekunde nach dem dritten Schlag schießt, so ist er ein treuloser Mann, und wenn er tötet, ein Meuchelmörder. Wenn er vor dem dritten Schlage abfeuert, so darf sein Gegner sich eine beliebige Zeit zum Zielen erlauben und ohne Bedenken schießen. (Kommando-Duelle galten damals als verwerflich, da die Pistolen leicht zu früh losgehen oder nachbrennen konnten. Dieses Problem stellt sich heutzutage eher nicht.)

089.13 *VOM SÄBEL-DUELL* Den geraden vorzuziehen sind krumme Säbel. Zu diesem Duelle werden gewöhnlich Stülphandschuhe angezogen; aber die Zeugen des Beschimpften können verlangen, dass man sich keiner solchen bediene. Auf jeden Fall haben beide das Recht, ihre Hand mit einem gewöhnlichen Handschuh oder Schnupftuch zu umgeben – nur darf dieses nicht herunterhängen. (Mit Stülphandschuhen ist das Gefecht meistens viel gefährlicher, weil dann eine leichte Verwundung der Hand oder des Oberarms, welche den Kampf gleich beenden kann, fast unmöglich wird. Er endet dann meist mit einer schweren, unter Umständen sogar tödlichen Verletzung eines der Duellanten.)

Wenn einer verwundet ist, so sollen seine Zeugen den Kampf unterbrechen. Wenn, ohne Verwundung, einer der Zeugen den Kampf aufhören lassen will, so gebe er mit erhobenem Stock oder Säbel dem Zeugen des Gegners ein Zeichen, und wenn dann dieser es durch dasselbe Zeichen bejaht, so kann er den Kampf unterbrechen.

Die Zeugen können sich im Voraus verständigen, das Duell bei der ersten oder zweiten Verwundung zu endigen. Die Menschlichkeit und die Ernsthaftigkeit der Sache müssen sie hierin leiten.

089.14 VON DEN AUSNAHME-DUELLEN (*DUELS EXCEPTIONNELS*) Den Zeugen wird empfohlen, sich des Ausnahme-Duells nur in Fällen zu bedienen, welche selbst Ausnahmen bilden. Sie sollen dann die ausgemachten Bedingungen schriftlich aufsetzen und dieses Protokoll, nachdem sie es selbst unterschrieben haben, auch von den Streitenden unterzeichnen lassen. Kein Streitender ist im Ausnahme-Duell genötigt, die Verträge seiner eigenen Zeugen einzugehen; denn die Ehre kann gebieten, das Leben zu wagen, nicht aber, damit zu spielen.

Man kann sich zu Fuß und zu Pferd, mit allen Waffen und auf alle Arten schlagen. Die Anwesenheit von Zeugen, die Übereinkunft zwischen ihnen und das Geben eines Zeichens zum Beginn sind auch hier notwendig. So sind etwa Duelle mit Büchsen, mit Flinten, Duelle auf Pistolen mit geringeren Entfernungen, auf Parallel-Linien im ununterbrochenen Gehen oder mit einer geladenen und einer ungeladenen Pistole möglich. Bei letzteren Duellen ist es wichtig, dass beide zugleich abdrücken, denn mancher ehrlose Kerl könnte folgendermaßen denken: „Ich werde früher abdrücken. Wenn ich die geladene Pistole habe, so bin ich meinen Gegner desto eher los, habe ich aber die ungeladene, so wird dann mein Leben in meines Gegners Hand stehen, und da er großmüthig und tapfer ist, so wird er mich aus Edelmuth schonen."

Bei diesem Verhalten aber, so erklärt der Graf von Chateauvillard, dürfe man seinem Gegner „mit gutem Gewissen durchs Hirn schießen". Wenn der zu früh Schießende tötet, so müssen ihn die Zeugen als Meuchelmörder verfolgen.

Das sind die Regeln, die nicht gesetzlich bestehen, aber dennoch feste Regeln, nämlich Regeln der Ehre sind. Es ist jedoch gut, dass das mit der Ehre heute nicht mehr ganz so eng gesehen wird, denn wenn Sie ein Duell auf Leben und Tod führen, machen Sie sich strafbar.

Fast allen Männern, die als Angestellte arbeiten, ist es unangenehm, nach einer Gehaltserhöhung zu fragen. Das ist verständlich, weil Gespräche über Geld unerfreulich sein können und man schnell in die Rolle des Bittstellers gerät, oder gar, je nach Chef, in die Rolle eines gierigen Forderers gedrängt wird. Es ist jedoch nötig, dann und wann nach einer Erhöhung zu fragen, denn wenn Sie gute Arbeit liefern und es dem Unternehmen gut geht, sollten Sie nach einer Weile auch mehr Geld bekommen – doch in den seltensten Fällen wird man Ihnen eine Erhöhung anbieten. Sie müssen danach fragen. Da derzeit noch die meisten Führungspositionen von Männern besetzt sind, wird davon ausgegangen, dass Sie mit einem Mann über mehr Geld verhandeln müssen. Das wird sich in absehbarer Zeit ändern, und wenn die Zeit gekommen ist, schneiden Sie diesen Eintrag sorgfältig aus und heften ihn ein im Kapitel *Der Mann und die Frau.*

090.01 *EINE EINFACHE RECHNUNG* Viele Männer gehen der Frage nach dem Geld aus dem Weg. Ein beliebtes Argument ist: „Da ist ohnehin nicht viel drin, vielleicht 100 Euro, und was soll ich mit 100 Euro?" Eine Überschlagsrechnung: 100 Euro mehr im Monat bedeuten 1200 Euro mehr im Jahr. Nach zehn Jahren sind es 12 000 Euro mehr. Brutto, aber immerhin. Nun sind 100 Euro eine moderate Erhöhung, was bedeutet, dass Sie nach einer solchen öfter fragen können, sagen wir: alle zwei Jahre. Noch einmal einfach gerechnet: Sie verdienen also, wenn Sie stets Erfolg hatten mit Ihrer Frage, nach zehn Jahren 500 Euro monatlich mehr, das sind 6000 im Jahr, auf zehn Jahre gerechnet 60 000 Euro. Rechnen Sie diese Summe mal aufs Berufsleben hoch, rechnen Sie noch Zinsen und Zinseszins hinzu, und Sie werden sehen, dass die mehrmalige moderate Erhöhung von 100 Euro wirklich etwas bringt. Selbst, wenn Sie nur alle drei oder vier Jahre Erfolg haben.

090.02 *KEINE DRASTISCHEN WORTE* Wichtig ist: Schätzen Sie richtig ein, was Sie wert sind. Wenn Sie den ganzen Tag damit beschäftigt sind, möglichst jeder Arbeit aus dem Weg zu gehen, wenn der Chef Sie hasst, weil er weiß, dass Sie stinkfaul oder überfordert sind (und er Recht hat) – sparen Sie sich die Mühe, nach mehr Geld zu fragen, nicht mal nach 100 Euro. Suchen Sie lieber nach einem Job, der Ihnen Spaß macht. Zu beachten ist auch, selbst wenn Sie gut sind: Sie haben kein Grundrecht auf eine Gehaltserhöhung. Es hat also keinen Sinn, die Erhöhung in drastischen Worten zu fordern. Besser ist es, argumentativ vorzugehen, indem Sie auf Ihre Stärken und Ihre Leistungen verweisen.

090.03 **EIN GUTER ZEITPUNKT** Noch wichtiger ist: der Zeitpunkt. Logischerweise ist ein schlechter Zeitpunkt der, an dem es dem Unternehmen gerade schlecht geht oder Sie ein Projekt vermasselt haben. Daraus ergibt sich im Umkehrschluss der gute Zeitpunkt: Dem Unternehmen geht es gut, und Sie haben gerade mal wieder gute Arbeit geliefert. Bitten Sie also den Chef um ein Gespräch. Sind Sie in einer größeren Firma angestellt, sprechen Sie erst mit ihrem direkten Vorgesetzten; wenn Sie gleich nach ganz oben gehen, kann das zu Ärger führen, weil Sie ein paar Eitelkeiten in der Hierarchie verletzt haben.

090.04 **PULVER SPAREN** Bereiten Sie das Gespräch vor. Üben Sie es ruhig zu Hause, gehen Sie dabei die möglichen Antworten Ihres Gegenübers durch. Erzählen Sie von Ihrer Arbeit, davon, was Sie in letzter Zeit geleistet haben und von den zusätzlichen Qualifikation, die Sie erworben haben. Erwähnen Sie die Überstunden, die Sie stets gern geleistet haben. Und: Verschießen Sie nicht all Ihr Pulver zu Beginn des Gesprächs. Vermutlich wird der Chef zögerlich reagieren und erst einmal dagegen argumentieren (kleiner Etat, die anderen verdienen auch nicht mehr, etc.). Es ist gut, wenn Sie diesen Argumenten mit neuen und besseren Argumenten begegnen können.

090.05 **KEIN DRUCK** Als Faustregel kann gelten, dass Sie maximal nach einer Erhöhung von zehn Prozent Ihres derzeitigen Gehaltes fragen sollten; mehr wird in der Regel als dreist angesehen. Wenn Sie allerdings zuletzt deutlich mehr Verantwortung übernommen haben und Ihr Gehalt noch nie erhöht wurde, können Sie auch nach mehr fragen, vielleicht nach 15 Prozent, maximal 20 Prozent. Unbedingt vermeiden sollten Sie eine Entweder-Oder-Situation: Entweder ich bekomme jetzt mehr oder ich gehe. Erstens gerät Ihr Chef dadurch unter Druck (Chefs hassen Druck) und zweitens: Wenn Sie keine Erhöhung bekommen, müssen Sie tatsächlich gehen, wenn Sie Ihr Gesicht nicht verlieren wollen. Der Chef wird Sie nie wieder ernst nehmen, wenn Sie erst vollmundig drohen und dann keine Tat folgen lassen. Wenn er Sie wirklich halten will, wird er versuchen, Ihren Wechsel im letzten Moment zu verhindern. Sie werden vermutlich nicht sofort eine konkrete Antwort bekommen. Vereinbaren Sie deshalb, sich bald wieder zusammenzusetzen, machen Sie direkt einen festen Termin aus.

090.06 *SIE KOMMEN WIEDER* Seien Sie zudem auf eine Ablehnung vorbereitet. Lassen Sie sich genau erklären, warum Ihr Gesuch abgelehnt wird, und werden Sie keinesfalls sauer oder zeigen sich gekränkt. Bald schon, spätestens nach einem Jahr, werden Sie nämlich wieder beim Chef vorstellig, und ihr Gesuch ein zweites Mal abzulehnen, wird viel schwieriger. Wenn der Chef Ihnen allerdings nicht richtig zuhört und Desinteresse signalisiert (telefoniert, während Sie da sind, in Unterlagen blättert), wenn er zudem Ihr Anliegen mit einem schlichten „Nein, das geht nicht" ohne weitere Begründung beschließt, dann ist es vielleicht an der Zeit, sich nach einem anderen Job umzusehen. So schwierig es erscheint: In solchen Momenten ist es besser, ehrlich zu sich selbst zu sein und zu handeln. Sonst frisst Sie der Ärger auf Dauer auf.

091   EINE SCHLÄGEREI ÜBERSTEHEN

Zuzuschlagen ist immer die wirklich letzte Option. Sie wissen nie, was passiert, sprich: Beherrscht Ihr Gegenüber Kampfsporttechniken? Hat er Skrupel, Sie schwer zu verletzen, beispielsweise Sie zu treten, wenn Sie am

Boden liegen? Zieht er ein Messer, wenn er in die schlechtere Lage gerät? Helfen ihm plötzlich andere? Eine Schlägerei kann schnell richtig gefährlich für Sie werden, deshalb sollten Sie sie mit fast allen Mitteln vermeiden.

091.01 **ENTSCHULDIGEN** So sehr es Ihnen gegen den Strich geht: Wenn Sie einer Übermacht oder einem offensichtlich gefährlichen Mann gegenüberstehen, dann entschuldigen Sie sich, egal ob Sie an irgendetwas schuld sind. Sie müssen das nicht kriecherisch tun, stehen Sie aufrecht und selbstbewusst und sagen Sie etwas wie: „Es tut mir leid. Ich habe einen Fehler gemacht. Lassen Sie uns die Sache beilegen. Ich entschuldige mich." Wiederholen Sie das ein paarmal und stehen Sie dabei möglichst wenig aggressiv. Stolz wäre in dieser Lage das Gleiche wie Dummheit, und sehr häufig funktioniert diese Methode sehr gut.

091.02 **VERHÄLTNISMÄSSIGKEIT** Selbstbewusstes Auftreten ist nicht nur hilfreich, wenn sich ein Kampf anbahnt, sondern auch, um ihn von vornherein zu verhindern. Wenn eine Situation dennoch unausweichlich auf einen Kampf hinausläuft, sind Sie ebenfalls im Vorteil, wenn Sie sehr selbstsicher wirken. Wenn es wirklich gefährlich wird, bleibt Ihnen nichts anderes übrig, als brutal zu werden, auch wenn Ihnen das widerstrebt (siehe unten: der Kopfstoß). Meist aber, bei einem Gerangel in der Kneipe oder Ähnlichem, sollten Sie die Verhältnismäßigkeit der Mittel im Auge behalten.

091.03 **VERTEIDIGUNG** Sie sollten vor allem darum bemüht sein, sich zu verteidigen. Machen Sie Ihren Gegner kampfunfähig, aber Ihre Reaktionen müssen angemessen sein. Sie sollten niemandem die Augen ausstechen oder noch Schlimmeres antun, nur weil er Sie mit einer geballten Faust bedroht. Lesen Sie den Notwehrparagraphen (§ 32 StGB), um ein Gefühl dafür zu bekommen, was Notwehr bedeutet. Notwehr ist die Verteidigung, die notwendig ist, um einen gegenwärtigen rechtswidrigen Angriff von sich oder einem anderen abzuwenden. Es geht also darum, den Angreifer kampfunfähig zu machen. Das heißt nur: seinen Angriff stoppen. Zum Beispiel, indem

Sie ihn mit einem gezielten Schlag zu Boden strecken, wenn er Sie angreift. Zehn weitere Schläge, wenn er am Boden liegt, gehören nicht dazu. Wenn Sie sich unangemessen verteidigen, werden Sie zum Täter.

091.04 **WEICHTEILE** Sie besitzen einige harte Körperstellen, zum Beispiel den Ellbogen, die Faust, die Fingerspitzen, das Knie oder die Stirn. Ihr Gegner besitzt einige weiche Körperstellen, zum Beispiel die Augenregion, die weichen Stellen unterhalb des Kiefers, die Achselhöhlen, den Solarplexus oder die Genitalien. Versuchen Sie im Selbstverteidigungsfall mit einem Ihrer harten Körperteile eines der weichen Körperteile Ihres Gegners zu treffen. Werden Sie von hinten festgehalten, schlagen Sie zum Beispiel mit dem Ellbogen nach hinten in die Magengrube des Gegners. Werden Sie von vorne festgehalten, also am Kragen gepackt, drücken Sie den Kehlkopf Ihres Gegners zu, auch wenn es brutal klingt. Effektiv ist in der Not stets auch der Tritt ans Knie.

091.05 **GESCHICK UND TECHNIK** Sie müssen nicht stärker sein als der Gegner, sondern geschickter. Werden Sie zum Beispiel am Handgelenk festgehalten, so werden Sie sich ruckartig und mit Gewalt kaum befreien können. An der Stelle jedoch, an der Daumen und Finger Ihres Gegners Ihr Handgelenk umschließen, können Sie Ihre Hand befreien. Spreizen Sie zu diesem Zweck Ihre Finger und drehen oder ziehen Sie Ihr Handgelenk an dieser Stelle einfach heraus. Das ist immer machbar, ganz gleich, wie stark Ihr Gegner ist, und es ist ein Beweis dafür, dass Technik und Beweglichkeit Kraft überlegen sind. Geschick muss leider erlernt werden, zum Beispiel in Selbstverteidigungskursen, und auch dann sind Sie nicht nach einer Schnupperstunde schon Bruce Lee.

091.06 **VERDREHEN** Leihen Sie sich die Kraft Ihres möglicherweise stärkeren Gegners, leiten Sie den Schwung um, mit dem er auf Sie losgeht, und wenden Sie den Schwung gegen ihn. Seine ausgestreckte, zuschlagende Faust kann Ihnen nützen. Packen Sie den Arm, lenken Sie ihn mit einer Drehung um Ihren Körper nach unten, und drücken Sie den Schläger zu Boden, wobei der Schwung seiner eigenen Schlagbewegung ihn nach vorne überfallen lässt. Verdrehen Sie ihm währenddessen den Arm. Körperglieder können in verschiedene Richtungen umgedreht werden, nach oben, unten oder auch seitlich. Egal, in welche Richtung – ab einem bestimmten Grad ist es sehr schmerzhaft. Ihr Gegner wird notgedrungen in die Knie gehen.

091.07 *KOPFSTOSS* Bei einem gefährlichen Angriff dürfen Sie alles tun, um sich zu schützen. Für den Notfall ist der Kopfstoß zu empfehlen, zum Beispiel wenn Sie im Park überfallen werden. Fühlen Sie sich so bedroht, dass Sie beschließen, selbst zum Angriff überzugehen, müssen Sie unbedingt Ihre Zuschlaghemmung überwinden. Ein platzierter Kopfstoß ist eine Methode, um einen Gegner außer Gefecht zu setzen. Die Stirn ist hart und bietet sich daher als körpereigene Waffe an. Wie bei einem Kopfball beim Fußball kann Ihnen selbst dabei, so Sie mit der Stirn und nicht mit Schädeldecke oder Nase zustoßen, nicht viel passieren. Der Schwung für den Stirnstoß kommt aus dem Oberkörper. Spannen Sie direkt vor dem Aufprall Nacken- und Schultermuskeln an – und seien Sie schnell, Sie müssen in dieser Lage unbedingt zuerst den entscheidenden Schlag oder Stoß setzen. Derart brutal sollten Sie wirklich nur in der Notwehr werden. Wenn Ihr Gegner kampfunfähig ist, sorgen Sie unbedingt dafür, dass er ärztlich versorgt wird. Rufen Sie die Polizei. Entfernen Sie sich vom Ort der Schlägerei, sonst geht der Ärger bald von vorne los.

BIER ÖFFNEN OHNE ÖFFNER — 092

Selbstverständlich kann es eine furchtbare Situation sein, eine gut gekühlte Flasche Bier vor sich zu haben, aber keinen Öffner – wenn man nämlich nicht in der Lage ist, die Flasche ohne Öffner zu öffnen. Zum Glück gibt es einige Grundtechniken; wer diese beherrscht, kann in jeder Situation den Kronkorken von der Flasche hebeln, drücken oder ziehen.

FEUERZEUG Als Hebel wird meist ein normales Einweg-Feuerzeug benutzt. Es eignet sich tatsächlich bestens, weil die Form passt, es gut in der Hand liegt – und sich fast immer jemand findet, der eins dabei hat. Man kann aber statt des Feuerzeugs auch jeden anderen Gegenstand nehmen, der sich als Hebel benutzen lässt, und tatsächlich ist es so, dass – wenn der Trick mit dem Feuerzeug erst einmal sitzt – es recht unterhaltsam ist, sein Bier mit Kochlöffeln, trockenem Brot oder Konservenbüchsen zu öffnen. Das erfordert nur ein wenig Übung.

Mit einer Hand umklammert man die Flasche am Hals, als wolle man sie erwürgen, recht weit oben, aber so, dass der Kronkorken gerade noch

Mit Feuerzeug   *Mit zweiter Bierflasche*

frei ist. Dann klemmt man den Boden des Feuerzeugs in den kleinen Zwischenraum zwischen Kronkorken und Zeigefinger. Der Zeigefinger dient als Druckpunkt für den Hebel. Nun einfach das Feuerzeug nach unten drücken; der Kronkorken sollte auf diese Weise aufgehebelt werden. Bei dieser Methode kommt es nicht auf die Kraft an, sondern auf den richtigen Hebel. Selbst wenn es anfangs nicht richtig klappen will oder am Finger schmerzt – es braucht nicht viele Flaschen (in der Regel höchstens 20), bis man den Trick perfekt beherrscht – und dann gibt es keinen schnelleren, sichereren und eleganteren.

^{092.02} **ZWEITE BIERFLASCHE** Eine Variante des Feuerzeug-Tricks ist es, eine zweite Bierflasche zu Hilfe zu nehmen. Die zu öffnende Flasche wird erneut im Würgegriff gepackt. Die zweite Flasche wird nun kopfüber angesetzt. Vorteil der Methode ist, dass die Kronkoren sich ineinander verhaken; sie ist daher für Anfänger noch leichter auszuführen, als die Feuerzeugmethode. Und tatsächlich öffnet sich immer nur eine der beiden Flaschen. Das ist, so man nur diesen Trick beherrscht, auch der Nachteil dieser Methode.

^{092.03} **FESTE KANTE** Beim Öffnen an festen Kanten gibt es zwei Methoden. Erstens: Die Flasche mit dem Kronkorken auf die Kante aufsetzen und

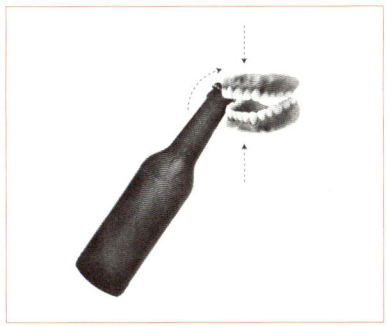

An fester Kante *Mit den Zähnen*

mit der anderen von oben auf den Flaschenkopf schlagen. Klappt immer, bisweilen löst sich jedoch auch ein Teil des Flaschenkopfs. Zweitens: Die Flasche mit dem Kronkorken auf die Kante aufsetzen, mit der anderen Hand leicht gegen den Korken drücken, so dass er nicht wegrutschen kann. Dann die Flasche in einer leichten Kippbewegung nach unten wegziehen. Das ist eine sichere Methode, sie erfordert jedoch etwas Übung. Bei beiden Methoden ist es wichtig, dass die Kante wirklich fest ist. Holztische sind ungeeignet, weil der Kronkorken starke Kratzer in ihnen hinterlässt. Recht gut geeignet ist bei Mangel an anderen Kanten der Rand des Bierkastens.

MIT DEN ZÄHNEN Diese Methode sollte – wenn überhaupt – nur in größten Notfällen angewandt werden. Den Kronkorken zwischen die Backenzähne klemmen und aufhebeln. Dabei können die Zähne abbrechen, man kann sich im und am Mund verletzen und der Druck ist natürlich nicht besonders gut für die Zähne. Die Variante ist hier nur der Vollständigkeit halber aufgeführt. Man braucht sie nicht, da man mit den ersten beiden Möglichkeiten und ihren Spielarten ein Bier immer öffnen wird.

Weitere, nicht sonderlich praktikable Möglichkeiten des Öffnens wären das Wegschlagen des Kronkorkens von unten (mit einem Buch oder einem Zollstock), das Einstechen des Kronkorkens mit einem Schraubendreher, das Durchbohren des Korkens mit der Bohrmaschine, das Abziehen mit einer Kombizange und schließlich das so schlichte wie brutale Abschlagen des Flaschenhalses. Jede dieser überflüssigen Methoden kann durch die Hebel- oder Kantenmethode ersetzt werden.

093 EIN TUCH TRAGEN

Wenn Sie in Liebesdingen eher mit Männern zu tun haben als mit Frauen, dann kennen Sie vielleicht den Tüchercode, mit dem man sich in der schwulen Gemeinschaft wortlos über sexuelle Vorlieben austauschen kann. Selbstverständlich kann man das auch mittels der Sprache tun, aber die Tücher können helfen, direkt den richtigen Mann anzusprechen (oder vom richtigen Mann angesprochen zu werden), wenn es nicht ums große Gefühl geht, sondern allein um Sex. Prinzipiell ist zu diesem Code zu sagen, dass die Kommunikation über ein Tuch erfolgt, das in einer Hosentasche oder um den Hals getragen wird (engl. hanky code). Die Farbe und die Trageweise sind von enormer Bedeutung. Das Tuch in der linken Hosentasche (vom Träger aus gesehen) bedeutet: Der Träger bevorzugt die aktive Rolle beim Akt. In der rechten Hosentasche drückt es Passivität aus. Flexibilität bezüglich Aktivität und Passivität drückt sich durch das mittige Tragen des Tuchs aus, in der Regel ist es dann um den Hals geschlungen.

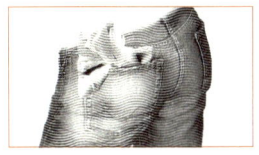

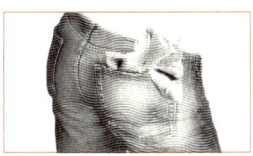

Cowboy	**ROSTFARBEN**	Pferd
Zwei suchen nach einem	**GOLD**	Einer sucht nach zweien
Fährt Motorrad	**BRÄUNLICH GELB**	Mag Motorradfahrer
Sex in freier Natur, aktiv	**MOSKITONETZTUCH**	Sex in freier Natur, passiv
Hat Tattoos	**LEOPARDENMUSTER**	Mag Tattoos
Rasierer	**ROT-WEISS GESTREIFT**	Zu Rasierender
Stinkt	**PAPIERTASCHENTUCH**	Schnüffelt
Mag Drag-Queens	**LAVENDEL**	Trägt gern Frauenklamotten
Pierct	**LILA**	Lässt sich gern piercen
Aktiv beim Analverkehr	**NAVY-BLAU**	Passiv beim Analverkehr
Spuckt	**HELLGELB**	Mag Speichel
Heavy SM (Machtposition)	**SCHWARZ**	Heavy SM (Untergebenenposition)
Speist vom Körper	**NEONGRÜN**	Dient als Speisetafel
Bondage (Machtposition)	**GRAU**	Bondage (Untergebenenposition)
Militärisch (Machtposition)	**OLIVFARBEN**	Militärisch (Untergebenenposition)
Will an Zehen geleckt werden	**KORALLENFARBEN**	Leckt gern Zehen
Hat 20 cm oder mehr	**SENFFARBEN**	Hat Platz
Pinkler	**GELB**	Mag bepinkelt werden
Kotet	**BRAUN**	Lässt sich bekoten
Lässt sich die Achselhöhlen lecken	**MAGENTA**	Leckt gern Achselhöhlen
Lässt sich gern einen blasen	**HELLBLAU**	Bläst gern und gut
Peitscht	**FUCHSIA**	Lässt sich peitschen
Faustbenutzer	**ROT**	Hat's gern mit der Faust
Zweifaustbenutzer	**DUNKELROT**	Hat's gern mit mit zwei Fäusten
Dildobenutzer	**LEICHTES PINK**	Hat's gern mit dem Dildo
Brustquäler	**DUNKLES PINK**	Lässt sich an der Brust quälen

Nachdem 1987 der Film „Wall Street" erschienen war, wollten mehr Männer als je zuvor an der Börse arbeiten. Das lag an der von Michael Douglas gespielten Hauptfigur namens Gordon Gekko – ein Investor und Spekulant, dessen Motto lautete: Gier ist gut. Der Film hatte die Absicht, das skrupellose Vorgehen von Spekulanten an den Finanzmärkten anzuprangern, aber bei den meisten jungen Männern blieb hängen, dass Gekko unwahrscheinlich cool daherkam und stets der Stärkere zu sein schien.

Selbstverständlich gibt es auch seriöse Menschen an der Börse; in dem Film gibt es einen älteren Börsenmakler, den Regisseur Oliver Stone nach seinem Vater modelliert hat. Damit wollte er sagen, dass es auch in der Finanzwelt Menschen mit Gewissen gibt.

094.01 *EINE AKTIE* Börsenmakler heißen heute Skontroführer. Da dieser Begriff nicht sonderlich geläufig ist, werden sie oft weiterhin Börsenmakler genannt. Börsenmakler sind im Börsenhandel das Bindeglied zwischen Käufer und Verkäufer eines Wertpapiers und für das Feststellen von Börsenpreisen zuständig. Sie betreuen jeweils einen Wert, das heißt, es gibt an der Frankfurter Börse nur einen Börsenmakler, der zum Beispiel die Aktie von Siemens betreut.

094.02 *EFFEKTE* Börsenmakler müssen zur Zulassung eine Prüfung ablegen, die Börsenhändlerprüfung heißt. Börsenhändler ist ein weiter Begriff für alle, die mit Effekten, also fungiblen Wertpapieren, handeln. Üblicherweise, wenn auch nicht ganz korrekt, wird der Name auch für Privatanleger benutzt (die keine Prüfung ablegen müssen). Skontroführer sind Börsenhändler, aber nicht zwangsläufig umgekehrt.

094.03 *GELD HABEN* Wenn Sie Börsenmakler werden wollen, sollten Sie wissen, dass die Makler, im Börsenjargon, nicht nur vermitteln, sondern auch „dazwischengehen", also für bis zu zwei Tage selbst als Kontrahent fungieren. Deshalb wird ihre Bonität vor der Zulassung geprüft. Das ist recht komplex, vereinfacht gesagt bedeutet es: Börsenmakler arbeiten nicht nur mit Geld, sondern müssen von vornherein auch welches haben. Börsenmakler ist kein Ausbildungsberuf. Es gibt verschiedene Möglichkeiten, den Karriereweg einzuschlagen. Dieser Weg mündet in eine Anstellung als Skontroführer bei einem an die Börse angeschlossenen Unternehmen, zum Beispiel einer zugelassenen Handelsbank. Üblicherweise entdecken Börsenmakler ihre Affinität zu Wertpapieren und zur Börsenmaklerei während einer Banklehre, eine solche ist aber nicht zwingend. Andere absolvieren erst ein Betriebswirtschaftsstudium. Die Eignung ist jedenfalls wichtiger als die Vorbildung, wobei der Eignungsnachweis nur erbracht werden kann, wenn Vorbildung vorhanden ist – woher genau Sie die Vorbildung haben, ist im Grunde egal.

094.04 **173 FRAGEN** Als Börsenmakler brauchen Sie die Börsenhändlerlizenz. Diese können Sie an der Deutschen Börse erwerben. Sie weist einen Händler im Sinn des Börsengesetzes als zugelassenen Börsenhändler aus, der gem. § 17 der Frankfurter-Wertpapierbörsen-Ordnung (FWB-Ordnung) für ein zugelassenes Unternehmen an der Börse handeln darf, und zwar sowohl im Parkett- als auch im elektronischen (Xetra-)Handel. Die Prüfungen können als Complete-Exam oder Partial-Exam erfolgen. Die Bearbeitungszeit für das Complete Exam, in dem 173 Fragen zu beantworten sind, davon mindestens 75 Prozent korrekt, beträgt 210 Minuten. Zur Prüfungsvorbereitung bietet die Deutsche Börse AG kostenpflichtige Vorbereitungsseminare an. Der Antrag zur Börsenhändlerprüfungszulassung ist im Internet herunterladbar unter *http://deutsche-boerse.com*.

094.05 **ETWAS ZU VIEL GEL** Nach bestandener Händlerprüfung erhalten Sie ein Zertifikat. Diesem Zertifikat liegen die Formulare zur Registrierung bei, die bei der Membership Unit einzureichen sind. Es handelt sich um den Antrag auf Zulassung als Börsenhändler, den Antrag zur Einrichtung von Benutzerkennungen (nur für eine Xetra-Zulassung), das Stammdatenblatt

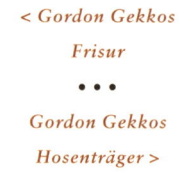

< *Gordon Gekkos*
Frisur
• • •
Gordon Gekkos
Hosenträger >

Trader und die Kopie der Prüfungsurkunde als Nachweis über die bestandene Händlerprüfung. Die Antragsunterlagen müssen an einem Donnerstag bei der Abteilung Customer Support der Deutschen Börse AG, Neue Börsenstraße 1 in 60487 Frankfurt am Main vorliegen, damit Sie am darauffolgenden Montag unter Umständen als Börsenmakler arbeiten können. Natürlich nur, sofern Sie einen Arbeitgeber haben. Keinesfalls zwingend ist es dann, wie Gordon Gekko aufzutreten: Business-Hemd, farbige Hosenträger und die Haare immer mit etwas zu viel Gel nach hinten gestrichen.

095   EINEN JUNGGESELLENABSCHIED FEIERN

In den USA feiert man die *Bachelor Party* und die *Bachelorette Party,* in Großbritannien und Irland die *Stag Night* (Hirschnacht) und die *Hen Night* (Hennennacht), in Deutschland den Junggesellenabschied. Es gibt ein separates Fest für die Braut und ihre Freundinnen und eines für den Bräutigam und seine Freunde. Organisiert, allerdings nicht alleine bezahlt, werden diese Feste traditionell von den Trauzeugen. Wenn Sie Trauzeuge sind, sollten Sie bei der Organisation einige Dinge beachten.

    Die Feste für Bräutigam und Braut finden wie gesagt unabhängig voneinander und nach Geschlechtern getrennt statt. Verbreitet ist der Glaube, es bringe Unglück, wenn die Gruppen am Festabend einander begegnen. Vermeiden Sie daher eine Begegnung. Doch auch wenn Sie selbst nicht daran glauben und egal, wie rational veranlagt die Eheleute sind – es kann sein, dass sich der Junggesellenabschied als vermeintlicher Unglücksabend im Unterbewusstsein der Brautleute festsetzt, falls sie einmal Eheprobleme bekommen sollten.

Verbreitet ist die Meinung, bei einem Junggesellenabschied gehe es darum, dass der Bräutigam ein letztes Mal all das tun darf, was er als verheirateter Mann nicht mehr darf. Eigentlich geht es aber nur darum, dem Bräutigam zu zeigen, was er als verheirateter Mann nicht tun sollte, was aber nicht bedeutet, dass es gerechtfertigt sein muss, es jetzt noch einmal zu tun. Sie als Trauzeuge sind mitverantwortlich dafür, dass die Party nicht in eine Orgie ausartet, die hinterher möglicherweise die Ehe belastet.

Sollten Sie es als angemessen empfinden, den Junggesellenabschied am Abend vor der Eheschließung zu veranstalten, sind wiederum Sie als Trauzeuge mitverantwortlich dafür, dass der Bräutigam am nächsten Morgen zurechnungsfähig ist. Ein Bräutigam kann zwar selbst entscheiden, in welchem Zustand er auf seiner eigenen Hochzeit auftauchen will, aber als sein Vertrauter können Sie ihn im Zweifelsfall zumindest leise an diese Entscheidungsmöglichkeit erinnern.

Organisieren Sie ein Fest, das dem Bräutigam gerecht wird, das heißt, eines, das seinem Charakter entspricht. Einige häufig gewählte Ideen für den Junggesellenabschied sind für die einen geeignet, für die anderen eher nicht, und es ist an Ihnen als Organisator, die richtige Wahl zu treffen. Einige typische Junggesellenabschiede:

095.01 ***ZUG DURCH DIE GEMEINDE*** Das ist Brauch in ländlichen Gebieten. Der Bräutigam zieht mit seinen Freunden durchs Dorf, trinkt mit den Männern der Dorfgemeinschaft – und zahlt die Rechnung. Das klingt etwas spartanisch, aber das ist kein Zufall, denn es ist überliefert, dass vor 2500 Jahren ein Spartaner den Brauch begründete, am Vorabend der Hochzeit mit befreundeten Männern anzustoßen.

095.02 ***STAG NIGHT*** In Großbritannien wurde der Junggesellenabschied früher traditionell in der Stammkneipe des Bräutigams gefeiert, und manche halten es noch heute so. Alle Freunde des Bräutigams, sein Vater, sein künftiger Schwiegervater und sämtliche männlichen Verwandten beider Familien sind eingeladen. Diese Einladung kann sich über mehrere Tage hinziehen oder verteilen. Nahezu obligatorisch sind der mitternächtliche Auftritt einer Stripperin, Wettspiele und das Lösen von Rätseln mit sexuellem Inhalt. In der Regel arten diese Einladungen zu einem ordentlichen Saufgelage aus.

095.03 *ENGAGEMENT EINER STRIPTEASETÄNZERIN* Das ist der Klassiker und ein Klischee zugleich. Es sollte vielleicht nur dann eine Stripperin aus einer Papptorte springen und sich nackt auf dem Bräutigam räkeln, wenn ihm eine solche Situation nicht ausschließlich unangenehm ist. Theoretisch geht es bei einem Striptease darum, den Bräutigam in Versuchung zu führen und ihm die Möglichkeit zu geben zu beweisen, dass er nur eine Frau liebt – seine künftige Braut. In der Praxis kann diese Aktion aber auch peinlich geraten.

095.04 *GEMEINSAME REISE* Mittlerweile begeben sich britische Junggesellen im Verlauf der *Stag Night* auch gern mit einer ganzen Männergruppe auf eine Reise, zum Beispiel nach Bratislava, Tallinn, Budapest oder Prag – in erster Linie, weil dort der Alkohol so viel billiger ist als in Großbritannien. Dem britischen Auswärtigen Amt zufolge feiern mehr als zwei Drittel aller Junggesellen die *Stag Night* im Ausland. Nach Schätzungen der tschechischen Fremdenverkehrszentrale besuchen jährlich über 30 000 britische Junggesellen im Rahmen der *Stag Night* mit ihren Freunden Prag, wo sich daher eine Junggesellen-Tourismusindustrie entwickelt.

Auch Sie können natürlich eine Reise unternehmen. Manche Freundesgruppen fliegen für ein Wochenende nach Mallorca. Andere fahren gemeinsam zum Wandern, singen Lieder und übernachten in einer Berghütte. Dritte mieten eine Limousine, fahren von Disco zu Disco und nächtigen dann in einem Hotel, um den Junggesellenabschied mit einer symbolisch frauenlos verbrachten Nacht vollständig zu machen.

^{095.05} **KLOTZ AM BEIN** Immer wieder sind Männergruppen zu sehen, die sich für den Junggesellenabschied Motto-T-Shirts drucken lassen. Auf diesen T-Shirts kann stehen: „Letzter Tag in Freiheit", „Ab morgen muss ich nicht mehr kochen und putzen", „Ab morgen habe ich zwei Gehälter", „HEUTE bin ich Single" oder schlicht „Junggesellenabschied". In weiteren, eher albernen Varianten wird der Junggeselle in ein Hasenkostüm gesteckt und dazu aufgefordert, Sexspielzeuge, leere Druckerpatronen, einzelne Socken oder kaputte Kugelschreiber an Passanten zu verkaufen, um mit dem Geld die weitere Party zu finanzieren. Manche Gruppen binden dem Junggesellen einen Klotz ans Bein, der die Last der Ehe symbolisieren soll, oder lassen ihn möglichst viele BHs fremder Frauen einsammeln. Wie gesagt: Es kommt bei der Wahl der Aktionen auf Sie und Ihre Freunde an. Ist ein gediegener Opernbesuch für Ihren Freund, den Junggesellen, die angemessene Wahl, spricht auch nichts gegen einen gemeinsamen Besuch von „Die Entführung aus dem Serail" – dann allerdings eher nicht im bedruckten T-Shirt.

KATHOLISCHER PRIESTER WERDEN

096

Ein römisch-katholischer Priester ist immer ein Mann. Das ist in einem Dokument namens „Ordinatio sacerdotalis" festgelegt, das der ehemalige Papst Johannes Paul II. 1994 unterzeichnet hat und in dem steht, „dass die Kirche keinerlei Vollmacht hat, Frauen die Priesterweihe zu spenden, und dass sich alle Gläubigen der Kirche endgültig an diese Entscheidung zu halten haben". Jesus habe nämlich ausschließlich Männer zu Aposteln gewählt, die Kirche folge seinem Beispiel. Papst Benedikt XVI. hat sich dahingehend geäußert, dass in der Kirche nicht nur jemand etwas sei, „der ein Priester ist".

^{096.01} **IMMER EIN MANN** Ob es einem also passt oder nicht: Katholische Priester sind immer Männer, zumindest in biologischer Definition. Denn ein Mann ist nach der Definition der katholischen Kirche einer, wenn er chromosomal eindeutig einer ist. Die Konzeption des sozialen Geschlechts,

Transsexualität und Transgender oder auch die Diagnose Intersexualität werden hierbei vernachlässigt.

096.02 *AUFRICHTIG FROMM* Nicht jeder Mann ist auch ein potentieller Priester. Grundvoraussetzungen sind eine tiefe spirituelle Verwurzelung, also eine aufrichtige Frömmigkeit (unabhängig von der darüber hinaus notwendigen wissenschaftlichen Befähigung), Gemeindeerfahrung, kirchliche Sozialisation und Verwurzelung im kirchlichen Selbstverständnis, soziale Intelligenz, Kooperations- und Kontaktfähigkeit sowie das Einverständnis mit einem zölibatären Leben. Dass die Sakramente der Taufe und der Firmung empfangen wurden, scheint selbstverständlich; doch auch ein nicht getaufter Christ könnte, wenn er zahlreiche Schlüsselkompetenzen vorweisen kann, zu einem Priesterseminar zugelassen werden; allerdings wird er sich dann vor dem Eintritt ins Priesterseminar doch noch taufen lassen müssen.

096.03 *AM PRIESTERSEMINAR* Der Priesterweihe geht eine vielfältige Ausbildung voran, in deren Verlauf sich herausstellen soll, ob der Kandidat die Befähigung zum Priester mitbringt. Die Ausbildung findet am Priesterseminar einer Diözese statt. In den meisten Diözesen gibt es ein Priesterseminar. Parallel zur Ausbildung ist das Studium der katholischen Theologie zu absolvieren, das die Fächergruppen Philosophie, Biblische Theologie, Historische Theologie, Systematische Theologie und Praktische Theologie umfasst und mit dem Diplom abgeschlossen werden muss. Die Studieninhalte sind allerdings konkret an den einzelnen Universitäten geregelt. Der Abschluss kann in der Regel nach zehn bis zwölf Studiensemestern erlangt werden. Alternativ gibt es die Möglichkeit, im Studienhaus St. Lambert bei Bonn, einem Haus für so genannte Spätberufene, ein Ersatzstudium ohne Abitur zu absolvieren.

096.04 *SELBSTÜBERPRÜFUNG* Der Priesteramtskandidat wohnt während des Studiums meist im Priesterseminar. Er darf während zweier Studienfreisemester außerhalb des geschützten Raums des Seminars leben; die

Kandidaten können auf diese Weise ihre Bereitschaft überprüfen, die priesterliche Lebensweise aufrechtzuerhalten. Hierzu zählt zum Beispiel das zölibatäre Leben.

096.05 ***ERPROBUNG ALS SEELSORGER*** Nach einem Vorkurs am Seminar beginnt die studienbegleitende Ausbildung. Hierzu zählen die menschliche Reifung oder Persönlichkeitsbildung, das geistliche Leben oder die Spiritualität und die pastorale Befähigung, also die Fähigkeiten, das Wort Gottes (Evangelium) zu verkünden, die Liturgie würdig zu feiern und den Dienst am Nächsten zu verrichten. Zudem sind diverse Praktika zu absolvieren, die als Erprobung der sozialen und der Seelsorgerfähigkeiten sowie der seelischen Belastbarkeit verstanden werden können. Diese können zum Beispiel in einer Klinik, in einer Pfarrei oder in einem Seniorenwohnheim geleistet werden.

096.06 ***BIBELKREIS UND STÜBERL*** Zum Leben am Priesterseminar ist zu sagen, dass es in sehr geordneten Bahnen verläuft. So gibt es Gebetszeiten, die zum Teil verpflichtend sind, zum Teil freiwillig wahrgenommen werden können. Die Mahlzeiten, für deren Zubereitung stets gesorgt ist, werden in der Regel gemeinschaftlich eingenommen.

Es gibt Arbeitskreise wie einen Gesprächs- oder einen Bibelkreis, zudem verschiedenste Sportveranstaltungen und für das gesellige Zusammensein in vielen Seminaren ein Stüberl.

Alle Kandidaten führen regelmäßig Einzelgespräche mit dem Regens, dem Leiter eines Priesterseminars. Diese Gespräche können auch mit dem Subregens, seinem Stellvertreter geführt werden. Für die geistige Begleitung ist der Spiritual zutändig. Die Seminaristen übernehmen zudem Aufgaben der Gottesdienstgestaltung, beispielsweise an den Osterfeiertagen im Dom der jeweiligen Diözese, und sie erhalten eine liturgische Ausbildung, zu der unter anderem auch die Stimmbildung gehört, denn viele Passagen während eines Gottesdienstes sind der römisch-katholischen Liturgie gemäß zu singen.

096.07 **_MEHR ALS SINGEN_** Geht einem Kandidaten das musikalische Talent vollkommen ab, singt er also schief, ist das schade, aber richtig schlimm ist es nicht. Ein Priester muss mehr als gesangliche Fähigkeiten mitbringen, zum Beispiel die Kompetenz zu koordinieren, zu organisieren, Gremien wie Pfarrgemeinderatsausschüsse zu leiten, die Gemeindemitglieder geistlich zu begleiten, ihnen eine Vision von Gemeinde und Gemeinschaft zu vermitteln, sowie das Evangelium zu verkünden und die Eucharistie zu feiern.

096.08 **_PRAKTISCHE PROBLEME_** Sind sowohl das Theologiestudium als auch die Ausbildung am Priesterseminar erfolgreich beendet, bewirbt sich ein Priesteramtskandidat bei Regens und Subregens für einen zweijährigen Pastoralkurs. Die Zulassung hierzu erfolgt nach eingehender Prüfung des Bewerbers. Es kann hierbei das Urteil gefällt werden, dass ein Kandidat nicht als Priester geeignet scheint, zum Beispiel weil er psychisch nicht belastbar genug ist, oder weil er praktische Probleme mit dem zölibatären Leben bekommen könnte, das bei der Diakonweihe versprochen wird.

096.09 **_GESPRÄCH MIT DEM BISCHOF_** Der Pastoralkurs ist eine praktische Ausbildung in einer Pfarrei in Kombination mit einwöchigen Werkwochen, die gemeinsam mit Pastoralassistenten (und -innen) im Vierwochenturnus stattfinden. Themen sind unter anderem der Schulunterricht, den Priester an Grund- und Hauptschule im Fach Religion erteilen, Gesprächsführung, Jugendseelsorge sowie die Trauer- und Krisenseelsorge. Nach einem Jahr wird der Priesteramtskandidat zum Diakon geweiht. Zuvor findet ein Scrutinium statt, welches, etwas verkürzt, als Gespräch mit dem Bischof der jeweiligen Diözese bezeichnet werden kann. Der Bischof ist es, der über die Zulassung zur Diakonweihe entscheidet.

096.10 **_DIAKON UND PRIESTER_** Vom Moment dieser Weihe an zählt man zur Gruppe der Kleriker. Im Rahmen der Weihe legt der Kandidat drei Gelübde ab: das Gelübde des zölibatären Lebens, das der Verpflichtung zum Stundengebet und das Gelübde des diakonalen Dienstes. Es ist auch möglich, als verheirateter Mann Diakon zu werden, dann ist das Mindestalter 35 Jahre (für jemand, der das Zölibat verspricht, 25 Jahre). Die Ehefrau muss der Diakonweihe aber ausdrücklich zustimmen. Nicht jeder Diakon wird also einmal Priester. Doch jeder Priester war einmal Diakon.

096.11 ***ZURÜCK BEIM BISCHOF*** Der Priester erhält anlässlich seiner Priesterweihe symbolisch Hostienschale und Kelch, als Zeichen für den Leib und das Blut Christi, welche er bei der Eucharistiefeier an die Gläubigen austeilt. Der Priester bleibt zeitlebens auch ein Diakon, allerdings hat er zusätzliche Aufgaben, von der Feier der Eucharistie abgesehen. So leitet er später als Pfarrer auch eine Gemeinde, er verwaltet und koordiniert. Dies kann er nach der Priesterweihe tun, die im Regelfall ein Jahr nach der Diakonweihe erfolgt. Vorher nimmt ein Priesteranwärter an einem weiteren Scrutinium mit dem Bischof teil. Theoretisch, aber nur in extremen Ausnahmefällen, kann ein Kandidat an dieser Stelle noch einmal zurückgestellt werden, in der Praxis wird jedoch ein Anwärter eher die Diakonweihe nicht erhalten als die Priesterweihe.

096.12 ***NOCH EIN PAAR JAHRE*** Nach sechsjährigem Studium, einer praktischen Ausbildung, mehreren Praktika, einem zwei Jahre dauernden Pastoralkurs, zahlreichen abgelegten Gelübden, der Diakonweihe und der Priesterweihe ist der Priester, den man dann Kaplan nennt, in der Regel einem Pfarrer (in Norddeutschland oft: Pastor) unterstellt und damit noch nicht alleinverantwortlich für eine Pfarrei. Bis es so weit ist, vergehen meist noch einmal einige Jahre. Nach der zweiten Dienstprüfung kann ein Priester eine Pfarrei übernehmen. Dann ist er Pfarrer.

IM GEFÄNGNIS SITZEN 097

Ein guter Ratschlag zum Thema Gefängnis stammt vom Schriftsteller Ludwig Lugmeier, der vor vielen Jahrzehnten Überfälle auf Geldtransporter beging und nach seiner Haftentlassung im Buch „Der Mann, der aus dem Fenster sprang" seine Geschichte aufschrieb. Als wir ihn fragten, wie man sich am besten im Gefängnis verhalte, gab er uns den Rat, sich am besten nicht erwischen zu lassen. Vorher, meinte er damit, denn dann kommt man gar nicht erst rein. Mehr mochte er nicht zum Thema sagen, denn vor allen Dingen ist ein Gefängnisaufenthalt eins: nicht besonders erfreulich. Noch besser, als sich nicht erwischen zu lassen, ist es natürlich, gar nicht erst so viel auszufressen, dass man ins Gefängnis kommen könnte. Wenn Sie nun aber doch ins Gefängnis müssen – und es sei zu Ihren Gunsten angenommen, dass es sich um einen absurden Justizirrtum handelt –, dann sollten Sie wissen, was Sie erwartet. Die alte Regel, wonach ein Gentleman mindestens eine Nacht im Gefängnis verbracht haben sollte, können Sie jedenfalls vergessen. Jede Nacht ist eine zu viel.

097.01 **STARKE UND SCHWACHE** Sie werden vieles wiedererkennen: Denn vieles von dem, was das Sozialleben einer Gesellschaft ausmacht, gibt es auch im Gefängnis: Arbeit und Freizeit. Regeln und Menschen, die die Regeln beugen oder brechen. Hierarchien und Leute, die versuchen aufzusteigen. Meinungsführer oder Alphatiere und Menschen, die ihnen folgen oder von ihnen klein gehalten werden. Es gibt physisch Stärkere und Schwächere. Die Starken, die das Fernsehprogramm bestimmen, und die Schwächeren, die mitschauen. Es gibt Freundschaften und Feindschaften, Sympathie und Antipathie.

097.02 **95 PROZENT MÄNNER** Gefangene trennen allerdings, trotz der Parallelen, strikt zwischen dem Leben „drinnen" und „draußen", denn es gibt einige wesentliche Unterschiede. Zum Beispiel sitzen in den meisten Gefängnissen entweder nur Frauen oder nur Männer, wobei 95 Prozent der Insassen in Deutschland Männer sind. Der wichtigste Unterschied aber ist, dass drinnen die Freiheit stark eingeschränkt ist. Das Leben im Gefängnis ist abwechslungsärmer als das Leben draußen, und man ist als Insasse immer unter Kontrolle. Selbst wenn es also Beschäftigungsmöglichkeiten gibt, kann man bereits nach wenigen Stunden in einem Gefängnis sagen, dass es sich wirklich um eine Strafe handelt, dort einsitzen zu müssen.

097.03 **BISWEILEN KREATIV** Man kann sich ein deutsches Gefängnis nicht als Verließ vorstellen, in das ein Straftäter geworfen wird, um ihn nach Ende seiner Haftzeit wieder freizulassen. Man muss sich stattdessen vorstellen, dass in einem Gefängnis Menschen zusammenleben. Und wo Menschen zusammenleben, passiert Unvorhergesehenes und nicht Kontrollierbares. Es ist daher eine Beleidigung für Justizvollzugsbeamte und Gefangene, wenn man die Beamten „Wärter" nennt. Denn Wärter bewachen tote Dinge, wie Museen oder Schranken. Justizvollzugsbeamte dagegen haben es mit bisweilen sehr kreativen Menschen zu tun, was – bei allem Respekt vor Museums- oder Schrankenwärtern – eine sehr differenzierte und komplizierte Angelegenheit ist.

097.04 **HIERARCHIE** Es gibt grundsätzlich zwei Arten von Hierarchien im Gefängnis: die zwischen Justizvollzugsbeamten und Gefängnisinsassen und die unter Insassen. Natürlich gibt es auch unter den Beamten eine Hierarchie, die aber hier zu vernachlässigen ist, da es diese Hierarchien in jeder staatlichen Institution gibt.

097.05 **HIERARCHIE ZWISCHEN BEAMTEN UND INSASSEN** In einem Gefängnis gibt es ein so klares wie feines Machtgefüge, das von den Insassen aber auch unterwandert werden kann. Die Beamten sorgen für den Ablauf im Alltag. Zeichen ihrer Macht ist ein reich bestückter Schlüsselbund. Sie setzen die Gesetze und Verordnungen um. Dennoch kann es sein, dass sich zwischen Beamten und Insassen Sympathie entwickelt, wobei sie einander, um die Unterschiede nicht aufzuweichen, siezen müssen. Sympathie ist nicht ideal, da die Beamten alle Häftlinge gleich behandeln müssen, aber sie ist nicht auszuschließen. Doch auch wenn es Vertrauensverhältnisse geben kann – seitens der Gefangenen dominiert aufgrund ihrer Position im Machtgefüge eher das Misstrauen. Manche zeigen das offen.

097.06 *HIERARCHIE UNTER INSASSEN* Am Gefängnistor geben Häftlinge ihre materiellen Güter ab, über die sie vorher eventuell ihre Identität und ihre Individualität definierten, zum Beispiel Schmuck, Kleidung und technische Geräte. In materieller Hinsicht sind daher zunächst alle Gefangenen gleich. Wichtig sind bestimmte Eigenschaften. Die Kombination von physischer Stärke und Cleverness sorgt für hohes Ansehen, da die Häftlinge, die beides vereinen, auch im Gefängnis prägende Figuren werden können.

Darüber hinaus gibt es eine Hierarchie der Straftaten: Besonders angesehen sind Häftlinge, die eine intelligente Raubtat verübt haben, also nicht Ladendiebe, sondern zum Beispiel Post- oder Bankräuber, die zur Ausübung ihrer Tat einen geschickten Plan ausgeheckt hatten – auch wenn er letztlich nicht aufgegangen ist. Auch Zuhälter sind relativ hoch angesehen, was damit zu tun hat, dass man wohl eine gewisse Dominanz und Aura besitzen muss, um Zuhälter zu werden. Auch draußen gehört es zu ihren Qualifikationen, sich an die Spitze eines komplizierten Machtgefüges zu setzen. Betrüger, Einbrecher, Ladendiebe und Urkundenfälscher stehen unter ihnen. Ganz unten stehen Sexualstraftäter. Sie werden von den anderen Insassen offen diskriminiert.

Aus diesem Muster auszubrechen ist schwierig, aber möglich. Die richtigen Leute zu kennen, kann viel wert sein. Die richtigen Leute sind die, die viel Sozialprestige haben und Meinungsführer sind.

097.07 *WÄHRUNG I* Gefangene arbeiten als Schlosser, Bibliothekare, Kfz-Mechaniker, Gärtner oder Textilreiniger. Es gibt in vielen Gefängnissen mehrere Betriebe, die auch das Gefängnis selbst instand halten; die Gefangenen, die Schlosser sind oder in der Anstalt zu ihnen ausgebildet werden, stellen unter Umständen selbst die Gitterstäbe her, die sie vor ihren Fenstern sehen. Gefängnisse sind beinahe autarke Betriebe: Es gibt Metzger, Bäcker, Köche, Schneider und Häftlinge, die sich um den Wertstoffhof kümmern. Wenn sie arbeiten, verdienen sie Geld. Der durchschnittliche Stundenlohn, der nicht bar ausbezahlt wird, liegt bei etwa 1,10 Euro bis 1,20 Euro. Drei Siebtel davon dürfen für den Einkauf persönlicher Dinge verwendet werden, für Zeitschriften, Zigaretten, Kaffee oder Schokolade. Jede neue Ware, die ins Sortiment des Anstaltsladens aufgenommen wird, muss zunächst von der Anstaltsleitung genehmigt werden. Vier Siebtel des Geldes werden für den Unterhalt nach der Entlassung gespart.

097.08 *WÄHRUNG II* Im Gefängnis ist kein Bargeld im Verkehr. In der Anstaltskirche zum Beispiel kann man zwar für wohltätige Zwecke spenden, allerdings nicht mit Bargeld, sondern in Briefmarken. Daher bezahlen sich die Insassen untereinander mit anderen Währungen. Die wichtigste sind Zigaretten, weshalb auch Nichtraucher immer Tabak besitzen, Kaffee und Schokolade sowie Dienstleistungen. Das kann Hilfe sein, etwa bei der Reparatur eines Wasserkochers, das können aber auch sexuelle Leistungen sein.

Auch Informationen sind eine relevante Währung. Da das Leben im Gefängnis relativ monoton ist, sind Klatsch und Tratsch sehr wertvoll, und man wird geschätzt, wenn man Antworten liefern kann. Beispielsweise zum Gesundheitszustand eines beliebten, krank gemeldeten Beamten, die Antwort auf die Frage, wer der Typ mit dem Notizbuch war, der mit dem Anstaltsleiter durch die Betriebe und Gänge ging, oder was in der Verwaltungskonferenz besprochen wurde. Gute Beobachter, genaue Zuhörer und gute Menschenkenner, die aus kleinen Details plausible Schlüsse ziehen können, sind hier im Vorteil.

097.09 *ALLTAG* Ein Beispiel aus der Justizvollzugsanstalt Bernau: Um sechs Uhr – am Wochenende um sieben Uhr – werden alle Insassen geweckt, nach dem Frühstück beginnt die Arbeit im Betrieb. Um 11.15 Uhr ist Mittagspause. Das Essen wird nicht in einem Speisesaal eingenommen, sondern in den Zellen. Für die Pausenzeit ist Aufschluss, das heißt, die Gefangenen bewegen sich frei in ihrem Bereich, reden miteinander, spielen Brettspiele oder tauschen Güter aus. Der Nachmittag ist wieder der Arbeit gewidmet. Nach Feierabend kann man an der Aktivität teilnehmen, für die man sich vorher angemeldet hat. Es gibt einen Fitnessraum, Volleyball- und Fußball-tennisplätze oder einen Yoga-Kurs. Häftlinge dürfen einen eigenen Fernseher haben, einen Wasserkocher und auch bis zu fünf Printmedienabonnements, die sie aber selbst finanzieren müssen. Aus der Bibliothek können Bücher geliehen werden.

^{097.10} **IN DER ZELLE** Die Unterbringung erfolgt, was in Deutschland die Regel ist, im Idealfall in Einzelzellen, die standardmäßig mit einer Toilette in einer verschließbaren Kammer ausgestattet sind – nicht mit einer Toilette in einer Ecke. Die Zellen haben vergitterte Fenster auf Blickhöhe, anders als noch vor 20 Jahren, als es Usus war, die Fenster so weit oben anzubringen, dass Häftlinge nicht hinausschauen konnten. Für manche Insassen gibt es auch Mehrbettzellen, da es – je nach kultureller Herkunft – manche als Strafverschärfung empfinden, alleine leben zu müssen. Um ein Uhr nachts – am Wochenende um zwei Uhr – wird der Strom in den Zellen abgeschaltet.

Es gibt Sonderzellen, um im Gefängnis begangene Regelverstöße und Straftaten ahnden zu können; diese Zellen sind sehr spartanisch eingerichtet. Und es gibt Gemeinschaftsduschräume. Vergewaltigungsgeschichten, die um heruntergefallene Seifenstücke im Duschraum kreisen und als typisch gelten, sind jedoch ein Klischee. Der Rapper MOK, kurz für „Musik oder Knast", der seinen Namen nicht ganz zufällig trägt, sagte dazu in einem Interview: „Es kursieren zu viele Horrorgeschichten."

^{097.11} **SUBKULTUR** In einem Untersuchungsgefängnis, in dem die Insassen 23 Stunden am Tag in der Zelle sind, ist das Leben anders als in einer Erstvollzugsanstalt, in der Menschen einsitzen, die erstmals straffällig wurden. Wieder anders ist das Leben in einer Langzeitanstalt für Straftäter, die zu vielen Jahren verurteilt wurden, und in einer Regelvollzugsanstalt, in der Mehrfachtäter sitzen.

In Gefängnissen gibt es auch subkulturelle Strömungen. Verhaltensweisen ändern sich dabei, auch Symbole und ihre Bedeutungen. Ein Beispiel für die Subkultursymbolik sind Tätowierungen. Der russische Vollzugsbeamte Danzig Baldaev hat in seiner *Russian Criminal Tattoo Encyclopaedia* 256 Tätowierungen zusammengestellt, die die Bedeutung von Tattoos in einem russischen Gefängnis belegen: Machtbilder wie der Löwenkopf, Abbildungen des Teufels und Stalins als Symbole für feindliche Macht oder Zwangstattoos, mit denen zum Beispiel ein „sexuell besonders aktiver" Sträfling erniedrigt wird, indem ihm gegen seinen Willen ein Hase eintätowiert wird.

097.12 **DIE NACKTE FRAU** Eine Sammlung beschlagnahmter, aus unscheinbaren Alltagsgegenständen gebastelter, voll funktionsfähiger Tätowierwerkzeuge in der Vollzugsanstalt Bernau zeigt, dass Tätowierungen auch in Deutschlands Gefängnissen Symbole sind. Als Farbe wird häufig Tusche benutzt. Die Motive ändern sich mit den Häftlingen. Mit den vielmals benutzten Nadeln wird allerdings häufig Hepatitis C übertragen. Deshalb, aber auch wegen der Gefahr der Stigmatisierung nach der Entlassung, wird das Tätowieren von der Anstaltsleitung bekämpft. Zur Ikonographie der Gefängniszelle – nicht verallgemeinerbar, aber doch auffallend – gehört auch eine nackte Frau im Posterformat.

Drogenhandel ist Teil des Gefängnislebens, zumindest unter manchen Häftlingen, die wegen Drogendelikten einsitzen. Es gibt viele Wege, Rauschgift ins Gefängnis zu schmuggeln. Wir haben versprechen müssen, diese nicht im Detail zu verraten. Aber lassen Sie sich versichern: Es ist erstaunlich. Mobiltelefone werden auf kreativste Weise eingeschmuggelt, Schnaps wird selbst gebrannt, und so erschließt es sich leicht, dass auch Rauschgift nicht völlig aus dem Gefängnis verbannt werden kann, auch wenn der Handel damit mit allen Mitteln bekämpft wird.

097.13 **BESUCH** Gern würde man vielleicht die Frau, die Freundin oder einen Freund jederzeit sehen, aber es ist der Anwalt, den man jederzeit sehen darf. Privater Besuch darf – abhängig vom Gefängnis – eine Stunde pro Monat am Wochenende oder zweimal eine Stunde pro Monat an Wochentagen kommen. Der Anwalt hingegen hat an jedem Werktag Zugang zum Gefängnis. Mit ihm kann ein Häftling so oft und so lange reden, wie er will. Er muss den Anwalt allerdings normalerweise dafür bezahlen.

THE NEW VIDEO ILLUSION FROM STRABERG PRODUKTIONS - COMING SOON !

THE SEARCH VOR
ARMIN FELTMANN

HAVE
YOU
SEEN
HIM?

411006000818 SEARCH FOR AF.jpg H7 LBICH

Foto-Video Sauter

DER MANN UND DIE FRAU

Der symbolische Wert von Blumen wird von einigen Männern unterschätzt. Es gibt Männer, die beim Wort „Blume" an die Schaumkrone eines frisch gezapften Bieres denken. Frauen aber denken mit großer Wahrscheinlichkeit an eine Pflanze.

Blumen können ein wichtiges Kommunikationsmittel sein, wenn Sie Emotionen mitteilen oder unterstreichen möchten. Solche Emotionen können Dankbarkeit, Verbundenheit oder Trauer sein, vor allem aber auch die Bekundung, Erwiderung oder Bestätigung von Liebe. Falsche beziehungsweise unpassende Blumen können zu Missverständnissen führen. Es ist daher gut, die Sprache der Blumen zu verstehen.

098.01 *FÜR DIE FRAU, DIE MAN LIEBT* Blumen können ein Liebesbekenntnis erleichtern, unterstreichen oder gar ersetzen. Wenn Sie einer Frau Ihre Liebe gestehen oder erneut versichern möchten, sind rote Rosen die richtige Wahl, denn keine Blume vermittelt eine klarere Botschaft. Überreichen Sie mit Blättern aufgebundene rote Rosen, vielleicht mit einem Stiel Schleierkraut, haben Sie die Botschaft überbracht. Sie können sie nun verbal wiederholen, müssen das aber nicht tun – die Botschaft ist auch so angekommen.

098.02 *FÜR DIE FRAU, DIE MAN LIEBT – IM ALLTAG* Wenn Sie mit der Frau Ihres Herzens ein wenig gestritten haben, werden Sie mit Blumen die Wogen für gewöhnlich ein wenig glätten. Das können durchaus rote Rosen sein. Aber auch ein weniger symbolisch aufgeladener bunter Sommerstrauß, der eine fröhlich stimmende Sonnenblume, Gerbera, gelbe oder orange Lilien, Margeriten und Schafgarbe enthält, ist denkbar. Selbstverständlich empfiehlt sich, nicht nur nach Streit Blumen zu schenken, sondern auch: einfach mal so.

098.03 *FÜR DIE SCHWIEGERMUTTER* Halten Sie klassisch bei den Eltern Ihrer Freundin um deren Hand an, sollten Sie Ihrer künftigen Schwiegermutter einen Strauß mitbringen, der aus weißen und wenigen roten Rosen besteht. Mit diesem Strauß drücken Sie aus, dass Sie auch zu Ihrer Schwiegermutter Zuneigung empfinden, allerdings eben auf andere Art (das muss natürlich nicht stimmen, aber es hebt die Stimmung).

098.04 **FÜR DEN, DER KEINE EHRE HAT** Schenken Sie dem, einer alten Floristenweisheit folgend, eine Rose ohne Blatt.

098.05 **FÜR DAS BÜRO** In einigen Unternehmen bringen Mitarbeiter im Wechsel Blumen mit ins Büro, um dem Arbeitsplatz Farbe zu verleihen. Es ist dann wichtig, den Strauß auf die Innenarchitektur abzustimmen. Sehr geradlinig und modern gestaltete Büros erfordern eher einen strukturierten, monothematischen Strauß als einen bunten Sommerstrauß. Chaotische oder triste Büros vertragen dagegen auch viel Farbe.

098.06 **ANLÄSSLICH DES FESTS EINES BEFREUNDETEN PAARES** Blumen sind meist ein besseres Geschenk als Pralinen. Jedoch: Rote Rosen für die Gastgeberin bieten sich nicht an. Rote Rosen weisen auf eine Art von Freundschaft hin, die auch körperliche Zuwendung enthalten kann. Ein solcher Strauß kann also die Ehe Ihres Freundes auf eine Probe stellen – nur, wenn Sie genau das wollen, sollten Sie also zu roten Rosen greifen. Unverfänglich ist ein bunter Sommerstrauß, der auch Duft- oder Freilandrosen enthalten kann (aber eben keine roten), da diese sehr angenehm duften.

098.07 **BEI BEERDIGUNGEN UND HOCHZEITEN** Obwohl sie verschiedener nicht sein könnten, ist die übliche Farbe bei beiden Anlässen Weiß, also sowohl für ein Geschenk an ein Brautpaar, als auch für die Blumen, die man bei einer Beerdigung als letzten Gruß an den Verstorbenen in das Grab wirft. Bei einer Beerdigung kann es eine schöne Idee sein, den letzten Gruß mit ein wenig Optimismus zu überbringen: Sie können den Strauß daher auch mit einer Sonnenblume, mit Gerbera oder farbigen Lilien anreichern.

098.08 *ACHTUNG: SIE BEKOMMEN BLUMEN* Auch Frauen kommunizieren mit Blumen. Floristinnen versichern, dass Frauen ihren Männern Blumen schenken, wenn diese gerade den Hochzeitstag vergessen haben oder allgemein zu unaufmerksam sind. Sollten Sie von Ihrer Frau also überraschend Blumen bekommen, sollten Sie schleunigst Ihren Radar einschalten. Auch der Valentinstag ist heutzutage beinahe ein Pflichttermin. Der Muttertag hat dagegen ein wenig an Wichtigkeit verloren.

098.09 *EIN BOUQUET BINDEN* Es ist auch gut zu wissen, wie man Blumen zu einem Bouquet bindet. Denn einem Strauß von zehn Rosen aus dem Supermarkt, verpackt in durchsichtige Plastikfolie, sieht man sofort die Mühe an, die Sie investiert haben: keine. Zudem werden die Blumen in Discountern häufig nicht fachgerecht versorgt. Mit einem kleineren Strauß können Sie daher größeren Eindruck machen, sofern er schön aussieht.

Besorgen Sie, um zum Beispiel ein Bouquet mit roten Rosen zu binden, drei bis fünf Rosen, einige Sommergräser, drei bis fünf Blüten des Strauchs eines so genannten gewöhnlichen Schneeballs *(Viburnum opulus* aus der Familie der Moschuskrautgewächse) sowie einige Weinblätter und Blätter eines Hasenohrs *(Bupleurum)* aus der Familie der Doldenblütler. Sie brauchen auch die Stiele!

Beginnen Sie mit den Rosen. Ordnen Sie die Rosenköpfe auf verschiedener Höhe an. Stehen sie gleichauf, überdecken sie sich gegenseitig. Fügen Sie seitlich einige Sommergräser hinzu, je nach persönlichem Empfinden fünf bis zehn. Bei drei Rosen bietet es sich an, auch drei Schneebälle zu nehmen, die wie aus kleinen Kugeln bestehende Kugeln aussehen – einem Schneeball ähnlich, der aus kleinen Flocken besteht. Ordnen Sie auch die Schneebälle auf verschiedener Höhe an, den Rosenköpfen entsprechend. Allerdings befinden sich die Schneebälle eher an der Basis des Bouquets, während die Rosenblüten den Strauß nach oben abschließen. Den unteren Abschluss können zwei bis drei Weinblätter und an der Rückseite des Straußes ein oder zwei Hasenohren bilden. Diese Blätter verleihen dem Bouquet Volumen. Sie erfüllen zudem eine Funktion: Stellt die Beschenkte das Bouquet in eine Vase, verhindern die leicht ausladenden Blätter, dass es in die Vase rutscht. Es liegt dann auf den Blättern am oberen Vasenrand auf.

Sie halten nach dem Stecken dieses Straußes recht viele Stiele und Gräser in der Hand. Um ihn zusammenzubinden, können Sie Geschenkschnur benutzen, da sie sich leicht verknoten lässt. Haben Sie den Strauß gebunden, bringen Sie die Stiele auf die gleiche Länge, indem Sie sie ein Stück unterhalb des Knotens abzwicken. Wer immer ihn erhält – Sie werden ein Strahlen ernten.

IN LAS VEGAS HEIRATEN 099

Nicht wenigen Männern gilt es Ausweis großer Lässigkeit oder auch großer Romantik, wenn sie in Las Vegas geheiratet haben. Allerdings stehen nicht alle dort geschlossenen Ehen unter einem guten Stern. Der deutsche Schlagerproduzent Dieter Bohlen hat in Las Vegas Verona Feldbusch geheiratet, was beide vier Wochen später arg bereuten. Die in Vegas geschlossene Ehe zwischen der Popsängerin Britney Spears und Jason Alexander hielt lediglich 55 Stunden. Aber es gibt auch andere Beispiele. Elvis Presley, der King, hat Priscilla Beaulieu in der Stadt geheiratet, und die Ehe hielt immerhin sechs Jahre (nachdem die beiden zuvor schon acht Jahre zusammengelebt hatten).

099.01 **NICHT ALLEIN** Wenn Sie nun also planen, den Bund der Ehe in Las Vegas einzugehen, so sollten Sie wissen, dass noch einige andere Paare den gleichen Plan verfolgen. In der Stadt werden jährlich bis zu 125 000 Ehen geschlossen. 1995 wurde erstmals die Grenze von 100 000 Eheschließungen durchbrochen, 2004 war mit 128 250 Hochzeiten das Jahr mit den bisher meisten.

099.02 **PARKPLÄTZE VORHANDEN** Sie und Ihre Liebste bzw. die Frau, die Sie heiraten wollen, sind nun also in Las Vegas. Gehen Sie jetzt ins *Marriage Bureau*, 201 Clark Ave., an der Ecke Clark Avenue und Third Street. Es ist täglich von 8 Uhr bis 24 Uhr geöffnet, an Wochenenden und Feiertagen rund um die Uhr. Vorher einen Termin auszumachen ist nicht nötig. Vom *Las Vegas Boulevard South* (The Strip) aus befindet sich das Bureau in nördlicher Richtung. Parkplätze stehen gegenüber des südlichen Gebäudeeingangs in der *Clark Street* zur Verfügung. Unter-16-Jährigen ist in Nevada die Eheschließung gänzlich untersagt. Unter-18-Jährige können nur mit Zustimmung eines Elternteils oder eines gesetzlichen Vormunds heiraten und brauchen eine Sondergenehmigung, die in der *Marriage Bureau Division, 200 Third Street,* zu erwerben ist.

099.03 **NUR FÜR MANN UND FRAU** Im Marriage Bureau ist eine Heiratslizenz zu erwerben. Diese wird nur an eine Frau und einen Mann ausgestellt, die nicht näher als im zweiten Grad miteinander verwandt sind. Damit ist in den gesetzlichen Bestimmungen Nevadas zwischen den Zeilen auch ausgedrückt, dass die Schließung einer Ehe zwischen gleichgeschlechtlichen Partnern in Las Vegas nicht legal ist. Um die Heiratslizenz zu bekommen, benötigen sowohl die zu trauende Frau als auch der zu trauende Mann, die beide persönlich zu erscheinen haben, einen Ausweis. Dies kann der Pass sein; bei amerikanischen Bürgern genügt der Führerschein.

099.04 **EIN SCHWUR UND 55 DOLLAR** Es wird gebeten, den Ausweis bereit zu halten. An einem Schalter müssen Braut und Bräutigam Formulare ausfüllen. Und zwar jeweils ein eigenes Formular. Darin wird nach Vor- und Zunamen gefragt, Wohnort, Geburtsdatum, Geburtsstaat, Sozialversicherungsnummer (für US-Bürger), nach – nicht ganz unwichtig – Familienstand, nach der Zahl der bisher eingegangenen Ehen (die, um eine Heiratslizenz zu bekommen, allerdings ausnahmslos alle wieder geschieden worden sein müssen), das Datum der letzten Scheidung oder der Eheannulierung durch ein Gericht (eine Scheidungsurkunde muss nicht vorgelegt werden), das Datum der Verwitwung, Ort der Scheidung/Annulierung/Verwitwung, Mädchenname der Mutter, Geburtsstaat der Mutter, Name des Vaters, Geburtsstaat des Vaters und nach der eigenen genauen Postanschrift. Sie schwören, dass alle Angaben korrekt sind. Nach der Trauung können keine Änderungen mehr gemacht werden. Die Gebühr für die Lizenz beträgt 55 US-Dollar und muss bar bezahlt werden.

Für 7 US-Dollar mehr ist eine beglaubigte Kopie zu bekommen. Diese kann auch im Nachhinein postalisch angefordert werden; dann müssen Sie bis zu zehn Tage auf die Kopie warten.

099.05 **MAN WIRD SIE FINDEN** In den Bestimmungen zur Erwerbung einer Heiratserlaubnis heißt es nun weiter: „Nachdem Sie für die staatliche Heiratserlaubnis gezahlt haben, müssen Sie getraut werden." Dies kann innerhalb eines Jahres geschehen, dann läuft die Heiratslizenz ab. In vielen Fällen wird die Trauung noch am selben Tag vorgenommen, das gehört zum Ritual des Heiratens in Las Vegas im Grunde dazu. Die Trauung kann nur von einem vom Bundesstaat Nevada offiziell dazu Bevollmächtigten vorgenommen werden. Das Personal im Marriage Bureau ist nicht befugt, Vorschläge zu machen, wer die Trauung wo vornehmen kann. Doch es ist dort der wertvolle Hinweis zu erhalten: „Sie brauchen niemanden zu suchen. Man wird Sie finden."

099.06 **DIE NÜCHTERNE VARIANTE** Die eigentliche Hochzeit kann nun auf viele verschiedene Arten bewältigt werden. Unromantisch, aber einfach ist die etwa 30-minütige Zivilzeremonie, welche täglich zwischen 8 und 22 Uhr vom Las Vegas Marriage Commissioner (entspricht einem Standesbeamten) gehalten wird, zum Beispiel im Büro des Commissioners, das sich in *309 South Third Street*, südlich des Marriage Bureaus, findet. Die Trauung kostet etwa 50 US-Dollar, und am Ende stellt der Commissioner das Marriage Certificate, den Trauschein, aus.

099.07 **DIE VEGAS-VARIANTE** Für den Trauungsakt stehen in Las Vegas jedoch auch Hunderte von Hochzeitskapellen zur Verfügung. Zivile und religiöse Trauungen haben die gleiche Rechtskraft. Die traditionelle Las-Vegas-Hochzeit kann in der *Viva Las Vegas Wedding Chapel, 1205 Las*

Vegas Boulevard South, ab acht Uhr morgens zelebriert werden. Traditionell im Las-Vegas-Stil bedeutet, dass ein Elvis-Presley-Imitator während der Zeremonie drei Songs von Elvis singt. Die Kapelle ist per Bus auf der *Citizens Area Transit (CAT)-Route 301* erreichbar. Die Kosten betragen 150 US-Dollar und mehr. Die Heiratslizenz ist bei der Anmeldung in der Kapelle vorzulegen; die Trauung erfolgt sofort, wobei mit einer kleinen Brautpaarschlange zu rechnen ist.

099.08 **ZEUGE ELVIS** Im Durchschnitt beträgt der Preis für eine Trauung 200 bis 500 US-Dollar. Die Nutzung der Kapelle, die Trauungszeremonie, Blumen, Musik und Fotos sind im Preis enthalten. Extras können zusätzlich gebucht werden, so zum Beispiel der exklusive Transport vom und zurück zu Ihrem Hotel in einer extra langen Limousine oder ein Elvis-Presley-Doppelgänger als Trauzeuge. Der Trauzeuge kann mitgebracht werden, oder er wird von den Kapellen gestellt.

099.09 **ZEUGE KLINGONE** Viele Kasinos bieten spezielle Themenhochzeitszeremonien an, das Kasino Excalibur etwa eine mittelalterliche Hochzeit, MGM Grand eine Trauung in der Achterbahn, das Las Vegas Hilton bietet eine Star-Trek-Hochzeit mit einem Klingonen als Trauzeuge an. Diese Hochzeiten kosten zwischen 350 und 3500 US-Dollar und enthalten oft bereits die Flitterwochen im zum Kasino gehörenden Hotel. Es ist auch möglich, in Las Vegas nur kirchlich zu heiraten, wenn die standesamtliche Trauung bereits vorüber ist. Dann wird keine Heiratslizenz benötigt, auch kein Trauschein. In der jeweiligen Kapelle ist dann nur ein Formular auszufüllen, in dem Bräutigam und Braut bestätigen, dass sie bereits verheiratet sind (miteinander).

099.10 **ANERKENNUNG ANDERSWO** Man erhält am Ende einer Trauung in Las Vegas eine amerikanische Heiratsurkunde, die mit dem in Deutschland notwendigen Trauschein nicht identisch ist. Zur Anerkennung der Ehe in Deutschland und Österreich sind laut Haager Übereinkommen drei Urkunden notwendig. Erstens eine beglaubigte Kopie der Heiratslizenz. Zweitens eine beglaubigte Kopie des registrierten Trauscheins. Diese ist im *Clark County Recorders Office* im *Clark County Government Center, 500 S. Grand Central Parkway,* zweiter Stock, zu beantragen. Die Adresse steht auch auf der Rückseite der Heiratsurkunde. Die beglaubigte Kopie des registrierten Trauscheins kostet 10 US-Dollar und wird nach einer Bearbeitungszeit von bis zu acht Wochen per Post zugestellt. Drittens eine Apostille, die die Echtheit der Heiratsurkunde bestätigt. Diese kostet 20 US-Dollar und kann nur vom *Nevada Secretary of State* in Carson City ausgestellt werden. Das Clark County Recorders Office leitet den Antrag weiter.

• • •

Für den Trauungsakt stehen in
Las Vegas Hunderte
von Hochzeitskapellen
zur Verfügung.
Nicht alle sind so schön
wie dieser
schmucke Bau.

•

099.11 ***EWIG GLÜCKLICH*** Die Ehe gilt in Deutschland und Österreich als rechtskräftig geschlossen, wenn diese Dokumente dem Standesamt vorgelegt werden, wo die Ehe rückwirkend mit Datum der Eheschließung in Las Vegas eingetragen wird. Einige Paare sind allerdings schon wieder geschieden, bevor sie all die Formalitäten zur Anerkennung erledigen konnten, und in manchen Fällen ist das wohl auch besser so. Für Sie gilt natürlich: Möge Ihre Ehe ewig eine glückliche sein.

Früher oder später kommt ein Mann in seinem Leben an den Punkt, an dem er einer Frau Juwelen kaufen will oder muss. Mancher Mann kommt an den Punkt, an dem er einem anderen Mann Juwelen kaufen will oder muss, das ändert jedoch nichts an den Fakten.

100.01 **WELCHE STEINE ZÄHLEN DAZU?** Klassische Juwelen sind selten und daher wertvoll; sie weisen eine hohe Härte auf. Zu nennen sind: *Diamant, Rubin, Saphir, Smaragd* und *Aquamarin,* der zur selben Familie wie der Smaragd gehört. Sie werden auch Edelsteine genannt. Daneben gibt es die Schmucksteine, die in der Härte unterhalb der erstgenannten eingeordnet sind, zum Beispiel der *Topas* oder der *Amethyst.* Angemessener (und sehr viel teurer) ist stets ein Edelstein. Der *Diamant* gilt als König der Edelsteine. Der häufig als Synonym für Diamant verwendete Begriff *Brillant* bezeichnet dagegen nur einen Schliff.

• • •

Der Diamant gilt als König der Edelsteine.

•

100.02 **WANN PASSEN WELCHE JUWELEN?** Zu bestimmten Gelegenheiten ist es üblich, bestimmten Schmuck zu schenken. Zur Verlobung ist, vor allem im angelsächsischen Raum, ein *Diamant-Solitär* angemessen, also ein einzelner Brillant, meist ein Einkaräter (notfalls ein Halbkaräter). Für wiederkehrende Ereignisse wie Hochzeitstage ist der *Memoire* üblich, ein Ring mit mehreren Steinen, der Jahr für Jahr durch einen weiteren Stein ergänzt werden kann. Zur Hochzeit sollte, zusätzlich zum Trauring, weiterer Ringschmuck geschenkt werden, der sich allerdings vom Hochzeitsring unterscheiden muss – und zugleich mit ihm korrespondieren sollte. Trägt der Ring, der als Hochzeitsgeschenk überreicht wird, einen Stein, sollte der Trauring steinfrei sein. Beim Trauring dominiert meist Gelbgold vor Weiß- und Rotgold sowie Platin. Hier gibt es modische Abweichungen, aber man muss ja nicht jede Mode mitmachen.

Zu vielen anderen Anlässen sind Perlen die richtige Wahl. Perlen strahlen, anders als der Diamant, nicht aufdringlich, sondern eher zurückhaltend. Es ist keinesfalls richtig, dass eine Perle stets für Trauer steht. Der Volksmund beruft sich hier auf die Geschichte: Im Mittelalter waren Damen bei Hofe angehalten, zu Trauerfeiern keinen Schmuck zu tragen. Da sie aber nicht darauf verzichten wollten, wählten sie Perlen, eben weil diese nicht so strahlten.

100.03 **NOCH ZU BEACHTEN** Nickel und Kobalt können allergische Reaktionen auslösen. Aus diesem Grund wurde von der Europäischen Union die so genannte *Bedarfsgegenständeverordnung* erlassen, besser bekannt als Nickelverordnung. Die Bedarfsgegenständeverordnung ist Teil des Lebensmittelgesetzes. Nickelhaltige Bedarfsgegenstände, die unmittelbar und länger mit der Haut in Berührung kommen, dürfen dieser Verordnung zufolge nur 0,5 µG Nickel pro Kubikzentimeter pro Woche freisetzen. Auf nickelfreies Weißgold und kobaltfreies Platin sollte daher Wert gelegt werden. Um sicherzugehen, empfiehlt sich der Gang zum Juwelier des Vertrauens statt zum Internethändler. Vertrauen – englisch: Confidence – ergänzt als fünftes C seit jeher die großen „4 C" des Diamantkaufs. Die 4 C besagen: Es ist zu achten auf *Cut, Colour, Clarity* und *Carat;* zu deutsch: *Schliff, Farbe, Klarheit* und *Karat.*

EIN GESCHENK EINPACKEN 101

Es gibt unzählige Ratgeber, die Männern erklären wollen, wie man ein Geschenk einpackt. Gern wird darauf hingewiesen, dass den Frauen die

Verpackung enorm wichtig sei, und nach einigem leeren Gerede folgt tatsächlich eine Anleitung zum Einpacken. Diese Ratgeber gehen ganz offenkundig davon aus, dass Männer unwahrscheinlich blöd sind. Man könnte mit gleichem Recht auch einen Ratgeber zum Anziehen einer Hose verfassen (Verteilen Sie Ihre Beine gleichmäßig von innen auf die beiden Öffnungen …). Natürlich kann jeder Mann ein Geschenk einpacken, wenn er will. Und sollten Sie nun wirklich der eine Mann der Erde sein, der überhaupt nicht in der Lage ist, ein Geschenk einzupacken, dann lassen Sie es sich zeigen. Sie werden es nach knapp zwei Sekunden kapiert haben, und dann gilt wieder: Jeder Mann kann ein Geschenk einpacken. Wenn er will.

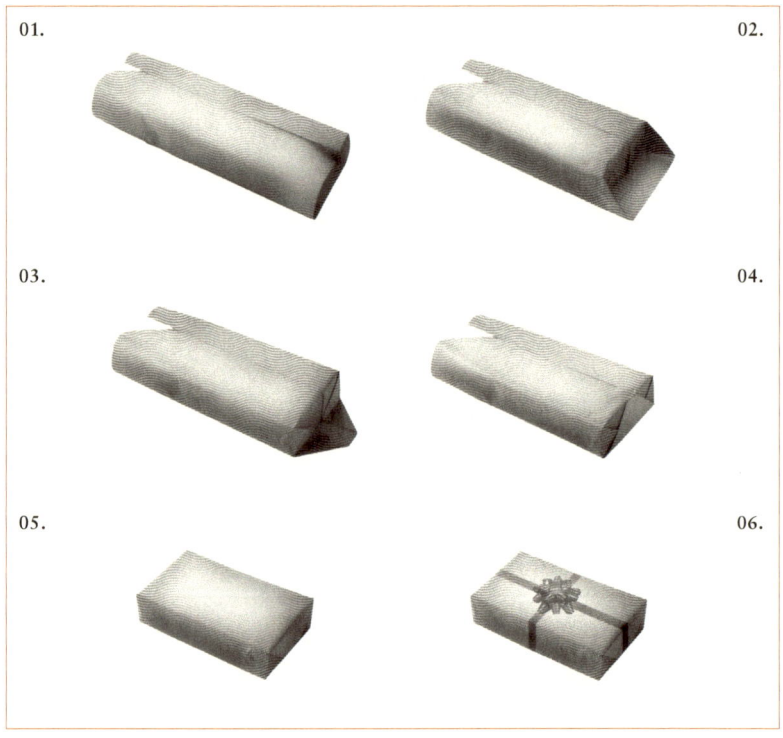

01.

02.

03.

04.

05.

06.

Dass Männer Frauen nicht zuhören können, ist ein Klischee, das auch in der einschlägigen Ratgeberliteratur gern verbreitet wird. Natürlich können Männer Frauen zuhören. Es ist halt nicht ganz so einfach. Wenn Sie es aber wollen, dann wird es Ihnen mittels einiger Tricks, oder besser: *Erkenntnisse* prima gelingen.

102.01 *ZUHÖREN UND WIRKLICH ZUHÖREN* Grundsätzlich ist zu unterscheiden zwischen, erstens, einer Frau – in der Regel dann Ihrer Frau – wirklich zuzuhören, und zweitens, einer Frau zuzuhören, die Sie gerade kennen gelernt haben, zum Beispiel in einer Bar. In letzterem Fall ist das Wichtigste, dass Sie sich sofort den Namen einprägen. Vergessen Sie ihn unter keinen Umständen und sagen Sie ihn im Gespräch immer wieder. Das mögen Sie affig finden, aber es wird Sie ungemein sympathisch erscheinen lassen. Oft werden Namen in Bars nämlich sofort wieder vergessen. Wenn Sie den Namen wissen und oft wiederholen, zeigen Sie damit, dass Sie schon einmal zugehört haben, als es wichtig war, und das kommt sehr gut an. Das wirkliche Zuhören ist natürlich etwas vollkommen anderes.

102.02 *HOCH UND MUSIKALISCH* Wasser auf die Mühlen der Verfechter der Meinung, Männer seien nicht in der Lage, einer Frau zuzuhören, ist eine Studie der Universität Sheffield von 2005. Die Forscher hatten zwölf Männern weibliche und männliche Stimmen vorgespielt und dabei die Hirnaktivitäten der Probanden gemessen. Die Messungen ergaben, dass Frauen- und Männerstimmen unterschiedliche Regionen im Gehirn eines Mannes ansprechen. Das liege daran, dass Frauenstimmen höher und musikalischer seien – und daher schwerer zu entziffern. Daraus folge: Das Gehirn ermüdet schneller, der Mann hört der Frau nicht mehr richtig zu.

102.03 *SIE BIETEN LÖSUNGEN* Ganz abgesehen davon, ob die Ergebnisse der Studie ernst zu nehmen sind: Sie gehen am Kern der Sache vorbei. Zuhören heißt ja nicht, ein akustisches Signal zu empfangen, sondern, etwas tatsächlich zu verstehen und sich dazu zu verhalten. Die vermeintliche Unfähigkeit des Zuhörens liegt in der Regel in einigen Missverständnissen begründet. Wenn Ihre Frau zum Beispiel abends nach Hause kommt und Ihnen von einigen Problemen bei der Arbeit erzählt, dann hören Sie vermutlich eine Weile zu, und weil Sie ihr wirklich helfen wollen, packen Sie nach einer Weile ein paar Lösungsvorschläge aus; Sie entwerfen einen Plan, wie die Probleme zu lösen sind. Und das ist genau falsch.

102.04 **SIE WILL KEINE LÖSUNGEN** Männer und Frauen kommunizieren grundlegend verschieden. Männer suchen in Problemgesprächen fast immer eine Lösung, doch Frauen wollen in dieser Situation keine Lösung. Das ist für Männer kaum zu verstehen, es erscheint ihnen paradox – aber es ist so, und man muss lernen, damit umzugehen, wenn die Gespräche irgendeinen Nutzen haben sollen. Schnell konstruierte Lösungen, egal wie gut sie sind, vermitteln Frauen das Gefühl, dass ihr Problem nicht ernst genommen wird.

102.05 **UNBEDINGTE SOLIDARITÄT** Es geht Frauen in solchen Situationen meist darum, sich den Ärger von der Seele zu reden. Als Mann sollte man in dieser Situation Mitgefühl ausdrücken. Und seien Sie erst einmal zu 100 Prozent solidarisch, auch wenn Sie den Standpunkt eines Dritten, über den sich Ihre Frau beschwert, ebenso verstehen können. Also: keine Lösung, kein Widerspruch, sondern Unterstützung und Mitgefühl.

102.06 **AKTIVES ZUHÖREN** Tatsächlich ist das Zuhören ein Thema, das die Wissenschaft schon lange beschäftigt, und die Studie aus Sheffield ist dabei eher ein Tropfen im Ozean, also: unbedeutend. Der amerikanische Psychologe Carl Rogers (1902–1987) hat das Konzept des Aktiven Zuhörens entwickelt und dafür einige Regeln aufgestellt. Demnach braucht es zunächst eine offene Grundhaltung, ein authentisches Auftreten und die Akzeptanz und bedingungslose positive Beachtung der anderen Person. Das Zuhören trägt zu mindestens 50 Prozent zum erfolgreichen Verlauf eines Gesprächs bei (weshalb Gespräche mit der Gruppe der so genannten Schnacker, Schwätzer und Laberköpfe nie funktionieren, weil diese über sich erzählen, aber niemals zuhören). Rogers hat zudem ein paar konkrete Regeln für das gute Zuhören aufgestellt. Die wichtigsten sind:

• • • 01. • • •

Drücken Sie Ihre Konzentration durch Ihre Körperhaltung aus.

• • • 02. • • •

Dass Sie zuhören heißt nicht, dass Sie gleicher Meinung sind.
Sie können dennoch ihre Meinung erst einmal zurückhalten.
Hören Sie zunächst zu und unterbrechen Sie nicht.

• • • 03. • • •

Wenn Sie etwas nicht verstehen: Fragen Sie nach.

• • • 04. • • •

Sagen Sie hin und wieder etwas Bestätigendes
(„Ja", „Verstehe", „Natürlich", etc).
Wenn Sie durchgehend schweigen,
denkt Ihr Gegenüber (Ihre Frau),
Sie hören nicht mehr zu.

• • • 05. • • •

Bleiben Sie ruhig, wenn Pausen entstehen.
Diese sind oft ein Zeichen für Angst,
Ratlosigkeit oder dafür, dass der Gedanke noch nicht
klar im Kopf ist – aber noch kommt.

• • • 06. • • •

Halten Sie immer wieder Blickkontakt.

• • • 07. • • •

Werden Vorwürfe an Sie gerichtet:
Bleiben Sie ruhig. Warten Sie. Hören Sie weiterhin zu.

• • • 08. • • •

Versetzen Sie sich in die Lage der Person,
die zu Ihnen spricht.

Das alles ist reichlich viel verlangt. Obwohl jeder einzelne Ratschlag stimmig und sinnvoll erscheint, kann sie wohl nur eine Art Buddha alle zugleich befolgen. Am wichtigsten bleibt die Erkenntnis, dass Sie und Ihre oder eine Frau mit unterschiedlichen Erwartungen und Zielen ins Gespräch gehen. Wenn Sie das wissen, können Sie angemessen reagieren, und je mehr Sie in sich ruhen, desto mehr können Sie agieren wie ein Buddha. Ein Mann hat viele Gesichter. Sie müssen ja nicht immer so ruhig und verständnisvoll sein, aber wenn Sie einer Frau wirklich zuhören wollen: Dann sollten Sie genau so sein.

103 EIN KIND ZEUGEN

Die großen Drei im Leben eines Mannes: ein Haus bauen, einen Baum pflanzen, ein Kind zeugen. Wie man ein Haus baut steht im Kapitel *Der Mann im Haus* in der Rubrik *Ein Haus bauen*. Wie man einen Baum pflanzt, steht im Kapitel *Der Mann und die Natur* in der Rubrik *Einen Baum pflanzen*. Wie man ein Kind zeugt, muss ein Mann selber wissen.

Nur dies: Gemeinhin ging man davon aus, dass die fruchtbaren Tage einer Frau zwischen dem 10. und dem 17. Tag des Zyklus liegen. Der Zyklus beginnt mit dem ersten Tag der Monatsblutung. Mittlerweile geht man jedoch davon aus, das die fruchtbare Phase von Frau zu Frau und von Zyklus zu Zyklus verschieden ist. Ob Ihre Frau schwanger werden kann, hängt ab von der Lebensdauer der Spermazellen, der Lebensdauer der Eizelle und der Dauer des Eisprungs. Die Spermazellen überleben 3 bis 5 Tage, die Eizelle jedoch nur 12 bis 24 Stunden.

Wenn Sie also gemeinsam ein Kind zeugen wollen, sollten Sie das ungefähr in einem Zeitraum von 4 Tagen vor und 24 Stunden nach dem Eisprung tun. Nun müssen Sie nur noch wissen, wann der Eisprung genau stattfindet. Am sichersten kann das Ihre Frau mit einem Ovulationstest bestimmen, den es in der Apotheke gibt. Alle anderen Methoden sind im Vergleich ungenau.

Es gibt Männer, die der Ansicht sind, dass Männer keinen Orgasmus vortäuschen können. Und es gibt Umfragen, in denen – je nach Umfrage – 20 bis 50 Prozent der Männer angeben, schon einmal einen Orgasmus vorgetäuscht zu haben. Diese Männer müssen dabei nicht gelogen haben: Denn es geht.

104.01 **DIE FLÜSSIGKEIT** Der am häufigsten vorgebrachte Einwand ist der, dass Frauen es doch bemerken müssten, wenn beim Mann während des angeblichen Orgasmus das Ejakulat ausbleibt, der Samen. Dazu ist zu sagen, dass Männer nicht jedes mal Massen davon abgeben, und dass, wenn man bereits zum zweiten oder dritten Mal an einem Tag oder in einer Nacht miteinander schläft, fast gar nichts mehr fließt. Zudem produziert auch die Frau Flüssigkeit, die nicht ohne weiteres von der des Mannes zu unterscheiden ist. Weiterhin hat der Mann die Möglichkeit, wenn ein Kondom benutzt wird, dieses schnell zu entsorgen. Keine Frau wird kontrollieren, ob es wirklich gefüllt war.

104.02 **DAS MOTIV** Wenn es also möglich ist, ergibt sich die nächste Frage: Warum sollte ein Mann einen Orgasmus vortäuschen wollen? Die Motive sind vielfältig. Eins ist Faulheit: Der Mann bemerkt, dass er allzu bald nicht kommen wird (vielleicht, weil er recht viel Alkohol getrunken hat), und er ist der Anstrengung überdrüssig. Zugleich scheut er sich davor zuzugeben, dass er jetzt die Entspannung der Aktivität vorzieht. Viele Männer haben auch Angst davor, den Eindruck zu erwecken, sie seien jetzt nicht in der Lage zu kommen. Immerzu können zu können ist ein unauslöschliches Männer-Klischee, das seit den neunziger Jahren durch zahlreiche Männerzeitschriften noch befeuert wurde. Versagensängste spielen also eine Rolle, oder die Sorge, eine Diskussion darüber führen zu müssen, warum man denn nun nicht gekommen sei („Gefalle ich dir nicht mehr?"). Oder reine Freundlichkeit ist der Grund, weil es ja sonst stets klappt, aber nur eben jetzt gerade nicht und man seiner Partnerin nicht grundlos Grund zur Sorge geben will. Oft kommen viele der Motive zusammen.

104.03 *ATMEN, BEWEGEN, ZUCKEN* Sollten Sie nun in die Lage kommen, einen Orgasmus vortäuschen zu wollen, gibt es nur ein paar Dinge zu beachten. Bereiten Sie den Moment allmählich vor, indem Sie lauter werden und rhythmischer stöhnen (wenn Sie sonst nie stöhnen, dann natürlich auch jetzt nicht). Bewegen Sie sich etwas schneller und erwecken Sie den Eindruck, dass die Ekstase Sie allmählich mit sich reißt. Typische Kennzeichen eines sich unmittelbar anbahnenden Orgasmus sind erst eine stärkere Atmung und ausgeprägtere Bewegungen, dann unwillkürliche Muskelzuckungen (den zunehmenden Schweiß und die Rötung der Haut werden Sie kaum simulieren können). Leiten Sie die Schlussphase ein, indem Sie noch einmal alles in Bewegung und Lautstärke legen und kommen Sie schließlich, indem sie erst die Luft anhalten, zwei, drei Sekunden lang, und dann laut und langgezogen stöhnen. Ihre Bewegungen werden unmittelbar anschließend langsamer und viel sanfter, begleitet vom ein oder anderen wohligen Stöhnen, und recht bald sinken Sie völlig ermattet in sich zusammen. Streicheln Sie die Frau und zeigen ein erschöpftes und dankbares Gesicht. Sie können gern noch etwas Sinnfreies sagen, zum Beispiel: „Oh Mann", was Ihre Fassungslosigkeit und Zufriedenheit dokumentiert.

104.04 *EINE SPIELART* Psychologen und all die vielen Sexberater, die es mittlerweile gibt, raten sehr davon ab, den Orgasmus öfter oder gar regelmäßig vorzutäuschen. Besonders in einer ansonsten stabilen Partnerschaft untergrabe man das gegenseitige Vertrauen. Die meisten dieser Psychologen und sehr vielen Sexberater äußern sich dann allerdings so, als sei schon das einmalige Vortäuschen eine Todsünde. Es ist sicherlich nicht optimal, aber so schlimm ist es nun auch nicht, wenn man dabei für alle Parteien das Beste im Sinn hat. Eine unter Umständen ganz witzige Spielart kann es sein, sich mit seiner Partnerin gegenseitig einen Orgasmus vorzuspielen, um zu sehen, wer es besser kann.

Warum Männer nach dem Sex oft sofort einschlafen, wird gern mit einer hormonellen Veränderung begründet. Beim Orgasmus werden *Oxytocin* (auch „Kuschel-Hormon" genannt) und *Serotonine* ausgeschüttet, beides Glückshormone. Angeblich reagieren Frauen und Männer unterschiedlich darauf. Bei Frauen soll ein großes Zärtlichkeitsbedürfnis eintreten (das sie wach hält), beim Mann soll das Zusammenspiel der Glückshormone mit dem ebenfalls im Spiel befindlichen *Testosteron* lediglich Müdigkeit erzeugen. Letztlich bewiesen ist das nicht. Wahrscheinlich spielt zudem auch eine recht simple Erklärung eine Rolle: In der Regel (nicht immer) sind Männer nach dem Sex körperlich stärker verausgabt. Außerdem schaltet ein Mann beim Sex sämtliche Sorgen und Probleme ab, und nach dem Orgasmus entspannt er sich in einer Weise, die es ihm anders als sonst ermöglicht, in einem Zustand vollständiger Sorglosigkeit einzuschlummern.

105.01 *COLA, KAFFEE, EIN GESPRÄCH* Um wach zu bleiben, werden allerlei Hausmittel empfohlen. Mancher so genannte Experte rät, vor dem Sex noch zwei Tassen Kaffee oder ein großes Glas Cola zu trinken und Alkohol und üppiges Essen zu vermeiden. Oder man solle den Sex einfach von der Nacht in den Tag verlegen. Andere Experten raten, sich nach dem Orgasmus im Bett sitzend aufzurichten – da könne man auch wunderbar kuscheln oder umgehend ein Gespräch anstrengenden Inhalts beginnen, das Sie wach hält.

105.02 *DIE ZÄRTLICHSTEN WORTE* Tatsächlich wird die Situation nur durch eins erträglich: Machen Sie Ihrer Frau klar, dass es Ihnen ganz wunderbar geht und dass sie es ist, die Sie so glücklich und eben auch, nun ja, so zufrieden und aufs Schönste müde macht. Es geht Ihrer Frau ja nicht darum, dass Sie noch stundenlang wach bleiben und für was auch immer zur Verfügung zu stehen. Es geht darum, dass Frauen es hassen, alleine gelassen zu werden – und es ist die ignorante Art und Weise von Männern, sich seelenruhig zur Seite wegzudrehen und wegzuschlafen, die Frauen so ärgerlich macht. Wenn Sie also wirklich nicht wach bleiben können, dann sollten Sie sich mit den zärtlichsten Worten in den Schlaf verabschieden. So zärtlich, dass sie sich geborgen fühlt und nicht allein, obwohl Sie schon schlummern.

106 EINER FRAU DIE FÜSSE MASSIEREN

Einer Frau die Füße zu massieren ist eine besondere Handlung. So legt es jedenfalls ein Dialog im Film *Pulp Fiction* von 1994 nahe. Zwei Gangster, Vincent und Jules, unterhalten sich darüber, wie ihr Boss, Marsellus Wallace, einen weiteren Gangster namens Anton aus dem vierten Stock hat werfen lassen. Anton hatte der Frau vom Boss eine Fußmassage angedeihen lassen. Weiter nichts, doch Marsellus Wallace war der Ansicht, dass das zu weit ging. Die Fußmassage zu Entspannungszwecken ist dabei nicht zu verwechseln mit der Fußmassage zu Heilungszwecken. Erstere ist Freizeit, Letztere Medizin.

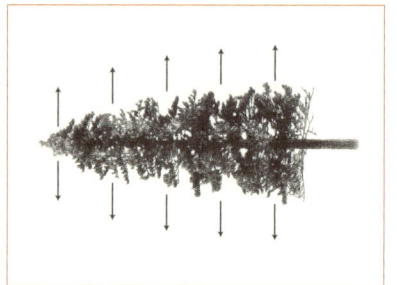

Eine beliebte Massagetechnik
ist der so genannte Tannenbaum.

106.01 *DIE ENTSPANNENDE MASSAGE* Damit also zu Ersterer. Eine beliebte Massagetechnik ist der so genannte *Tannenbaum*. Diese Technik ist meist eine Freude für alle Beteiligten. Bekanntlich bildet eine Tanne keine Krone, sondern Zweige und Äste am ganzen Stamm. Diese Form ist Vorbild für die Massage. Nehmen Sie einen Fuß der Frau in beide Hände und massieren Sie die Sohle mit beiden Daumen in Tannenform von innen nach außen. Kehren Sie immer wieder zum Stamm, also zur Sohlenmitte zurück und massieren Sie so den ganzen Fuß von unten nach oben oder umgekehrt. Die anderen Finger umschließen den Fußrücken und stützen ihn. Die Massage kann am Fersenende oder am Ballenende der Fußsohle beginnen. Es handelt sich um eine besonders intime, eventuell sogar sexuell stimulierende Massage.

106.02 *DIE REFLEXZONENMASSAGE* Nicht zu verwechseln ist diese Art der Massage mit der Reflexzonentherapie am Fuß, die nur von einer nicht gerade kleinen, aber doch genau umrissenen Gruppe von Personen vorgenommen werden darf: Ärzten, Heilpraktikern, Fachkräften aus der Physiotherapie und der Kranken- und Altenpflege, Hebammen, staatlich geprüften Masseurinnen und Masseuren, Ergotherapeuten, Psychotherapeuten, Atemtherapeuten, Logopäden und Podologen. Das heißt: vermutlich nicht von Ihnen. Das ist kein generelles Misstrauen, vielmehr geht es darum, dass die falsch ausgeführte Reflexzonenmassage auch schmerzverstärkend wirken kann. Fußreflexzonentherapeuten gehen davon aus, dass sich auf den Fußsohlen Zonen befinden, von denen Reflexwege zu den anderen Körperregionen führen. Alle Organe des menschlichen Körpers sollen sich, einem Modell ähnlich, auf der Sohle wiederfinden, was nicht bewiesen, aber auch nicht widerlegt ist. Über eine Druckpunktmassage der entsprechenden Stellen auf der Fußsohle sollen sich Störungen von Organ- und weiteren Körperfunktionen beheben lassen.

Eine vielversprechende Technik ist der so genannte *Reitende Daumen,* wobei intensiver Druck mit dem Daumen ausgeübt wird, gezielt an bestimmten Fußstellen für bestimmte Leiden. Ein Schilddrüsenproblem wird zum Beispiel am Ballen unterhalb des großen Zehs therapiert, der absteigende Dickdarm findet seine Entsprechung vor der Ferse an der Außenseite der Sohle des mittleren Fußes. Vorsicht ist geboten bei akuten Entzündungen im Venen- und Lymphsystem, infektiösen und hoch fieberhaften Erkrankungen, direkt nach Operationen und bei rheumatischen Erkrankungen, die die Fußgelenke akut belasten.

Die rechte Fußsohle: 01. *Stirn- und Kieferhöhlen* 02. *Schläfe* 03. *Auge* 04. *Ohr* 05. *Obere Lymphknoten* 06. *Schultergürtel* 07. *Schultergelenk* 08. *Achsellymphknoten* 09. *Bronchien, Lunge* 10. *Leber* 11. *Sonnengeflecht* 12. *Nebenniere* 13. *Galle* 14. *Quer verlaufender Dickdarm* 15. *Aufsteigender Dickdarm* 16. *Dünndarm* 17. *Ileozökalklappe* 18. *Blinddarm* 19. *Becken- und Bauchraum* 20. *Schädeldach* 21. *Großhirn* 22. *Hirnanhangdrüse* 23. *Nase* 24. *Kleinhirn* 25. *Nacken* 26. *Nebenschilddrüse* 27. *Halswirbelsäule* 28. *Herz* 29. *Schilddrüse* 30. *Brustwirbelsäule* 31. *Magen* 32. *Magenausgang* 33. *Bauchspeicheldrüse* 34. *Zwölffingerdarm* 35. *Nieren* 36. *Harnleiter* 37. *Lendenwirbelsäule* 38. *Kreuzbein* 39. *Steißbein*

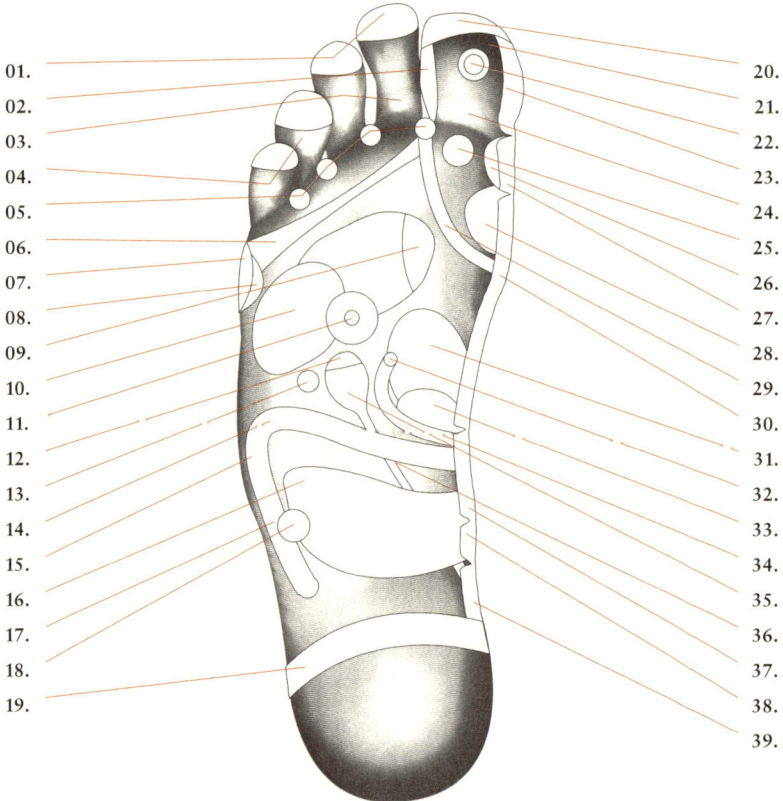

01.   20.
02.   21.
03.   22.
04.   23.
05.   24.
06.   25.
07.   26.
08.   27.
09.   28.
10.   29.
11.   30.
12.   31.
13.   32.
14.   33.
15.   34.
16.   35.
17.   36.
18.   37.
19.   38.
                                                                       39.

DER MANN UND DIE FRAU

Die linke Fußsohle: 01. Stirn- und Kieferhöhlen 02. Schläfe 03. Auge 04. Ohr 05. Obere Lymphknoten 06. Schultergürtel 07. Schultergelenk 08. Achsellymphknoten 09. Bronchien, Lunge 10. Herzbezugszone 11. Sonnengeflecht 12. Nebenniere 13. Milz 14. Quer verlaufender Dickdarm 15. Absteigender Dickdarm 16. Dünndarm 17. S-förmiger-Dickdarm 18. Steißbein 19. Becken- und Bauchraum 20. Schädeldach 21. Großhirn 22. Hirnanhangdrüse 23. Nase 24. Kleinhirn 25. Nacken 26. Nebenschilddrüse 27. Halswirbelsäule 28. Herz 29. Schilddrüse 30. Brustwirbelsäule 31. Magen 32. Mageneingang 33. Speiseröhre 34. Bauchspeicheldrüse 35. Nieren 36. Zwölffingerdarm 37. Harnleiter 38. Lendenwirbelsäule 39. Kreuzbein 40. Harnblase

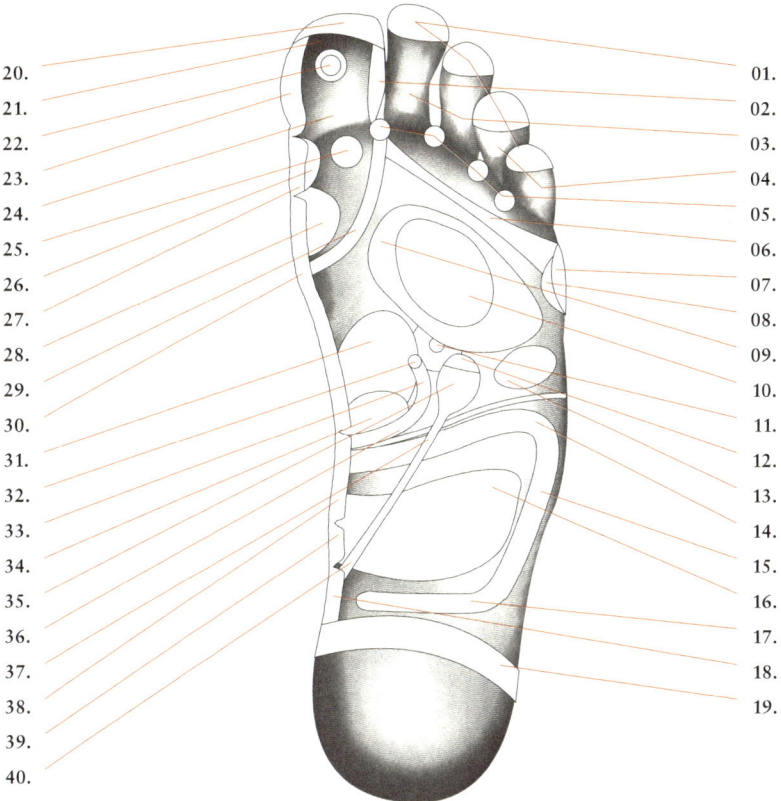

20.   01.
21. 02.
22. 03.
23. 04.
24. 05.
25. 06.
26. 07.
27. 08.
28. 09.
29. 10.
30. 11.
31. 12.
32. 13.
33. 14.
34. 15.
35. 16.
36. 17.
37. 18.
38. 19.
39.
40.

Schnarchen entsteht durch das Flattern des Gaumensegels im Sog der Atemluft. Im Schlaf verliert der Körper seine Spannung. Gaumen, Zunge und Zäpfchen beginnen zu vibrieren und geräuschvoll in den Atemwegen herumzuturnen, die sie zeitweise sogar verstopfen können. Im Alter schnarchen zirka 60 Prozent aller Männer. Da ist soweit bekannt. Viel weniger bekannt ist, dass auch über ein Drittel aller Frauen schnarcht. Manche schnurren dabei so leise wie ein Kühlschrank, manche erreichen Dezibelwerte wie ein vorüberfahrender Lastkraftwagen. Dagegen sollte etwas getan werden.

107.01 *NIE AUF DEM RÜCKEN LIEGEN LASSEN* Die meisten Schnarcher erreichen ihre größte Lautstärke auf dem Rücken liegend. Achten Sie also darauf, dass Ihre Frau, Freundin oder Begleitung diese Lage möglichst nicht zu lange beibehält. Einer der ältesten Tricks ist so effektiv wie ungewöhnlich: Wenn Sie eine gewisse Begabung für Handarbeiten haben, können Sie Ihrer Frau einen Tennisball in das Rückenteil ihres Nachthemds einnähen. In Rückenlage zu schlafen wird dadurch eher ungemütlich, und so wird sich Ihre Frau im Schlaf automatisch immer wieder auf die Seite drehen.

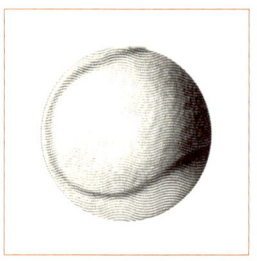

< Tennisball

• • •

Rachenraum mit

Gaumensegel >

•

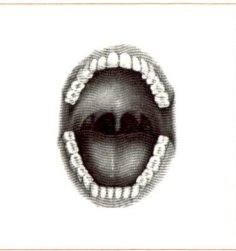

Die Gefahr ist allerdings groß, dass sie das Nachthemd eher nicht zu ihrer Lieblingsgarderobe machen wird. Besser ist es – schläft sie mal wieder in Rückenlage – das Bett kurz zu verlassen und sie sanft, aber bestimmt so hochzuschieben, dass sie eine Sitzposition einnimmt. Wacht sie dabei auf, können Sie flüsternd, je nach Typ, von der Schönheit eines Hollandrades, eines VW-Busses oder eines Porsches 911, 3.2 Liter, G-Modell, Baujahr 1988 (vgl. Kapitel *Der Mann in Bewegung*, Rubrik *Fünf Autos für den Mann kennen*) oder von den geplanten Einkäufen des 1. FC Köln erzählen. Das wird sie schnell wieder entschlummern lassen.

Mit größter Sicherheit führt aber folgender – allerdings etwas unfaire – Trick zu einer Änderung ihrer Liegeposition: Gehen Sie am Abend mit ihren Freunden in eine Kneipe oder genehmigen Sie sich zu Hause kurz vor dem Zubettgehen noch einen ordentlichen Schluck. Ein winziger Hauch ihrer frischen Fahne wird sofort dazu führen, dass sich Ihre Frau auf die Seite dreht.

107.02 **DEN LEBENSWANDEL ÄNDERN** Was ohne Zweifel gegen das Schnarchen hilft, ist eine Gewichtsverminderung sowie ein Alkohol- und Nikotinverzicht. Aber wie um Himmels Willen sollen Sie das Ihrer Frau klar machen? Gut, das gemeinsame Vorhaben, mit dem Rauchen aufzuhören oder weniger zu trinken, könnte von der Partnerin durchaus noch als vernünftig und klug eingestuft werden – aber durch den Vorschlag einer gemeinsamen Diät hat sich noch kein Mann seine Frau zum Freund gemacht.

Es gilt also, einiges Geschick aufzubringen. Sie können versuchen, einen Freund in die Idee einzuweihen, der beim Abendessen – zu dem er ohne Begleitung erscheint – ganz nebenbei erwähnt, über das Phänomen in einer Zeitschrift gelesen zu haben.

107.03 **BESUCH BEIM ARZT** Der Arzt wird einen Besuch im Schlaflabor empfehlen, wo festgestellt werden soll, welche Behandlungsmaßnahme Erfolg versprechen könnte.

Er kann einen Schnarchapparat vorschlagen, wie die Kiefer-Protrusionsschiene, die den Unterkiefer in einer festen Lage halten soll, oder eine Überdruckmaske. Im ganz schwierigen Fällen hilft oft nur ein operativer Eingriff. Dabei können Gaumen und Rachenschleimhaut gestrafft oder das Zäpfchen gekürzt beziehungsweise ganz entfernt werden. Das hilft in den meisten Fällen.

Zu wenige Frauen suchen ernsthaft nach einer Lösung für ihr Schnarch-problem. Aber ihr sanft klarzumachen, dass sie sich auch um ihr eigenes Wohlbefinden bringt, wird helfen. Ein durch Schnarchen gestörter Schlaf führt fast immer zu Müdigkeit am Tag und zu Konzentrationsschwierig-keiten. Und da Frauen für vernünftige Vorschläge dankbar sind, verschonen Sie sie lieber mit den unsinnigen Ratschlägen mancher Spezialisten: So wird von einigen das regelmäßige Musizieren mit einem Digeridoo empfohlen; andere legen einen Umzug in den Weltraum nahe – Astronauten schnarchen nicht, weil die Schwerelosigkeit das Flattern des Bindegewebes verhindert.

107.04 *SCHNARCHEN KANN GEFÄHRLICH SEIN* Die Alfelder Schlaf-apnoe Gesellschaft, Herausgeber der Zeitschrift „Siebenschläfer" und Be-treiber des Schnarch-Museums Alfeld, hat die kuriosesten Geräte und Hilfs-mittel gesammelt, mit denen Schnarchern geholfen werden soll. Das klingt lustig, hat aber einen ernsten Hintergrund. Es kann beim Schnarchen zu Atemaussetzern kommen, die bis zu dreißig Sekunden dauern können; diese gefährden den gesunden Schlaf und führen zu Albträumen und Muskel-kater. Durch den kurzfristigen Sauerstoffmangel und die Unterversorgung des Gehirns kann die Schlafapnoe (Apnoe = Nicht-Atmung, Atemstillstand) das Leben im Schlaf gefährden. Wenn Ihre Frau solche Atemaussetzer hat, sollte sie wirklich mal beim Arzt vorbeischauen.

108 SICH IM BORDELL VERHALTEN

Früher war für manchen jungen Mann der Besuch im Bordell Teil des Er-wachsenwerdens, eine Art Initiationsritus also. Mancherorts war es üblich, dass der Mann seinen ersten Beischlaf im Bordell erlebte. Das mag aus heu-tiger Sicht reichlich unromantisch klingen, das muss es aber nicht zwangs-läufig sein. Der Schriftsteller Gabriel García Márquez zum Beispiel beschreibt in seiner Autobiografie „Leben, um davon zu erzählen" sein erstes Mal in blumigsten Worten, schöner als im Bordell hätte es kaum sein können.

Allerdings hat García Márquez seinem Buch einen Satz vorangestellt: „Nicht was wir gelebt haben, ist das Leben, sondern das, was wir erinnern und wie wir es erinnern, um davon zu erzählen." Es kann also auch alles ganz anders gewesen sein, damals im Bordell.

Heutzutage gehen immer noch erstaunlich viele Männer ins Bordell. Das B.A.T. Freizeit-Forschungsinstitut Hamburg hat im Auftrag der Zeitschrift „Brigitte" Daten über den deutschen Mann erhoben. Dabei ergab sich, dass 88 Prozent aller Männer in ihrem Leben mindestens einmal bei einer Prostituierten waren. Vielleicht noch erstaunlicher ist eine zweite Zahl: 47 Prozent der deutschen Männer gehen der Studie zufolge einmal im Monat ins Bordell. Die Gewerkschaft ver.di geht davon aus, dass täglich 1,2 Millionen Männer die Dienstleistungen von Prostituierten in Anspruch nehmen.

Darüber soll an dieser Stelle nicht geurteilt werden, das muss jeder Mann mit sich selbst ausmachen (Es sei denn, es handelt sich um Zwangs- oder Minderjährigenprostitution, die kann man nicht mit sich selbst ausmachen, sondern muss sie anzeigen). Zu sagen ist, dass der Bordellbesuch gewissen Regeln unterliegt.

Die holländische Freiergruppe „Stichting Man en Prostitutie" hat zehn Regeln zusammengestellt, die für einen angenehmen Besuch bei einer Prostituierten sorgen sollen. Auch die Prostituiertenberatungsstelle Hydra und die Organisation Freier-Sein empfehlen, diese zu befolgen.

108.01 **REGEL EINS** Geboten sind Höflichkeit, Respekt und ein sauberes Auftreten. Prostituierte haben die Freiheit, Kunden abzulehnen und nehmen sich diese auch, wenn sie das Gefühl haben, nicht gut behandelt zu werden. Wie Hotelpagen, Kellner und Bankangestellte sind auch Prostituierte nach den Regeln des menschlichen Umgangs miteinander zu behandeln. Auch in einem Restaurant kann einem der Tisch verwehrt bleiben, wenn man bereits vor der Tür zu pöbeln beginnt.

108.02 **REGEL ZWEI** Betrunkene Kunden sind zwar hemmungsloser, aber auch unberechenbarer. Zudem gefährdet übermäßiger Alkoholgenuss vor dem Bordellbesuch die Erigierfähigkeit, welche für viele beanspruchbare Dienstleistungen notwendig ist. Ist diese Fähigkeit nicht vorhanden, muss die Prostituierte trotzdem bezahlt werden.

108.03 **REGEL DREI** Es handelt sich bei einem mündlichen Vertrag zwischen einer Prostituierten und einem Freier um einen Dienstvertrag: Eine zu erbringende Dienstleistung wird mit Geld bezahlt. Es handelt sich somit um eine Geschäftsbeziehung. Daher sind klare Verhandlungen zu führen, und anschließend gilt es, sich an die Verabredungen und die Preisabsprachen zu halten. Nicht vereinbarte Dienstleistungen sind nicht einforderbar. Ist etwa im Vertragsgespräch lediglich Verkehr abgesprochen, bedeutet dies zum Beispiel, dass dieser auch stattzufinden hat (solange kein Verstoß gegen andere Regeln vorliegt), während Zungenküsse nicht zur Vertragserfüllung gehören. Weder Mehrleistungen noch ein Preisnachlass sind zu erwarten, selbst wenn man selbst eine gute Leistung erbracht zu haben meint, denn diese wurde von der Frau nie verlangt.

108.04 **REGEL VIER** Die Prostituierte, die eine Dienstleistung erweist, ist auch dann der vorher getroffenen Vereinbarung gemäß zu bezahlen, wenn sich beim Kunden keine Lustbefriedigung einstellt, denn die Leistung wurde trotzdem erbracht. Sexuelle Dienstleistungen beinhalten keine Orgasmusgarantie. Verweigert man die Zahlung, ist ein rechtliches Nachspiel zu erwarten.

108.05 **REGEL FÜNF** Es sind von vornherein nur Leistungen zu erwarten, die ohnehin zum Leistungsspektrum der Frau gehören. Zungenküsse werden meist nicht angeboten, woran sich ablesen lässt, dass die Branche der sexuellen Dienstleistungen Grenzen hat, innerhalb derer sich der Kunde zu bewegen hat.

108.06 **REGEL SECHS** Da Prostitution die Vornahme sexueller Handlungen gegen Entgelt und keine Erweisung von Liebe bezeichnet, ist eine sexuelle Handlung nicht mit Liebe zu verwechseln. Gefühle sind nicht einforderbar.

REGEL SIEBEN Der Körper ist das Kapital der Prostituierten. Sie wird ihn nicht aufs Spiel setzen. Als Kunde hat man somit zwar die Wahl, die Farbe, die Gestalt, die Struktur und den Geschmack oder Duft eines zu benutzenden Kondoms zu wählen, eine Wahl bezüglich Benutzung oder Nichtbenutzung ist jedoch nicht möglich. Die Forderung nach Verkehr ohne Kondom wird in der Regel nicht berücksichtigt. Wird sie es doch, handelt es sich möglicherweise um ein zwielichtiges Geschäft, das man als Kunde auch aus Rücksicht auf den eigenen Körper nicht eingehen sollte. Bei Verkehr ohne Kondom sind Krankheiten (sexuell übertragbare Infektionen, kurz STI, oder Geschlechtskrankheiten) übertragbar (vgl. Kapitel *Der Mann in Gefahr*, Rubrik *Geschlechtskrankheiten erkennen*). Durch Bakterien verursachte Infektionen sind heilbar. Nicht heilbar sind jedoch Viruserkrankungen.

108.08 **REGEL ACHT** Schlechtes Benehmen nach Vertragsabschluss oder gar Gewaltandrohung oder -anwendung sind für eine Prostituierte Gründe, die Dienstleistung abzubrechen und den Freier vor die Tür zu setzen. Auch in diesem Fall ist selbstverständlich mit einer Zahlungsforderung zu rechnen, denn der Freier hat dann den Vertrag gebrochen, nicht die Prostituierte. Es ist zudem damit zu rechnen, dass der Frau in kleineren Wohnungsbordellen andere Frauen unverzüglich zu Hilfe kommen, in größeren Etablissements auch ein Sicherheitsdienst. Bemerkt man als Freier Gewalt- oder Zwangshandlungen durch andere Freier, durch Bordellbetreiber oder -angestellte, ist es empfehlenswert, nicht den Helden zu spielen, sondern sich an eine Beratungsstelle zu wenden.

108.09 **REGEL NEUN** Es gilt, sich zu entspannen, wenn es nicht klappt, sprich: die Erektion sich nicht einstellt. Leistungsdruck ist der Sache nicht dienlich.

108.10 **REGEL ZEHN** Die Bordellanwohner interessieren sich nicht zwangsläufig für Ihre sexuellen Leistungen, worauf sowohl während als auch nach erfolgtem Bordellbesuch zu achten ist. Anwohner schlafen nachts meist.

Man trifft jemanden, man verliebt sich, das Verliebtsein dauert eine Weile, und dann ist man nicht mehr verliebt, sondern man liebt. Das ist die eine, die sehr seltene Variante. Die andere: Man ist nicht mehr verliebt und will sich trennen. Oder man hat geliebt, aber die Liebe ist erloschen, warum auch immer.

An diesem Punkt wird es schwierig, denn die meisten Männer sind nicht dazu in der Lage, sich – sagen wir: ordentlich – zu trennen. Und sie lassen außer Acht, dass sie beim anderen eine Menge Schaden anrichten können (was natürlich auch umgekehrt vorkommen kann). Deshalb sollte jeder Schritt wohlüberlegt sein.

109.01 *DIE BEZIEHUNG ÜBERPRÜFEN* Am Anfang eines Trennungsplanes sollte immer eine Prüfung der Lage stehen. Was ist wirklich los? Was ist es, das Sie stört? Ist wirklich nichts mehr zu retten? Wird der bevorstehende Verlust zu verkraften sein? Wenn Sie vorhaben, sich zu trennen, müssen Sie sich bewusst sein, dass nicht nur Ihre Partnerin danach allein sein wird, sondern auch Sie. Bemühen Sie Ihre Erinnerung. Was hat Ihnen miteinander Spaß gemacht? Vielleicht hilft es, alte Gemeinsamkeiten wieder aufleben zu lassen. Wenn Sie sich aber sicher sind, dass es vorbei ist, dann beenden Sie die Beziehung.

109.02 *VORBEREITUNG* Grundsätzlich ist es natürlich wünschenswert, dass das Ganze ehrlich und friedlich abläuft. Wenn es vorher für Ihre Freundin keine Anzeichen gab, dass irgendetwas nicht stimmen könnte, dann fallen Sie nicht mit der Tür ins Haus, à la: „Schatzi, reichst Du mir bitte die Butter? Übrigens, ich ziehe gleich für immer aus." Manche Männer halten diese Methode zwar für die beste – gemäß der Redensart: Lieber ein Ende mit Schrecken als ein Schrecken ohne Ende –, oft aber erholen sich Menschen, mit denen auf diese Weise Schluss gemacht wird, sehr lange nicht. Aus völligem Vertrauen ins Nichts – das ist zu hart. Wenn es also in der Beziehung

Ihrer Ansicht nach nicht stimmt, bereiten Sie die Trennung allmählich vor, indem Sie erste Krisengespräche führen, in denen Sie sagen, was Sie stört. Deuten Sie immer wieder an, dass Sie diese Probleme eher nicht für lösbar halten. Das mag unangenehm und eine Weile recht quälend sein, aber diese Phase gibt Ihrer Partnerin Zeit, sich auf die Trennung vorzubereiten. Sie kommt dann nicht mehr wie ein Faustschlag aus dem Nichts.

109.03 **EIN PAAR METHODEN** Wie Sie im Detail Schluss machen, hängt von einigen Faktoren ab. Wenn Ihre Beziehung erst drei Tage währte, brauchen Sie kein besonderes Aufhebens zu machen; wenn Sie in inniger Liebe verschlungen waren und geplant hatten, die Welt erst zu umsegeln und dann aus den Angeln zu heben, wird es schwieriger mit dem Beenden der Beziehung, und Sie sollten sich die maximale Mühe geben, das gut hinzukriegen. Zudem gibt es allerlei Varianten dazwischen, und grundsätzlich ist es immer am besten, man beendet die Beziehung in einem Gespräch. Aber es gibt auch ein paar andere Methoden.

109.04 **DAS GESPRÄCH** Unter Umständen die schwierigste Methode, aber die aufrichtigste und diejenige, die dem Gegenüber den meisten Respekt entgegenbringt. Es schadet nie, viele Fehler auf sich selbst zu nehmen, selbst wenn man anderer Ansicht ist. Sie brauchen Ihrer Partnerin ja nicht im Detail zu sagen, dass sie Ihnen auf die Nerven fällt und dass Sie sie nicht mehr attraktiv finden, was wiederum daran liegt, dass Sie ihren Intellekt, vom dem Sie glaubten, er sei ein Ozean, nun für eine Pfütze halten. Es spricht überhaupt nichts dagegen, die Partnerin zu schonen. Beenden Sie das Ganze also so sanft wie möglich, aber auf jeden Fall bestimmt. Lassen Sie keine Hintertür offen, denn den anderen in Hoffnung zu lassen, ist das Gemeinste, was Sie tun können. Machen Sie unbedingt klar, dass es endgültig ist. Fangen Sie nicht an mit so etwas wie einer Trennung auf Zeit: Dann versuchen Sie lieber, in der Beziehung zu bleiben und diese zu retten. Trennungen auf Zeit führen so gut wie nie zu irgendetwas und bedeuten für einen von beiden fortwährend Unsicherheit und Schmerz. Treffen Sie eine Entscheidung.

109.05 **DER BRIEF** Der Vorteil an dieser Methode: In einem Abschiedsbrief lässt sich alles wohlüberlegt formulieren, und Sie sind davor gefeit, durch spontan falsche Wortwahl Beleidigungen auszustoßen, die Sie hinterher bereuen müssten. Nehmen Sie in dieser Version alle Schuld für das Scheitern der Beziehung auf sich und fügen Sie einige schöne Erinnerungen in Ihren Text ein. Werden Sie jedoch nicht zu sentimental und machen Sie klar, dass es kein Zurück nach diesem Brief gibt. Es ist aus.

• • •

In einem Abschiedsbrief
lässt sich alles
wohlüberlegt formulieren.

•

109.06 **PER SMS** Schnell, praktisch, unkompliziert, allerdings allenfalls angemessen unter 14-Jährigen, deren anfangs so leidenschaftliche und nun jäh erkaltete Beziehung nicht älter ist als eine Woche.

KURZ ZIGARETTEN HOLEN Ein Klassiker: kurz Zigaretten holen gehen und nie wiederkommen. Diese Methode gibt es eher im Film, ganz selten kommt sie allerdings auch im wirklichen Leben vor. Sie müssen Ihre Partnerin schon wirklich hassen, um diesen Ausweg zu wählen, denn die Ungewissheit ist fürchterlich. Ist Ihnen etwas zugestoßen? Die Polizei wird Sie vermutlich suchen. Insgesamt nicht zu empfehlen, nur wenn Sie wirklich Dreck am Stecken haben und sich für immer ins Ausland absetzen wollen. Das sollten Sie dann allerdings vorher organisiert haben.

109.08 **IM AUFTRAG** Seit einiger Zeit bieten Agenturen, die sich zum Beispiel „Die Schlussmacher" nennen, einen Service an: Sie übernehmen die Benachrichtigung von der Trennung. Vom „Wir können ja Freunde bleiben"-Paket für 19,95 Euro bis zum „Persönlich Schlussmachen"-Paket für 49,95 Euro gibt es das Ende auf Bestellung. Dabei versprechen die Agenten eine „Gesprächsführung von sanft bis unbarmherzig" – ganz nach den Vorgaben der Kunden. Das geht nur, wenn Sie entweder unglaublich feige sind, Ihre Freundin Sie fürs Schlussmachen verprügeln würde oder wenn die Beziehung von Beginn an auf Gleichgültigkeit beruhte.

• • •

Er ging kurz
Zigaretten holen und
kam nie wieder.

•

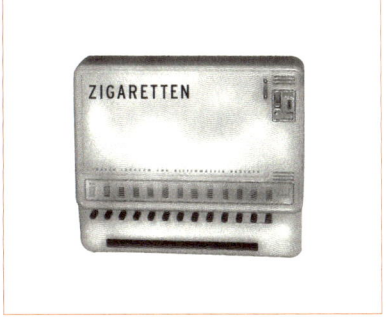

109.09 **DIE MARVIN-GAYE-METHODE** Das Lied „I heard it through the grapevine" haben viele verschiedene Künstler eingespielt; die wohl schönste Version stammt von Marvin Gaye, die 1967 aufgenommen und erst 1968

veröffentlicht wurde. Der Titel bedeutet so viel wie: „Mir ist etwas zu Ohren gekommen", und dem Sänger des Liedes ist zu Ohren gekommen, dass seine Frau ihn verlassen hat. Sie hat es ihm also nicht persönlich gesagt, aber sie hat Freunden oder Bekannten gegenüber erwähnt, dass sie sich getrennt hat – und diese Nachricht ist irgendwann zu der Person durchgesickert, die sie als Erste hätte erfahren sollen. Diese Methode ist von beiden Geschlechtern anwendbar, aber sie ist auch ziemlich perfide.

110   EINER FRAU EINEN DRINK SPENDIEREN

Fast alles, was zu diesem Thema in Schriftform verbreitet wird, ist Käse. In der Regel wird empfohlen, den Barmann einzuschalten. Manche Barmänner finden das sogar gut. Prinzipiell aber gilt: Schalten Sie nicht den Barmann ein. Es sei denn, Sie befinden sich in einer sehr förmlichen Bar und sowohl Sie als auch die Dame sind über 60 Jahre alt und eher konservativ. Dann geht es ausnahmsweise. Ansonsten gilt: Verstecken Sie sich nicht hinter dem Barmann, sondern tun Sie selbst etwas.

110.01 **NICHTS LERNEN** Den Drink spendieren Sie ja nur, weil Sie ins Gespräch kommen wollen. Das heißt: Sie müssen nicht unbedingt einen Drink ausgeben, denn man kann auch einfach so ins Gespräch kommen. Aber natürlich kann es durchaus eine feine Geste sein, ein Getränk auszugeben. Recht erfolgreich sind erstaunlich viele Bücher, in denen empfohlen wird, wie man eine Frau anspricht. Und was steht drin? Immer das Gleiche. Vermeintlich originelle Sprüche für den ersten Kontakt, die man sich merken soll. Vergessen Sie all diese Bücher, man spricht Frauen nicht mit auswendig gelernten Formulierungen an. Es gibt nur eine wichtige Regel: Sie müssen sich trauen. Und wenn Sie sich nicht trauen, dann lassen Sie es halt. Davon geht die Welt nicht unter. Erfahrungsgemäß gibt es allerdings immer ein besseres Gefühl, es versucht zu haben, selbst wenn die Frau keine Lust auf eine Unterhaltung hat.

110.02 **ANZEICHEN VON INTERESSE** So platt es klingt: Bleiben Sie sich selbst treu. Verstellen Sie sich nicht. Frauen nehmen ihre Umgebung ebenso aufmerksam wahr wie Sie, was bedeutet: Sie wurden längst bemerkt. Schauen Sie, ob es irgendwelche Anzeichen von Interesse gibt. Ein schweifender Blick, der kurz bei Ihnen hängen bleibt, so etwas. Plustern Sie sich nicht auf, machen Sie sich nicht plötzlich wichtig, indem Sie den Vornamen des Barmanns durch den Laden rufen, Ihre Autoschlüssel auf der Theke platzieren oder Ihre dicke Uhr freilegen. Der Typ sind Sie nicht, oder? Wenn Sie der Typ sind: Viel Erfolg. Sie müssen es allein versuchen.

110.03 **MENSCHEN IN BARS** Wenn der Barmann Sie kennt, wird er Ihr Interesse bemerken. Ist er ein sehr guter Barmann, wird er vielleicht versuchen, unauffällig etwas einzufädeln, ohne dass Sie ihn darum gebeten haben. Aber das wäre ein Sonderfall. Gehen wir davon aus, dass Sie auf sich gestellt sind. Sie würden sich gern mit der Frau unterhalten, aber Sie wissen nicht, was Sie tun sollen. Es ist eine klassische Situation, für die es kein zu verallgemeinerndes Rezept gibt. Wenn die Frau allein da ist, sollten Sie bedenken: Fast niemand geht in eine Bar, weil er dort allein und in Ruhe ein paar Getränke trinken will. Menschen gehen in Bars, weil dort andere Menschen sind, mit denen sie sich unter Umständen gern unterhalten. Sie stoßen also tendenziell auf offene Ohren. Ist die Frau mit einer Freundin da – was meist der Fall ist –, wird es schwieriger.

110.04 **ZU VIEL THEORIE** Sie ist allein, und Sie haben den Eindruck, es könnte Interesse an einem Gespräch bestehen: Sprechen Sie die Frau an. Was Sie sagen, ist eine Frage des Typs – Ihres Typs. Spielen Sie nicht den Clown oder James Bond, wenn Sie keiner von beiden sind. Irgendwas aus der Situation bietet sich an, Ihr erster Satz muss Sie nicht als Einstein ausweisen. Wenn die Bereitschaft zum Gespräch prinzipiell da ist, haben Sie einige Sätze Zeit, in denen sich die Frau ein Bild von Ihnen macht. Hat Sie kein Interesse, werden Sie das schnell spüren, ziehen Sie sich dann höflich zurück. Bemerken Sie jedoch, dass sich ein längeres und für beide angeneh-

mes Gespräch ergeben könnte, kommt der Drink ins Spiel: Sie können anbieten, ein Getränk auszugeben, aber immer so, dass es einfach ist, die Einladung abzulehnen. Sie wollen nicht, dass jemand aus Mitleid mit Ihnen trinkt oder weil er sich unter Druck gesetzt fühlt. Zudem sollte der Drink nicht zu teuer sein, weil es sonst wirken könnte, als erwarteten Sie eine Gegenleistung – eine, die über das Gespräch hinausgeht. Eine Flasche Champagner scheidet also aus. Grundsätzlich wird über dieses Thema viel zu viel theoretisiert. Sind Sie der Frau sympathisch und finden Sie die Frau ebenfalls noch sympathisch, nachdem Sie ein, zwei Sätze ausgetauscht haben, läuft es ohnehin von allein – und zwar in dem Sinne, dass Sie nicht ein Feuerwerk der Witzigkeit und Geisteskraft abbrennen müssen.

110.05 **NEIN, DANKE** Ist die Frau mit einer Freundin da, wird es prinzipiell schwieriger, weil die beiden sich vielleicht eher ohne einen Dritten unterhalten wollen. Aber das bemerken Sie schnell. Wiederum sollten Sie feststellen, ob ein grundsätzliches Interesse besteht, und dann sprechen Sie halt beide an. Das ist zunächst anstrengender, weil man sich auf zwei Personen konzentrieren muss, wird aber oft im Laufe des Abends witziger. Sie wissen es selbst, und dennoch sei es nochmals gesagt: Eine Ablehnung ist vollkommen harmlos. Stellen Sie sich einfach die umgekehrte Situation vor: Eine Frau spricht Sie in der Bar an, Sie aber wollen lieber ein wenig in Ruhe sitzen, oder die Frau ist nicht Ihr Typ oder was auch immer. Also sagen Sie etwas in der Art von: „Nein, danke." Und das war schon alles. Sie haben nicht den Eindruck, dass die andere Person sich lächerlich gemacht hätte, sondern fühlen sich unter Umständen sogar geschmeichelt. Nichts ist passiert, alle wahren ihr Gesicht.

110.06 *IRGENDETWAS TUN* Der Grund dafür, dass all die Flirt-Ratgeber sich so gut verkaufen, liegt darin, dass viele Männer sich eine funktionierende Methode erhoffen, etwas wie eine Betriebsanleitung. Auf Schritt A folgt Schritt B und immer so weiter, bis es das Ergebnis gibt. Fast immer sind die Käufer klug genug zu wissen, dass es diese Methode nicht gibt; die leise Hoffnung motiviert zum Kauf. Dabei ist alles so simpel wie schwierig: Sie müssen irgendetwas tun; was Sie tun, ist dabei im Detail nicht so wichtig, solange Sie sich treu bleiben. Nur wenn Sie nichts tun, passiert nichts.

DIE ERSTE VERABREDUNG ORGANISIEREN 111

Es ist gut, dass um die erste Verabredung eines Manns mit einer Frau (oder mit einem Mann) – das erste Date also – hierzulande nicht so ein Aufhebens gemacht wird wie in den USA. Dennoch sollte man ein paar Regeln beachten, die der natürliche Respekt vor so einer großartigen Sache wie dem ersten Treffen zu zweit gebietet. Zehn – es scheinen immer zehn zu sein – goldene Regeln können für eine perfekte erste Verabredung sorgen, wobei stets zu beachten ist, dass beide Seiten für das Gelingen des Treffens verantwortlich sind.

01. Die Initiative zur ersten Verabredung geht in der Regel von Ihnen, vom Mann, aus. Kommt der Vorschlag, doch einmal etwas zusammen zu unternehmen, von ihr, ist das zwar noch immer eher die Ausnahme, aber nichts Ungewöhnliches. Zumindest in weiten Teilen des aufgeklärten Europas.

02. Ist die Verabredung getroffen, sollten Sie sich merken, was Sie vereinbart haben. Nach Details wie der Uhrzeit oder dem Treffpunkt noch einmal am Telefon zu fragen, ist der erste Schritt zur Niederlage.

03. Treffen Sie sich abends. Treffen am Abend sind gemütlicher. Zudem kommt wahrscheinlich Alkohol ins Spiel und lockert die Sache auf. Außerdem gilt: Es stehen danach keine Termine mehr an.

04. Es ist nicht nötig, dass Sie Ihre Verabredung abholen (das kann sogar diskreditierend wirken) – aber Sie sollten zumindest gefragt haben. Wenn Sie Ihre Verabredung von zu Hause abholen: Kommen Sie mit dem Auto oder dem Taxi (das sie warten lassen), aber nicht mit der U-Bahn. Ansonsten treffen Sie sich einfach an einem verabredeten Ort.

05. Wählen Sie das Lokal aus. Es sollte sich nicht um ein Nobelrestaurant handeln, denn sonst könnte der Eindruck entstehen, Sie erwarteten, dass das Begleichen der hohen Rechnung auf andere Weise zurückgezahlt wird. Wählen Sie auch nicht Ihre Stammkneipe. Ihren Lieblingskellner oder -barmann und Ihre Kumpels vom Tresen sollten Sie Ihrer neuen Begleitung erst vorführen, wenn sie einander besser kennen. Am besten eignet sich ein unkompliziertes, freundliches, gerne auch fröhliches, aber nicht hysterisches Speiselokal. Wenn Sie etwas Bestimmtes im Auge haben, empfiehlt es sich, Ihre Verabredung vorher darüber zu informieren und nach ihrer Meinung zu fragen. Unter Umständen überraschen Sie eine Veganerin mit diesem wirklich guten Steakhouse.

06. Der Mann betritt das Lokal vor der Frau. Diese Regel stammt aus Zeiten, in denen es vorkommen konnte, dass einem beim Betreten eines Lokals ein Bierkrug entgegenflog. Sie mag deshalb veraltet sein, aber die Kenntnis der Regel beweist immerhin, dass Sie in Stilfragen kundig sind.

07. Beschränken Sie Ihre Konversation beim ersten Date ruhig auf etwas Smalltalk (vgl. Kapitel *Der Mann in der Gesellschaft*, Rubrik *Eine gepflegte Konversation führen*) und vermeiden Sie auf alle Fälle, von Verflossenen zu erzählen, von Ihrer Einsamkeit oder davon, was Sie von einer Frau erwarten. Sexistische Bemerkungen, schlechte Scherze mit dem Kellner und Schilderungen Ihrer Heldentaten sind ebenso tabu wie häufige Blicke in Richtung der Frau am Nebentisch.

08. Schalten Sie Ihr Handy aus, und sollten Sie zufällig Bekannten begegnen, halten Sie das Gespräch so kurz wie möglich (aber stellen Sie Ihre

Begleitung unbedingt vor). An diesem Abend kümmern Sie sich um keinen anderen Menschen als um Ihre Begleitung.

09. Die Rechnung übernehmen Sie, es sei denn, Ihre Begleitung hat das Treffen initiiert und Sie in ein Lokal eingeladen. Wir leben nicht in der Steinzeit, wenn eine Frau bezahlen will, ist das völlig normal. Wenn Sie allerdings eingeladen haben und sie dennoch darauf besteht, die Rechnung zu teilen, dann könnte etwas schief gegangen sein.

10. Sie sollten auf keinen Fall Druck machen oder sich in die Wohnung Ihrer Begleitung betteln – Sie sollten zurückhaltend bleiben, müssen aber je nach Verlauf des Abends auch nicht unnötig anständig sein. Egal, was passiert – Ihr erster Anruf nach dem ersten Treffen sollte nicht gleich am nächsten Tag, aber auch nicht erst eine Woche später folgen. Wenn Sie überhaupt keine Lust mehr verspüren sich zu melden, dann lassen Sie es sein. Alibianrufe sind fürchterlich.

ALS MANN FIRST LADY WERDEN 112

Immer mehr Frauen streben nach den höchsten politischen Ämtern, und das hat neben vielen anderen Vorteilen den schönen Nebeneffekt, dass zunehmend auch für Männer die Position der First Lady offensteht. Sollten Sie also als Mann First Lady werden wollen, sollten Sie eine Frau mit großen Ambitionen in der Politik heiraten (in vielen Ländern können Sie auch einen Mann heiraten und dann an dessen Seite First Lady sein, das kommt allerdings noch eher selten vor). Wollen Sie im Speziellen First Lady von Deutschland werden, muss der Bundestag Ihre Ehepartnerin oder Ihren Ehepartner mehrheitlich zum Bundeskanzler wählen.

112.01 *DEUTSCHLANDS FIRST LADY* Stasi-Mitarbeiter vermerkten 1984, die geschiedene Frau Angela Merkel treffe sich mit einem Mann namens Joachim Sauer gelegentlich in der Kantine der Ostberliner Akademie der Wissenschaften, wohl, um zu speisen. Im Anhang ihrer Promotion, die sie zu Dr. rer. nat. Angela Merkel machte, dankte sie 1986 jenem Dr. Joachim Sauer für die kritische Durchsicht ihres Dissertationsmanuskripts. 1998 heirateten die beiden. Angela Merkel wurde 2005 Bundeskanzlerin, und Joachim Sauer wurde damit Deutschlands First Lady.

112.02 **DIE RICHTIGE PARTNERIN ERKENNEN** Woran jedoch erkennt man eine zukünftige Regierungschefin? Hierfür gibt es mehrere Kriterien: Die Tatsache, dass fast alle weltweit existierenden Regierungschefinnen Frisuren tragen, die maximal schulterlang sind, zeigt, dass Sie sich vielleicht eher nach kurzhaarigen Frauen umschauen sollten.

Gloria Macapagal Arroyo, seit 2001 Präsidentin der Philippinen, ist zudem wie Angela Merkel SMS-süchtig. Michelle Bachelet, seit 2006 chilenische Präsidentin, sagt von sich selbst, als erklärte Feministin und weibliche, geschiedene und sozialistische Agnostikerin verkörpere sie „alle Todsünden zusammen in einer Person"; auch dies scheint ein Merkmal zu sein, auf das zu achten ist. Und Portia Simpson-Miller, seit 2006 Premierministerin Jamaikas, boxt und spielt Golf. SMS-süchtige, promovierte, kurzhaarige, geschiedene und boxende Frauen scheinen also prädestiniert zu sein für die Regierungsführung. Finden Sie eine solche, sollten Sie sich mit ihr in der Kantine treffen, um zu speisen, und dann können Sie ja einfach mal anbieten, ihre Promotionsschrift kritisch durchzusehen.

112.03 **GEWÄHLT WERDEN** Die Wahl eines Mannes zur First Lady findet im Deutschen Bundestag statt, dessen Abgeordnete nach Artikel 63 des Grundgesetzes (GG) seine Frau oder seinen Mann zur Bundeskanzlerin oder zum Bundeskanzler wählen. Verfassungsrechtlich geht dies vonstatten, indem die Bundespräsidentin oder der Bundespräsident eine Kanzlerin oder einen Kanzler vorschlägt. Der Bundestag kann aber auch eine andere Kanzlerin oder einen anderen Kanzler wählen. Zu einer erfolgreichen Wahl benötigt die Kanzlerkandidatin oder der Kanzlerkandidat die absolute Mehrheit der Stimmen der Mitglieder des Bundestages, also die Hälfte plus mindestens eine Stimme. Man spricht hier von der „Kanzlermehrheit".

Kommt im ersten Durchgang keine absolute Mehrheit zustande, hat der Bundestag 14 Tage Zeit, eine Kanzlerin oder einen Kanzler zu wählen. Ein verbreitetes Gerücht besagt, vom dritten Wahlgang an genüge die relative Mehrheit zur Wahl. Das ist falsch: Die Zahl der Wahlgänge ist in dieser Zeit nicht begrenzt, und es ist jeweils die absolute Mehrheit notwendig (Art. 63, Absatz 3 GG). Erst nach dieser zweiten Wahlphase genügt bei der Wahl die relative Mehrheit, um Kanzlerin oder Kanzler zu werden. Von den aufgestellten Kandidatinnen und Kandidaten ist dann also gewählt, wer die meisten Stimmen erhält.

112.04 *ABGEWÄHLT WERDEN* Ist die Bundeskanzlerin oder der Bundeskanzler mit absoluter Mehrheit gewählt, muss die Bundespräsidentin oder der Bundespräsident sie oder ihn binnen sieben Tagen nach der Wahl ernennen. Erreicht die oder der Gewählte nur die relative Mehrheit, muss die Bundespräsidentin oder der Bundespräsident sie oder ihn entweder binnen sieben Tagen ernennen oder den Bundestag auflösen (Art. 63, Absatz 4 GG).

Üblicherweise wählt der Bundestag die Kanzlerin oder den Kanzler zu Beginn einer Legislaturperiode. Das Parlament kann einer bereits gewählten Kanzlerin oder einem Kanzler jedoch auch während einer Legislaturperiode das Misstrauen aussprechen. Dann müssen die Abgeordneten (weibliche und männliche) zugleich eine Nachfolgerin oder einen Nachfolger wählen (laut Art. 67 GG). Die Kanzlerin oder der Kanzler sind dann quasi abgewählt. Auf diese Art wurde Helmut Kohl 1982 Nachfolger von Helmut Schmidt als Bundeskanzler. Hannelore Kohl wurde die First Lady.

112.05 *AUFGABEN DER FIRST LADY* Als First Lady hat man die Aufgabe, Verständnis für das Machtstreben des Partners aufzubringen und dann und wann zu Hause schon mal das Essen zuzubereiten. Dr. Joachim Sauer ist als vorbildliche First Lady zu bezeichnen. Von ihm, der sich beruflich mit der Struktur molekularer Cluster in der Gasphase beschäftigt, weiß man, dass er gerne für seine Frau kocht. Bei Staatsbesuchen zeigt er anderen First Ladys – in der Regel allesamt Frauen – die schönen Seiten Deutschlands.

DER MANN UND DIE KULTUR

Es gibt ein paar Bücher, die zur kulturellen Grundausstattung eines Mannes gehören sollten. Einen literarischen Kanon zusammenzustellen ist stets eine höchst subjektive Angelegenheit. Die folgende, definitive Liste wurde erstellt vom renommierten Kulturkritiker Alexander Menden, der in London lebt und arbeitet. Zu beachten ist, dass es sich nicht um die 25 besten Bücher handelt, sondern um die 25 Bücher, die ein Mann gelesen haben sollte.

AUTOBIOGRAPHIE (Benjamin Franklin) Die Lebensgeschichte des letzten wirklichen Universalgenies: Franklin war Drucker, Wissenschaftler, Diplomat, Komponist, Politiker, Erfinder (unter anderem des Blitzableiters, der bifokalen Brille und des flexiblen Katheters) sowie einer der Gründerväter der USA. Obendrein ein geistreicher und witziger Autor.

DER FÄNGER IM ROGGEN (Jerome D. Salinger) Der 16-jährige Internatsflüchtling Holden Caulfield verbringt um die Weihnachtszeit drei turbulente, mit kindlichen und sexuellen Erlebnissen erfüllte Tage in New York. Holden ist mit seinem Hass auf Heuchler für Generationen von Lesern zum Maßstab der Wahrhaftigkeit geworden.

DER FÜRST (Niccolo Machiavelli) Jahrhundertelang als unmenschliche Handreichung für Tyrannen verunglimpft, ist Machiavellis Renaissance-Traktat einer der klarsten und gültigsten Einblicke in die Mechanismen der Macht.

GEGEN DEN STRICH (Joris-Karl Huysmans) Floressas Des Esseintes flieht vor den Exzessen seines Junggesellenlebens, die ihn ausgezehrt haben, in ein dekadentes Eremitenleben auf dem Lande. Dort lässt er Schildkröten mit Edelsteinen überziehen und studiert Parfümrezepte. Des Esseintes ist unangefochten der exzentrischste aller Fin-de-siècle-Dandys.

GESCHICHTE MEINES LEBENS (Giacomo Casanova) Wie bei Benjamin Franklin gilt: Wir wollen von den Besten lernen. Mit 16 von 2 Frauen zugleich entjungfert, ließ Casanova sich vom „Strom des Lebens" aus den venezianischen Bleikammern in die Betten unzähliger Geliebter und an die bedeutendsten Höfe Europas treiben.

GOLDFINGER (**Ian Fleming**) Wer James Bond nur aus Filmen kennt, muss sich auf eine härtere Gangart gefasst machen: Flemings 007 ist ein humorloser Killer, unauffällig und grundsätzlich allen Gegnern überlegen. Hier heißt der Gegner Auric Goldfinger, der Englands reichster Mann und zugleich ein kommunistischer Gangster ist. Eine der hanebüchensten und spannendsten Agenten-Storys, die es gibt.

HERZ DER FINSTERNIS (**Joseph Conrad**) Auf der Suche nach dem berühmten Elfenbein-Agenten Kurtz reist der Erzähler Marlow in den Kongo. Dort erlebt er mit zunehmendem Grauen die Versklavung und Ausbeutung der schwarzen Ureinwohner. Kurtz ist die Inkarnation der Verrohung, auf der die westliche Zivilisation ihren Reichtum gründet. Symbolträchtig, wortmächtig und wahrhaft finster.

TOM JONES. DIE GESCHICHTE EINES FINDELKINDES (**Henry Fielding**) Tom ist ein großzügiger, freundlicher, allzu menschlicher junger Mann. Bevor er seine große Liebe Sophia Western heiraten kann, fällt er mehr als einmal auf die Nase, verführt und wird verführt, meint alles gut, macht alles falsch und findet dann sein Glück. So muss er sein, der Bildungsroman.

DIE KUNST DES KRIEGES (**Sun Tzu**) Diese 2500 Jahre alte militärische Strategieschrift eines chinesischen Generals gilt nicht nur als älteste ihrer Art, sondern auch als klügste Abhandlung über Menschenführung. Unentbehrliche Lektüre für Manager.

DAS KURZE GLÜCKLICHE LEBEN DES FRANCIS MACOMBER (**Ernest Hemingway**) Als Vierzigjähriger wird ein reicher Amerikaner endlich zum Mann, als er es wagt, auf der Großwildjagd in Afrika einen angeschossenen Wasserbüffel zu verfolgen. Weiße Jäger, schwarze Träger, eine böse Ehefrau und das Glück des angstfreien Tötens – so politisch inkorrekt, wie es nur geht. Außerdem eine von Papa Hemingways besten Erzählungen.

LOB DER STIEFMUTTER (**Mario Vargas-Llosa**) Don Rigobertos neue Frau Lukrezia ist vierzig, ihr engelsgesichtiger Stiefsohn Alfonsito zehn Jahre alt, und die quasi-inzestuöse Affäre der beiden durch nichts zu rechtfertigen – außer vielleicht durch die unwiderstehliche Erotik und das köstliche Sprachgespinst dieser Barockperle von einer Novelle.

ODYSSEE (Homer) Die Geschichte des Odysseus ist eine große Helden- und eine noch größere Liebesgeschichte: Alle Gefahren, die dem König von Ithaka nach zehn Jahren im Trojanischen Krieg auf einer noch einmal zehnjährigen Irrfahrt zwischen Zyklopen und Sirenen, Nymphen und Unterwelt begegnen, besteht er in der Hoffnung, eines Tages seine Frau Penelope wiederzusehen.

DIE LEIDEN DES JUNGEN WERTHER (Johann **Wolfgang von Goethe**) Der rettungslos liebeskranke Selbstmörder Werther ist heute wie vor zweihundert Jahren für alle unglücklich Verliebten die Identifikationsfigur schlechthin. Dass die von ihm angebetete Lotte ihn ohnehin nicht verdient gehabt hätte, versteht sich von selbst.

MYSTERIEN (**Knut Hamsun**) Johan Nilsen Nagel bezeichnet sich als „Ausländer des Daseins": Er ist völlig fehl am Platz in der norwegischen Provinz – trägt einen gelben Anzug und ein Fläschchen Blausäure in der Brusttasche, ist charmant und plump, gebildet und orientierungslos zugleich. Ähnlich wie bei Werther gilt: Nach der Lektüre nicht gleich selbst ins Wasser gehen.

DIE PEST (**Albert Camus**) Doktor Rieux' Kampf gegen die in der algerischen Stadt Oran wütende Pest ist ein Triumph der Humanität. Zugleich dient Rieux als exzellentes Beispiel für die Fähigkeit eines durchschnittlich erscheinenden Menschen, angesichts einer existenzbedrohenden Herausforderung über sich hinauszuwachsen.

DER SEEWOLF (**Jack London**) Kapitän Wolf Larsen ist mehr als ein brutales Alpha-Männchen, das rohe Kartoffeln mit bloßer Faust zerquetscht und seinem unfreiwilligen Matrosen Humphrey van Weyden das Leben zur Hölle macht. Er ist der Prototyp des Übermenschen. Milton, Nietzsche und Darwin standen Pate bei dieser furiosen Geschichte einer Robbenjagd in der Bering-See.

DER SELTSAME FALL DES DR. JEKYLL UND MR. HYDE (**Robert Louis Stevenson**) Zehn Jahre, bevor Sigmund Freud seine Psychoanalyse ausarbeitete, ließ Stevenson im tadellosen Arzt Jekyll, der sich mittels Serum in den gewissenlosen Verbrecher Hyde verwandelt, das Über-Ich gegen das Es antreten. Dass das Es gewinnt, überrascht wenig.

DER SPIELER (Fjodor Dostojewski) Aleksej Iwanowitsch, Hauslehrer eines russischen Generals, verfällt in einem fiktiven deutschen Kurort dem Roulette. Jede Leidenschaft, jede Energie mutiert zu unheilbarem Spielfieber. Aleksej ist eine Suchtfigur, der selbst Leser, die nie an einem Roulette-Tisch gesessen haben, ihre Empathie nicht versagen können.

HUCKLEBERRY FINN (Mark Twain) Trotz einiger Versuche, diesen großartigen Roman von den Leselisten zu streichen, bleiben die Abenteuer von Huck Finn und dem flüchtigen Sklaven Joe auf dem Mississippi die anrührendste Geschichte einer Männerfreundschaft in der amerikanischen Literatur.

IM WESTEN NICHTS NEUES (Erich Maria Remarque) Paul Bäumer meldet sich bei Ausbruch des Ersten Weltkrieges voller Patriotismus freiwillig. Im Fleischwolf der Schützengräben erlebt er die Unerbittlichkeit des Krieges. Mann für Mann sterben all seine Kameraden; am Ende fällt auch Paul, „an einem Tag, der so ruhig und so still war, dass der Heeresbericht sich auf den Satz beschränkte, im Westen sei nichts Neues zu melden". Der endgültige Antikriegsroman.

UNTERWEGS (Jack Kerouac) Ein enthemmter, berauschter, und dennoch seltsam unschuldig wirkender Road-Trip. Die Jazz-Fantasien und rasenden Ortswechsel in Kerouacs autobiografischem Roman nähren die Hoffnung des Lesers, eines Tages selbst einmal so ekstatisch unterwegs zu sein wie Sal Paradise und Dean Moriarty.

DER UNVERGLEICHLICHE JEEVES (Pelham Grenville Wodehouse) Reginald Jeeves würde man heute einen „Persönlichen Assistenten" nennen: Diener, Faktotum, Problemlöser des so reichen wie dämlichen Bertie Wooster. Ganz gleich, ob es um Krawattentücher geht oder voreilig gegebene Heiratsversprechen – Jeeves sorgt stets dafür, dass für Bertie alles gut ausgeht.

WINNETOU (Karl May) Ein Greenhorn wird, den Henry-Stutzen in der einen, den Bärentöter in der anderen Hand, zum berühmtesten Westmann – und das als bester Freund und Blutsbruder des edelsten aller Wilden. Karl Mays Ich-Erzähler kämpft für das Gute und gewinnt immer.

WO DIE WILDEN KERLE WOHNEN (Maurice Sendak) Max benimmt sich daneben, wird auf sein Zimmer geschickt, darf dann aber übers Meer fahren und Monster zähmen, und am Ende wartet Mama mit dem Abendessen. Großartig gezeichnete, ultimative Fantasie für das Kind im Manne, die als Gutenacht-Lektüre von Generation zu Generation wandert.

DER ZAUBERBERG (**Thomas Mann**) In einem Schweizer Tuberkulose-Sanatorium gibt sich eine überreife großbürgerliche Gesellschaft um die Jahrhundertwende echten oder eingebildeten Malaisen hin. Der Autor nannte seinen Anti-Bildungsroman ein „Satyrspiel". Die Hauptfigur Hans Castorp kann sich partout nicht von der heiter-morbiden Patientengemeinschaft trennen, ebenso wenig wie der Leser.

114 EINEN WIRKLICH GUTEN PAPIERFLIEGER FALTEN

Da Papierflugzeuge nur in den wesentlichen Merkmalen ihrer äußeren Form einem in der Luftfahrt tatsächlich eingesetzten Flugzeug ähneln, existieren für den hier empfohlenen Papiergleiter gleich mehrere Namen. Das Faltmuster wird in manchen Publikationen *Phantom* genannt, in anderen Quellen wird es als *Harrier* bezeichnet. Tatsächlich aber orientiert sich dieser Flieger am ehesten an den Formen des Eurofighters, eines in Hallbergmoos bei Erding hergestellten Mehrzweckkampfflugzeugs, das unter anderem in der Deutschen Luftwaffe eingesetzt wird.

KEIN KLEBER, KEINE SCHERE Das Wichtigste an einem guten Papierflieger ist, die beim Flug gegeneinander wirkenden Kräfte (Auftrieb und Schwerkraft, Schubkraft und Luftwiderstand) so in Einklang zu bringen, dass ein Flieger große Weiten erzielen und lange in der Luft bleiben kann. Der Weltrekord liegt bei fast 30 Sekunden. Unter Papierfliegerbastlern gilt es als unschicklich, Kleber oder Klebestreifen einzusetzen sowie Schnitte am Papier auszuführen. Verwendet werden darf ausschließlich ein Blatt Papier im Format DIN A4 mit 80g/m².

Der Eurofighter ist ein eleganter Gleiter, der vergleichsweise einfach zu falten ist, aber dennoch hohe Wurfweiten erzielt. Abgeworfen werden sollte er mit eher wenig Kraft. Den Abwurfwinkel müssen Sie testen, kein

Modell ist wie das andere – manchmal hilft es, den Flieger mit der Spitze leicht nach unten abzuwerfen, manchmal mit der Spitze nach oben. So wird er gebaut:

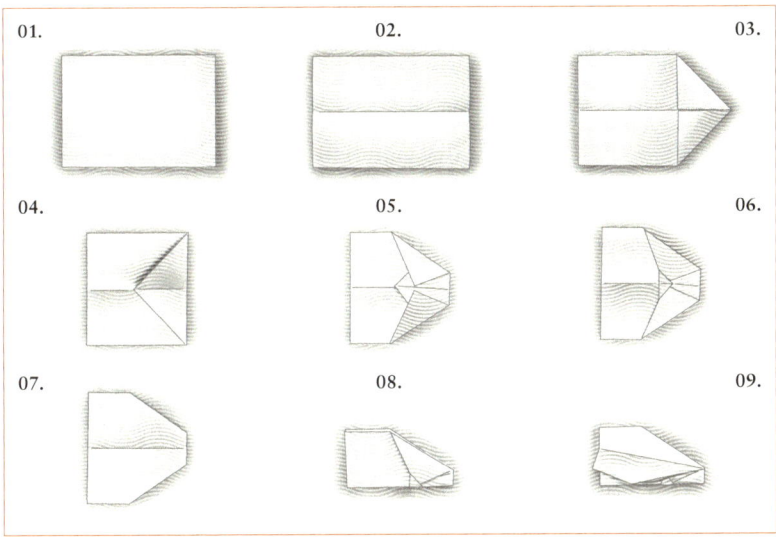

01. Nehmen Sie ein DIN-A-4-Blatt Papier. 02. Falten Sie es einmal längs in der Mitte und wieder auseinander. So erhalten Sie eine Mittellinie. 03. Klappen Sie zwei Ecken sauber zur Mittellinie. 04. Klappen Sie das entstandene Dreieck ein. Oft ist es hilfreich, das Dreieck etwas weiter auf das Papier zu falten. 05. Falten Sie die beiden außenliegenden Ecken des Dreiecks zur Mittellinie. Entweder Sie falten wie in der Abbildung gezeigt, dann erhalten Sie einen breiteren Steg unter dem Flieger, der dadurch schneller wird. Oder Sie falten die Ecken so zur Mittellinie, dass an der Fliegerspitze erneut ein Dreieck entsteht; der Flieger wird dann langsamer, gleitet aber meist etwas besser. 06. Klappen Sie das kleine Dreieck über die beiden eben eingefalteten Schenkel. Es gibt diesen Halt. 07. Drehen Sie den Flieger um. 08. Klappen Sie ihn so zusammen, dass das kleine Dreieck außen liegt. 09. Klappen Sie nun rechts und links die Tragflächen nach außen und schicken Sie den Flieger auf den ersten Probeflug.

Schon lange gilt Poker als äußerst männliches Spiel, nicht zuletzt wegen des Films „Cincinnati Kid" von 1965, in dem sich Steve McQueen und Edward G. Robinson ein Duell am Kartentisch liefern. Es gibt verschiedene Pokerspiele, die beiden spielen *Five-Card-Stud-Poker*. Die erste Karte wird verdeckt ausgeteilt, die weiteren offen, eine nach der anderen. Am Ende gewinnt – nun, falls Sie den Film nicht gesehen haben, soll es hier nicht verraten werden. Nur dies: Die Wahrscheinlichkeit, dass die Karten am Ende so wie in dem Film auf dem Tisch liegen, liegt bei rund 1 zu 45 Millionen. Es ist trotzdem ein sehr guter Film.

115.01 **MONEYMAKERS SIEG** Obwohl aber Poker im Ruf stand, besonders männlich zu sein, haben es vergleichsweise wenige Männer gespielt. Das hat sich seit Mitte der neunziger Jahre geändert, und nachdem im Jahr 2003 ein Amateur namens Chris Moneymaker (das ist kein Pseudonym) das Hauptturnier der World Series of Poker in Las Vegas gewann und ein Preisgeld von 2,5 Millionen Dollar einstrich, hat ein regelrechter Boom eingesetzt. Moneymaker hatte sich bei einem Online-Turnier (Startgeld: 39 Dollar) für die World Series qualifiziert. Im Hauptturnier wird die mittlerweile gängigste Form des Pokerns gespielt, sie heißt *Texas Hold'em*.

115.02 **GRUNDSÄTZLICH** Ganz einfach gesagt geht Poker so: Zwei oder mehr Spieler nehmen teil. Es gewinnt der Spieler mit dem höchsten Blatt, das immer aus fünf Karten besteht – oder der Spieler, nach dessen Erhöhung kein anderer Spieler mehr mitsetzt. Das ist wichtig, weil hier der Bluff ins Spiel kommt. Vielleicht vorab eine Rangliste der Wertigkeit der Blätter (ein Blatt wird mittlerweile im Jargon „Hand" genannt; das ist einfach ein Anglizismus, weil das englische Wort für ein Blatt „hand" ist).

115.03 **RANGLISTE DER BLÄTTER** Angegeben in aufsteigender Reihenfolge, das schlechteste Blatt zuerst:

Keine Kombination Höchste Karte gewinnt
Beispiel: K♠ Q♦ J♠ 7♣ 5♣

Ein Paar Zwei Karten gleichen Werts
Beispiel: J♠ 5♠ 5♣ 8♦ 4♣

Zwei Paar Zweimal zwei Karten gleichen Werts
Beispiel: Q♦ Q♠ 7♣ 7♠ A♠

Drilling Drei Karten gleichen Werts
Beispiel: J♣ J♥ J♠ Q♥ 7♣

Straße Fünf Karten in einer Reihe
Beispiel: Q♠ J♦ 10♥ 9♣ 8♥

Flush Fünf Karten in einer Farbe
Beispiel: K♠ J♠ 9♠ 3♠ 2♠

Fullhouse Ein Drilling und ein Paar
Beispiel: Q♣ Q♠ Q♦ 4♥ 4♣

Vierling Vier Karten gleichen Werts
Beispiel: J♥ J♦ J♠ J♣ 9♠

Straight Flush Straße in einer Farbe
Beispiel: 9♣ 8♣ 7♣ 6♣ 5♣

A = Ace (Ass), K = King (König), Q = Queen (Dame), J = Jack (Bube). Haben zwei Spieler das gleiche Blatt, wird der Pott geteilt. Die Farbe spielt bei der Bewertung keine Rolle, wohl aber die Beikarte. Haben zum Beispiel beide Spieler ein Paar Könige, so gewinnt der Spieler, der die höhere Beikarte (ist auch diese gleich, zählt die nächsthöhere Karte usw.). Mit diesem Wissen ausgestattet, kann man sich nun dem wunderbaren Spiel Texas Hold'em *zuwenden.*

¹¹⁵.04 *GEMEINSCHAFTSKARTEN* Für Neulinge im Poker wirkt es etwas ungewöhnlich, weil mit Gemeinschaftskarten gespielt wird. Es ist aber im Grunde simpel – zumindest was die Regeln angeht. Das Spiel zu beherrschen ist eine Kunst, bei der das Glück zwar eine Rolle spielt, auf Dauer aber eine kleine. Da das Spiel aus Amerika kommt, wurden viele der englischen Begriffe ins Deutsche übernommen.

¹¹⁵.05 *FLOP, TURN UND RIVER* Zunächst erhält jeder Spieler zwei Karten *(hole cards),* die nur er ansieht. Nun wird gesetzt. Dann werden drei Karten offen in die Mitte des Tischs gelegt, das ist der so genannte *Flop.* Jeder Spieler hat nun eine aus fünf Karten bestehende Hand: seine eigenen beiden und die drei in der Mitte. Es wird wieder gesetzt. Dann wird eine vierte Karte offen auf den Tisch gelegt, der so genannte *Turn.* Wieder wird gesetzt. Schließlich folgt die letzte offene Karte, genannt River. Ein Beispiel: Haben Sie das Kreuz-Ass und den Herz-König als *hole cards* und liegen auf dem Tisch K♠ Q♦ J♠ 7♣ 5♣, dann haben Sie zwei Könige. Hat ein weiterer Spieler zwei Könige, sehen Sie mit Ihrem Ass als Beikarte gut aus. Beikarten können beim *Texas Hold'em* logischerweise nur *hole cards* sein, die Sie nicht zum Erstellen des Blatts brauchen. Das heißt: Hätten Sie zwei Könige als *hole cards,* würden beide Teil Ihres aus fünf Karten bestehenden Blattes werden. Sie haben dann keine Beikarte mehr. Die Beikarten werden auch *kicker* genannt.

¹¹⁵.06 *DAS SETZEN* Zu Beginn erhält ein Spieler den Geber-Chip (Selbst wenn im Kasino gespielt wird, wo es einen Geber gibt, der nicht mitspielt). Der Geber-Chip wandert nach jeder Runde im Uhrzeigersinn einen Spieler weiter. Der Spieler links vom Geber muss nun, bevor die Karten ausgeteilt werden, bereits einen Einsatz bringen, den so genannten *small blind.* Der nächste Spieler muss den *big blind* setzen, der üblicherweise doppelt so hoch ist wie der *small blind.* Alle anderen Spieler müssen nur den Mindesteinsatz bringen. Die *blinds* dienen dazu, mehr Geld in den Pott zu bringen. Nachdem nun die *hole cards* verteilt sind, wird gesetzt, jeder Spieler hat drei Mög-

lichkeiten: **aussteigen** *(fold)*, was bedeutet, dass die bereits auf dem Tisch liegenden Chips verloren sind, **mitgehen** *(call)*, was bedeutet, dass man der letzten Erhöhung entsprechend Chips in den Pott legt, **erhöhen** *(raise),* was bedeutet, dass man mehr als die letzte Erhöhung in den Pott legt.

Ist die erste Setzrunde vorbei, eröffnet sich noch eine vierte Möglichkeit: **schieben** *(check)*, was bedeutet, dass Sie erst einmal gar nichts setzen, aber im Spiel bleiben. Das geht so lange, bis jemand etwas setzt. Eine beliebte Spielart des Schiebens ist der *check-raise*. Erst schieben Sie, womit Sie andeuten, dass Ihr Blatt nicht besonders gut ist. Tatsächlich aber haben Sie ein sehr gutes Blatt. Wenn nun also jemand setzt, setzen Sie mit und erhöhen gleich nochmal kräftig.

115.07 *VERLUSTE HEREINSCHREIBEN* Im Handel und im Internet gibt es mittlerweile komplette Poker-Sets, in denen sich alles findet, was man zum Spielen braucht. Es ist dringend zu empfehlen, zunächst eine Weile mit Freunden zu Hause zu üben, bevor man sich beim Online-Poker oder im Kasino versucht. Die erfahrenen Spieler warten nur auf Anfänger – und sie erkennen sie sofort und nehmen sie nach allen Regeln der Kunst aus. Auch die Lektüre einiger Fachbücher ist zu empfehlen. Immer noch äußerst amüsant, lesbar und lehrreich ist das Buch „Big Deal" des britischen Journalisten (und Prince-Charles-Biografen) Anthony Holden von 1990, in dem er beschreibt, wie er sich ein Jahr lang als Pokerprofi versucht hat. Die 2007 erschienene Übersetzung ins Deutsche heißt: Poker.

Ein Klassiker der Poker-Literatur ist David Sklanskys „The Theory of Poker", das schon lange auf Deutsch erhältlich ist. Es ist ein äußerst nützliches Buch, doch wie der Titel andeutet, ist es bisweilen sehr trocken und theoretisch – es legt dem Spieler eine Menge Rechenarbeit nahe. An weiteren Publikationen besteht kein Mangel, der Markt wurde in den vergangenen Jahren überschwemmt mit Texas-Hold'em-Büchern. Aber Vorsicht: Nicht alle sind gut, und bei manchen Veröffentlichungen beschleicht einen das Gefühl, der Autor versuche, seine Verluste am Tisch durch den Verkauf von Büchern auszugleichen.

Jonglieren ist viel einfacher, als es zunächst scheint. Vielleicht haben Sie die Parkanlagen-Künstler manchmal dafür bewundert, wie sie ein paar Bälle durch die Luft werfen und – obwohl man es schon so oft gesehen hat – immer wieder die Aufmerksamkeit auf sich ziehen, eben weil das Jonglieren als so schwierig gilt. Natürlich wollen Sie das Jonglieren nicht lernen, um die Aufmerksamkeit auf sich zu ziehen, sondern weil es Spaß macht. Deshalb üben Sie an einem freien Tag zu Hause, haben Sie ein wenig Geduld und genießen Sie den vergleichsweise schnellen Lernerfolg – in rund zwei bis drei Stunden sollten Sie die Grundtechnik der unten vorgestellten Übung beherrschen können.

116.01 DIE KASKADE Jonglieren fördert die Reaktionsschnelligkeit, das Gleichgewichtsgefühl und die Konzentration. Durch den meditativen Charakter gerade einfacher Übungen ist es auch zum Stressabbau bestens geeignet. Am einfachsten zu lernen ist das Jonglieren mit drei Bällen. Man nennt das Jonglieren mit einer ungeraden Zahl an Bällen (oder Gegenständen) Kaskade. Die 3-Ball-Kaskade lernen Sie am besten Schritt für Schritt; Sie benötigen dazu drei etwa zitronen- oder pfirsichgroße Bälle.

Ball 1 geht auf die Reise *Ball 2 geht auf die Reise* *Ball 3 geht auf die Reise*

116.02 ERSTENS: EIN BALL Werfen Sie einen Ball aus der rechten Hand in die linke und beschreiben dabei einen Bogen, der ungefähr einem Halbkreis entspricht. Halten Sie Ihre Hände waagerecht etwas unter Brusthöhe und werfen den Ball etwa so hoch, dass er Ihre Stirn passiert. Jetzt werfen Sie ihn von der linken in die rechte. Werfen Sie ihn ein paar Mal hin und her, bis der Bogen immer ungefähr die gleiche Form beschreibt.

116.03 **ZWEITENS: ZWEI BÄLLE** Nun kommt der zweite Ball ins Spiel. Wieder werfen Sie den einen Ball von der rechten in die linke Hand. In dem Moment, in dem der geworfene Ball den höchsten Punkt – also die Stirn – passiert, werfen Sie den anderen Ball von links nach rechts. Fangen Sie beide Bälle und probieren Sie es andersherum.

116.04 **DRITTENS: DREI BÄLLE** Nehmen Sie nun zwei Bälle in die rechte Hand und einen in die linke. Werfen Sie den ersten Ball und verfahren Sie exakt wie unter 116.03 beschrieben: In dem Moment, in dem der erste Ball den höchsten Punkt erreicht hat, werfen Sie den Ball aus der Linken. Ist dieser Ball am höchsten Punkt, werfen Sie den dritten Ball aus ihrer Rechten in die Linke. Haben Sie alle Bälle korrekt gefangen, halten Sie jetzt zwei Bälle in der Linken und einen in der Rechten. Das ist der ganze Trick. Üben Sie nun das Ganze in umgekehrter Reihenfolge.

116.05 **VIERTENS: JONGLIEREN** Halten Sie jetzt keinen Ball mehr fest, sondern versuchen Sie, immer dann, wenn ein geworfener Ball den höchsten Punkt erreicht hat, den gegenüberliegenden zu werfen. Bald werden Sie Ihren Rhythmus gefunden haben. Das fortwährende Werfen der Bälle ist es: das Jonglieren.

116.06 **ZÄHLEN UND GEDULD** Um Ihnen das Üben ein wenig zu erleichtern, helfen zwei Tricks: Zählen sie laut mit (eins – zwei – drei), um den Rhythmus zu unterstützen, und stellen Sie sich mit dem Gesicht nahe an eine Wand. Sie werden am Anfang dazu neigen, nach vorne zu kippen und den Bällen hinterherzulaufen. Ist Ihnen eine Wand im Weg, können Ihnen die Bälle wegfliegen, und es unterbricht Ihren Rhythmus nur minimal, wenn die Bälle kurz an die Wand prallen. Sie werden anfangs glauben, dass Sie es nie schaffen können; wie gesagt, ein wenig Geduld ist nötig, und bei fast allen Menschen klappt es früher oder später. Und dann haben Sie etwas wirklich Nützliches gelernt, denn weder der meditative Effekt des Jonglierens ist zu unterschätzen, noch der Spaß, den es bereitet.

117 NACH ITALIEN REISEN

Millionen von Männern sind schon aufgebrochen nach Italien, um sich zu bilden oder in der Sonne herumzuliegen, um die beste Küche der Welt zu genießen oder zu viel Pizza zu essen, um Italienisch zu lernen oder in der Ferienanlage die Nachbarn aus der Nebenstraße kennen zu lernen. Und Millionen Männern geht es ab einem gewissen Punkt wie Goethe auf seiner berühmten Italienischen Reise: „Hier bin ich nun in Roveredo,", schreibt er, „wo die Sprache sich abschneidet; oben herein schwankt es noch immer vom Deutschen zum Italienischen. Nun hatte ich zum ersten Mal einen stockwelschen Postillon; der Wirt spricht kein Deutsch, und ich muß nun meine Sprachkünste versuchen. Wie froh bin ich, daß nunmehr die geliebte Sprache lebendig, die Sprache des Gebrauchs wird!" Es ist in der Tat recht hilfreich, in Italien ein wenig italienisch zu sprechen. Aber noch viel wichtiger ist die Sprache ohne Worte. Mittels italienischer Gestik können Sie alle wesentlichen Dinge des Lebens benennen, Sie können bei Bedarf sogar eine tiefe philosophische Diskussion führen oder ausdrücken, dass dieses Land schon wieder so wunderbar ist.

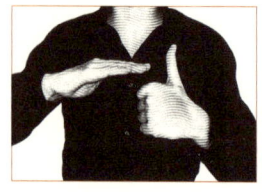

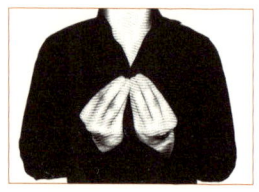

Etwas halbieren *Enge Freundschaft* *Menschen dicht an dicht*

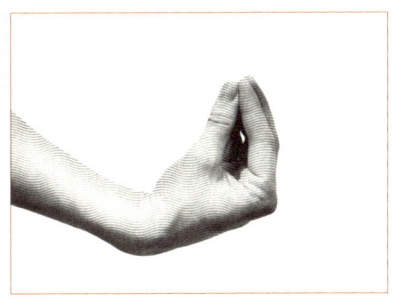

Fragend: Was willst Du?

Jemandem werden Hörner aufgesetzt

Positives Urteil: Ausgezeichnet

Ein Unheil abwenden

Verdeckt gezeigt: Versprechen gilt nicht

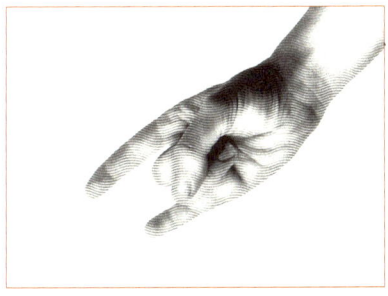

Schutzgeste: Das Böse in die Erde leiten

118

Einen Rauchring in die Luft steigen zu lassen, kann überaus lässig oder sogar kultiviert wirken. Das Problem ist, dass man beim Produzieren der Rauchringe eher debil aussieht, wenn man es noch nicht richtig beherrscht. Der Däne Jan van Deurs Forman soll laut mehrerer Quellen 355 Ringe aus einem einzigen Zug von einer Zigarette geblasen haben. So weit muss es niemand bringen. Aber einen einzelnen Rauchring zu blasen – das ist ganz nett.

DAS „O" UND DIE ZUNGE Einige Könner empfehlen, ausschließlich Zigarren zur Rauchringproduktion zu benutzen, aber es geht auch mit Zigaretten. Nehmen Sie den Mund voll Rauch, inhalieren Sie nicht. Spitzen Sie Ihre Lippen, stellen Sie sich vor, Sie wollten den Buchstaben „O" sagen. Nun gibt es verschiedene Techniken. Erstens: Drücken Sie Ihre Zunge an den Boden des Mundes und stoßen Sie den Rauch aus, indem Sie die Kehle zusammenziehen (nicht pusten). Oder zweitens: Drücken Sie den Rauch mit der Zunge schnell aus dem Mund heraus. Auch bei dieser Variante sollte die Kehle zusammengezogen werden, um ein wenig Druck hinter den Ring zu setzen. Bevor Sie diesen Trick in der Öffentlichkeit präsentieren, sollten Sie zu Hause üben, am besten vor dem Spiegel. Und wie gesagt: Sie werden anfangs eher debil dabei aussehen, aber das braucht Sie nicht weiter zu stören. Je besser Sie beim Rauchringeblasen werden, desto weniger debil sehen Sie dabei aus.

119

In den USA ist das Reden über Sport unter Männern vielleicht noch wichtiger als in Europa. Amerikaner bedienen sich dabei einer unendlichen Menge an Statistiken, die sie in überaus erstaunlicher Fülle in ihren Köpfen gespeichert haben. Den meisten Europäern ist diese Art des Sprechens über, sagen wir: Baseball fremd. In Europa heißt unter Männern über Sport zu reden fast immer, über Fußball zu reden. Niemand würde jedoch ein Gespräch beginnen mit dem Satz: „Weißt du noch, wie Lothar Matthäus 1990 im dritten WM-Spiel 41 Ballkontakte hatte?" Diese Art von Statistik ist unerheblich. Das Reden über Fußball mit amerikanischen Männern (viele Frauen kennen sich besser aus) gestaltet sich daher meist etwas schwierig. Zur größten Herausforderung einer solchen Konversation zählt es, die Abseitsregel im Fußball zu erklären. Diese erscheint vielen Amerikanern als ein Mysterium. Deshalb sollten Sie selbst sicher sein, wer wann im Abseits steht.

DER VORLETZTE VERTEIDIGER Grundsätzlich gilt: Ein Spieler befindet sich in einer Abseitsstellung, wenn er im Moment des Abspiels vom Mitspieler der gegnerischen Torlinie näher ist als der Ball und der vorletzte Verteidiger. Ein Spieler befindet sich nicht in einer Abseitsstellung, wenn er sich im Moment des Abspiels in der eigenen Spielfeldhälfte oder auf gleicher Höhe mit dem vorletzten Verteidiger befindet. Ein Spieler wird nur dann für seine Abseitsstellung bestraft, wenn er nach Ansicht des Schiedsrichters aktiv am Spielgeschehen teilnimmt. Das tut der Spieler, indem er ins Spiel eingreift, einen Gegner beeinflusst oder aus seiner Stellung einen Vorteil zieht. Als Verteidiger gilt auch der Torwart. Die folgenden Illustrationen sollen helfen, diese Regel im Detail zu verstehen.

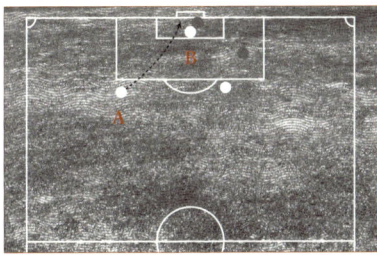

Abseits: A schießt ein Tor. B greift – in Abseitsstellung – ins Spielgeschehen ein: Er versperrt dem Torhüter die Sicht.

Kein Abseits: A erzielt ein Tor. B befindet sich zwar im Abseits, greift aber nicht aktiv ins Spielgeschehen ein.

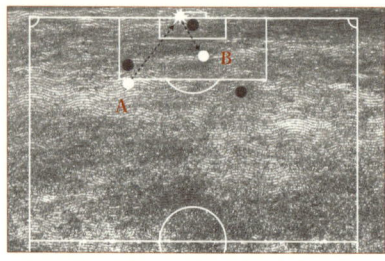

Abseits: A trifft den Pfosten. B nimmt den Abpraller im Abseits auf und greift damit aktiv ins Spielgeschehen ein.

Abseits: B ist der gegnerischen Torlinie näher als der vorletzte Verteidiger. Als Verteidiger gilt auch der Torwart.

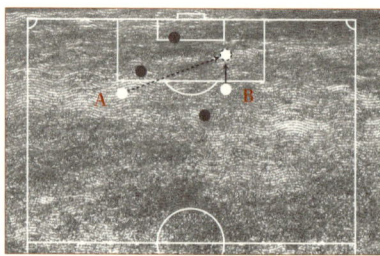

Kein Abseits: B ist im entscheidenden Moment der Ballabgabe nicht im Abseits.

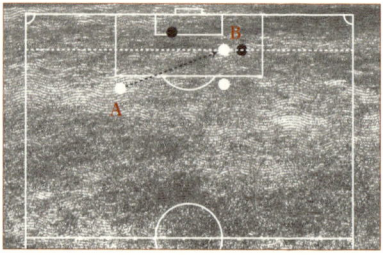

Kein Abseits: B befindet sich mit dem vorletzten Verteidiger auf gleicher Höhe.

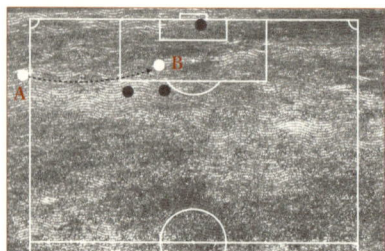

Kein Abseits: Regel gilt bei Einwurf nicht.

Kein Abseits: Regel gilt bei Eckstoß nicht.

Früher oder später kommt jeder Mann an den Punkt, an dem er einen Sinn im Leben sucht, der über das reine Mannsein hinausgeht. Das muss nicht zur Religion führen, das kann aber zur Religion führen. Deshalb ist es gut, ein paar grundlegende Dinge über die fünf Weltreligionen zu wissen. Es kann sich bei dieser Zusammenstellung selbstverständlich nur um einen äußerst groben Überblick handeln. Jede dieser Religionen ist weit tiefer als die wenigen Begriffe, auf die sie hier reduziert wird. Als Mann sollte man jedoch wissen, was die Kernbegriffe der Religionen sind, der eigenen und der anderen. Dass alle diese Religionen stark von Männern geprägt sind, sollte keinen Mann zu dem Glauben verführen, er sei etwas Besseres als die Frauen.

120.01 *JUDENTUM* ....

Begriff: Jude kommt von Juda, einem der 12 Stämme Israels **Symbole:** Davidstern, Menora (ein siebenarmiger Leuchter) **Entstehung/Gründer:** Zirka 2000 v. Chr. > Abrahams Aufbruch aus Haran (Mesopotamien) nach Kanaan ins Gelobte Land **Heilige Schrift:** Thora (= Weisung, Lehre) als Bezeichnung für die 5 Bücher Mose **Andere Quellen der Erkenntnis:** Talmud (= Lehre, Unterweisung), Kabbala (auf alter Mystik fußende jüd. Geheimlehre), Haggada (= Erzählung) **Gottesbild:** ein Gott (Jahwe) als Schöpfer und Richter, der einen Bund mit einem auserwählten Volk schließt **Geschichte:** 1200 v. Chr. > Auszug aus Ägypten (Exodus). Moses. Zehn Gebote am Sinai >>> 1000 v. Chr. > Königszeit (Saul, David, Salomo). Tempelbau >>> 587 v. Chr. > Exil in Babylon >>> 70 > Zerstörung des Tempels durch die Römer >>> 1900 > Einwanderungsbewegung nach Palästina >>> 1941–45 > Holocaust >>> 1948 > Gründung des Staates Israel

120.02 *CHRISTENTUM* ....

Begriff: Christus (der Gesalbte Gottes). Jesus von Nazareth als der Christus **Symbole:** Kreuz **Entstehung/Gründer:** 4 v. Chr. – 29 n. Chr. > Jesus von

Nazareth, der von Gott verheißene Messias und Erlöser. Dreijähriges Wirken in Palästina. Tod am Kreuz **Heilige Schrift:** Bibel: Altes und Neues Testament **Andere Quellen der Erkenntnis:** „Tradition": Lehren der Kirchenväter, Dogmen, Konzilsbeschlüsse **Gottesbild:** ein Gott in drei Personen (Trinität) als Gott Vater, Sohn und Heiliger Geist, als Schöpfer, Erlöser und Helfer **Geschichte:** 50 > Missionsreisen des Apostels Paulus >>> 323 > Christentum als Staatsreligion im Römischen Reich >>> 1056 > Morgenländisches Schisma (Rom – Konstantinopel) >>> 1096 > erster Kreuzzug >>> 1122 > Wormser Konkordat >>> 1309 – 1376 > abendländisches Schisma (Avignon – Rom) >>> 1521 > Reformation (Luther, Calvin, Zwingli) >>> 1962 – 65 > Zweites Vatikanisches Konzil

120.03 *ISLAM* ....

Begriff: Islam (= Ergebung in Gottes Willen), Muslim (= der, welcher den Willen Gottes erfüllt) **Symbole:** das in arabischer Schrift geschriebene Glaubensbekenntnis. Halbmond und Stern als türkisches Sinnbild jüngeren Ursprungs **Entstehung / Gründer:** 622 > Mohammed (570 – 632), der Prophet Allahs, flieht von Mekka nach Medina **Heilige Schrift:** Koran (= Lesung) **Andere Quellen der Erkenntnis:** Sunna (= Gewohnheit) mit Worten und Taten des Propheten, auch Hadith (= Mitteilung, Erzählung) genannt **Gottesbild:** ein Gott (Allah). Gott als Schöpfer und Richter **Geschichte:** 656 > Spaltung in Sunniten, Schiiten und Charidjiten. Kalifenreiche der Omajjaden (Damaskus) und Abbasiden (Bagdad) >>> 732 > Vertreibung aus Frankreich durch Karl Martell >>> 1453 > Eroberung Konstantinopels >>> 1492 > Vertreibung aus Spanien >>> 1653 > Belagerung Wiens >>> 1918 > Ende des Osmanischen Reiches >>> 1924 > Ende des Kalifats

120.04 *HINDUISMUS* ....

Begriff: Hindu: abgeleitet vom Namen des Flusses Indus, den die Perser Hindu nennen **Symbole:** Darstellung des Lautes „OM" als Sinnbild für Brahman, den ewigen Geist **Entstehung / Gründer:** Verschmelzung der vedisch-brahmanischen Religion der indogermanischen Einwanderer mit den

nichtarischen Religionen des Industales **Heilige Schrift:** Veda (= Wissen).
Brahmanas mit Opfertexten. Upanishaden mit philosophischen Traktaten
Andere Quellen der Erkenntnis: Mahabarata, darin enthalten die Bhaga-
vadgita (= Gesang des Erhabenen). Ramayana **Gottesbild:** eine zentrale
Gottheit (Brahman) als ewiger Geist neben sehr vielen anderen Göttern,
die z. T. als Erscheinungen Brahmans gelten **Geschichte:** 2500 – 1800 v. Chr.
> Harappa-Kultur > > > ab 1500 v. Chr. > Einwanderung der Arier > > >
320 – 535 > kulturelle Blüte unter den Gupta-Kaisern. Kulturelle Expan-
sion nach Hinterindien > > > um 1000 > Eindringen des Islam. Verdrängung des Buddhismus > > > 1498 > Vasco da Gama in Kalikut. Eindringen
europäischer Kolonialmächte > > > 1757 – 1947 > Indien unter englischer
Oberhoheit > > > 1947 > Unabhängigkeit Indiens. Abtrennung Pakistans

120.05 *BUDDHISMUS* ....

Begriff: Buddha: Ehrentitel für Siddharta Gautama (= der Erwachte, der
Erleuchtete) **Symbole:** Rad **Entstehung/Gründer:** um 560 – 483 v. Chr. >
Siddharta Gautama, der Buddha **Heilige Schrift:** Pali-Kanon, Milindapanha
(= Fragen des Milinda) **Gottesbild:** kein Gott als überweltliche persönliche
oder unpersönliche Kraft. Nur das ewige Weltgesetz, das sich in der Ver-
geltungskausalität der Taten offenbart. **Geschichte:** 272 – 232 v. Chr. > König
Ashoka in Indien. Ausbreitung des Buddhismus > > > im 1. Jhd. n. Chr. >
Aufkommen des Buddhismus in China > > > um 1000 > Verdrängung des
Buddhismus aus Indien > > > um 1500 > Ende des Buddhismus in Indone-
sien > > > 1959 > Flucht des 14. Dalai Lama aus Tibet nach Indien

IM REGAL: 33 FILME FÜR DEN MANN 121

Es gibt ein paar Filme, die zur kulturellen Grundausstattung eines Mannes
gehören sollten. Die Diskussionen darüber, welche Filme das sein könnten,
sind endlos. Die folgende, definitive Liste wurde zusammengestellt von Milan
Pavlovic, einem der großen Kenner des Kinos, der seit 1982 die renommierte

Filmzeitschrift „Steadycam" herausgibt. Zu beachten ist, dass es sich nicht um die 33 besten Filme handelt, sondern um die 33 Filme, die ein Mann gesehen haben sollte.

C'ERA UNA VOLTA IL WEST (Spiel mir das Lied vom Tod; Sergio Leone, Italien 1968) Leone-Männer sind die lässigsten des Westens. Sie gehören allerdings auch zu den asozialsten, weshalb es schwerfällt, den richtigen zu wählen: Charles Bronson als schweigsamen Mann mit der Mundharmonika? Henry Fonda, der einen Jungen erschießt? Oder doch Jason Robards, den sanften Gauner? Ganz egal, am Ende zahlen sie alle den Preis und werden tot oder allein sein.

L'ÉTÉ MEUTRIER (Ein mörderischer Sommer; Jean Becker, Frankreich 1983) Isabelle Adjani ist eine Männerfantasie in diesem französischen Film, der als komödiantische Romanze beginnt. Ganz allmählich verwandelt sie das Geschehen in ein handfestes Melodram.

LES AVENTURIERS (Die Abenteurer; Robert Enrico, Frankreich/Italien 1967) Manchmal müssen Männer wieder Kinder werden. Lino Ventura und Alain Delon waren oft harte, einsame Helden (oder Gangster), aber einmal gönnten sie sich ein närrisches Vergnügen, indem sie total auf ihr Macho-Image pfiffen. Infizierend gut gelaunt.

THE GODFATHER (Der Pate; Francis Ford Coppola, USA 1972) So viele verschiedene Männertypen, aber mal ehrlich: Wer von denen will man sein? Der wilde Sonny? Der karrieristische Michael (Al Pacino)? Der weiche Fredo (John Cazale)? Dann eben doch lieber Don Vito Corleone (Marlon Brando), der eher an einen Adligen erinnert als an einen Gangster mit furchteinflößenden Methoden.

THE TEXAS CHAINSAW MASSACRE (Blutgericht in Texas; Tobe Hooper, USA 1974) Diese Metzelei in Texas ist im Vergleich zu den meisten neuen Genre-Werken dezent. Dafür schneidet sie psychologisch viel tiefer als die meisten Blutorgien.

PLAY MISTY FOR ME (Sadistico; Clint Eastwood, USA 1971) Das Lehrbeispiel dafür, wie wichtig es ist, bei der Auswahl von Frauen aufzupassen – denn selbst Clint Eastwood in seiner „Dirty Harry"-Phase wird die hysterische Stalkerin nicht los.

NEW YORK, NEW YORK (Martin Scorsese, USA 1977) Es gibt genau 17 Varianten, eine Frau anzumachen. Diese Zahl verdanken wir Jimmy Doyle, dem Jazz-Saxophonisten, der in der ersten Sequenz von Martin Scorseses ausladendem Musical versucht, Francine (Liza Minnelli) herumzukriegen. Keine von ihnen klappt, aber eine Nacht später küssen sie sich dann doch im strömenden Regen.

BULL DURHAM (Annies Männer; Ron Shelton, USA 1988) Der ideale Sportfilm, weil Sport nur einen kleinen Teil im Leben des alternden Baseball-Zweitligisten Crash Davis ausmacht. Kevin Costner liefert in dem Film einen unsterblichen Monolog: „I believe in the soul, the cock, the pussy, the small of a woman's back, the hanging curve ball, high fiber, good Scotch, that the novels of Susan Sontag are self-indulgent, overrated crap. I believe Lee Harvey Oswald acted alone. I believe there ought to be a constitutional amendment outlawing Astroturf and the designated hitter. I believe in the sweet spot, soft-core pornography, opening your presents Christmas morning rather than Christmas Eve and I believe in long, slow, deep, soft, wet kisses that last three days."

THE BIG LEBOWSKI (Joel & Ethan Coen, USA 1998) Es gibt wahrlich kein lässigeres Wesen als Jeffrey Lebowski (Jeff Bridges). Den ganzen Tag im Bademantel herumlaufen, *White Russian* trinken und Kassetten mit Bowlingspielen anhören, das ist auch eine Antwort auf die Hinterlist des modernen Lebens.

LE DOULOS (Der Teufel mit der weißen Weste; Jean-Pierre Melville, Frankreich 1962) Melville-Männer sind die lässigsten des Planeten. So wie Jean-Paul Belmondo als Mann zwischen Polizei und Gangstern in diesem verwinkelten Schwarz-Weiß-Krimi, in dem der Zuschauer immer als Letzter durchblickt.

TERMINATOR 2 (James Cameron, USA 1991) Ein herrlicher Cyborg, dieser T-800 (Arnold Schwarzenegger): kompromisslos, aber lernwillig und nett zu Kindern. Schade nur: Der 800er ist ein Auslaufmodell.

KILL BILL I & II (Quentin Tarantino, USA 2003/04) Uma Thurman ist eine Männerfantasie in diesem amerikanischen Film, der als zitatreiches Action-Spektakel beginnt. Mit der

Zeit jedoch macht sich Thurman frei vom Image einer Superheldin (in Teil 2 klappt nichts wie geplant) und verwandelt sich vor unseren Augen – in eine Mutter!

FERRIS BUELLER'S DAY OFF (Ferris macht blau; John Hughes, USA 1986) Hätte die Schulzeit nicht großartig sein können, wäre man so dreist und einfallsreich gewesen wie Ferris Bueller (Matthew Broderick)? Ferris ist ein faules Aas und ein kreativer Anarchist zugleich. Das ultimative Jugend-Vorbild also.

ROCKY III (Sylvester Stallone, USA 1982) Wenn der Aufsteiger Rocky Balboa erstmals satt und damit wieder zum Underdog wird, hat die Boxer-Serie einen Punch wie sonst nie. „Rocky III" ist nicht der beste Film der Reihe – aber er ist eines der wenigen natürlichen Dopingmittel.

GET CARTER (Mike Hodges, England 1971) Nie wieder war Rache so englisch wie in diesem Film mit Michael Caine.

THE WILD ONE (László Benedek, USA 1953) „Gegen was rebellierst du?", wird der Motorradrocker Johnny Strabler (Marlon Brando) gefragt. „Was hast du anzubieten?", fragt er zurück und wird zum Vater aller Rebellen.

BULLITT (Peter Yates, USA 1968) Steve McQueen hat in so wenigen wirklich guten Filmen mitgespielt, doch der McQueen-Stil war unabhängig von der Qualität des Gesamtwerks. Denn in Erinnerung bleibt vor allem ein Mann und sein Umgang mit schnellen Autos.

THE SEA HAWK (Der Herr der sieben Meere; Michael Curtiz, USA 1940) Bevor Brando oder McQueen auftauchten, galten Gary Cooper und Errol Flynn als die echten Männer. Hier spielt Flynn einen charmanten, aber harten Piraten – und die Tatsache, dass Gerüchte kursierten, er sei wenigstens bisexuell, schadeten in diesem Fall nicht. Im Gegenteil.

BROKEBACK MOUNTAIN (Ang Lee, USA 2005) Wie ist es denn, wenn ein Mann auf Männer steht – und das im Cowboy-Territorium? Problematisch, aber nicht so viel anders als eine unglückliche Liebe unter Heterosexuellen. Der Kernsatz bleibt derselbe: „I wish I knew how to quit you."

THE SEARCHERS (Der schwarze Falke; John Ford, USA 1956) Gewöhnlich sehen Western-Helden allerdings aus wie John Wayne. Im besten seiner vielen Auftritte spielt er Ethan Edwards: einen Heimatlosen, der sich im ewigen Krieg mit den Komantschen und sich selbst befindet.

RIO BRAVO (Howard Hawks, USA 1959) Meistens jedoch ging es in Waynes Western eher hoffnungsvoll zu, so auch in diesem Lobgesang auf die Freundschaft. So stark ist der Männerbund, dass gemeinsam sogar Dean Martins Trunksucht überwunden wird.

LUCÍA Y EL SEXO (Lucía und der Sex; Julio Medem, Spanien 2001) Es kann nicht falsch sein, ein europäisches Melodram zu kennen, das traurig, lustig und verdammt sexy ist. Deshalb unbedingt aufpassen, mit wem man sich den Film ansieht! Und möglichst nicht beim ersten Date angucken: Der Film könnte als zu heftig empfunden werden.

THE DIRTY DOZEN (Das dreckige Dutzend; Robert Aldrich, USA 1967) Die militärische Variante des „Wild Bunch", unbedingt zu empfehlen wegen Lee Marvin und der verschiedenen Rabauken: von Telly Savalas über Donald Sutherland bis zu Charles Bronson und Ernest Borgnine.

SHICHININ NO SAMURAI (Die sieben Samurai; Akira Kurosawa, Japan 1954) Nicht zu vergessen: Die Urform des Kumpelfilms stammt aus Japan. Akira Kurosawa schickte sieben Samurai in den Kampf gegen unehrenhafte Gauner. Und löste damit eine Lawine von Filmen dieser Art aus.

2046 (Wong Kar-wai, China 2004) Es gibt nur wenige Filme, die sich so für ein zweites oder drittes Date eignen wie dieser sanfte Liebesfilm von Wong Kar-wai. Ein schöner Asiate (Tony Leung) nimmt es mit etlichen gleich schönen Asiatinnen auf, und der Hauch der Melancholie erhöht das Verlangen nach einem Happy-End, wenigstens jenseits der Leinwand.

SOME CAME RUNNING (Verdammt sind sie alle; Vincente Minnelli, USA 1958) Das Rat Pack um Frank Sinatra, Dean Martin und Sammy Davis jr. hat viel gute Laune verbreitet, aber keinen guten gemeinsamen Film hinterlassen. Umso besser schlugen sich Sinatra und Martin zu zweit in diesem heftigen Melodram, mit Shirley MacLaine als jungem, losem Mädchen mit Herz.

THE WILD BUNCH (Sam Peckinpah, USA 1969) Wer die Gesetze und Grenzen allerdings hinter sich gelassen und von den Frauen Abschied genommen hat, dem bleibt nur noch die Loyalität unter Männern. Notfalls bis in den Tod. Notfalls sogar in Mexiko.

ROTE SONNE (Rudolf Thome, BRD 1970) Ein deutsches Liebeskrimi-Melodram, in dem vier Frauen sich vornehmen, ihre vier neuen Liebhaber zu töten. Uschi Obermeier sucht sich Marquard Bohm aus und schafft es nicht. Das führt zu einem Showdown, der an „Duell in der Sonne" erinnert – nur dass dieses am Starnberger See stattfindet.

10 (Die Traumfrau; Blake Edwards, USA 1979) Wenn ein Mann vor lauter Busen die wahre Traumfrau neben sich nicht mehr erkennt, dann muss er leiden wie Dudley Moore in dieser Komödie, die ihren Helden so brutal lächerlich macht.

SOME LIKE IT HOT (Manche mögen's heiß; Billy Wilder, USA 1959) Es gibt viele Filme mit Männern in Frauenkleidern, aber höchstens „Tootsie" ist ebenso gut wie Billy Wilders Bastard aus Komödie, Romanze und Mafia-Groteske. Während Jack Lemmon in Verkleidung den rustikalen Humor bedient, liefert sich Tony Curtis mit Marilyn Monroe ein heißes Duell darum, wer die schönere Frau ist.

AMERICAN GIGOLO (Ein Mann für gewisse Stunden; Paul Schrader, USA 1980) Männer können elegant und sexy sein, auch wenn es dafür vermutlich ein großes Ego und einen Körper wie den des jungen Richard Gere braucht. Aber: Auch Schönheit schützt vor Einsamkeit nicht.

OUT OF SIGHT (Steven Soderbergh, USA 1998) Männer können auch heute noch elegant und sexy sein, auch wenn es dafür offensichtlich der Gelassenheit von George Clooney bedarf. Solche Wesen sind zu gefährlich für die Gesellschaft, also landet Jack Foley (Clooney) wieder im Gefängnis. Aber auf der Fahrt wird er von der damals allürenfreien Jennifer Lopez begleitet.

THE RIGHT STUFF (Der Stoff, aus dem die Helden sind; Philip Kaufman, USA 1983) Der deutsche Titel dieses Raumfahrer-Epos ist etwas platt, bringt es aber auf den Punkt. Wobei der wahre Held keiner der ersten US-Astronauten ist, sondern Chuck Yeager (Sam Shepard), der letztmögliche Westerner: Sein Pferd hat er gegen ein Überschallflugzeug eingetauscht.

Zunächst muss ein gängiges Vorurteil aus der Welt geschafft werden. Sie kennen den Spruch: „Ein gutes Pils braucht sieben Minuten." Die Zeiten, in denen dieser galt, sind lange vorbei. Mit einer modernen Zapfanlage ist ein Pils nach maximal drei Minuten servierfertig. Ein Pils sollte 10 bis 15 Minuten Trinkgenuss ermöglichen, und jedes Pils, das länger als drei Minuten vom Hahn ins Glas benötigt, verliert den prickelnden Geschmack – die so genannte Rezenz – und seinen charakteristischen sahnigen Schaum, der grobporig und fest sein sollte. Außerdem wird es warm. In sieben Minuten wird es die ideale Trinktemperatur, die bei sechs bis neun Grad liegen sollte, mit Sicherheit verlieren. Dennoch gibt es in vielen Kneipen Gäste, die sich beschweren, wenn ihr Pils bereits nach zwei bis drei Minuten vor ihnen steht. Das wieder führt in manchen Kneipen dazu, dass die Wirte sich wider besseres Wissen sieben Minuten Zeit lassen, was wiederum dazu führt, dass das Bier schlechter ist, aber der Gast zufrieden.

122.01 **DREI HÄHNE** Moderne Zapfanlagen bestehen heute aus einem Edelstahlfass mit Keg-Verschluss im Kühlkeller, einer durchgekühlten Leitung, durch die das Bier zur Theke transportiert wird, und einem zuverlässigen Zapfhahn. Es gibt drei verschiedene: 01. den Kükenhahn, der am häufigsten zu finden ist. Das ist ein einfacher Hahn, der aus dem so genannten Küken – einem Gehäuse mit Bedienungsgriff – sowie dem Auslaufbogen besteht; 02. den Kompensatorhahn, eine moderne Konstruktion, an der mit hohem Druck gezapft wird (zirka 1,2 bar), und 03. den Kolbenhahn, der aus einem Gehäuse besteht, in dem ein waagerecht angeordneter Kolben den Bierweg öffnet und schließt.

122.02 **NIE DEN HAHN INS GLAS** Wichtig ist es, richtig zu zapfen: Halten Sie das gut gespülte und von jeglichem Rest an Spülmittel befreite Glas (Tulpe oder Pokal) schräg an den Hahn. Lassen Sie das Pils am Glasrand entlang fließen, bis das Glas etwa zu einem Drittel gefüllt ist und stellen

Sie es kurz ab – zirka eine Minute – und lassen es ruhen. Füllen Sie es auf, ohne das Glas noch einmal an den Hahn zu heben. Wichtig ist auch, dass der Zapfhahn nie in das Pils getaucht wird, da das Bier sofort an Kohlensäure verlieren würde. Nach einer weiteren Minute erhält das Pils durch einen weiteren Schuss aus dem Zapfhahn seine Schaumkrone und ist fertig.

123 AUF DEN FINGERN PFEIFEN

Wer es kann, sagt, es gibt nichts Einfacheres. Wer es nicht kann, sagt, es ist unmöglich. Das liegt daran, dass auf den Fingern zu pfeifen nur in der Theorie ganz einfach ist. Formen Sie Daumen und Zeigefinger einer Hand zu einem Ring. Schieben Sie mit dem Ring die Zunge bei halbgeöffneten Lippen von unten nach oben an den Gaumen. Versuchen Sie, durch die entstandene Öffnung kräftig auszuatmen. Entscheidend ist, die ideale Position der Finger zu finden – verändern Sie deren Lage also beim Üben ständig ein wenig. Nach ein paar Minuten werden Sie sicher sein, niemals auf den Fingern pfeifen zu können. Einfach weiterüben, immer wieder mal, am besten, wenn niemand in der Nähe ist. Denn: Beim Üben klingt es zunächst lächerlich. Irgendwann gelingt plötzlich ein erster, ordentlicher Pfiff, und dann haben Sie es einfach drin und wissen, wie es geht.

Eine zweite Methode: Probieren Sie es mit vier Fingern – Zeige- und Mittelfingern beider Hände. Dabei liegen Zeige- und Mittelfinger jeweils parallel und gestreckt aneinander. Die Zeigefinger werden rechts und links in die Mundwinkel geschoben, die Zunge wird genau wie beim Ringpfeifen nach oben gedrückt. Dann kräftig ausatmen.

124 DEN WIENER OPERNBALL BESUCHEN

Sollten Sie – aus einer Laune heraus oder weil Sie solche Veranstaltungen recht gern mögen – sich zu einem Besuch des Wiener Opernballs entschieden haben, so benötigen Sie dazu eine Eintrittskarte und vor allen Dingen einen Frack. Ohne Frack läuft nichts.

124.01 *EINLASS* Die Gelegenheit zum Besuch ergibt sich einmal im Jahr, denn der Wiener Opernball findet jährlich in der Wiener Staatsoper statt. Mit dem Ankleiden am Balltag können Sie sich ein wenig Zeit lassen, Einlass in die Staatsoper wird ab 21 Uhr gewährt, der Ball beginnt dann um 22 Uhr. Ausverkauft ist das Ereignis immer, was bedeutet, dass 5200 Gäste daran teilnehmen. Mit der Eintrittskarte, die derzeit 230 Euro kostet und die es wegen großer Nachfrage rechtzeitig vor dem Ball zu erwerben gilt, wird der Dresscode mitgeteilt, der offiziell Bekleidungsvermerk heißt.

Männer werden aufgefordert, einen Frack zu tragen, wozu ein weißes Hemd, eine weiße Fliege und Lackschuhe gehören. Dieser Aufforderung nicht Folge zu leisten kann dazu führen, dass trotz vorhandener Eintrittskarte kein Einlass gewährt wird.

124.02 *RAUCHEN* Eine weitere zu befolgende Regel ist das Rauchverbot, ausgenommen sind das Foyer vor der Feststiege, also das so genannte Vestibül, und die zwei Rauchsalons am Balkon. Neben dem Bekleidungsvermerk und dem Rauchverbot gibt es keine weiteren schriftlich fixierten Regeln. Allerdings gebietet es die Höflichkeit, sich auch darüber hinaus an die eine oder andere Umgangsform zu halten.

124.03 *SITZEN* Logen, Tischplätze und Zuschauerkarten sind zusätzlich zu den Eintrittskarten zu erwerben. Möchten Sie einen Sitzplatz haben, jedoch nicht gleich eine Loge (8500 bis 17 000 Euro) oder einen ganzen Tisch für vier oder sechs Personen (320 bis 960 Euro) mieten, werden Sie in die Situation geraten, mit unbekannten Menschen den Tisch zu teilen, zum Beispiel wenn Sie einen Tischanteil für zwei Personen im sechsten Stock für 160 Euro mieten. Es ist auch heute noch ein Gebot der Höflichkeit, sich als Ankommender bei einer gesellschaftlichen Veranstaltung, und der Wiener Opernball ist eine solche, den anderen Gästen am Tisch vorzustellen. In einer kleinen Tischrunde bis etwa zwölf Personen geschieht das mit einer Begrüßung reihum.

124.04 ALLES WALZER Der Ball wird um 22 Uhr mit der Aufstellung des Jungdamen-Jungherren-Komitees eröffnet. Das Eröffnungsprogramm ändert sich jährlich, endet jedoch mit schöner Verlässlichkeit mit dem Komiteetanz, einem Linkswalzer. Neigt sich die Vorführung des Komitees dem Ende entgegen, ertönt der traditionsreiche Ruf „Alles Walzer". Anschließend ist es allen Gästen gestattet, die etwa 75 Meter lange und 12 Meter breite Tanzfläche des Großen Saals zu betreten, um den Eröffnungswalzer zu tanzen.

124.05 TANZEN Der erste Tanz gehört in jedem Fall der Partnerin, mit der Sie den Ball besuchen. Wer wen dazu auffordert, ist unerheblich, heutzutage kann auch die Dame problemlos den Herren auffordern. Die alte Sitte, auch die anderen Gäste der Tischrunde zum Tanzen aufzufordern, beginnt erst nach dem ersten Tanz. Die früher üblichen Pflichttänze, die mit jeder einzelnen Dame am Tisch zu absolvieren waren, gibt es bei öffentlichen Bällen nicht mehr.

124.06 NÄHE Nach wie vor ist ein Paartanz jedoch keine Selbstverständlichkeit, sondern bedarf einer höflichen Aufforderung. Diese ist notwendig, da neben der Umarmung und dem Wangenkuss an Silvester der Gesellschaftstanz die wohl einzige gesellschaftlich sanktionierte Gelegenheit ist, bei der sich einander fremde Menschen anfassen dürfen, ohne dass dies als Eindringen in die Intimsphäre zu werten ist. Zu enger Körperkontakt kann jedoch, vor allem, wenn er einseitig gepflegt wird, auch dann noch als aufdringlich empfunden werden.

124.07 NICHT TANZEN Ein Mann kann jederzeit in die Lage geraten, zum Tanz aufgefordert zu werden. Einen Tanz abzulehnen ist nicht unhöflich, nur sollte die Ablehnung freundlich formuliert und, wenn möglich, fantasie-

reich begründet werden. Der „Arbeitskreis Umgangsformen International"
schlägt für den Notfall folgende Absageformulierungen vor:

> *„Nein, danke. Ich möchte im Augenblick nicht tanzen."*
> *„Nein, danke. Ich möchte gern mal eine Runde aussetzen."*
> *„Es tut mir leid, ich brauche dringend eine kleine Pause."*
> *„Es tut mir leid, meine Füße streiken zurzeit."*
> *„Es tut mir leid, ich habe mich gerade mit einer*
> *Bekannten an der Bar verabredet."*

124.08 **TANZFLÄCHEN** Stimmen Sie der Tanzaufforderung zu, gibt es zwei
verschiedene Möglichkeiten: Sie können tanzen. Sie können nicht tanzen.
Können Sie tanzen, werden Sie auf dem Wiener Opernball erleben, dass es
dort sehr eng zugeht. Es gibt mehrere Tanzflächen: zum Beispiel eine, für
die italienische Barmusik gespielt wird, eine Diskothek im Keller der Oper,
und natürlich die Hauptfläche, für die das Opernballorchester klassische
Tänze und eine Big Band schnellere modische Tänze wie Rumba, Tango,
Foxtrott oder Quickstep spielen. Bis mindestens Mitternacht sind sie alle
mit so vielen Paaren gefüllt, dass ein gekonnter Tango kaum möglich sein
wird. Für Turniertänzer, so heißt es aus dem Opernballbüro wörtlich, gelte
es, „nicht alle Leute niederzumähen".

124.09 *EINS – ZWEI – DREI* Zweite Möglichkeit: Sie können nicht tanzen.
Dann kann die Enge auf der Fläche eine willkommene Ausrede sein. Versuchen Sie dann, nicht ausschließlich auf Ihre Füße zu sehen, und wippen Sie
nicht mit den Knien! Der langsame Walzer zeichnet sich, wie auch jeder
andere Walzer, durch einen 3/4-Takt aus. Man zählt „1-2-3 / 1-2-3" im Takt
der Musik. Zunächst sind die Füße geschlossen. Und los: **Bei 1:** linker Fuß
nach vorn. Die Partnerin, das ist das Gute, weiß, dass sie mit dem rechten
Fuß nach hinten gehen muss. Dennoch, das ist das Schlechte, führt der
Mann die Frau und nicht umgekehrt. • **Bei 2:** rechter Fuß diagonal nach
rechts vorne. • **Bei 3:** linken Fuß zum rechten ziehen. • **Bei 1:** rechter Fuß

gerade nach hinten. • **Bei 2:** linker Fuß nach diagonal links hinten. • **Bei 3:** rechten Fuß zum linken ziehen. Und von vorne.

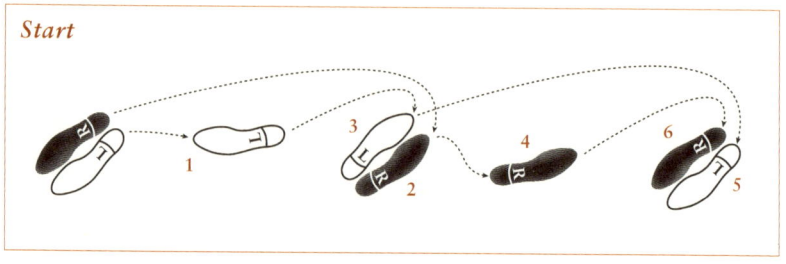

Und so sieht es aus, wenn Sie sich gegen alle Gewohnheit einmal führen lassen und deshalb mit den Rückwärtsschritten beginnen.

124.10 **PENDELN** Noch einfacher und praktikabler ist angesichts der Enge der Pendelwalzer. Hierbei gilt es, das Gewicht von einem Fuß auf den anderen zu verlagern und dabei von links nach rechts und wieder nach links zu schwanken. Der Pendelwalzer kann mit ein wenig Rhythmusgefühl auch als Pendelpolka, als Pendelrumba, als Pendelfoxtrott oder Pendeltango getanzt werden. Die Schritte sind hierbei unter dem Strich identisch. Brust heraus, Schultern aufrecht, der Blick selbstbewusst – und man wirkt, als könnte man viel besser tanzen, wäre doch nur ein wenig mehr Platz.

124.11 **REPARIEREN** Tritt man der Partnerin auf den Kleidsaum, und reißt dieser ab oder ein, reißt ein Schnürsenkel oder bricht ein Absatz der Dame ab, so gilt es, Ruhe zu bewahren: Es gibt auf dem Wiener Opernball einen Schuster und einen Schneider, die für die Gäste gratis für alle Fälle zur Verfügung stehen.

124.12 **UND DIES NOCH** Besuchen Sie den Ball nicht mit neuen Schuhen. Sie müssen es immerhin sieben Stunden in ihnen aushalten, denn der Ball endet erst um fünf Uhr morgens.

Zu behaupten, dass irgendein Lied das beste der Welt sei, ist eine Provokation. Dennoch oder gerade deshalb hat 2004 das amerikanische Musikmagazin „Rolling Stone" 172 Musiker, Musikproduzenten und Musikkritiker zu einer Umfrage gebeten: Welches ist das beste Lied, das jemals geschrieben worden ist? Zum „Greatest Song Of All Time" wurde Bob Dylans „Like A Rolling Stone" gekürt – ein Lied, das nie den ersten Platz der Billboard-Charts erreichte, der offiziellen amerikanischen Hitparade. Natürlich sind solche Umfragen mit Absolutheitsanspruch Blödsinn, denn vielleicht erscheint schon übermorgen ein noch besseres, größeres oder wichtigeres Lied. Aber zugleich sind solche Umfragen wunderbar, denn sie sagen auch etwas über den Stand der Dinge, genau jetzt.

„Like A Rolling Stone" wurde am 16. Juni 1965 im Studio A der Columbia Records in New York City aufgenommen, am zweiten Tag der Aufnahmesessions zum Album „Highway 61 Revisited". Es ist sechs Minuten und sechs Sekunden lang, und es ist tatsächlich ein unwahrscheinlich gutes Lied. Ein Mann sollte immerhin ein paar der vielen Geschichten kennen, die dieses Lied umranken.

125.01 *KOOPERS TRICK* Es singt Bob Dylan, der auch Rhythmusgitarre und Mundharmonika spielt. Michael Bloomfield spielt Gitarre, Bobby Gregg sitzt am Schlagzeug, Paul Griffin am Klavier, Bruce Langhorn schlägt das Tambourin, Joe Macho Jr. spielt den Bass (nicht, wie bisweilen fälschlich behauptet, Russ Savakus) und Al Kooper die Orgel. Kooper war von Produzent Tom Wilson ursprünglich als zweiter Gitarrist gebucht worden. Dann wurde er jedoch aus dem Line Up entfernt, was ihn schmerzte, denn bei diesem Song wollte er unbedingt dabei sein.

Er wartete im Aufnahmeraum beim Tonmeister auf sein Geld, als er sah, wie Paul Griffin von der Orgel ans Klavier wechselte, das Produzent Wilson als das passendere Instrument für das Lied empfand. Kooper bot an, den Platz an der Orgel einzunehmen. Wilson hielt das für keine gute

Idee. Wie er denn darauf käme, fragte er Kooper, er sei schließlich Gitarrist. Damit war die Diskussion für ihn beendet. Wilson verließ anschließend kurz den Raum, um ein Telefonat anzunehmen. Diesen Moment nutzte Kooper, er schlich sich wieder ins Studio und setzte sich an die Orgel. Die Aufnahmen gingen weiter, und erst einige Takes später bemerkte Wilson Kooper an der Orgel und sagte, leicht amüsiert über so viel Hartnäckigkeit: „Was machst du denn da?" Kooper durfte bleiben. Wenn man genau hinhört, bemerkt man, wie Kooper, der Gitarrist an der Orgel, immer wieder einmal den Bruchteil einer Sekunde später dran ist als die anderen, weil er Zeit braucht, mit den Fingern den richtigen Akkord auf die Tasten zu legen. Diese minimale Verzögerung macht einen Teil des Zaubers des Liedes aus.

125.02 **ES WEIST DEN WEG** Der amerikanische Musikjournalist und Autor Greil Marcus hat 2005 ein wunderbares Buch über das Lied veröffentlicht, in dem er diese und andere Geschichten erzählt: „Bob Dylans' Like A Rolling Stone – die Biografie eines Songs". Für Marcus erzählt der Song die Geschichte einer ganzen Generation. Das Album *Highway 61 Revisited,* aus dem das Lied stammt, beschrieb Marcus bereits 1979 in seinem Buch „Stranded" als „the signal achievement of Rock'n'Roll" – die wegweisende Leistung des Rock'n'Rolls.

125.03 **EINE NEUE EPOCHE** Das Lied beginnt mit einem Schlag auf die Snare-Drum, unmittelbar danach folgt ein Schlag auf die Bass-Drum, wie das Echo eines Schusses. Dieser Beginn wirkte seinerzeit, als leite er mit einem Schlag den Beginn einer neuen Epoche ein.

126 — IM REGAL: 25 ALBEN FÜR DEN MANN

Es gibt ein paar Alben, die zur kulturellen Grundausstattung eines Mannes gehören sollten. Einen rock- und popmusikalischen Kanon zusammenzustellen ist jedoch nahezu unmöglich. Der renommierte Musikkritiker und Buchautor Ralf Niemczyk hat die folgenden, wie er sagt, nicht repräsentativen, aber für Männer höchst hörbaren Alben ausgesucht, die in einer Sammlung stehen könnten – wenn es auch eine erstaunlich vielseitige Sammlung wäre, die von einem weit verzweigten Geschmack zeugte. Wiederum ist zu beachten, dass es sich nicht um die 25 besten Alben handelt, sondern um 25 Alben, die ein Mann gehört haben sollte.

ABC – THE LEXICON OF LOVE (Mercury, 1982) Mit schimmernden Las-Vegas-Anzügen und schnittigen Frisuren auf der Suche nach dem perfekten Popsong.

BEASTIE BOYS – LICENCED TO ILL (Def Jam, 1985) Die explodierende Bierfontäne. Herber Party-Hip-Hop der weißen New Yorker Rotzlöffel.

BLUE ÖYSTER CULT – ON YOUR FEET OR ON YOUR KNEES (1975, CBS) Das Live-Album der Erfinder des Heavy-Rock-Umlauts steht stellvertretend für die durchgeknallte Seite des frühen Biker- und Metal-Universums. Die verschrobene Härte der Siebziger.

BLUR – THE GREAT ESCAPE (EMI, 1995) Auf dem vierten Album der damaligen Oasis-Gegenspieler widmet sich Frontmann Damon Albarn dem zentralen Thema (Männer-) Einsamkeit. „Charmless Man", „Stereotypes" und andere Verlierer der Neunziger.

DAVID BOWIE – THE RISE AND FALL OF ZIGGY STARDUST (1972, Rykodisc) Mit Songs wie „Five Years" oder „Starman" wurde der androgyne, schminktöpfige Kajalaugen-Mann in die Popgeschichte eingeführt. Mit Folgen bis heute.

JOHNNY CASH – AT FOLSOM PRISON (1968, CBS) Das definitive Knast-Album. Vor den wirklich harten Jungs schließt der Man in Black seine harte Pillen- und Exzess-Phase ab. Ein energiereicher Ritt durch die frühen Rockabilly- und Country-Highlights.

THE CLASH – THE CLASH (CBS, 1977) Rebellion als Lebenseinstellung. Die Style-Ikonen des Punk im urbanen Armeehemd-Look des coolen Straßenkämpfers.

DEXY'S MIDNIGHT RUNNERS – SEARCHING FOR THE YOUNG SOUL REBELS (PARLOPHONE, 1980) Der Tramp in Latzhosen geht seine eigenen Wege und schafft nebenbei ein Meisterwerk aus Pop und Soul.

FUN BOY THREE – WAITING (Chrysalis, 1983) In „A Schooltrip to France" erzählt (Ex-Specials-)Sänger Terry Hall, wie er einst von seiner Lehrerin verführt wurde. Dazu Politik und Fußball-Alltag und ein tolles Miss-Marple-Intro.

SERGE GAINSBOURG – L'HOMME À TÊTE DE CHOU (1976) Der große Chanson-Wüstling widmet sich in diesem variantenreichen Konzeptalbum („Der Mann mit dem Kohlkopf") der Selbstbespiegelung. Nachhilfestunden für frankophile Großstadt-Neurotiker.

MARVIN GAYE – HERE MY DEAR (Motown, 1978) Die Trennungs-Abrechnungs-Platte schlechthin. Bittersüßes nach der Scheidung von seiner ersten Frau Anna.

ISAAC HAYES – HOT BUTTERED SOUL (Stax, 1969) Die Erfindung der Schlafzimmer-Symphonie. Eine Stimme aus der Tiefe des Raums.

THE JESUS AND MARY CHAIN – PSYCHO CANDY (Blanco Y Negro, 1985) Wortkarg, schottisch, stoisch: Mürrische Jungs verschanzen sich hinter schwarzen Ray-Ban-Sonnenbrillen und begeben sich auf einen Trip.

LOVE – FOREVER CHANGES (1967, Elektra) Der kaputte Poet Arthur Lee, der von Jim Morrison hoch geschätzt wurde, definiert mit seiner Band den genialen Mix zwischen Westcoast-Harmonien und filigranem Pomp. Der Mann als schönes, zerbrechliches Ding.

MADONNA – LIKE A VIRGIN (Sire/Warner, 1984) Get into the Groove: das „Prinzip Diskoluder" als Erfindung der Achtziger. Die Folgen (siehe Paris Hilton) sind bis heute zu besichtigen.

MC 5 – KICK OUT THE JAMS (Elektra, 1969) Wenn herbe Kerle richtig bolzen. Brachiale Gitarren-Schönheit lange vor Punk und Metal.

PREFAB SPROUT – STEVE MCQUEEN (Kitchenware, 1985) Melodien, die vom Himmel fallen. Herzergreifende Coolness.

N. W. A. – STRAIGHT OUTTA COMPTON (Ruthless, 1989) Die Mutter aller Gangster-Rap-Platten. Doc Dre, Easy E und Co. poltern gegen die Polizei von L.A. und den Rest der Welt.

SEX PISTOLS – NEVER MIND THE BOLLOCKS (Virgin 1977) Schneidend, polternd, anmaßend. Die Punk-Ikone für den Anarchisten und Anti-Christen im Mann.

FRANK SINATRA – A MAN ALONE (1969, Reprise) Das unpeinliche Sinatra-Album, das auf den Spuren des Dichters Rod McKuen wandelt und sich in ruhigen, nach-denklichen Songs einsamen Städten, aufrechten Typen und langen Nächten widmet.

SLAYER – REIGN IN BLOOD (Def Jam, 1986) Der Meilenstein der Thrash-Metaller; politisch unkorrekt und garantiert Ohren ausblasend. Seinerzeit *das* Bollwerk gegen die aufkommende House- und Techno-Bewegung. Heute eine Geschichtsstunde des Lärms.

SLY & THE FAMILY STONE – THERE'S A RIOT GOING ON (Epic, 1972) Wenn Funk und Politik gemeinsam ziemlich durchgeknallt und sexy durch die Lande ziehen, gibt's ewige Hits wie „Family Affair" oder „Everybody Is a Star".

THE SMITHS – THE QUEEN IS DEAD (Rough Trade, 1986) Lange vor seiner Solo-Karriere prägt Sänger Morrissey im Zusammenspiel mit Gitarrist Johnny Marr ewige Weisheiten wie „Some Girls are Bigger than Others".

THE SPECIALS – THE SPECIALS (Two Tone, 1979) Der schwarze-weiße Jamaika-Sound, die Porkpie-Hüte und die Wiederkehr der smarten Sixties-Anzüge.

DUSTY SPRINGFIELD – IN MEMPHIS (1968) Englands definitive Sixties-Stimme sucht den Soul. In „Son of a Preacher Man" besingt sie Seelenpein und Emanzipation. Die Pet Shop Boys liebten sie für ihren herzergreifenden Schmerz in „No Easy Way Down".

DER ALTE MANN

Es ist ein erstaunliches, aber doch oft zu beobachtendes Phänomen, dass manche Männer ab einem gewissen, eher fortgeschrittenen Alter (über 50) den Wunsch entwickeln, nun mal endlich ihren eigenen Laden aufzumachen. Sprich: ein gehobenes Restaurant, eine Bar oder zumindest eine schöne Kneipe. Geht Ihnen ähnlich? Ihr Stammlokal fällt Ihnen nach all den Jahren auf die Nerven, das Sortiment Ihrer Lieblingsbar erscheint Ihnen fad (gemessen an den Möglichkeiten, von denen Sie wissen), und Ihre Freunde an der eigenen Hausbar zu versammeln kann es nun wirklich auch nicht sein? Sie haben das Wissen, die Energie und ein bisschen Geld auf die Seite gelegt? Und hat nicht gerade erst Ihre Frau (oder Ex-Frau) eine Galerie/Boutique/ Weinhandlung eröffnet, die gar nicht so schlecht läuft?

127.01 *TUN SIE ES NICHT* Grundsätzlich, das muss so offen gesagt werden, ist Ihnen von dem Plan, ein Lokal zu eröffnen, dringend abzuraten. Sie werden keine zwei Jahre benötigen, um Ihre Ersparnisse, Ihre Nerven und Ihre besten Bekannten zu verlieren. Sie sollten wissen: Ein Restaurant zu führen bedeutet, beinahe rund um die Uhr zu arbeiten, ständig Streit mit Personal, Gästen und Nachbarn zu führen und jeden Tag Angst um die Gesundheit und die Existenz zu haben. Sollten Sie dennoch nicht von Ihrem Plan abzubringen sein, einen Laden aufzumachen, sei im Folgenden angedeutet, wie es gehen könnte, ohne dass es notwendig ein Fiasko wird.

127.02 *DAS KONZEPT* Vermutlich orientiert sich Ihr Konzept an Ihrem persönlichen Bedürfnis. Überprüfen Sie also zunächst, ob es Menschen gibt, die Ihr persönliches Bedürfnis teilen könnten. Sollte Ihre Idee daraus bestehen, die größten Schnitzel der Stadt mit den leckersten Bratkartoffeln der Stadt verkaufen zu wollen, kann diese Idee genauso sensationell wie lächerlich sein. Es kommt auf Ihre Stadt an und darauf, ob dort eine Versorgungslücke im – sagen wir – Schnitzelbereich klafft. Sie sollten also Ihre Idee immer an den gegebenen Voraussetzungen überprüfen: Gibt es eine Zielgruppe für Ihr Vorhaben? Das bedeutet auch: Halten Sie sich mit allzu seltsamen Originalitäten zurück. Machen Sie kein Restaurant mit moldawischen Spezialitäten auf – das braucht kein Mensch.

127.03 **DAS LOKAL** Bei der Wahl des künftigen Lokals müssen mehrere Kriterien bedacht werden: Wie ist der Erhaltungszustand von Gastraum, Küche, Keller und Sanitärbereichen? Wie ist die Verkehrsanbindung? Gibt es Parkplätze oder müssen welche abgelöst werden? (Bedenken Sie, dass Sie bei einer Neuerrichtung einer Gaststätte in einer Großstadt unter Umständen einige Parkplätze für viel Geld kaufen müssen.) Ist die Gaststätte an Lieferanten oder Brauereien vertraglich gebunden oder können Sie alle Verträge neu verhandeln? Liegt das Lokal in einem Wohngebiet – wird also unter Umständen mit beschwerdeführenden Anwohnern zu rechnen sein? Wie ist die Konkurrenzsituation? Wie ist das generelle Ausgehverhalten im Viertel? Wie viel Personal werden Sie benötigen?

Ob die Höhe der Pacht in Ordnung ist, errechnet sich am besten mit einer geschätzten Umsatzerwartung. Sollte die Miete mit dem geschätzten Umsatz zweier Betriebstage nicht erwirtschaftet werden können: Suchen Sie sich etwas anderes! Optimal wäre es, Sie erwirtschaften die Miete sogar mit dem Umsatz eines Tages. Der Umsatz von drei Tagen ist bereits zu viel.

127.04 **DAS FORMELLE** Als künftiger Gastwirt müssen Sie über keinerlei Vorbildung verfügen oder irgendwelche Voraussetzungen erfüllen. Sie dürfen lediglich nicht vorbestraft sein. (Es besteht eine zehnjährige Verjährungsfrist, danach dürfen Sie wieder Wirt sein.) Alles was Sie tun müssen, um eine Gaststättenerlaubnis bei der zuständigen Konzessionsbehörde – zum Beispiel der Bezirksinspektion, der Gemeinde oder dem Landratsamt – beantragen zu dürfen, ist eine eintägige Unterrichtung bei der Industrie- und Handelskammer zu besuchen. Die Kosten dieser so genannten Wirteprüfung lagen 2007 bei 51 Euro. Im Kurs werden die „grundlegenden Regelungen und Bestimmungen des Gaststättengesetzes sowie der einschlägigen schankanlagen- und lebensmittelrechtlichen Vorschriften" (Gaststättengesetz, §2 Absatz 1) vermittelt. Im Jargon: das Frittendiplom. Es muss keinerlei Prüfung abgelegt werden – alles, was zählt, ist Ihre Anwesenheit, egal in welchem Zustand.

Nun kommt es darauf an, wo Sie Ihr Lokal eröffnen möchten, also in welchen Räumen. Beim Erlaubnisverfahren zur Erteilung einer Konzession unterscheidet man zwischen der Fortführung einer Gaststätte oder der Neuerrichtung (wenn die gepachteten Räume vorher nicht gastronomisch genutzt wurden oder größere Umbauten oder Erweiterungen geplant sind). Ist eine Neuerrichtung geplant, muss noch vor dem Einreichen des Antrags zur Gaststättenerlaubnis beim städtischen Referat für Stadtplanung und Bauordnung (Planungsreferat) – Abteilung Lokalbaukommission (LBK) – eine Baugenehmigung / Nutzungsänderung beantragt werden.

Bei Antragstellung müssen Sie Ihren Ausweis, den Pachtvertrag, Grundrisspläne der geplanten Gaststätte (im Maßstab 1:100), gegebenenfalls einen Handelsregisterauszug (erkundigen Sie sich telefonisch), ein Führungszeugnis, einen Gewerbezentralregisterauszug und den Unterrichtungsnachweis der IHK (die Wirteprüfung) mitbringen. Sollten keine Einwände hinsichtlich der Behörde vorliegen, erhalten Sie erst eine vorläufige Erlaubnis und nach etwa drei Monaten eine grundsätzliche Erlaubnis.

Die Erlaubnisgebühr, die einmalig zu zahlen ist, beträgt zwischen 50 und 5000 Euro, je nachdem, wie groß die Gaststätte wird und wo sie liegt. Als gesetzliche Sperrzeit gilt fast im ganzen Bundesgebiet die Zeit von 5.00 bis 6.00 Uhr.

127.05 **DAS PERSONAL** Die Auswahl des Personals ist schwierig, denn gutes Personal kostet Geld und ist schwer zu finden. Sie brauchen aber unbedingt gutes Personal, denn schlechtes Personal wird jedem Gast irgendwann unangenehm aufstoßen. Ein gutes Lokal ist immer auch ein soziales Therapiezentrum und eine Art Theater. Gute Service- und Thekenkräfte müssen deshalb immer auch gute Therapeuten und Entertainer sein. Wie alle Künstler und Sozialarbeiter gehören diese eher zu den sensiblen Charakteren – und die sind manchmal anstrengend. Bedenken Sie auch: Es gibt so gut wie niemanden in der Gastronomie, der nicht betrügt. Um ein paar zusätzliche

Euro zu erwirtschaften, lassen sich Service- und Thekenkräfte die erstaunlichsten Tricks einfallen, mit denen sie ein paar Posten an der Registrierkasse vorbeischmuggeln. Am einfachsten geht das, indem Getränke nicht boniert werden, der Erlös wandert dann zu hundert Prozent in die Tasche des Personals. Es gibt jedoch weit subtilere Tricks, und Sie müssen davon ausgehen, dass das Personal sich in dieser Sache gegen Sie verbünden wird. Wenn Sie sehr viel Glück haben, finden Sie Personal, das Sie nicht betrügt. Das gibt es, aber es ist selten. Sie können nun Ihren eigenen kleinen Überwachungsstaat gründen und ein Zählwerk in die Kaffeemühle oder gar eine Überwachungskamera über dem Tresen einbauen. Doch wenn Sie so weit gehen, die Schnapsflaschen regelmäßig zu wiegen, wird das Personal vielleicht den Schnaps mit Wasser verdünnen, das merkt bei zehn Prozent Verdünnung kein Mensch. Und wenn es Sie nicht mehr betrügen kann, dann betrügt Ihr Personal unter Umständen den Gast, und das ist letztlich noch schlimmer. Es hilft also im Grunde nur eins: Sie müssen selbst hinter der Theke stehen. Tag und Nacht.

127.06 **DER KOCH** In der Küche werden Sie auf ein weiteres Problem stoßen: In der Gastronomie zu kochen gehört zu den härtesten Jobs, die es gibt – Sie werden also nie und nimmer einen Koch finden, der nicht bekloppt ist. Nur Verrückte stehen diesen Job durch. Das geflügelte Wort in der Gastronomie lautet: Ein guter Koch ist der, der zur Arbeit erscheint. Stellen Sie sich auf Choleriker ein (bisweilen messerwerfende), und rechnen Sie jederzeit mit Zusammenbrüchen und Weinkrämpfen beim Personal, das vom Koch gepeinigt wird.

127.07 **DIE GÄSTE** Sie haben alle Hürden genommen, die Handwerker haben Ihnen einen Laden gezimmert und Sie noch nicht ruiniert, Sie haben Ihre Grundausstattung an Gedecken, Bestecken, Servietten, Lebensmitteln und Getränken erworben, Sie haben mit einer Brauerei einen guten Vertrag ausgehandelt, der Ihnen nicht nur Unterstützung bei der Finanzierung der Zapfanlage oder des Kühlraumes, sondern auch einen guten Bierpreis ga-

Sie haben mit einer Brauerei einen guten Vertrag ausgehandelt. Trinken Sie nicht zu viel von dem guten Stoff, der in Fässern geliefert wird.

rantiert, Sie haben Personal gefunden, das Sie als vertrauenswürdig und angenehm empfinden, Sie haben womöglich sogar die örtliche Presse über Ihre Eröffnung informiert. Nur mit den Gästen haben Sie nicht gerechnet. Dieser Faktor ist leider oft völlig unberechenbar. Bisweilen werden gerade die schönsten Läden von den hässlichsten Gästen in Beschlag genommen. Das ist allerdings immer noch besser, als wenn Sie gar keine oder viel zu wenige Gäste haben. Auch das kommt häufig vor.

Ein weiteres Problem können auch Ihre zahlreichen Freunde werden, die Sie von nun an gerne in Ihrem Lokal besuchen. Ihre Freunde werden Rabatt erwarten oder auch mal hinterm Tresen stehen wollen und immer eine Sonderbehandlung verlangen. Natürlich sollten Sie Ihren Freunden dann und wann einen ausgeben, aber Sie müssen ihnen auch klarmachen, dass Ihnen der Besuch zwar stets große Freude bereitet, aber ebenso die Zeche, die sie zu begleichen haben. Dass es mal ein Getränk umsonst gibt, sollte nie eine Selbstverständlichkeit werden, sondern eine freundliche Geste bleiben, über die Sie immer wieder neu entscheiden.

127.08 **REICH WERDEN** Mit einem Lokal Gewinn zu erwirtschaften ist nur dann möglich, wenn Sie bereit sind, große Strenge zu zeigen: Ihrem Personal, Ihren Gästen und sich selbst gegenüber. Bevor Geld in der Kasse übrig bleibt, müssen drei Kostenfaktoren stets im Zaum gehalten werden: der Wareneinsatz, die Betriebskosten und die Personalkosten.

Sie benötigen einen genauen Plan,
äußerste Disziplin, Energie,
Durchhaltewillen, Autorität –
und dazu noch einen großen
Haufen Glück.

Übersteigt der Wareneinsatz die 30-Prozent-Marke, ist Ihr Preisniveau zu gering, Ihr Lieferant zu teuer oder Sie werden beklaut. Übersteigen die Betriebskosten 20 Prozent, sind Ihre Pacht, der Strom- und der Wasserverbrauch zu hoch, oder die Abfallentsorgung ist zu teuer. Übersteigen die Personalkosten 30 Prozent, haben Sie zu viele Angestellte (und sollten verstärkt mit Aushilfen arbeiten oder Personal reduzieren) – oder das Gehaltsgefüge wird an der einen oder anderen Stelle gesprengt. Sie sehen, dass ungefähr 20 Prozent des Umsatzes für Sie übrig bleiben, die Sie versteuern und von denen Sie alle Investitionen bestreiten müssen.

127.09 **SELBST TRINKEN** Die älteste Regel kennen Sie vermutlich: Ein Wirt sollte nicht sein bester Kunde werden, was bedeutet: Trinken Sie nicht Ihren eigenen Alkohol. Diese alte Regel ist Quatsch, denn kein Wirt hält sie durch. Das Geschäft lebt vom Alkohol, also müssen Sie hin und wieder etwas trinken. Wie es fast keinen Techno-DJ gibt, der keine Drogen nimmt, so gibt es auch so gut wie keinen Wirt, der nichts trinkt. Versuchen Sie aber unbedingt, den Konsum in Maßen zu halten. Nur weil alle um Sie herum mehr oder weniger ausgeprägte Alkoholiker sind, müssen Sie nicht auch einer werden.

Sie benötigen also einen genauen Plan, äußerste Disziplin, Energie, Durchhaltewillen, Autorität und einen Haufen Glück. Dann kann es entgegen aller Wahrscheinlichkeit etwas werden mit Ihrem Laden.

Zwei Drittel aller Männer leiden früher oder später unter Haarausfall. Auch die von damals, aus den sechziger und siebziger Jahren, die das Haar so lang trugen. So lang, dass es ein Musical zu Ehren der Bewegung der Hippies gab, das den Titel „Hair" trug. In der deutschen Übersetzung wurde der folgende, erstaunlich wunderbare Text gesungen:

„Ich will es lang und liegend, fliegend • Bürstenborstig, rabenhorstig • Ruppig, schuppig, struppig, zopfig • Eisenherzig, bubikopfig • Oder voll konfetti! • Kämmungslos verludert • Hemmungslos geölt, gepudert • Löwenmähnig, strähnig, wie Spaghetti!"

Will man es so? Nun, hier die Begründung, warum man es so wollen könnte. Oder eben auch nicht:

„Ging vor rund 2000 Jahren • Jesus nicht mit langen Haaren? • Und Maria liebte ihren Sohn! • Nur meine Mutter hasst mich! HAAR!"

128.01 *EINE LICHTUNG* Haare waren damals tatsächlich ein Thema, mit langen Haaren grenzte man sich vom Establishment ab. Der Diskurs über das männliche Haar ist bis heute erhalten geblieben, aber hat seinen Tenor gewechselt. Heute geht es um das Schwinden der Haare. Haarausfall (Effluvium) ist im Prinzip unbedenklich, denn jeder Mensch verliert täglich 50 bis 150 Haare. Unbedenklich ist er allerdings nur, solange er nicht zu einer *Alopezie* führt, einer gesteigerten Form des Haarausfalls in Verbindung mit einer deutlichen Kopfhaarlichtung. Darunter leiden jedoch Millionen von Männern. Stark haarvermindernder Ausfall kann verschiedene Ursachen haben. Dazu zählen:

128.02 *ERBANLAGEN* Die häufigste Form des Haarausfalls, die *androgenetische Alopezie,* ist genetisch bedingt. Liegt diese Alopezieform vor, die sich auf den Oberkopf beschränkt, beginnen die Haare oft schon bei 20- bis 25-Jährigen auszufallen. Etwa ein Fünftel der männlichen Betroffenen leidet unter einer Mittelscheitellichtung. Meist aber führt diese Alopezie zunächst zu Geheimratsecken, später kann sie auch zu einer Tonsur oder einer Glatze führen. Beim erblichen Haarausfall verkümmern die Haarfollikel, die Wachstumsphase wird verkürzt, und statt kräftigem Haar entsteht nur noch dünnes, kurzes und schwach pigmentiertes Haar. Meist bleibt ein Haarkranz erhalten, aber richtig gut sieht das nicht aus.

128.03 **STÖRUNG DES IMMUNSYSTEMS** Funktionsstörungen des Körpers können einen Haarausfall namens *Alopecia areata* verursachen. Die Wachstumsphase der Haarfollikel endet dabei recht abrupt durch eine Autoimmunreaktion. Vermutet wird, dass sich Immunzellen gegen die Zellen in den Haarwurzeln richten, weshalb in einzelnen Bereichen am Körper, meist auf dem Kopf, in Sonderfällen auch am ganzen Kopf *(Alopecia areata totalis)* oder im Extremfall am ganzen Körper *(Alopecia areata universalis)* die Haare ausfallen. In der häufigsten Form entstehen kreisrunde kahle Stellen am Kopf. Der Haarausfall kann allerdings auch diffus sein, also nicht konzentriert auf bestimmte Stellen. Nach einigen Monaten können von alleine wieder Haare auf den kahlen Stellen wachsen, es ist jedoch auch möglich, dass sich die Alopezie an andere Stellen verlagert und ausweitet.

128.04 **MÄNGEL UND CHEMISCHE SUBSTANZEN** Die diffuse Alopezie *(Alopecia diffusa)* ist eine Form von Haarausfall, die, wie der Name sagt, am Kopf zu diffusem Ausfall führt. Er tritt allerdings häufiger bei Frauen als bei Männern auf. Anders als bei der *Alopecia areata* werden nicht runde Stellen kahl, sondern im gesamten Kopfbereich fallen Haare aus, jedoch nicht unbedingt vollständig. Diese Art des Ausfalls kann verschiedene Ursachen haben, zum Beispiel Medikamente und andere chemische Substanzen, Eisenmangel und andere ernährungsbedingte Mängel, eine Vollnarkose, eine Schilddrüsenfunktionsstörung oder eine Leberinsuffizienz. Der Haarausfall ist dann meist zeitlich begrenzt.

128.05 **WAS TUN BEI HAARAUSFALL?** Bei Haarausfall lässt sich aber etwas tun, und die Möglichkeiten sind vielfältig.

128.06 **DIE HOMER-SIMPSON-METHODE** In der Folge „Karriere mit Köpfchen" besorgt sich Homer, der weitgehend haarlose Familienvater der Zeichentrickserie „The Simpsons", ein Haarwuchsmittel. Über Nacht wachsen ihm Haare, und dank seines guten Aussehens steigt er vorübergehend zu einer Führungskraft im Kernkraftwerk, in dem er arbeitet, auf. Er bekommt sogar den Schlüssel für den exklusiven Waschraum. Das Problem an dieser Methode ist: Sie funktioniert nur im Trickfilm. Nicht erblich bedingter Haarausfall ist in der realen Welt zwar häufig zu stoppen. Bei Mitteln, die volleres Haar bei erblich bedingtem Ausfall versprechen, handelt es sich aber in vielen Fällen um Geldmacherei. Viele Dermatologen bestreiten die Wirksamkeit dieser Wässerchen.

Seriöse Substanzen können Haarausfall vor allem verlangsamen oder stoppen. Es gibt aber noch kein Mittel, das nachweislich üppigen Haarwuchs verursacht. Das eine Mittel fördert die Durchblutung der Kopfhaut, ein anderes bremst die Bildung von Dihydrotestosteron, das durch Umwandlung des männlichen Geschlechtshormons Testosteron entsteht und in vielen Fällen für Haarausfall verantwortlich ist. Vor einigen Jahren wurde entdeckt, dass ein die Blutzufuhr steigernder Wachstumsfaktor in hohen Dosen bei Mäusen das Fell wachsen lässt. Ein für den Menschen ungefährliches Präparat, das auf dieser Entdeckung beruht, ist jedoch noch nicht gefunden. Andere Forscher arbeiten daran, die genetischen Grundlagen des Haarwuchses und -ausfalls vollständig zu verstehen, um Haarausfall dann mit einer Gentherapie begegnen zu können. Bei welcher Form vom Haarausfall auch immer: In jedem Fall ist der Arzt der bessere Berater als die Fernsehwerbung.

128.07 **DIE JULIUS-CAESAR-METHODE** Vom römischen Feldherrn Julius Caesar ist überliefert, dass er kein volles Haupthaar hatte. Der Lorbeerkranz, den er bei feierlichen Anlässen trug, unterstrich Caesars Machtposition, die er sich als Feldherr erworben hatte, doch er hatte auch den angenehmen Nebeneffekt, kahle Stellen auf dem Kopf zu verdecken. So wurde der Lorbeerkranz Markenzeichen und Hilfsmittel zugleich. In neuerer Zeit ist die Verwendung einer Kopfbedeckung in dieser Doppelfunktion beim Sänger Udo Lindenberg zu beobachten, der allerdings statt eines Lorbeerkranzes einen Hut benutzt.

128.08 **DIE ANDRE-AGASSI-METHODE** Der ehemalige Tennisprofi Andre Agassi ist ein Beispiel für einen Mann, der zum richtigen Zeitpunkt einen Schnitt machte. Zu Beginn seiner Karriere wurde er nicht nur wegen seiner farbenfrohen Kleidung, sondern auch wegen seiner langen, zotteligen Haare als Paradiesvogel gepriesen. Dann schnitt er sich zunächst die Brusthaare ab, als die behaarte Brust allmählich aus der Mode kam. Schließlich, als sich sein Kopfhaar zu lichten begann, rasierte er sich den Kopf. Als einer der berühmtesten Kurzhaar- und Glatzenträger neben Bruce Willis, der einen ähnlichen Weg wählte, gilt der Ehemann von Steffi Graf, wenn auch etwas zur Ruhe gekommen, nach wie vor als Sexsymbol.

128.09 **DIE HORST-TAPPERT-METHODE** In der Rolle von Oberinspektor Stephan Derrick verkörperte der Schauspieler Horst Tappert von 1973 bis 1998 einen bis dahin einzigartigen Kriminalistentypus, einen freundlichen, einigermaßen scharfsinnigen Herren, der niemals ein Macho war. Um seine Popularität und die der Serie nicht zu gefährden, trug Tappert in diesen Jahren bei öffentlichen Auftritten ein Toupet. Nach dem Ende der Serie nahm er das Toupet unverzüglich ab, auch bei öffentlichen Auftritten, und bekannte sich so zu seinem lichten Haar. Haben Sie also ein Problem mit Ihrer Glatze – lassen Sie sich um des Wohlbefindens wegen ein Toupet anfertigen. Sie können es schließlich jederzeit wieder abnehmen.

128.10 **DIE GUILDO-HORN-METHODE** Als langhaariger, unter Haarausfall leidender Mann muss der Sänger Guildo Horn bisweilen Spott ertragen. Seine Devise: Flucht nach vorne. Er geht offensiv mit seinem äußerlichen Makel um und trägt, statt etwa die Andre-Agassi-Methode zu wählen, bewusst weiter schulterlanges Haar. Damit steht er für eine selbstbewusste Minderheit der Männer, die sich über das bestehende Schönheitsideal, das von Männern wie Jake Gyllenhaal, Brad Pitt und Matthew McConaughey verkörpert wird, offensiv hinwegsetzt. Möglicherweise ein zukunftsweisender Weg.

 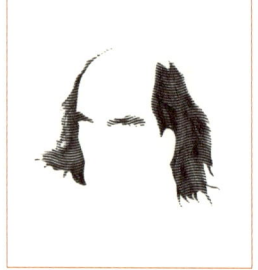 

Julius-Caesar-Methode   *Guildo-Horn-Methode*   *Bobby-Charlton-Methode*

128.11 *DIE BOBBY-CHARLTON-METHODE* Frank und Donald Smith ließen sich 1977 die Methode des „Comb over" patentieren. Das ist die Technik, eine Platte mit den seitlichen und unteren Kopfhaaren zu überdecken. Das Haar sollte dafür sieben bis zehn Zentimeter lang sein. Kämmen Sie das Haar von einer Kopfseite über die kahlen Stellen, fixieren Sie es mit Haarspray. Nehmen Sie dann das Haar von hinten, schließlich das von der anderen Kopfseite. Haarspray nie vergessen. Der britische Fußballer Bobby Charlton war ein bekannter Träger dieser Haarpracht, heute trägt er schlicht einen Haarkranz.

129 VIAGRA NEHMEN

Schon im Alten Testament ist mehrmals von Impotenz die Rede. Im Buch Genesis (20:3–6) wird sie an einer Stelle – Abimelech begehrte gerade Abrahams Frau Sara – als göttlicher Schutz vor einem Verstoß gegen Ehebruch beschrieben: „Und Gott sprach zu ihm im Traum: Ich weiß auch, dass du das mit einfältigem Herzen getan hast. Darum habe ich dich auch behütet, dass du nicht wider mich sündigtest, und habe es nicht zugelassen, dass du sie berührtest." Und im 1. Buch der Könige (1:1–4) heißt es: „Als aber der König David alt war und hochbetagt, konnte er nicht warm werden, wenn man ihn auch mit Kleidern bedeckte. Da sprachen seine Großen zu ihm: Man suche unserm Herrn, dem König, eine Jungfrau, die vor dem König stehe und ihn umsorge und in seinen Armen schlafe und unsern Herrn, den König, wärme. Und sie suchten ein schönes Mädchen im ganzen Gebiet Israels und fanden Abischag von Schunem und brachten sie dem König. Und sie war ein sehr schönes Mädchen und umsorgte den König und diente ihm. Aber der König erkannte sie nicht."

129.01 KEINE EREKTION Abimelech und König David litten an der *erektilen Dysfunktion* – Impotenz –, einer Krankheit, die heute etwa 50 Prozent aller Männer zwischen 40 und 70 betrifft. Die Hälfte der Betroffenen leidet unter einer mäßigen, ein Fünftel von ihnen unter einer vollständigen erektilen Dysfunktion. Heute gibt es allerdings, anders als noch zu König Davids Zeiten, wirksame medizinische Behandlungsmöglichkeiten. Die bekannteste ist das Medikament Viagra mit dem Wirkstoff *Sildenafil,* andere wären die Medikamente *Cialis* und *Levitra*. Eine Idee von 1936, nach Vorbild der knochenähnlichen Walrossfortpflanzungsapparate Rippenknorpel in Penisse einzufügen, ist als veraltet anzusehen.

129.02 VIAGRA EINSETZEN Viagra ist eine blaue Pille, die Sie vor dem geplanten Geschlechtsverkehr einnehmen, falls Sie Erektionsstörungen haben: also keinen für die sexuelle Aktivität ausreichend oder lange genug harten Penis bekommen. Die übliche Dosis ist 50 Milligramm, sofern der Arzt, der Ihnen Viagra verschrieben hat, keine andere Dosis verordnet hat. Weitere mögliche Dosen sind 25 und 100 Milligramm. Nehmen Sie die Tablette unzerkaut mit etwas Wasser ein.

Die Wirkung setzt nach etwa 25 bis 60 Minuten ein; wenn Sie kurz zuvor fettiges Essen zu sich genommen haben, vielleicht etwas später. Größere Mengen Alkohol können die Wirkung beeinträchtigen. Ist sie nicht beeinträchtigt, hält sie für etwa vier Stunden an. Das bedeutet nicht, dass Sie eine vierstündige Dauererektion haben werden, sondern dass Viagra innerhalb von vier Stunden eine Erektion verursacht, sofern Sie zusätzlich sexuell stimuliert werden. Viagra ist kein Aphrodisiakum, die Pille steigert also nicht Ihre Lust.

129.03 **VIAGRA WIRKT** Damit der Penis erigiert, muss Blut in den Penisschwellkörper einströmen, was nur möglich ist, wenn die Arterien sich erweitern. Damit sie sich erweitern, muss aber die umliegende Muskulatur erschlaffen. Das Enzym *Phosphodiesterase-5* (PDE 5) sorgt dafür, dass die Muskulatur das nicht tut. Denn PDE 5 baut den Botenstoff *c*GMP ab, der die Muskelzellen im Schwellkörper erschlaffen lässt. Durch den Abbau von cGMP sind also die Muskelzellen angespannt, und es kann kein Blut in den Schwellkörper strömen. Der Penis erschlafft oder bleibt schlaff. Viagra wirkt, indem es PDE 5 hemmt. Es wird daher auch als PDE-5-Hemmer bezeichnet. Viagra wirkt allerdings nur, wenn Sie auch sexuell erregt sind. Das liegt am Botenstoff *Stickstoffmonoxid* (NO), der für eine Erektion entscheidend ist. Sexuelle Stimuli werden in Nervenimpulse umgewandelt, die das Rückenmark hinunterrasen. Wenn diese Impulse die Nervenenden des Penis erreichen, wird NO freigesetzt. NO wiederum aktiviert das cGMP. Kurz: Viagra – beziehungsweise der Wirkstoff Sildenafil – hemmt PDE 5, das die Aktivierung von cGMP verhindert. Die Pille verhindert damit lediglich, dass die Erektion verhindert wird. cGMP, das den Bluteinstrom in den Penis ermöglicht, wird jedoch über NO aktiviert, nicht dank Viagra.

129.04 **VIAGRA UND DAS RISIKO** Wo gehobelt wird, da fallen Späne, und so müssen Sie auf einige Risiken achten, die die Einnahme von Viagra mit sich bringt. Haben Sie Viagra eingenommen, erschlafft Ihr Penis nach dem Sex in der Regel trotzdem wieder. Tut er das nicht, sollten Sie einen Arzt aufsuchen, denn vielleicht liegt dann ein *Priapismus* vor, eine schmerzhafte Dauererektion, die der Behandlung bedarf. Das ist allerdings selten. Möglich, wenn auch selten, ist zudem, dass Sie unter Verdauungsstörungen, Erbrechen, Schwindel, einer verstopften Nase, Herzklopfen oder Sehstörungen leiden (einschließlich Störungen des Farbensehens, verstärkter Lichtempfindlichkeit oder unscharfes Sehen). Häufiger sind Kopfschmerzen und eine Gesichtsrötung. Vorgekommen sind auch Schlaganfälle, Herzrhythmusstörungen, Brustschmerzen, Herzinfarkte oder vorübergehende Durchblutungsstörungen des Gehirns. Die meisten, aber nicht alle Männer wiesen vor Einnahme dieses Arzneimittels Herzerkrankungen auf. Ob es einen Zusammenhang mit Viagra gibt, ist nicht abschließend geklärt.

129.05 **NIE MIT POPPERS** Wenn Sie Nitrate benutzen, die in Arzneimitteln stecken, die zur Linderung der Beschwerden bei *Angina pectoris* verordnet werden, dürfen Sie Viagra nicht einnehmen, denn Viagra kann ihre Wirkung extrem verstärken. Diese Medikamente werden auch Poppers genannt, da die Glasampullen, in denen sich die Medizin früher befand, beim Öffnen knallten oder poppten. Das legt die doch erstaunlich klingende Grundregel nahe: Poppers und Viagra, das geht nicht zusammen.

SICH UNTERSUCHEN LASSEN 130

Die wenigsten Männer gehen gern zum Arzt. Ab einem gewissen Alter ist es allerdings sinnvoll, dann und wann beim Arzt vorbeizuschauen, auch wenn man nicht krank ist. Zu beachten wäre, dass es einen feinen Unterschied zwischen Früherkennung und Vorsorge gibt. Früherkennung bedeutet, zum Arzt zu gehen und sich auf Krankheiten untersuchen zu lassen, von denen man hofft, dass man sie nicht hat. Vorsorge bedeutet, dafür zu sorgen, dass man drohende Krankheiten gar nicht erst bekommt. Übrigens wird für keine dieser Untersuchungen die Praxisgebühr fällig.

130.01 **CHECK-UP MIT 35** Jeder gesetzlich krankenversicherte Mann ab 35 Jahren hat zweijährlich Anspruch auf eine so genannte ärztliche Gesundheitsuntersuchung – manche Kassen sprechen vom Check-Up – zur Früherkennung von Krankheiten, insbesondere zur Früherkennung von Herz-Kreislauf- und Nierenerkrankungen sowie der *Diabetes mellitus*. Hinzu kommt eine umfassende Anamnese, also die Erfassung Ihrer persönlichen und familiären Krankheitsgeschichte zum Zweck der Erfassung Ihres Risikoprofils, klinische Untersuchungen zur Erhebung des Ganzkörperstatus und die Laboratoriumsuntersuchung von Blut- und Urinwerten und Beratung. Diese Untersuchung kann bei Allgemeinmedizinern, Internisten und Praktischen Ärzten vorgenommen werden. Auch private Krankenkassen erstatten in der Regel die Kosten. Eventuell müssen Sie aber einen Sondertarif abschließen.

130.02 *PALPATION DES GENITALS* Frühestens mit 45 haben Sie einmal jährlich Anspruch auf eine Untersuchung zur Früherkennung von Krebserkrankungen. Es wird eine Prostata- und Genitaluntersuchung in Verbindung mit einer Untersuchung der Haut vorgenommen, also eine Inspektion und Palpation des äußeren Genitals, ein Abtasten der Prostata vom After aus und eine Tastuntersuchung der Lymphknoten. Die Krebsvorsorgeuntersuchungen nehmen meist Urologen, Ärzte für Allgemeinmedizin oder Internisten vor.

130.03 *DER GESAMTE DICKDARM* Ab 50 Jahren ist darüber hinaus eine jährliche Dickdarm- und Rektumuntersuchung zur Früherkennung von Darmkrebs sinnvoll. Dazu gehören eine Tastuntersuchung des Enddarms, Beratung und eine Untersuchung auf verborgenes Blut im Stuhl. Ab 55 müssen die Krankenkassen die Kosten für diese Untersuchung nur noch alle zwei Jahre übernehmen. Alternativ dazu können Sie ab 55 auch im Abstand von mindestens zehn Jahren zwei Darmspiegelungen vornehmen lassen, mit denen Polypen als frühe Vorstadien eines möglichen Dickdarmkrebses erkannt werden. Sie können sich natürlich auch öfter untersuchen lassen, müssen die Kosten dann aber selbst tragen; allerdings ist es eher Quatsch, sich viel öfter als nötig untersuchen zu lassen, denn die ständige Angst vor Krankheit mildert die Lebensfreude doch arg.

Ab einem gewissen Alter spielen Sie vermutlich Golf. Und vermutlich spielen Sie nicht allzu gut, aber was soll's: Es macht Ihnen überraschend viel Spaß, und es entspannt Sie. Nun gibt es allerdings Menschen, die das Golfen sehr, sehr ernst nehmen. Zu ernst. Vor diesen Menschen sollten Sie sich auf dem Golfplatz in Acht nehmen. Sie hingegen sind der Typ, der sich an die Regeln hält, der seine Tasche selbst trägt, der nicht das immer neueste und teuerste Equipment braucht und bei Wind und Wetter spielt. Und der einen weiten Bogen um diese Typen schlägt:

131.01 **DER SCHUMMLER** Sie haben gedacht, beim Golf betrügt man nicht, da es ein Sport für Gentlemen ist. Im Grunde haben Sie recht, und auch die vielen Frauen, die mittlerweile golfen, betrügen in der Regel nicht. Aber natürlich gibt es auch im Golf Betrüger, wie überall im Leben. Die gängigsten Betrügereien:

01. Den Ball besser legen Nach den Regeln muss man den Ball von dort spielen, wo er liegt (es gibt einige wenige Ausnahmen, zum Beispiel wenn der Boden gerade ausgebessert wird). Liegt der Ball ungünstig, bringt ihn mancher Golfer mit der Fußspitze in eine bessere Position.

02. Den falschen Score angeben Man hat fünf Schläge benötigt, gibt aber nur vier an. Recht beliebte Methode. Bei einem Turnier zählen die teilnehmenden Spieler sich daher gegenseitig.

03. Einen neuen Ball spielen Diese Methode ist aus dem James-Bond-Film „Goldfinger" bekannt. Der Spieler weiß, dass sein Ball schlecht liegt oder binnen der zulässigen fünf Minuten nicht aufzufinden ist. Er bringt also einen neuen Ball ins Spiel, den er unauffällig fallen lässt und bald darauf findet: „Ach, hier ist er ja."

04. Markieren auf dem Grün Auf dem Grün darf der Ball aufgenommen werden, die Stelle muss aber markiert werden (mit einem Ballmarker, einer Münze oder etwas Ähnlichem). Der Schummler markiert falsch, so dass er näher zum Loch liegt.

05. Frisieren der Scorekarte Nach Abschluss der Runde werden auf dem Weg zur Spielleitung noch schnell ein paar Zahlen auf der Scorekarte gefälscht, um ein besseres Ergebnis zu erzielen.

131.02 **DER SCHONER** Es handelt sich um einen Golfer, der sein Handicap schont. Das Handicap gibt die Spielstärke an, und der Schoner spielt besser, als es sein Handicap aussagt. Das hat den Vorteil, dass er auf manchen Turnieren besser abschneidet. Es gibt nämlich eine absolute Wertung, die der Spieler mit den wenigsten Schlägen gewinnt, und es gibt eine Wertung, die die Spielstärke jedes Einzelnen berücksichtigt. Das Prinzip ähnelt dem bei Segelregatten, bei denen verschieden große Schiffe antreten. Natürlich sind die großen Schiffe meist schneller, deshalb gibt es Vermessungsrichtlinien, um die Leistungen vergleichbar zu machen – die Crew des kleinen Schiffes kann nach dem großen Schiff ankommen, aber trotzdem in der Rangliste davor geführt werden, weil sie aus ihren Möglichkeiten mehr gemacht hat. Übertragen auf den Schoner beim Golf bedeutet das: Er tut so, als ob er ein kleines Schiff sei, obwohl er ein mittelgroßes ist.

Der Schoner hat es vor allem auf Turniere abgesehen, bei denen hochwertige Preise abzustauben sind, zum Beispiel ein Flug nach New York, teure Golfschläger oder ein Wochenende für zwei Personen im Grand Hotel.

131.03 **DIE NERVENSÄGE** Diesen Typus gibt es überall. Die Nervensäge berichtet im Clubhaus ausführlich von ihren Großtaten auf dem Platz. Sie hat auch schon auf allen tollen Plätzen rund um den Globus gespielt, ein Spitzen-Handicap (das allerdings lange nicht bestätigt wurde) und benutzt stets teures, neues Equipment. Dieser Typus ist gar nicht mal so selten.

132 — PAPST WERDEN

Wer Papst werden möchte, steht vor einer etwas kniffligen Aufgabe. Fairerweise ist anzumerken, dass die Chance, Papst zu werden, vergleichsweise gering ist. Allerdings ist sie nicht viel schlechter, als eine Festanstellung als Architekt zu bekommen. So geht's:

132.01 *DIE STELLE WIRD FREI* Die erste Voraussetzung ist, dass der Vorgänger stirbt oder das Amt niederlegt. Zweiteres ist eher nicht zu erwarten. Stirbt jedoch ein Papst, gibt es eine streng geregelte Prozedur, die mit der Feststellung des Todes durch den *Camerlengo,* den Kardinalskämmerer der Heiligen Römischen Kirche, beginnt. Der Päpstliche Zeremonienmeister, die Prälaten Seiner Heiligkeit, der Sekretär und der Kanzler der Apostolischen Kammer sind dabei anwesend. Der Kanzler stellt eine Todesurkunde aus.

132.02 *DIE WOHNUNG WIRD FREI* Der Camerlengo verschließt und versiegelt danach das Arbeitszimmer und die Privatgemächer des Papstes. Er informiert den Kardinaldekan vom Ableben des Papstes, welcher wiederum den Generalvikar informiert. Der Camerlengo ergreift nun vom Apostolischen Palast, vom Lateranpalast und vom Päpstlichen Sommersitz in Castelgandolfo förmlich Besitz, denn er ist nun vorübergehend Verwalter der zeitlichen Güter und Rechte des Heiligen Stuhles. Dem Kodex genannten Kirchenrecht zufolge wird in der Folgezeit die Beisetzung vorbereitet, welche laut Kirchenkodex inklusive der Trauerfeierlichkeiten neun Tage dauert. Die gesamte weitläufige Papstwohnung im obersten Stock des Apostolischen Palastes wird schließlich zur Beerdigung des Papstes verschlossen, dann müssen alle dort lebenden Personen – Sekretäre, Diener und einige Nonnen, die den Haushalt besorgten – ausgezogen sein.

132.03 *DIE SEDISVAKANZ* Die Leiter sämtlicher Vatikanbehörden, abgesehen vom Camerlengo, dem Kardinalvikar der Diözese Rom, dem Kardinalerzpriester der Vatikanischen Basilika, dem päpstlichen Almosenverwalter und dem Großpönitentiar, der für die Vergebung von Sünden und für Kirchenstrafen zuständig ist, sind zu diesem Zeitpunkt bereits zurückgetreten. Die laufenden Geschäfte der anderen Behörden führen die Stellvertreter der Chefs. So beginnt die Phase der *Sedisvakanz,* was lateinisch ist für die Leere des Stuhls *(sedis, -is (f):* der Stuhl. Vakanz vom Verbum *vacare:* frei sein). Nicht früher als 14 Tage nach dem Tod des Papstes wird das Konklave einberufen. Das ist eine Wahlveranstaltung, bei der alle Wähler auch potentielle Kandidaten sind. Wahlberechtigt ist jeder Kardinal, der das 80. Lebensjahr noch nicht vollendet hat.

132.04 **DAS KONKLAVE** Das Konklave heißt, wie es heißt, weil die Kardinäle *cum clave* – mit dem Schlüssel – eingesperrt werden und keinen Kontakt zur Außenwelt aufnehmen dürfen. Sie wohnen während der Wahl nicht mehr im Apostolischen Palast, wo einst Klappbetten aufgestellt waren, sondern in Einzelzimmern im Domus Sanctae Marthae, dem Haus der Heiligen Martha, einem fünfstöckigen Bau, der nahe einer Tankstelle links von St. Peter hinter der großen Mauer des Vatikanstaates liegt. Durch die Sakristei von St. Peter und die Basilika gelangen sie an jedem Wahltag in den Apostolischen Palast und die Sixtinische Kapelle.

132.05 **RAUCH STEIGT AUF** Vor Beginn des Konklaves besprechen die Kardinäle grundlegende Fragen, etwa diese: Soll der nächste Papst weniger reisen? Welche kirchenpolitische Orientierung soll der neue Papst haben? Will man einen jüngeren oder einen älteren Papst? Und damit verbunden: ein langes oder ein kürzeres Pontifikat? In dieser Zeit wird die Sixtinische Kapelle für das Konklave hergerichtet. Aus dem Depot der vatikanischen Floreria in Santa Maria di Galeria bei Rom wird ein schwarzer Kanonenofen herbeigeholt, der die einzige Verbindung zur Außenwelt darstellen wird. In ihm werden nach dem Ende jedes zweiten Wahlgangs die ausgewerteten Stimmzettel und die Notizen der Kardinäle verbrannt. So wird außen aufsteigender Rauch zu sehen sein. Ist er schwarz, wurde dem Papier etwas Pech beigegeben. Das Signal bedeutet, dass keine Einigung erzielt wurde. Ist er weiß, ist ein neuer Papst gefunden. Dies kann zu Missverständnissen führen, wie bei der Papstwahl von Benedikt XVI., als außenstehende Beobachter nicht sicher sein konnten, ob der graue Rauch nun schwarz oder weiß war.

Rauch steigt auf   *Stimmzettel*

132.06 **VERSTELLTE HANDSCHRIFT** Die Stimmzettel sind rechteckig und doppelt zu falten. Auf ihnen steht der Satz „Eligo in Summum Ponteficem", „Zum Papst wähle ich". Darunter ist in verstellter Handschrift der Name des Gewählten zu schreiben, der Zettel wird dann in eine Urne geworfen. Drei vorher unter den Kardinälen ausgeloste Wahlhelfer, so genannte *Infirmarii,* zählen die Stimmen aus. Der Papst ist gefunden, wenn ein Kardinal mit Zweidrittelmehrheit gewählt ist. Wenn diese nach 33 Wahlgängen nicht zustande gekommen ist, gibt es eine Stichwahl zwischen den beiden Kandidaten, die zuvor die meisten Stimmen auf sich vereinten. Die beiden selbst dürfen daran nicht teilnehmen. Auch diese Stichwahl muss mit Zweidrittelmehrheit entschieden werden.

132.07 **HABEMUS PAPAM** Ist ein Papst gefunden, wird er vom Kardinalsdekan auf Lateinisch gefragt, ob er die Wahl annehme und, falls ja, welchen Namen er sich als Papst gebe. Der Päpstliche Zeremonienmeister und zwei Zeremoniäre fertigen davon eine notarielle Urkunde an. Der ranghöchste Kardinalsdiakon tritt dann, nachdem alle Kardinäle dem neuen Papst die Treue gelobt haben und er sich mit einem Gewand, das in drei Größen bereit liegt, bekleidet hat, mit ihm auf die Loggia des Petersdoms und verkündet: „Habemus Papam – wir haben einen Papst." Wenn Sie es sind, sei Ihnen empfohlen, den Menschen in diesem Moment freundlich zuzuwinken.

Er würde „lieber Rosen züchten, als Fußballern Beine machen" sagte der Bundesligatrainer Hans Mayer, als er 2004 seinen Abschied von Hertha BSC nahm. Kein Hobby wird so sehr mit dem Rückzug aufs Altenteil assoziiert wie die Rosenzucht. Mayer meinte das mit den Rosen damals nicht ernst, aber es erschien so stimmig, dass es überall verbreitet wurde: Hans Mayer züchtet jetzt Rosen. Und Hans Mayer freute sich, dass er mit dem Rosenzüchter-Klischee durchgekommen war. Der Hauptgrund, warum Männer sich oft erst im Ruhestand der Rosenzucht zuwenden, ist die Tatsache, dass man dazu Geduld, Fingerspitzengefühl und viel Zeit braucht.

133.01 *EINTEILUNG* Man unterscheidet fünf Gruppen von Rosen: Bodendeckende Rosen • Aufrecht wachsende Beetrosen (viele Blüten an einem Trieb) • Strauch- und Kletterrosen • Nicht veredelte Wildrosen • Edelrosen (einzelne Blüten an langen Stielen).

133.02 **WO UND WANN** Die meisten Rosen mögen sonnige Plätze mit guter Wasser- und Nährstoffversorgung und Lehmböden. Unter Bäumen sollten Rosen wegen der Gefahr des Pilzbefalls nicht gepflanzt werden. Auch in Beeten, in denen vorher Rosen standen, sollten nicht erneut Rosen gepflanzt werden. Sie würden nur unzureichend wachsen.

Rosen können ganzjährig gepflanzt werden, am besten jedoch im Frühjahr. Die Veredelungsstelle, also die Stelle, von der die Triebe sprießen, sollte etwa drei Zentimeter unter der Erde liegen und den Wurzeln (die vor der Einpflanzung gewässert werden müssen) sollte Platz gegönnt werden.

133.03 *BESCHNITT* Rosen werden im Frühjahr zurückgeschnitten. Dabei sollten Sie nicht zu vorsichtig sein. Die Rosen können bis auf die Hälfte gekürzt werden. Veredelte Rosen bilden gerne am unteren Stielende *Wildlinge,* also fremde Triebe, die durch andere Rindenfarbe und Blattform auffallen und entfernt werden müssen.

133.04 *DAS EIGENTLICHE ROSENZÜCHTEN* Eine Rosensorte wird entweder durch das Einpflanzen von Stecklingen oder durch die so genannte *Okulation* vermehrt. Stecklinge sind 20 bis 30 Zentimeter lange Stengel, die mit mindestens drei Verästelungen über (mit zwei Blättern) und zwei Verästelungen unter der Erde eingebracht werden. Dort sollen sie Wurzeln bilden und nach zirka acht Wochen erste Triebe zeigen. Gut ist es, wenn der Steckling ordentlich gewässert und vorm Einpflanzen noch kurz in ein Bewurzelungshormon getaucht wurde (im Handel als Pulver erhältlich). Bevor die ersten Triebe zu sehen sind, deckt man die Pflanze mit Folie oder einem großen Einmachglas ab.

Bei der Okulation setzt man eine Knospe der Sorte, die man züchten möchte, in eine Wildrose (gut eignet sich die Hundsrose) in den Bereich zwischen Wurzel und Verzweigung, den Wurzelhals. Dazu schneidet man mit einem Okuliermesser ein „T" in den Wurzelhals, schiebt die Knospe unter die Oberhaut (das Kambium) der beschnittenen Rinde und bindet sie dort fest. Wenn die Knospe, das so genannte „Auge" *(lat.: Oculus)*, nach einigen Wochen angewachsen ist, wird der Trieb der Wildrose oberhalb des Auges abgeschnitten. Idealerweise okuliert man im Juli oder August.

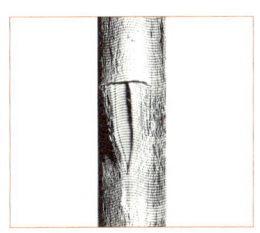

*Man schiebt
die Knospe
unter die Rinde und
bindet sie fest.*

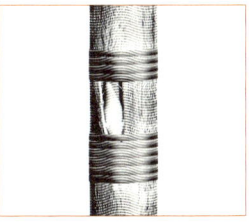

133.05 *BLUMENKOHL* In der Theorie klingt das simpel, in der Praxis erweist es sich oft als schwierig. Der Fußballtrainer Hans Mayer jedenfalls hat sich seinerzeit dazu entschieden, einstweilen keine Rosen zu züchten und doch weiterhin Fußballern Beine zu machen, was dazu führte, dass er 2007 mit dem 1. FC Nürnberg den DFB-Pokal gewann. Im Garten, sagte er, könne er überdies eine Rose nicht von einem Blumenkohl unterscheiden.

Männer sind nicht hart. In fast jedem Mann wohnt eine leichte Neigung zur Hypochondrie, zur Einbildung einer Krankheit. Das ist in der Regel nicht weiter schlimm, es wird jedoch bedenklich, wenn Sie unter den Einbildungen leiden und viel Zeit beim Arzt verbringen. Ob Sie allmählich zum schweren Hypochonder werden, können Sie herausfinden, indem Sie immer wieder mal die folgenden zehn Fragen beantworten. Müssen Sie die Hälfte der Fragen mit „Ja" beantworten, dann sind Sie es: ein echter Hypochonder.

01. Wenn Ihr Arzt Ihnen seine Diagnose schildert, haben Sie dann auch immer das Gefühl, er sage Ihnen nicht die ganze Wahrheit?

02. Haben Sie, noch bevor Sie seine Diagnose erfahren, das Gefühl, er liege ohnehin falsch?

03. Empfinden Sie die Mitteilung, dass mit Ihnen alles in Ordnung sei, als schlechte Nachricht?

04. Wenn Sie in einer Zeitschrift die Beschreibung der Symptome einer außergewöhnlichen Krankheit oder einer neuartigen Epidemie gelesen haben, stellen Sie schlagartig fest, dass Sie unter exakt diesen Symptomen leiden?

05. Begegnen Sie Personen, die Ihnen freundlich mitteilen, „gerade besonders gut" auszusehen, mit Aggression?

06. Kontrollieren Sie mehrmals am Tag Ihre Temperatur und Ihren Blutdruck?

07. Wechseln Sie häufig den Arzt, weil Sie überzeugt sind, dass, egal wo sie vorsprechen, Sie einfach nicht ernst genommen werden?

08. Wenn Sie Ihre Freunde jetzt fragten, ob Sie oft über Ihre Krankheit sprechen – würden diese sofort in ein hysterisches Lachen verfallen?

09. Berichten Sie Ihrem Arzt auch am Telefon regelmäßig über neue Symptome Ihrer Krankheit?

10. Denken Sie bei Bauchschmerzen an ein Magengeschwür, bei einer Abschürfung an Hautkrebs und bei Durchfall an Darmkrebs?

Sie sind nicht allein. Die Weltgesundheitsorganisation WHO berichtet, dass jeder 18. Patient, der zum Arzt geht, sich seine Krankheit einbildet.

Es gilt als ausgemacht, dass Männer irgendwann im Alter zwischen 35 und 55 in eine Krise geraten. Man spricht dann von der Midlife-Crisis. Gängigen Klischees zufolge kaufen sich betroffene Männer einen Sportwagen und versuchen, mit deutlich jüngeren Frauen anzubandeln. Ein wunderbares Beispiel für eine solche Krise liefert der Regisseur Blake Edwards in seinem Film „10 – Die Traumfrau", in dem er seinen Helden aufs Fürchterlichste leiden lässt dafür, dass er das Glück vor seinen Augen nicht sieht, sondern all sein Begehren auf eine junge Frau richtet. Aber es ist eben bloß ein Film – selbst wenn man davon ausginge, dass diese Klischees die Realität spiegeln (was man tatsächlich nicht tun sollte), bliebe immer noch die Frage: Warum tun Männer das? Dafür gibt es verschiedene Erklärungsansätze.

135.01 *PHYSISCHE URSACHEN* Der Körper eines Mannes verändert sich mit den Jahren, und manche Experten vertreten die Ansicht, man könne von männlichen Wechseljahren sprechen. Ursache dafür sind hormonelle Veränderungen, insbesondere die Verminderung der Testosteronkonzentration ab dem etwa 40. Lebensjahr. Das kann zu Beschwerden führen: Sexuelle Leistungen können eventuell nicht mehr selbstverständlich abgerufen werden, die Sehkraft kann schwinden, unter Umständen verändert sich das Gewebe, und manche Muskeln bauen sich ab. Häufiger sind Schlafstörungen, Rücken-, Gelenk- und Gliederschmerzen.

Aber: Ein durchgängig erhöhtes Beschwerdeniveau ist nicht nachweisbar. Es handelt sich bei den Wechseljahren – sofern es sie beim Mann gibt, also nicht um ein Syndrom. Gesunde Männer geben seltener als nicht gesunde Männer an, Beschwerden zu haben, die man vermeintlichen Wechseljahren zuordnen könnte. Ist man ohnehin nicht gesund, lassen sich die Beschwerden aber auch nicht eindeutig auf hormonelle Veränderungen zurückführen. Es stimmt zwar, dass der Testosteronspiegel mit zunehmendem Alter sinkt, was Beschwerden auslösen kann. Aber er ist auch bei Übergewicht und starkem Alkoholkonsum erniedrigt – Faktoren, die altersunabhängig sind.

PSYCHISCHE URSACHEN Eine Midlife-Crisis ist wohl eher eine Krise des Denkens. Ein möglicher Auslöser ist, dass in der Lebensmitte die Karriere auf dem Höhepunkt ist oder die Berufsroutine plötzlich verstärkt als negativer Stress wahrgenommen wird. Vielleicht stellt sich die Erkenntnis ein, dass man bestimmte Ziele aus Altersgründen nicht mehr erreichen kann, oder eine Partnerschaft droht nach vielen Jahren zu scheitern. Vielleicht empfindet man auch die körperlichen Symptome des Älterwerdens im Zusammenspiel mit den anderen Auslösern als besonders einschränkend. Und so treten plötzlich verstärkt neue Aspekte in den Vordergrund: Die Endlichkeit wird thematisiert, die eigenen Ziele und bereits Erreichtes werden in Frage gestellt. All das mag vor allem in der Lebensphase zwischen 40 und 45 vorkommen, aber weder bei nachweislich vielen Männern noch ausschließlich aufgrund körperlicher, sondern dann eher wegen sozialer oder privater Veränderungen.

135.03 **WEGE AUS DER KRISE** Wenn Sie zu den Männern gehören, die eine Midlife-Crisis erleben, so sollten Sie wissen, dass es Möglichkeiten gibt, damit umzugehen. Eine Möglichkeit, zum Beispiel mit schwindender sexueller Leistungsfähigkeit umzugehen, ist Viagra (vgl. Kapitel *Der alte Mann*, Rubrik *Viagra nehmen*). Das ist allerdings eine Möglichkeit, die das stereotype männliche Selbstbild, er müsse allzeit bereit und schnell leistungsfähig sein, eher festigt. Alternativ gibt es auch die Möglichkeit umzudenken. Sie sind nicht gezwungen, am Glauben festzuhalten, dass Sex schnell und Sie als Mann sexuell besonders leistungsfähig sein müssen. Nehmen Sie sich Zeit, seien Sie flexibel. Versagensängste sind ohnehin hinderlich, sie können Erektionsprobleme verstärken. Ob Sie versagen oder nicht, ist aber eine Definitionsfrage. Wenn Sie und Ihre Partnerin oder Ihr Partner hinterher glücklich sind – wer hat dann versagt?

135.04 **WAS MANNSEIN BEDEUTET** Eine Studie zeigt, dass Männer, die ein besonders männliches Selbstbild haben, Beschwerden, die als Midlife-Crisis bezeichnet werden könnten, häufig ignorieren und sich für unverwundbar halten. Anders ist es bei Männern, die ein feminineres oder androgynes Selbstbild haben, die also, wenn sie sich selbst beschreiben, auch weibliche Stereotypen verwenden, zum Beispiel von sich sagen, sie könnten gut zuhören oder seien sensibel. Unzufriedenheit mit dem beruflichen Status ist ein typisch männliches Stereotyp; die Bewältigung des Problems gehen Männer oft an, indem sie versuchen sich durchzusetzen, wodurch sie auch stärker gefordert und gesundheitlich gefährdeter sind. Sie verdrängen Beschwerden, was dazu führen kann, dass eine Krise sich in ihrem späteren Verlauf umso stärker äußert. Männer, die auch feminine Züge auf sich vereinen, achten häufig besser auf körperliche Veränderungen, deuten diese aber nicht zwangsläufig als Krise, sondern passen einfach besser auf sich auf, zum Beispiel, indem sie häufiger zu Vorsorgeuntersuchungen gehen (vgl. Kapitel *Der alte Mann*, Rubrik *Sich untersuchen lassen*). Bei der Bewältigung einer Midlife-Crisis geht es also auch darum, darüber nachzudenken, was Mannsein für Sie bedeutet. Und sich dann zu fragen, ob es nicht auch etwas anderes bedeuten kann.

EINEN ASTON MARTIN DB 5 KAUFEN 136

Sie können heute noch Autos aus jeder Modellreihe kaufen, die Aston Martin hergestellt hat. Sie sollten allerdings ein bisschen Geld übrig haben. Die Preise ändern sich ständig und sind für jedes Modell verschieden. Rechnen Sie ungefähr mit dem Betrag, den Sie beim Kauf einer kleiner Eigentumswohnung ausgeben müssten.

136.01 *DER DB 5* Den Aston Martin DB 5 hat Sean Connery im Film *Goldfinger* berühmt gemacht. Alleine die Art und Weise, wie die Dachlinie des Wagens in der Kontur des Kofferraumdeckels verschnitten ist, gehört zum Schönsten, was Autobauer je geschaffen haben.

Das Auto hat eine Aluminiumkarosserie, die auf einem Stahlgerippe sitzt. Um das Stahlgerippe wurden die handgefertigten Aluminiumteile wie-

durch gerne verschlissen und werden instabil. Insbesondere die Zentral-verschlussbefestigung wird bereits bei geringem Spiel locker, da über die Verzahnung ja Antriebs- und Bremskräfte laufen.

08. Bedenken Sie: Das Ventilspiel muss in den meisten Fällen erst bei einer Laufleistung von rund 100 000 Meilen (zirka 160 000 Kilometer) korrigiert werden. Das Problem: An einem Aston-Martin-Motor kann man das Ventilspiel nicht im herkömmlichen Sinn einstellen. Bauteile des Ventiltriebs müssen auf Maß neu eingepasst werden. Das wird auf jeden Fall teuer.

09. Bedenken Sie auch, dass es in Europa in nur wenigen Ländern eine handverlesene Zahl von Fachbetrieben gibt, die Erfahrung in der Reparatur eines DB 5 haben.

10. Generelle Empfehlungen sind schwer abzugeben – außer der Warnung vor Karosserieschäden. Jeder DB 5 ist handgefertigt und jedes einzelne Fahrzeug ist trotz Serienfertigung ein bisschen eigen. Sollten Sie aber einen guten DB 5 besitzen, haben Sie in eine gute Wertanlage investiert.

Aston Martin DB 5

137 SEIN TESTAMENT MACHEN

Es gibt schönere Gedanken als den an die Zeit nach dem eigenen Tod. Wenn man jedoch noch ein, zwei letzte Dinge in seinem Sinne geregelt wissen will, dann muss man sich diese Gedanken machen, nämlich dann, wenn es daran geht, ein Testament abzufassen.

137.01 *OHNE TESTAMENT* Ein Testament verfasst man bekanntlich, um den Nachlass zu regeln. In der Regel handelt es sich beim Nachlass um materielle Güter, Grundstücke und Kapital. Liegt kein Testament vor, tritt die gesetzliche Erbfolgeregelung in Kraft. Sie besagt, dass nach dem Tod das eigene Vermögen zur Hälfte an den überlebenden Ehepartner – bei Gütertrennung nur zu einem Viertel – und zur Hälfte zu gleichen Teilen an die überlebenden Kinder übergeht. Ein Testament müssen Sie nur erstellen, wenn Sie davon abweichen wollen oder wenn Sie nicht verheiratet sind. Denn eine Lebensgefährtin ist von dieser Regelung ausgenommen und erbt nichts, wenn Sie es nicht in Ihrem Testament verfügen.

137.02 *TESTIERFÄHIGKEIT* Um ein Testament rechtlich wirksam zu machen, müssen Sie erstens testierfähig sein und zweitens bestimmte Formen einhalten. Testierfähig ist man mit 16 Jahren, von 16 bis 18 Jahren allerdings nur, wenn ein Testament notariell beglaubigt ist. Nicht testierfähig ist jemand, der zu der Zeit, in der er das Testament verfasst, nicht im Vollbesitz seiner geistigen Kräfte ist. Dazu gehören diverse genetische geistige Erkrankungen ebenso wie diverse im Lauf des Lebens erworbene. Vorsicht ist geboten, wenn Sie abends nach dem sechsten Glas des herrlichen Ardbeg-Whiskys beschließen, die Dinge jetzt mal zu regeln: Auch Volltrunkenheit bedeutet, dass Sie nicht testierfähig sind.

Übliche Testamente sind das Ehegatten- und das Einzeltestament sowie das eigenhändige und das öffentliche Testament.

137.03 *DAS EHEGATTENTESTAMENT ODER GEMEINSCHAFTLICHE TESTAMENT* Die übliche Form ist das so genannte Berliner Testament. Zwei Ehepartner erstellen es gemeinsam, bevor einer von beiden gestorben ist. In der Regel wird darin erstens festgelegt, dass nach dem Tod des ersten Ehepartners der überlebende den Nachlass erhält, zweitens wird auch der Nachlass nach dem Tod des zweiten Ehepartners verbindlich geregelt. So wird die gesetzliche Erbfolgeregelung außer Kraft gesetzt. Durch das Berliner Testament wird festgelegt, dass nach dem Tod eines Partners das gesamte Vermögen zunächst an den überlebenden Partner übergeht, damit sie oder er nach dem Tod des ersten auf gewohntem Niveau und in gewohnter Umgebung weiterleben kann. Es muss dann also nicht wegen der gesetzlichen Erbfolgeregelung das Wohnhaus verkauft werden, um alle Kinder sofort auszubezahlen.

Zudem legt das Ehepaar gemeinsam fest, wie das Erbe nach dem Tod von beiden Partnern aufgeteilt werden soll. Ist ein Partner gestorben, kann der zweite das Testament nicht mehr widerrufen. Allerdings steht es ihm im Regelfall frei, das vorhandene Vermögen, das ihm nun allein zur Verfügung steht, nach allen Regeln der Kunst zu verprassen.

137.04 *DAS EINZELTESTAMENT* Dieses Testament ist kein gemeinschaftliches Testament. Sie können es erstellen, wenn Ihnen die gesetzliche Erbfolgeregelung nicht zusagt, Sie aber kein Ehegattentestament verfassen wollen, zum Beispiel, weil Sie Ihre Ehefrau noch nie wirklich leiden konnten. Oder weil Sie schlicht unverheiratet sind.

137.05 *DAS EIGENHÄNDIGE TESTAMENT* Wichtig beim Verfassen des Testaments ist auch die Form. Es werden häufig Fehler gemacht, die statt zur angestrebten Familienfriedenswahrung zu lebenslangem Streit unter den Erben führen können. Diese Fehler entstehen vor allem beim Verfassen des eigenhändigen Testaments. Es zeichnet sich dadurch aus, dass es komplett mit der Hand geschrieben ist. Ein maschinen- oder mit dem Computer geschriebenes Dokument, das lediglich Ihre handschriftliche Unterschrift trägt, ist rechtlich unwirksam, denn anhand Ihrer Handschrift muss es möglich sein, Ihre Identität zu überprüfen.

Im Grunde brauchen Sie dafür also nur ein Blatt Papier und einen Stift. Es ist nicht wichtig, in welcher Sprache Sie es verfassen, solange es keine Sprache ist, die ausschließlich Sie selbst verstehen. Es ist sogar möglich, das Testament zu stenografieren. Es ist auch nicht wichtig, ob Sie „Testament" über das Dokument schreiben oder nicht – es muss allerdings eindeutig Ihr letzter Wille daraus hervorgehen. Außerdem muss Ihre Unterschrift am Ende stehen, nicht etwa über dem Dokument. Es soll Ort und Datum tragen, und der Erblasser – also Sie – müssen daraus ersichtlich werden. Und es darf nicht widersprüchlich sein, was in der Praxis erstaunlich oft der Fall ist. Denn eigenhändige Testamente sind in vielen Fällen nicht klar formuliert und daher anfechtbar. Ein Testament ist ein juristisches Dokument, und oft entstehen schon Fehler bei der Benutzung von nur anscheinend synonym verwendbaren Worten wie „Erbe" und „Vermächtnis".

137.06 *SCHALLPLATTEN UND SCHULDEN* Zu erben bedeutet auch, eventuell vorhandene Schulden zu erben. Das heißt, wenn Sie Ihrer bezaubernden Tochter Ihre beiden Grundstücke hinterlassen und Ihrem missratenen Sohn

Hinterlassenschaft:
zwei alte
Schallplatten.

Hinterlassenschaft:
ein schönes,
großes Haus.

den ziemlich lausigen, 17 Jahre alten Kombi, dann vermachen Sie Ihrem Sohn das Auto, aber Ihre Tochter ist Erbin, da sie den bei weitem größeren Teil Ihres Hab und Guts erhält. Sie erbt dann auch Ihre Schulden. Das bedeutet, es ist nicht möglich, dem Lieblingsneffen das Haus, dem zweitliebsten Neffen das Auto und dem dritten, den Sie nie mochten, nur zwei alte Schallplatten zu hinterlassen, sie aber in gleichen Teilen mit Ihren Schulden zu bedenken. Zudem gilt, dass der Pflichtteil berücksichtigt werden muss; das heißt, dass ein Familienangehöriger, selbst wenn Sie ihn gerne enterben würden, stets Anspruch auf einen bestimmten Pflichtteil hat, der in der Regel die Hälfte dessen ist, was ihm gesetzlich zustünde. Der Pflichtteil kann nur entzogen werden, wenn die Voraussetzungen des § 2333 BGB vorliegen, also wenn Ihnen der Angehörige nach dem Leben getrachtet hat, Sie körperlich misshandelt oder sich eines schweren Verbrechens gegen Sie schuldig gemacht hat. Teilungsanordnungen, die im Testament festgelegt werden, sind also keineswegs zwingend verbindlich.

137.07 **DAS ÖFFENTLICHE ODER NOTARIELLE TESTAMENT** Um juristische Fehler zu vermeiden, empfiehlt es sich, bei der Erstellung des Testaments einen Notar einzubeziehen. Er muss den Testator oder Erblasser nach dem Beurkundungsgesetz in juristischen Fragen beraten, um spätere Streitigkeiten und Interpretationsnotwendigkeiten auszuschließen, er stellt die Testierfähigkeit fest, und er verwahrt das Dokument. Sie können dem Notar auch eine verschlossene Schrift übergeben und so ausdrücken, dass Sie auf seine Beratung verzichten. Viel Sinn ergibt das allerdings nicht; wenn Sie schon mal da sind, können Sie sich auch gleich beraten lassen.

137.08 **ANDERE TESTAMENTE** Neben den genannten gibt es weitere Testamentarten wie das Nottestament, die aber in der Praxis weitgehend vernachlässigbar sind: Es sind das Bürgermeistertestament, das Drei-Zeugen-Testament und das Seetestament. Solche Testamente werden noch benutzt, wenn der Tod der betroffenen Person zu erwarten ist und keine Zeit für ein eigenhändiges oder öffentliches Testament ist, zum Beispiel wenn ein Flugzeugabsturz kurz bevorsteht (vgl. Kapitel *Der Mann in Gefahr*, Rubrik *Eine 747 landen)* oder der Tod anderweitig sehr rasch einzutreten droht. Sollte der Tod dann doch nicht eintreten, verlieren die Nottestamente nach Ende der Not schnell ihre Gültigkeit.

... UND DAS MEER

Vielleicht haben Sie mal den Film „Der weiße Hai" gesehen oder das Buch gelesen. Im Buch schwimmt anfangs eine Frau im Meer herum, und plötzlich spürt sie etwas, unten am Bein. Komisch, denkt sie, und fasst sich dahin, wo sie etwas spürte: unten ans Bein. Sie stellt fest, dass ihr ein Fuß fehlt. Den Fuß hat sich der Hai geholt, und bald holt er sich die ganze Frau. Das ist recht grausam. Die Frau schwamm nachts, und so sei gesagt: Schwimmen Sie nicht nachts in Gegenden, in denen es Haie gibt, denn diese sind nachts sehr aktiv. Haie greifen am häufigsten in der Nähe der Küste an, gern schwimmen sie dort, wo sie Nahrung finden. (Achten Sie darauf, ob Sportfischer unterwegs sind; deren Köder könnten den Hai locken.) In einschlägigen Ratgebern fehlt folgender Hinweis nie: Gehen Sie nicht mit blutenden Wunden ins Wasser, denn Blut zieht Haie an. Es sei der Einfachheit halber angenommen, dass Sie ohnehin nicht zu den durchaus erstaunlichen Menschen gehören, die mit blutenden Wunden ins Wasser gehen.

Wenn Sie nun aber dennoch von einem Hai angegriffen werden, ist Folgendes zu tun: Zeigen Sie dem Tier, dass Sie nicht hilflos sind. Wenn Sie irgendeinen Gegenstand mit sich im Wasser führen (Taucherbrille, Kamera, o.Ä.), schlagen Sie damit zu. Haben Sie nichts dabei, nehmen Sie die Faust. Schlagen Sie dem Hai auf die Augen oder die Kiemen. Manche Ratgeber empfehlen Ihnen, auf die Nase zu schlagen und den Hai anzuschreien, was im Prinzip nicht falsch ist, Augen und Kiemen sind jedoch wesentlich empfindlicher. Schlagen Sie, so oft Sie können. Der Hai wird den Eindruck gewinnen, dass Sie gefährlich sind, und hierin besteht Ihre Chance: Denn Haie kämpfen in der Regel nur, wenn sie sicher sind, dass sie gewinnen.

139   EINEN HAI ANGELN

Wenn Sie den Haiangriff erfolgreich abgewehrt haben, könnte es sein, dass Sie den Wunsch nach Rache in sich verspüren. Grundsätzlich ist Rache ein altmodisches Konzept, von dem ein moderner Mann absehen sollte. Im Falle des Hais sei aber verraten, wie sich der Spieß umdrehen lässt: Nun greifen Sie den Hai an, und zwar weit subtiler, als er es umgekehrt getan hat. Sie angeln sich den Hai – Sie besiegen ihn also mit vergleichsweise zartem Gerät. Vielleicht sollten Sie nicht auf einen Weißen Hai gehen, denn die können bis zu sieben Meter lang werden. Gehen Sie lieber auf einen Heringshai, der sieht dem Weißen Hai sehr ähnlich, wird aber längst nicht so lang, maximal drei Meter. Auch ein Blauhai eignet sich, obwohl er ein wenig größer wird.

Fahren Sie mit einem erfahrenen Skipper aufs Meer. Im Zweifel hat er alles dabei, was Sie benötigen. Zu empfehlen ist eine rund 2,50 m lange Bootsrute, die Rolle sollte mit gut 400 m sehr tragkräftiger (50 kg) Schnur ausgestattet sein. Als Köderfische nehmen Sie ganze Makrelen (wenn Sie keinen Hai fangen, essen Sie halt später die Makrelen). Außerdem brauchen Sie einen Eimer mit Fischabfällen; Fachleute sprechen von „Rubby Dubby", womit in der Regel eine Mischung aus zerstampften, öligen Fischen wie Makrele und Hering gemeint ist.

Empfohlen sei für Ihre Rute eine so genannte Kanister-Montage. Diese ist beinahe ein Kunstwerk und kann so aussehen:

Ein leerer Kanister schwimmt auf dem Wasser (siehe Abbildung auf der nächsten Seite). An die Hauptschnur montieren Sie eine Stahlschnur, die rund vier Meter lang sein sollte. Man kann zudem vor dem Köderfisch noch einen extrastarken Stahldraht montieren, ein bis zwei Meter lang, weil der Haifisch, wie man weiß, Zähne hat. Sie locken den Hai an, indem Sie ihren mit Rubby Dubby gefüllten Eimer ins Meer hängen (vorher natürlich am Boot festbinden). Bohren Sie einige Löcher in den Eimer, damit das Rubby-Dubby-Aroma sich verbreiten kann. Haie lieben dieses Aroma; wenn einer in Ihrer Nähe ist, nimmt er jetzt Witterung auf.

Wenn der Hai angebissen hat, müssen Sie ihn nur noch rausholen. Neben der Bootsrute sollte ein so genannter Kampfgurt an Bord sein, den Sie anlegen, um die Rute im Drill (einfach gesagt: wenn Sie den Hai reinkurbeln) abzustützen.

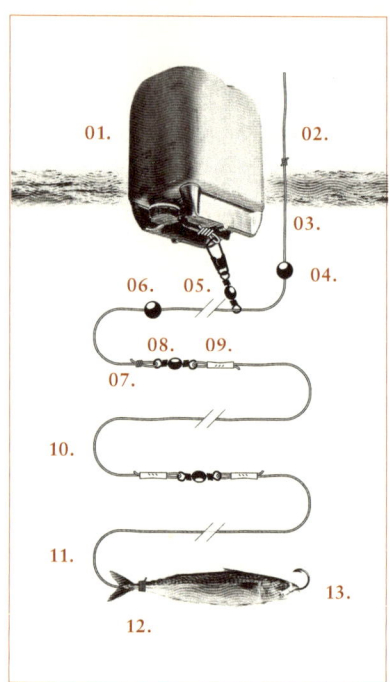

DIE KANISTER-MONTAGE

• • •

01. *Leerer Kanister*

02. *Stopperknoten*

03. *Hauptschnur mit*
hoher Tragkraft (50 kg)

04. *Perle*

05. *Gleitender Wirbel*

06. *Perle*

07. *Flämischer Knoten*

08. *Hochleistungswirbel*

09. *Quetschhülse*

10. *zirka 4 Meter Stahldraht mit*
hoher Tragkraft (90 kg)

11. *1–2 Meter extra starker Stahldraht*

12. *Sicherung mit Schnur*

13. *Köderfisch (Makrele)*

140 — SEEKRANKHEIT VERMEIDEN

Die meisten Männer, die es erlebt haben, kommen schwer wieder davon los, manche nie: ablegen mit einem Segelschiff, den Hafen hinter sich lassen, und dann fängt es schon an: Das Leben an Land verliert an Bedeutung, es stellt sich ein neues Gefühl ein. Ein eigenartiges Gefühl, es fühlt sich an wie: Freiheit. Natürlich ist man nicht frei, nur weil man sich ein paar Meilen vom Ufer entfernt, natürlich bestehen alle Probleme fort, alle Verpflichtungen, alle Aufgaben, aber sie verblassen, schließlich verschwinden sie für eine Weile. Es bleiben: das Schiff, der Wind, der Himmel, die See. Es gibt kaum etwas Schöneres.

140.01 *LASS DAS BOOT SINKEN* Aus diesem herrlichen Leben kann jedoch ganz schnell ein furchtbares werden, wenn die Seekrankheit einsetzt. Man bemerkt sie daran, dass man plötzlich beginnt zu gähnen und sich müde und abgeschlagen fühlt. Dann folgt die Übelkeit, oft mit Erbrechen. Wenn es ganz schlimm wird, ist einem nach einer Weile alles egal, man wünscht sich, über Bord gespült zu werden oder dass das Schiff sinkt, Hauptsache, die Seekrankheit hört auf. Sind nicht Sie es, der seekrank wird, dann behalten Sie den Kranken im Auge. Im schlimmsten Fall ist er selbstmordgefährdet.

140.02 *KRANK AUS ANGST* Das Unangenehme an der Sache ist, dass es kein zuverlässiges Mittel gegen Seekrankheit gibt. Immerhin: Manche Mittel wirken bei manchen, andere wirken bei anderen. Ganz generell ist zu sagen, dass es einige Faktoren gibt, die die Seekrankheit fördern. Sich am Abend vor dem Ablegen so richtig zu betrinken, ist zum Beispiel keine gute Idee, wenn man ohnehin zur Seekrankheit neigt. Auch wer Angst vor der Seekrankheit hat, wird schneller seekrank. Bei manchen Seglern handelt es sich tatsächlich eher um ein psychisches Problem.

140.03 *AKUPRESSUR* Es gibt Medikamente, die manchen helfen können, doch die haben Nebenwirkungen. Ein mögliches Heilmittel ohne Nebenwirkungen ist die so genannte Akupressur. Hier gibt es mehrere Möglichkeiten, eine populäre besteht darin, sich ein „Sea Band" oder ein Akupressurband zuzulegen. Es wird um das Handgelenk getragen und hilft vielen Seglern, die Symptome zu lindern oder sogar abzustellen. Empfohlen wird auch die Akupunktur; an eine bestimmte Stelle im rechten Ohr wird ein Stich gesetzt. Man kann sich vom Arzt vor der Fahrt eine Dauernadel einstechen lassen, die nach einigen Tagen von allein herausfällt.

140.04 *STARKE MEDIKAMENTE* Was die Medikamente angeht: Es gibt viele milde Mittel, zum Beispiel Pflaster, die man sich hinter das Ohr kleben kann. Bobby Schenk, der vielleicht bekannteste deutsche Weltumsegler, empfiehlt hingegen, wenn es ernst wird, starke Medikamente zu nehmen. Er schwört auf ein Mittel namens *Bonamine,* das jedoch in Deutschland nicht erhältlich ist. Der Wirkstoff von Bonamine *(Meclozin)* ist aber in anderen Medikamenten enthalten, zum Beispiel in *Postadoxin.* Das gibt es auch in Deutschland. Übliche Dosierung: eine am Abend vor dem Ablegen nehmen, eine weitere am Morgen.

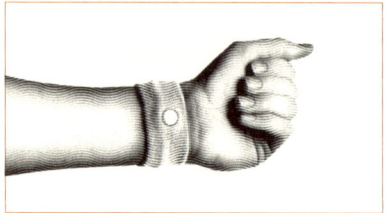

Vielen Seglern hilft ein
„Sea Band" oder Akupressurband.
Es wird um das
Handgelenk getragen.

140.05 **AM STEUER** Wenn Sie die Seekrankheit bereits richtig erwischt hat, helfen meist nur noch Zäpfchen, die rektal eingeführt werden. Auch diese lindern die Symptome meist nur ein wenig. Was dann wirklich hilft, ist ein Nachlassen des Windes, oder: Man legt an und betritt festen Boden. Wie durch ein Wunder ist das fürchterliche Unwohlsein meist nach kürzester Zeit verschwunden. Das älteste und oft erfolgreiche Mittel gegen Seekrankheit ist zugleich das Einfachste: Sie übernehmen das Steuer. Die Konzentration vertreibt häufig das Unwohlsein. Das klappt nicht immer, aber wenn es klappt, ist alles wieder so, wie es sein soll: Was an Land groß und wichtig war, verblasst, schließlich verschwindet es. Es bleiben: das Schiff, der Wind, der Himmel, die See. Und Sie am Steuer.

141 — DIE ZEHN WICHTIGSTEN KNOTEN KENNEN

Wir befinden uns auf See. Die Knoten, die Sie nun benötigen werden, sind also allesamt so genannte *maritime Knoten.* Sie brauchen sie beim Segeln und beim Angeln, können sie aber in allen anderen Bereichen des Lebens ebenso einsetzen. Segelknoten unterscheiden sich von Angelknoten in einem wesentlichen Punkt: Beim Segeln sollten Knoten zwar haltbar sein, sich aber auch unter schwierigen Bedingungen – zum Beispiel wenn die Taue feucht sind und die Hände klamm – wieder lösen lassen. Beim Angeln geht es allein um eine hohe Zug- und Tragfähigkeit. Knoten werden in der Regel in zwei Fällen angewandt: entweder um zwei Taue oder Schnüre gleicher oder unterschiedlicher Dicke miteinander zu verbinden, oder um ein Tau oder eine Schnur mit einem festen Gegenstand zu verbinden. Mit dieser Auswahl an Knoten sollten Sie für alle Fälle gewappnet sein.

141.01 **DER KREUZKNOTEN** Ein sehr einfacher Knoten, der schnell geknüpft werden kann, wenn zwei gleichstarke Taue miteinander verbunden werden sollen. Er ist nicht ganz ungefährlich, da er – wenn er nicht unter Spannung steht – leicht kippen kann und sich dann selbst aufzieht. Dennoch ist er leicht zu merken und auch recht haltbar.

141.02 **DER PALSTEK** Der Klassiker unter den Seemannsknoten. Er bildet ein feststehendes Auge – also eine Schlinge – und kann auch als Rettungsschlinge eingesetzt werden, indem man ihn dem zu Rettenden um den Körper legt. Seine Tragkraft und Stabilität ist immens. In der Seefahrt nutzt man ihn, um ein Seil kurz an einem Poller – wenn zum Beispiel ein Fährschiff einen kurzen Zwischenhalt einlegt – zu befestigen, als Abschluss einer Festmacherleine und manchmal auch, um zwei Seile miteinander zu verbinden. So schnell er zu erlernen ist, so schnell vergisst man ihn auch wieder. Folgende Eselsbrücke soll helfen: „Das Krokodil (= Seilende) kommt aus dem Teich, geht einmal um die Palme herum und gleitet wieder in den Teich."

141.03 **DER FENDERSTEK** Wenn Sie an Bord eines Segelschiffes zu wirklich gar nichts zu gebrauchen sein sollten (was nicht weiter schlimm ist), wird man Sie in der Regel mit dem Ehrentitel der „Fendermaus" bedenken. Das bedeutet, dass Sie beim Einlaufen in einen Hafen für das Anbringen der Fender verantwortlich sind. Fender sind Stoßfänger aller Art: aufblasbare Bälle, zigarrenförmige Plastikzylinder oder alte Reifen. Sie verhindern ein Scheuern des Bootes am Kai oder an einem anderen Boot. Sie werden mittels des Fendersteks an der Reling des Schiffs vertäut. Er ist absolut sicher, leicht zu lernen und einfach wieder zu lösen: mit einem kurzen Zug am Tampen (Endstück einer Leine).

141.04 **DER ENGLISCHE KNOTEN** Er wird auch Fischerknoten oder Anglerknoten genannt – und sogar Liebesknoten. Letzteres wahrscheinlich, weil er zwei gleiche Teile – beim Segeln Taue und beim Angeln Schnüre – nicht nur fest miteinander verbinden kann, sondern auch, weil sich die beiden Überhandknoten am Schluss so herrlich ineinander schmiegen. Er wird gelegt, indem man jedes Tau mit einem Überhandknoten jeweils an das andere Tau knüpft.

141.05 **SCHOTSTEK** Den Schotstek benötigt man, um dicke Tampen oder Taue mit dünnen Tampen oder Tauen zu verbinden. Er gilt als Allzweckknoten. Je mehr Zug auf ihm lastet, desto besser hält er. Als Angelknoten eignet er sich nur bedingt, da er bei glatten – also monofilen – Schnüren zum Rutschen neigt. Wird ein loses Ende doppelt herumgeführt und durchgesteckt, spricht man vom doppelten Schotstek. Wie Funde beweisen, wurde der Schotstek bereits in der Steinzeit beim Flechten von Netzen verwendet.

141.06 **DER RORINGSTEK** Der ideale Knoten zur Befestigung des Ankers an einem Tau. Fest und zuverlässig. Völlig falsch wäre es allerdings, diesen Knoten zu verwenden, um das Boot im Hafen an einem im Steg verankerten Ring festzubinden. Unter Zug – und ein Tau, das Steg und Boot verbindet, steht fast immer unter Zug – lässt er sich nämlich nicht mehr lösen. Dieser schöne Knoten wird auch Fischerstek genannt.

141.07 **DER EINFACHE SPULENKNOTEN** Ohne diesen Knoten geht beim Angeln gar nichts, denn will man fischen gehen, muss zuerst einmal ein bisschen Schnur auf die Rolle. Diese Schnur muss halten. Stellen Sie sich vor, Sie haben einen Riesenfang an der Angel, der Fisch nimmt immer mehr Schnur, und plötzlich merken Sie, dass das Spulenende erreicht ist und von der Schnur verlassen wird. Das ist nicht nur ärgerlich, sondern auch Umweltverschmutzung – schließlich rast der Fisch mit vielen Metern Schnur davon. Bei monofilen (glatten) Schnüren reicht es, wenn der Knoten so wie in der Abbildung ausgeführt wird, bei geflochtenen Schnüren sollte man noch einen Streifen doppeltes Klebeband unterkleben. Schaffen Sie sich noch den Stopper- und den Clinchknoten drauf, haben Sie sich fürs Angeln ausreichend gebildet.

141.08 **DER STOPPERKNOTEN** Einen Stopperknoten (vgl. Rubrik *Einen Hai angeln)* benutzt man – wie der Name schon sagt – als Arretierknoten. Zum Beispiel können Sie beim Angeln mit ihm regeln, wie tief der Köder unter dem Schwimmer (der an der Wasseroberfläche bleibt) ins Wasser sinkt. Legen Sie ein zirka 15 Zentimeter langes Stück dünnerer Schnur an die Hauptschnur und ziehen Sie es wie in der Abbildung beschrieben (dreifache Schlaufe) fest. Wichtig ist es, dass die Enden nicht zu knapp gekappt werden, da sie sonst nicht zu leicht durch die Rutenringe laufen.

141.09 **DOPPELTER KLAMMERKNOTEN** (CLINCH-KNOTEN) Ein sehr sicherer Knoten mit dem Wirbel und Haken befestigt werden können (vgl. Rubrik *Einen Hai angeln).* Der Trick dabei: Die Schnur wird zweimal durch das Öhr geführt. Bei der Verwendung von monofilen (glatten) Schnüren ist es übrigens hilfreich, jeden Knoten kurz vor dem Zusammenziehen noch einmal mit ein wenig Speichel zu befeuchten.

141.10 **WEBELEINENSTEK** Soll ein Tau an einem Poller befestigt werden, gilt der Webeleinenstek als Klassiker. Man legt ihn in den Händen vor, um ihn im rechten Moment über den Poller zu legen. Auch wenn er als Klassiker gilt, sei angemerkt, dass zur Befestigung eines Taus am Poller der *Palstek* immer noch besser geeignet ist, da sich der Webeleinenstek (auch Mastwurf genannt) – ähnlich wie der Roringstek – ganz unangenehm festziehen kann.

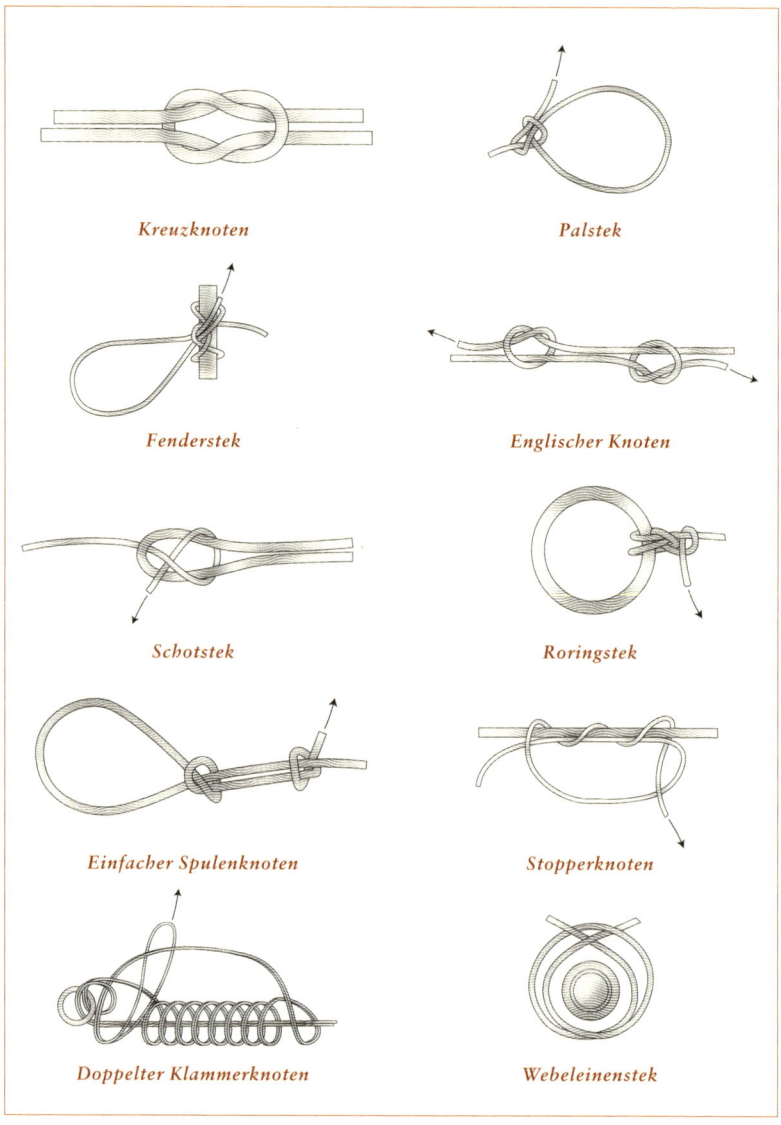

Kreuzknoten

Palstek

Fenderstek

Englischer Knoten

Schotstek

Roringstek

Einfacher Spulenknoten

Stopperknoten

Doppelter Klammerknoten

Webeleinenstek

Kann es etwas Schöneres für einen Mann geben, als in der Mitte des Meeres zu sitzen, allein mit dem Wind und dem Wasser, und dafür zu sorgen, dass die Schiffe ihren Weg finden? Man muss dazu nichts weiter tun, als Leuchtturmwärter auf einem Leuchtturm im Meer zu werden. Auch nicht übel ist es, in einem Leuchtturm am äußersten Rand der Küste zu sitzen, den ganzen Tag das Meer im Blick und nächtens das Meer im Ohr. Unter all den schönen Berufen der Welt ist Leuchtturmwärter vielleicht der schönste, und deshalb ist es so bedauerlich, dass der Leuchtturmwärter auf der Liste der aussterbenden Berufe steht. Die Wärter werden heute meist ersetzt durch Automatikschaltungen und Wartungspersonal. Doch die Lage ist nicht aussichtslos: Mit etwas Mühe ist es immer noch möglich: das Leben im Leuchtturm.

142.01 **MÄNNER IM LEUCHTTURM** Der Leuchtturm Kiel ist der einzige noch besetzte Leuchtturm in Deutschland. Der künftige Leuchtturmwärter muss sich daher mit der Stadt Kiel anfreunden und zudem damit leben, nur im Volksmund als Leuchtturmwärter durchzugehen. Es handelt sich bei den auf dem Leuchtturm Kiel befindlichen Leuchtturmwärtern nämlich nicht um Leuchtturmwärter im romantischen Sinn des Ölfunzelschwenkens und Bratens von frischem Fisch, der durch das offene Fenster hereingeschwappt ist, sondern um freiberuflich tätige Lotsen ohne Schiffsgrößenbeschränkung. Aber was soll's: Es sind Männer im Leuchtturm.

142.02 **EIN WENIG ZEIT** Es ist mangels Arbeitsplatzvielfalt nicht ganz leicht, Leuchtturmwärter zu werden. Lotsen sind jedoch gefragt, und mit ein wenig Glück ist gerade ein Platz auf dem Leuchtturm Kiel frei. Erst einmal ist nun, da die Entscheidung für diesen schönen Beruf gefallen ist, ohnehin ein wenig Zeit. Die Ausbildung bis zur Bewerbung als Lotse dauert nach dem Schulabschluss zehn Jahre. Das liegt daran, dass der Lotse den Schiffsbetrieb und die Zusammenhänge in der Seeverkehrswirtschaft praktisch erfahren und in seiner beruflichen Tätigkeit verantwortlich umsetzen muss. Lotsen arbeiten eng mit dem Kapitän eines Schiffs zusammen. Der Lotse berät den Kapitän während der Revierfahrt eines Schiffs zu einem Hafen oder im küstennahen Gewässer.

142.03 ERSTMAL KAPITÄN WERDEN Der erste Schritt auf dem Weg zum Lotsberuf ist nach dem Schulabschluss die Erwerbung des Kapitänspatents aller Schiffsgrößen, ein Abschluss auf Fachhochschulniveau gemäß der *International Convention on Standards of Training, Certification and Watchkeeping for Seafarers,* einer UN-Konvention, die 1978 durch die *International Maritime Organization* entstand, in der derzeit gültigen, 1997 in Kraft getretenen Version STCW 95. Seediensttauglichkeit wird selbstverständlich vorausgesetzt, was unter anderem bedeutet: ein gutes Sehvermögen, Farbunterscheidungsfähigkeit, ein intaktes Gebiss, belastungsfähige lebenswichtige Organe, ein intakter Körperbau und die Freiheit von chronischen Krankheiten.

An das Studium der Nautik an der Fachschule oder Fachhochschule für Nautik, das zwei Praxissemester enthält, sofern nicht vorab eine 30 bis 36 Monate dauernde Ausbildung zum Schiffsmechaniker erfolgreich absolviert wurde, und den Erwerb des Befähigungszeugnisses „Nautischer Wachoffizier" schließt sich eine Erfahrungsseefahrtzeit von zwölf Monaten als Nautischer Wachoffizier an Bord an. Die Erfahrungsseefahrtzeit wird mit dem Erwerb des Befähigungszeugnisses „Erster Offizier" beendet. Anschließend ist eine Seefahrtzeit von weiteren 12 Monaten als Erster Offizier beziehungsweise *Chief-mate* oder von 24 Monaten als Wachoffizier vorgesehen, bevor das nächste Befähigungszeugnis ausgestellt werden darf, das Kapitänspatent aller Schiffsgrößen, weltweit, gemäß STCW 95. Man ist dann Nautischer Schiffsoffizier, also: Kapitän.

142.04 MIT DAMPFLAMPE Es folgt eine Nettofahrzeit von zwei Jahren mit Kapitänspatent ohne Einschränkungen, bevor man sich bei einer der zuständigen Aufsichtsbehörden für das See- und Hafenlotswesen als Lotsenanwärter bewerben kann. Lotsenanwärter (mancher spricht auch vom Lotsanwärter) durchlaufen eine achtmonatige theoretische und praktische Ausbildung für das jeweilige Lotsrevier, für das sie sich bewerben. Der Leuchtturm Kiel, ein 33,50 Meter hoher Feuerträger mit der Internationalen Ordnungsnummer *C 1215*, der die Kennung *Glt. w. r. gn. 6 s* erzeugt, ist eine Lotseinrichtung der Lotsenbrüderschaft Nord-Ostsee-Kanal II in der Region Kiel-Lübeck-Flensburg. Am Standort 54°30'01"N, 10°16'30"O befindlich, ist er, mit einer 230 V/400 W HQJ-T-Halogenmetalldampflampe ausgestattet und einer Nenntragweite von etwa 18 Seemeilen im weißen Sektor, 15 Seemeilen im roten Sektor und 14 Seemeilen im grünen Sektor, ein Leit- und Orientierungsfeuer für die Zufahrt in die Kieler Förde, den Kiel-Flensburg-Weg, den Kiel-Ostsee-Weg und den Kiel-Fehmarnsund-Weg.

Der Leuchtturm wird über ein 6 kV-Hochspannungskabel, das am Leuchtturm Bülk endet, mit Energie versorgt. Bei Ausfall des Netzes stehen 2 x 50 kVA-Notstromaggregate im Leuchtturm Kiel bereit. Auf dem Turm befinden sich eine Radarantwortbake, eine Pegelanlage, Messeinrichtung des BSH und eine Wetterstation.

Das Seelotsrevier der ihn betreibenden Lotsenbrüderschaft umfasst den Nord-Ostsee-Kanal von Lotsenstation Rüsterbergen bis Schleuse Holtenau, die Kieler Förde von Schleuse Holtenau bis Leuchtturm Kiel, die Trave von Lübeck bis Trave-Tonne und die Flensburger Förde von Flensburg bis Tonne 2. Besonders das Fahrwasser zwischen Königsförde und Holtenau ist sehr eng und kurvenreich.

142.05 **DER WEG NACH KIEL** Die Ausbildung erfolgt durch die Lotsenbrüderschaft und wird mit einer Prüfung durch die Aufsichtsbehörde abgeschlossen. Nach bestandener Prüfung erfolgt die Bestallung zum Lotsen. Für etwa drei bis vier Jahre sammelt der Lotse nun Erfahrungen auf Schiffen verschiedener Größenkategorien, bevor er Lotse ohne Schiffsgrößenbeschränkung ist. Nun kann er sich auch für das Lotsrevier bewerben, zu dem der Leuchtturm Kiel gehört. Es ist ein langer Weg, aber ein Weg, der im Leuchtturm endet, kann kein falscher Weg sein.

WIR DANKEN

Matthias Andrione, Designer, Konstrukteur, Handwerker, München, der entwirft und baut wie kaum ein Zweiter und der stets die Tür seiner Werkstatt schloss, bevor er neben unserem Büro mit großen Maschinen großen Lärm verursachte, der zudem mit Kaffee, Wein und allem anderen half, wenn Kaffee, Wein und alles andere mal wieder aus waren. Und für sein profundes Wissen über sehr viele Dinge, die in diesem Buch stehen.

Victor Augustin, Sprachwissenschaftler, Berlin, für das akribische Lesen des Manuskripts.

Bayerische Beamtenkrankenkasse, AOK und Bundesministerium für Gesundheit für die Informationen zum Thema Vorsorgeuntersuchungen.

Detektiv Becker von Detektive Becker Security, München, und Hans Sturhan vom Bundesverband Deutscher Detektive, der Manfred Dessaus Broschüre „Der Privatdetektiv. Schulungshefte 1–4" zur Verfügung stellte – beide wissen, wie man jemanden sehr unauffällig beschattet. Manchmal sehen wir uns auf der Straße nach ihnen um, aber sie sind nie zu sehen.

Christian Beringer, Classic-Data-Gutachter, Pullach, für mehrere lange Sitzungen, in denen wir lernten, was es heißt, wirklich Ahnung von Autos zu haben.

Maik Brandenburger, Gewerkschaft Deutscher Lokomotivführer, für alles, was mit Zügen zu tun hat.

Graf de Chateauvillard, der 1836 den Duell-Codex veröffentlichte, aus dessen deutscher Übersetzung von 1864 wir zitieren.

Anne-Kathrin Cleef, Rechtsanwältin bei www.janolaw.de, die uns half, die letzten Dinge zu regeln und unsere Testamente aufzusetzen.

Firma Dovo für ihr Wissen über Rasiermesser.

*Dipl-Ing. **Hubert Drebinger**, Veitshöchheim, für den Einführungskurs „Hausbau für Anfänger".*

*Christian Engert, Anstaltsleiter der JVA Bernau, für die vielen Stunden seiner Zeit,
die er mit uns im Gefängnis verbrachte.*

*Dr. Christian Feest, Leiter des Museums für Völkerkunde, Wien,
für sein Wissen vom Feuer.*

*Markus Frankl, Wirt und Autor, München, der schon so manches
Lokal eröffnet hat – und zwar erfolgreiche Lokale.*

*Dr. Christiane Fügemann, Universität Köln, für Tipps zur Überwindung
der Midlife-Crisis – wenn es die denn überhaupt gibt, sagt sie.*

*Günther Götz, Baggerfahrer aus Neukirchen v. Wald,
für den umfassenden und lustigen Schnellkurs im Baggerfahren.*

*Gunther Groß von der gleichnamigen Reitschule, München,
für den Grundkurs „Reiten".*

*Günter Hanft, Feuerwerker aus Obing,
der schon wirklich viele Bomben entschärft hat.*

*Susanne Herrle von Blumen Neubauer, München,
die uns in der Sprache der Blumen unterrichtete.*

*Bernhard Heuvel, Betreiber von www.ruf-der-wildnis.de,
der viel weiß über das Leben in der Natur, unter anderem,
wie man aus einem Ast einen Baum macht.*

*Master Gregor J. Huss, München, für die Einführung in Taekwon-Do-
und Combat-Hapkido-Selbstverteidigung.*

DANK

Katharina Cetin, Hydra e.V., *Treffpunkt und Beratung für Prostituierte, für Tipps zum Verhalten im Bordell.*

Maria Jacobi, Hebamme, für das Wissen aus dem Kreißsaal und dafür, dass sie sich trotz großer Belastung Zeit für uns nahm.

Marianne und Eugen Jäger von der Vereinigung deutscher Rutengänger für ihr Wissen um die Wasseradern.

Jeans Kaltenbach, München, für die Einweisung in die erstaunlich weite Welt der Jeans.

Michael Kast, Anwalt, München, für den wunderbaren Satz: „Das müsst ihr einen Anwalt fragen." Und dafür, dass er unser Anwalt ist.

Redaktion des KB Magazins (KB=Képi Blanc), Aubagne, fürs Wissen um den Weg aus der Welt und hinein in die Fremdenlegion.

Julia von Keisenberg, für alles.

Emma und Matthias Lehner, Inhaber der Munich-Health-Fitnessstudios, für die Zusammenstellung des Sixpack-Menüs, und Jens Eichmann, Sixpacktrainer der Fitnessstudios Munich Health.

Stephan Lindner, Mitinhaber Juwelier Fridrich, München, für sein Wissen von den Juwelen.

Thomas Lötz, Autor, Gründer des Golfmagazins Plock, und Andreas Lampert, Autor, Hamburg, für ihren kritischen Blick auf den Golfplatz.

Ältermann Kapitän Hans-Hermann Lückert, der die See kennt und weiß, wie man es schafft, auf einem Leuchtturm zu arbeiten.

410   DANK

Anton Magerl vom Ausbildungszentrum für Bus und Lkw, München,
der weiß, wie man große Gefährte fährt.

Christoph Meier, Leiter des Präparatoriums des Naturhistorischen
Museums in Basel, für die fachkundige Einweisung in den komplexen Beruf
des Tierpräparatoren.

Peter Eduard Meier vom Schuhgeschäft Ed. Meier, München, für sein unerschöpfliches
Wissen über Schuhe, das er mit uns teilte. Und für die Bilder von den Schuhen.

Alexander Menden, Kritiker und Gentleman, London,
für seine Auswahl an Büchern für den Mann.

Dominique Metzger, Chef de Restaurant im Tantris, München,
der wirklich weiß, wie man sich in einem feinen Restaurant verhält.

Matthias Münx, Verkaufsleiter beim Herrenausstatter Hirmer, München,
fürs geduldige Erzählen über Anzüge.

Musikkapelle Kids on TV für ihre ausführlichen Informationen zum Tüchercode.

Ralf Niemczyk, Mann der Musik, Köln,
für seine Auswahl an Rock- und Pop-Alben für den Mann.

Johannes Paar, Redakteur der Zeitschrift „Landwirt"; Norbert Stappen vom
Traktorenmuseum Pauenhof; Georg Metzger, Rügheim – sie alle wissen viel,
vor allem über Traktoren.

Walter Pätzold fürs Erzählen von den Pilzen.

Milan Pavlovic, Liebhaber und Kenner des Kinos, München,
für seine Auswahl an Filmen für den Mann.

Ulv Philipper, der „Die besondere Hundeschule" in Lippetal-Bünninghausen zwischen Hamm und Soest leitet, für seine Freundschaft zu Hunden.

Pressestellen der Wiener Oper, Pfizer, Märklin, Deutsche Bahn, BMW, Bundesministerium des Inneren *für ihre immer freundliche Hilfe.*

John-Thompson-Productions, München, für all die bisweilen erstaunlichen Informationen rund um den Sexfilm, verraten bei einigen Gläsern vom Grünen Veltliner.

Gertrud Raab *für den Hasenbraten.*

Klaus Raab, *Journalist, München und Berlin, dem unermüdlichen Sucher, Frager und Wühler, für seine grandiosen Recherchearbeiten.*

Tanzschule Rudolf Richter, *München, wo man uns sehr geduldig immer wieder erklärte, wie man tanzt.*

Dirk Rumberg, *Süddeutscher Verlag, München, ungedopter Langstreckenradler und einer der umtriebigsten Menschen der Welt, ohne den es keines unserer Bücher gegeben hätte – und seinem Team vom Süddeutschen Verlag, besonders* **Gabriella Hoffmann, Alexander Elspas, Anja Bonelli, Sonja Assfalg, Sibill Henkel, Julia Wolf.** *Außerdem* **Eberhard Wolf,** *Art Director der Süddeutschen Zeitung.*

Gottfried Schlicht, *Polizeipräsidium München, der weiß, wie man Kommissar wird – und es verriet.*

Peter Schmidlkofer, *Herrenfrisör aus München, einer der wenigen Frisöre, die noch rasieren.*

Alexander Schmidt, *Barmann, Bonn, der auf einem langen Weg durch Deutschland und Europa sein Wissen über Bars und die Menschen in Bars sammelte und uns ein paar Geschichten erzählte. Von Getränken und von Menschen.*

DANK

Mehmet Scholl, Fußballer a.D., München, der mit uns über den Freistoß beim Fußball plauderte. „Was soll man da groß erklären?", fragte er. Und dann erklärte er es.

Otto Schultze, Geschäftsführer Bus der Münchner Verkehrsgemeinschaft, für die vielen Details übers Busfahren.

Dr. Ulrich Seybold für die gründlichen Informationen zum Thema Geschlechtskrankheiten.

Götz Spieth, Braumeister, München und Bergamo, der bei einem leckeren Bier erklärte, wie man ein leckeres Bier braut.

Telefonzentrale des Marriage Bureau, Las Vegas, die geduldig und freundlich erklärte, wie man in Las Vegas heiratet.

Guido Walter, Wein-Akademiker und Diplom-Sommelier, München, für seine immer geduldige Einführung in die Welt der guten und der schlechten Weine. Und für einige erstaunliche Kostproben.

Gertrud Waitszies vom Haut- und Laserzentrum München für Tipps zur Enthaarung.

Max Weisshuhn, Pilot, Hongkong, der in den wirklich großen Fliegern unterwegs ist und so freundlich war, uns ganz genau zu erklären, wie man so einen Flieger wieder auf die Erde bringt. „Vielleicht könntet ihr es tatsächlich schaffen", sagte er und lächelte, wie man lächelt, wenn man dem Gegenüber Mut machen will.

Eckart Witzigmann, Jahrhundertkoch, München, der in größter Freundlichkeit von ein paar einfachen Gerichten sprach und fragte, ob man nicht vielleicht doch noch eine Seezunge mit reinnehmen sollte. Sei gar nicht mal so kompliziert. Dafür, dass er die so simple Frage nach dem einfachen Essen so ernst nahm.

Katharina Ziegler, für alles.

© Süddeutsche Zeitung GmbH, München

für die SüddeutscheZeitung Edition 2007

Ein Buch von

Eduard Augustin • Philipp von Keisenberg • Christian Zaschke

Idee & Konzeption: Eduard Augustin • Christian Zaschke

Gestaltung: Philipp von Keisenberg

Illustrationen: Justin von Keisenberg

Recherche und Archiv: Klaus Raab

Herstellung: H. Weixler, H. Schiffers

Druck und Bindearbeiten: Ebner & Spiegel, Ulm

• Bibliografische Information •

Die Süddeutsche Zeitung Edition verzeichnet diese Publikation
in der Deutschen Nationalbibliografie.

Detaillierte bibliografische Daten sind im Internet über
http://dnb.ddb.de abrufbar.

5. Auflage

• Printed in Germany •

ISBN: 978-3-86615-487-2